LE CONTEMPLATEUR
ET
LES IDÉES

BIBLIOTHÈQUE D'HISTOIRE DE LA PHILOSOPHIE

NOUVELLE SÉRIE

Fondateur : Henri GOUHIER Directeur : Jean-François COURTINE

LE CONTEMPLATEUR ET LES IDÉES

MODÈLES DE LA SCIENCE DIVINE DU NÉOPLATONISME AU XVIIIe SIÈCLE

études réunies par

Olivier BOULNOIS

Jacob SCHMUTZ et Jean-Luc SOLÈRE

PARIS

LIBRAIRIE PHILOSOPHIQUE J. VRIN

6, Place de la Sorbonne, V^{e}

—

2002

Ouvrage publié avec le concours
du CNRS–UMR 8584
(Centre d'études des religions du Livre)

Imprimé en France
ISSN 0249-7980
ISBN 2-7116-1566-9

INTRODUCTION

SCIENCE DIVINE, HUMAINE SCIENCE ?

Les articles réunis ici constituent les actes d'un colloque organisé à l'Institut Universitaire de France, du 17 au 19 mai 1999, sous le titre « Science divine ? Philosophie et théologie (XIIIe-XVIIIe siècles) », dans le cadre d'un programme du Centre d'Étude des Religions du Livre (ÉPHÉ / CNRS).

Mais la moisson de ce colloque dépasse les promesses de son titre, car les différentes communications recueillies montrent que le problème est plus vaste, plus divers et plus cohérent que prévu. Plus vaste, d'abord, parce que le concept d'une science divine remonte à Thémistius et s'étend jusqu'à Kant, Hegel et Schelling. Plus divers, ensuite, parce qu'au-delà du nécessaire schématisme des titres, de nombreuses positions et discussions interagissent avec ce problème. Plus cohérent parce que, d'une intervention à l'autre, le corpus et les questions se répondent, des structures communes se dévoilent, des évolutions et des changements de paradigme se dessinent.

L'ensemble de ces analyses permet maintenant de distinguer trois modèles de la science divine.

Le premier modèle s'esquisse avec le néo-platonisme : Thémistius, le premier, affirme que Dieu connaît toutes choses en se connaissant lui-même. Il fonde ainsi l'idée que le Principe connaît toutes choses parce qu'il en est la cause : l'origine du concept de science divine est donc la compréhension de Dieu comme producteur. Ainsi, le monde est précontenu dans le Dieu créateur sous formes d'archétypes [1]. Jointe à l'exemplarisme transmis

1. Lors du colloque, R. Brague a bien voulu donner de ce premier modèle une présentation que l'on peut maintenant lire dans son introduction à : *Thémistius, Paraphrase de la* Métaphysique *d'Aristote (Livre lambda),* Paris, Vrin, 1999.

de son côté par Saint Augustin, cette théorie formera la présentation standard de la possibilité de la science divine jusqu'à la fin du XIIIe siècle.

Ce modèle a été transformé et transmis par le *Livre des Causes* et le *Traité des Noms divins* de Denys l'Aréopagite[1]. Il semble d'abord paradoxal que ces sources éminemment néoplatoniciennes aient contribué à diffuser la notion d'une Cause première qui se connaît et connaît ce qui procède d'elle : on sait que pour Plotin, la pensée elle-même est le signe d'une dualité et donc d'une imperfection, qu'on ne peut attribuer, fût-elle pensée de soi-même, au Premier Principe, placé au-dessus de toute multiplicité, au-delà de la scission sujet / objet. Cependant, Plotin, tout en critiquant Aristote à partir de ses principes propres, conserve la notion d'un intellect divin (bien que subordonné à l'Un) et hypostatique : ayant en lui-même l'objet de son intellection, il est à la fois le connaissant, la connaissance et le connu.

Il y a là en germe la réintroduction de la pensée de soi en Dieu. Toutefois, ce retour ne s'est pas fait simplement, car Jamblique et ses successeurs rétabliront une séparation entre l'intelligible et l'intellect qui le contemple. Les interprètes oscilleront désormais, jusqu'à la fin du XVIIe siècle, entre l'intégration de l'intelligible dans l'intellect premier et son extraposition. Les idées, ou plus tard les possibles, les essences objectives des choses, ne cesseront d'entrer ou de sortir de l'entendement divin, au gré de tentatives pour résoudre ces apories permanentes.

Néanmoins, l'apport du néoplatonisme tardif est capital. Il affronte un dilemme : si l'Un est cause des intelligibles et les possède en lui-même sur le mode de la précontenance, il faut concéder qu'il est multiple ; s'il ne les possède pas en lui-même et n'en est pas la cause, il faut admettre qu'il n'est pas le principe universel. Porphyre a laissé une indication précieuse, que Proclus saura développer : chaque chose se trouve en une autre selon la nature propre à celle-ci, intelligiblement dans l'intellect, discursivement dans l'âme, etc. Il est vrai que Proclus la met en œuvre spécialement dans sa théorie des hénades. Mais en tant qu'hypostases de la causalité de l'Un, elles contiennent en elles-mêmes les dérivés sur un mode d'être supérieur à celui qu'ils ont en tant que dérivés. Le paradigme de la connaissance causale des effets, ébauché par Thémistius, fonde ainsi une conception de la science divine qui s'imposera dans la pensée médiévale.

Denys l'Aréopagite est ici un relais important. Si la cause première peut se penser, elle pense en même temps toutes les natures dérivées sans sortir de sa simplicité : les objets connus se trouvent en Dieu d'une manière originaire et unitaire ; il n'y aura donc aucun inconvénient à ce qu'en se

1. Voir la contribution de C. D'Ancona.

connaissant, l'intellect divin connaisse par un acte unique la diversité qui découle de lui, de même qu'il est cause unique et universelle[1]. Saint Augustin, bien qu'il constitue une source importante de la théorie médiévale des idées, avait quelque peu contourné ce problème. L'intervention du pseudo-Denys est donc décisive (non sans introduire des tensions avec la doctrine augustinienne des idées[2]). Il faut y ajouter l'influence du *Livre des causes*, qui relève, en milieu arabe, de la même adaptation du néoplatonisme au monothéisme.

Ces analyses fondent donc le modèle « classique » du Dieu intelligent et créateur, qu'on trouve par exemple dans le *De veritate* de Thomas d'Aquin. Dieu est ici le « Créateur et le Contemplateur des Possibles », comme l'avait admirablement qualifié Jules Lequier, qui fut l'un des rares philosophes français, au milieu du XIXe siècle, à percevoir l'importance cruciale de la question de la science divine, et qui inspire le titre de ce recueil[3]. Tout le problème consiste dans la conciliation de l'unité divine avec la multiplicité de l'intelligible : les idées doivent être différenciées les unes des autres, sans pour autant être réellement distinctes de la nature de Dieu ; il doit pouvoir connaître le détail du créable, sans fragmenter son intellection. L'équilibrage relatif de ces contraintes s'opère par le biais de l'indivisibilité de l'essence divine, qui est à la fois l'unique moyen de connaissance et l'unique terme connu : Dieu connaît toutes choses en se concevant lui-même sous différents rapports d'imitabilité. Il contient tout ce qu'il connaît et ne connaît rien hors de soi.

Ce modèle ne va pas sans difficultés. La plus traditionnelle porte sur la connaissance de l'individuel (difficulté que l'on retrouve jusque chez Malebranche[4]), particulièrement dans le cas où cette individualité, chose ou événement, est à venir. Trois des contributions réunies ici traitent du problème des futurs contingents. La discussion de l'argument mégarique du Dominateur, issue du *Peri hermeneias* d'Aristote, permet à Thomas d'Aquin de montrer que le déterminisme n'est pas logiquement nécessaire, que Dieu connaît des événements futurs sans les rendre nécessaires, et ainsi de sauver l'existence de futurs contingents[5]. Toutefois, Duns Scot décèle dans sa solution une faille. Pour Thomas, Dieu est présent par son éternité à

1. « Dieu ne connaît point les êtres en les connaissant, mais en se connaissant » (*Des Noms divins*, VII, 2, PG III, 870).

2. Voir par exemple la prise de position d'Alexandre de Halès, dans la contribution d'O. Boulnois, p. 48.

3. J. Lequier, *Œuvres complètes*, éd. J. Grenier, Neuchâtel, Éd. de la Baconnière, 1952, p. 414.

4. Voir la contribution de J.-C. Bardout.

5. Voir la contribution de G. Neves Pinto.

ce qui nous est futur. Selon le Docteur Subtil, c'est nier la vraie nouveauté des créatures dans le moment où elles apparaissent – ce qui revient à éliminer le temps[1]. Que Dieu soit éternel signifie qu'il peut être simultané avec n'importe quel existant, mais seulement quand celui-ci sera créé au moment qui est le sien. Certes, la science divine est éternelle, mais c'est la connaissance de propositions datées qui formeront la trame de l'histoire réelle, quand les choses prévues et voulues par Dieu existeront effectivement. En d'autres termes, Dieu connaît le futur comme futur, et non comme présent. Cependant, puisque sa science est infaillible, il faut bien qu'il le connaisse *à partir* du présent. Certes, ce présent n'est pas celui des causes naturelles, ce qui rendrait le futur inéluctable : il est contingent parce qu'il a son principe dans la volonté divine, qui choisit librement parmi les possibles. Mais, dès lors, la science divine du contingent est aussi contingente que son objet.

À son tour, Ockham pourra objecter que Scot néglige la contingence introduite par une volonté *créée* : il lui paraît supprimer la liberté de cette dernière[2]. D'après Ockham, non seulement Dieu connaît les futurs comme futurs, mais dans les couples de contradictoires qui portent sur un futur contingent dépendant d'une volonté créée, toutes les propositions ont une valeur de vérité déterminée. Ockham est donc conduit à abandonner le principe de la solution aristotélicienne à la fameuse question de la bataille navale. Davantage : il renforce la contingence de la science divine. Ceci ne signifie pas qu'elle pourrait être fausse, mais qu'elle est connaissance de propositions vraies qui pourraient être fausses, si les volontés créées se décidaient différemment. Autrement dit, la science divine pourrait être autre qu'elle n'est, en fonction du choix, non pas de Dieu lui-même, mais des créatures. Elle s'expose aussi à être muable, car si Dieu connaît le futur comme futur, c'est-à-dire comme contingent, il ne connaît pas de la même manière le même fait lorsqu'il est passé, puisqu'il est devenu nécessaire. Si l'on nie que Dieu sache que son savoir est contingent puis nécessaire, cela implique qu'il ne sait pas tout, et en particulier qu'il ne sait pas quel est le temps présent. L'ensemble des événements contingents et alternatifs peut être décrit comme un tableau des possibles, qui indiquent d'eux-mêmes leur réalisation au fur et à mesure qu'elle s'effectue. La position d'Ockham semble cohérente en ce qui concerne les propositions abstraites. Mais elle échoue sur un écueil : comment Dieu connaît-il l'élément de leur réalisation ? Ou encore : comment expliquer que Dieu sache l'heure qu'il est ?

1. Voir les contributions d'A. Santogrossi, § III, et de C. Michon, § II.

2. Voir la contribution de C. Michon.

Toutefois, avec Ockham, nous sommes déjà dans un autre régime de la science divine, qui fait l'économie des idées au profit d'une intuition directe des états de choses passés, présents et futurs. Les tensions internes au premier modèle de la science divine ont provoqué cette évolution [1]. La difficulté la plus générale de ce paradigme « idéaliste » est que, si la connaissance en Dieu se caractérise par la précontenance d'idées correspondant aux natures spécifiques des choses, *a contrario* tout ce qui n'est pas forme et intelligibilité dans la chose risque d'échapper à la science divine : non seulement l'individuel, mais aussi le mal, la privation en général, l'accidentalité, la contingence, la matière, etc. Autrement dit, les difficultés propres au « platonisme de fond » de la doctrine médiévale de la science divine se laissent appréhender, à front renversé, sous l'angle de ce que Dieu ne connaît pas. Dieu risque en effet de ne pas avoir idée d'un certain nombre de déterminations, dont les différents inventaires font justement ressortir les tensions inhérentes à ce modèle.

Une étude sur la longue durée, de Guillaume d'Auxerre à Ockham, permet d'apprécier l'acuité du problème de ce que Dieu ne connaît pas, et les variations dans les réponses (par exemple, alors que Henri de Gand pose jusqu'à huit sortes d'étants qui n'ont pas d'idée en Dieu, Gonzalve d'Espagne puis Duns Scot exigent qu'il y ait une idée pour tout ce qui est intelligible séparément, même s'il n'est pas distinct réellement : Dieu pense aussi les distinctions formelles). Dans un premier temps, on répond que ce qui n'a pas d'intelligibilité en soi est connu par l'idée de son autre, comme l'ombre l'est par la lumière. Mais il faudra admettre que Dieu connaît directement certaines choses (dans la mesure où toute « chose » implique un contenu positif, une certaine entité), comme, par sa « science de simple intelligence », les purs possibles qui ne se réaliseront jamais. On devrait donc distinguer de l'idée au sens fort (cause exemplaire, forme opérative, modèle artisanal préexistant dans le créateur) l'idée comme simple raison de connaissance, telle qu'elle se présente chez Duns Scot. Le monde des idées-archétypes n'épuise pas le champ du savoir divin.

Mais, ainsi que nous l'avons dit, on préférera bientôt, avec Ockham, se passer de l'idée comme *medium* obligé pour expliquer la connaissance de Dieu [2] : l'idée n'est rien d'autre que la créature elle-même, connotée comme connue par Dieu. Elle se trouve en lui seulement « objectivement » (à titre d'objet), et non pas « subjectivement » (comme dans un sujet). Il semble donc qu'il ait été impossible de maintenir ce qui caractérise la science

1. Voir la contribution d'O. Boulnois.

2. Ce mouvement est d'ailleurs déjà amorcé vers 1310, avec Robert Cowton, un élève de Duns Scot : voir la contribution de T. Hoffmann, p. 133.

divine dans le premier modèle : une relation de soi à soi seulement, qui ne compromette pas l'unité et l'identité de la Cause, mais fasse apparaître le pensant et le pensé comme étant simplement deux versants du même être. Dès que la science divine n'est plus pensée à partir d'un Dieu conçu comme une cause précontenant sur un mode unitaire toutes les essences qui participent de ses perfections, se pose de nouveau le problème du statut des intelligibles : ils auront de plus en plus tendance à s'émanciper de l'intellect, en tant qu'objets.

On mesurera la distance parcourue. Alors que chez Guillaume d'Auxerre la science divine se fonde sur le concept de ressemblance des choses à leur archétype divin (« Dieu est dit connaître en quelque façon toutes choses en raison de son statut d'image-modèle »[1]), selon Ockham, Dieu peut connaître les choses par elles-mêmes, et non par sa propre essence[2]. Cette thèse manifeste un double désaveu de l'ancienne théorie. D'une part, l'autoconnaissance de la nature divine n'est plus le fondement de l'omniscience. D'autre part, c'en est fini du lien nécessaire entre nature des créatures et nature de Dieu. Synthétiquement dit : ce n'est plus en se connaissant que Dieu connaît les créatures comme participations limitées de son essence. Certes, cette dernière continue d'être, pour Dieu, l'unique source de sa science, qui ne saurait être déterminée par quelque autre chose. Pourtant, cette exclusivité ne concerne que l'acte de l'intellection divine, et non pas les objets de cette intellection. L'essence de Dieu est bien le principe de sa connaissance, mais elle n'est pas le modèle par lequel sont connues indirectement les créatures. On passe ainsi de la noétique aristotélicienne de l'information du connaissant par le connu (où Dieu n'est informé que par lui-même), à une noétique de la présence objective du connu au connaissant (où Dieu connaît directement les choses en elles-mêmes). Selon cette dernière, l'objet n'exerce pas de causalité formelle sur le connaissant, mais seulement une causalité efficiente, en ce qu'il provoque la connaissance – cela aussi bien pour la connaissance humaine que pour la connaissance divine, décision par laquelle Ockham ouvre les perspectives qu'explorera la gnoséologie moderne.

Mais il nous faut revenir sur le tournant essentiel qu'a été le scotisme dans cette histoire de la science divine. Avec lui, et du fait des difficultés internes du premier modèle, on est passé en l'espace de quelques années de l'idée définie comme imitation et participation de l'essence divine, médiatisée par la connaissance de soi de cette essence (Thomas d'Aquin, Henri de Gand), à un objet représentatif posé par l'essence divine devant

1. Cité par O. Boulnois p. 47.
2. Voir la contribution de L. Renault.

elle-même, et qui peut être connu en soi directement. Il faut dorénavant que le terme de la relation précède (au moins en nature) la relation elle-même, que celle-ci soit d'imitabilité ou de connaissance. L'être intelligible surgit comme un plan d'« objectité » face à Dieu, préalable à l'être connu et à l'être d'existence[1]. Même si Dieu en demeure le principe producteur, il possède en lui-même sa propre consistance avant d'être connu par Dieu.

La stabilité de ce paradigme ressort de notre recueil d'une façon particulièrement frappante, puisqu'on le voit encore fonctionner, et même s'imposer, au XVIIe siècle, dans les spéculations théologiques de la scolastique moderne[2]. Désormais, la nature des choses n'est plus pensée à partir de leur création. Même si l'on reste dans le cadre d'une théorie des idées, Dieu ne connaît pas les essences en tant qu'il se connaît comme cause créatrice. Celles-ci sont données, sur un mode représentatif, comme des objets offerts à l'intellect – non seulement à l'intellect divin, mais à tout intellect –, et l'idée se définit comme *concept* immédiat de l'intellect[3]. Elle n'est plus tant un instrument de la participation ontologique, qu'un principe de connaissance. L'*exemplar* est moins l'archétype du créable que l'intellection du pensable. C'est donc l'antique exemplarisme qui est mort.

Par conséquent, le possible n'est plus défini à partir de la toute-puissance divine, comme étant simplement tout ce que Dieu peut faire ; il est posé d'abord comme l'objet de la pensée divine. Un renversement se produit, qui marque l'avènement du possible en son sens moderne. Est possible ce qui est pensable, c'est-à-dire ce qui ne contient pas de contradiction intrinsèque. Dans la conception d'un Dieu connaissant parce qu'il est cause, il n'y avait pas vraiment de place pour le pur possible : Dieu connaissait et contenait et connaissait parce qu'il contenait tout ce qui émanait de lui ; il n'avait donc en droit connaissance que de ce qu'il devait produire. Sa science était achevée comme était complet et total ce qu'il produisait : elle ne se diluait pas dans l'infinité des possibles non réalisés. En revanche, la disjonction scotiste entre l'intellect, pensée des essences, et la volonté, principe des existences, donne aux objets représentés le statut de purs possibles.

Le possible, avant d'être l'effectuable, est donc maintenant l'intelligible. Chez Suárez, Dieu ne connaît pas les possibles en fonction de sa puissance, en se connaissant comme cause universelle : bien au contraire, il ne peut créer que ce qu'il sait être possible, par soi et en soi. Le possible gagne son autonomie, et peut-être même son indépendance. Le possible

1. Voir la contribution d'A. Santogrossi.

2. Voir la citation de Vázquez donnée par J. Schmutz, p. 197.

3. Voir les contributions de J.-C. Bardout et J. Schmutz.

n'est possible ni parce que Dieu peut le faire, ni parce que Dieu peut le penser, car Dieu même ne peut faire qu'il ne soit pas possible.

Cette autonomisation du possible plonge ses racines dans l'école scotiste au Moyen Âge. Un penseur comme François de Meyronnes surenchérit par rapport à son maître, et accepte de dire que la proposition « l'essence du cheval est l'essence du cheval » reste une vérité indépendamment de l'intellection divine (thèse qui va de pair avec une réévaluation positive du platonisme contre Aristote, et identifie l'idée à l'essence créable, considérée dans sa pure quiddité, abstraction faite de toute détermination accidentelle ou modale, comme l'être d'existence ou l'être de raison)[1]. On assiste à un mouvement d'extériorisation de l'intelligible face à l'intellect premier, qui pourrait aller plus loin que l'ancienne théorie érigénienne de la production des idées hors de Dieu. Certes, c'est en les faisant créer par Dieu que Jean Scot Érigène « extraposait » les idées hors de l'intellect divin. Ici, les idées ne sont pas créées; au contraire, elles sont éternelles par soi. Mais ces deux positions ont en commun de diverger de la théorie classique (augustinienne) de l'existence des idées en Dieu, ou même de leur formation dans le Verbe. Elles diffèrent entre elles en ce qu'Érigène posait les idées « en-dessous » de Dieu, en tant que créées, alors qu'on aura maintenant tendance à les poser face à lui (voire « au-dessus »), en tant qu'essences non créées et indépendantes de toute intellection : les possibles seraient ce qu'ils sont, en leur vérité, même s'il n'y avait pas d'intellect, divin ou autre, pour les penser.

Ce déplacement devient une caractéristique de la scolastique des XVIe-XVIIe siècles[2]. Sans doute, on hésite généralement à attribuer aux idées une véritable réalité indépendamment de Dieu (c'est le plus souvent une position extrême que l'on impute polémiquement à un adversaire). Il reste que les possibles se constituent en un véritable monde virtuel qui se tient face à Dieu sur un pied d'égalité, en lui retirant le privilège de l'antériorité. Loin d'être subordonné à Dieu parce que dépendant de l'intellection divine, ce domaine de l'intelligible mesure et contraint même la science divine à se modeler sur lui. Non seulement Dieu ne contient plus à proprement parler les raisons formelles des créatures, non seulement il ne les connaît plus en se pensant soi-même et doit les saisir en elles-mêmes et directement, mais de plus il se soumet à leur propre nécessité conceptuelle. Si les possibles possèdent, de toute éternité, un être formel antérieurement à leur intellection par Dieu, on ne peut même plus dire que ce dernier en soit la source. Cet essentialisme induit une ontologie indépendante de toute fondation

1. Voir la contribution de T. Hoffmann.

2. Voir les contributions de J. Schmutz, et J.-L. Solère (§ II).

divine, telle qu'on la trouvera développée par des métaphysiciens jésuites du XVIIe siècle, comme Sebastián Izquierdo. C'est en raison de leur intelligibilité intrinsèque que Dieu peut connaître les êtres, et non pas l'inverse.

La science divine n'est donc plus constituante. Elle fonctionne comme la science humaine : sa loi est de constater le vrai, non pas de l'inventer. Conformément au vœu nominaliste, les intermédiaires inutiles, comme les idées, seront éliminés, et Dieu sera censé se représenter directement toutes les choses pensables. Pour Gabriel Vázquez, l'intellect divin ne produit plus (comme chez Scot) un miroir du monde, ce miroir que les bienheureux étaient destinés à contempler dans la théologie classique. Il devient lui-même un simple miroir, qui reflète purement et simplement la structure objective des possibles. Dieu devient le spectateur du monde, plutôt que son metteur en scène. Il fait face à une réalité intelligible qu'il ne produit plus. Dieu n'est plus *à la fois* le « Créateur et le Contemplateur des Possibles », il est devenu un simple « Contemplateur des Possibles ». Il sait tout, mais il n'est plus l'auteur de son savoir.

Certes, l'existence même du créé demeure dans une absolue et radicale contingence, posé qu'il est par une toute-puissance qui nous est inconnue. Mais l'être possible se fonde dans l'éternité et la nécessité d'essences immuables et objectives, qui forment un monde idéel ordonné et autosuffisant. Créer, pour Dieu, n'est rien d'autre que valider la prétention à exister de possibles qui possèdent déjà leur propre détermination. Le principe de raison suffisante, chez Leibniz, attribue à la cause, non plus le statut d'exemplaire ou de modèle (Thomas d'Aquin), ni le pouvoir de produire les essences dans leur *esse intelligibile* (Duns Scot) – pour ne point parler de celui de créer les vérités (Descartes) –, mais l'efficience d'une rationalité calculant la moindre dépense, et dont la compétence se limite à cette gestion économique[1]. Toute dépendance de l'intelligible en tant que tel à l'égard de Dieu est supprimée.

Or si la causalité divine est réduite à l'unique forme de l'efficience, si l'intellect divin ne jouit désormais d'aucune priorité envers ses objets de pensée, il semble que ce changement de modèle conduise à une homogénéisation de la connaissance rationnelle, à la perte de la spécificité de la science divine, remplacée par une structure universelle de l'être-objet, valable pour n'importe quel intellect. On relèvera qu'au moment même où le terme d'« omniscience », mot nouveau dans le langage philosophique et théologique, devient, au XVIIe siècle, le nom divin par excellence, le créé en revendique le partage, au nom de l'univocité de la rationalité : il entend connaître comme Dieu connaît, l'intangibilité des possibles lui accordant

1. Voir la contribution de V. Carraud.

en droit le même point de vue que Dieu sur les vérités [1]. Ou encore, on peut parler, chez Malebranche, d'un déclin de la science divine, au profit de la notion de raison universelle, définie comme l'ensemble des vérités éternellement vraies pour tout entendement [2]. Que Dieu demeure la Raison infinie ne signifie pas que sa science soit inaccessible en sa transcendance : au contraire, elle devient le lieu d'un savoir à la fois total et commun, idéal paradigmatique de la rationalité humaine.

Mais il n'est pas impossible qu'ainsi la lumière divine ait laissé poindre les Lumières du XVIIIe siècle. La raison aussi, non pas seulement les vérités, peut être indépendante de Dieu. Pierre Bayle ne s'est pas fait faute de le prouver, en retournant systématiquement et avec virtuosité, contre toute entreprise de théologie rationnelle, les difficultés inhérentes à la science divine [3]. En admettant, comme Vázquez et la majeure partie des commentateurs jésuites, que les normes morales s'imposent à Dieu lui-même parce qu'elles en sont indépendantes, on peut fermement asseoir la supposition d'un athée vertueux, autant que géomètre. Surtout, la position d'un monde d'essences et de vérités nécessaires par soi, éternelles et immuables, rend caduque toute tentative de démonstration de l'impossibilité d'une Nature matérielle qui serait autosuffisante, *a se*. Dans ses développements ultimes, la théorie de la science divine se prive du moyen de réfuter par ce biais l'hypothèse d'un matérialisme intégral. Par une sorte de renversement dialectique, la théologie rationnelle se voue à entretenir l'ombre de l'athéisme, qui n'est que son propre envers. Bayle pointe enfin les innombrables difficultés qui grèvent sa cohérence (l'infinité de la science divine rendant par exemple impossible le fonctionnement du principe du meilleur), de sorte que si le christianisme peut échapper à l'autodestruction, c'est uniquement sous la forme d'un fidéisme qui récuse fermement que nous puissions connaître comme Dieu connaît (tout en montrant que la raison elle aussi est victime de conflits internes).

Cette dernière partie de notre recueil met donc au jour un impensé de la question de la science divine : le rapport entre science divine et science humaine. Dans le premier modèle de la science divine, le savoir divin identique à Dieu est non seulement constitutif du monde, mais aussi de la science que l'homme peut en avoir : les idées divines sont, selon Augustin, le lieu originel du savoir, la règle éternelle de la science et la source de l'illumination. Dans le second modèle, à partir de Duns Scot, la science divine et la science humaine ont la même structure, mais inversée comme

1. Voir la contribution de V. Carraud.
2. Voir la contribution de J.-C. Bardout.
3. Voir la contribution de J.-L. Solère.

dans un miroir : si les essences sont les objets de la science divine comme de la science humaine, en Dieu elles sont produites par lui, tandis qu'en l'homme, elles sont reçues de l'extérieur. Ainsi, la vision des idées en Dieu ne consiste plus que dans la connaissance des essences en elles-mêmes. Poussé à l'extrême, le second modèle bascule alors en un troisième : ce qui est amorcé chez Vázquez est confirmé chez son héritier Sebastián Izquierdo. Le renversement prend fin : les deux sciences ont exactement la même structure, et les objets intelligibles s'imposent parallèlement à l'intellect divin comme à l'intellect humain. Mais alors, la question de la signification de l'attribut de science devient aiguë. En même temps que l'homme revendique l'omniscience, cet attribut passe de Dieu à l'homme comme sujet. Du même coup se construit une raison indépendante de Dieu, à moins qu'elle ne se réfugie dans le fidéisme en se reconnaissant comme faillible. Finalement, Hegel assurera l'identification onto-théo-logique du savoir avec l'Absolu, telle que les représentations imparfaites de l'entendement fini sont dépassées et s'accomplissent par excellence dans le savoir divin de toutes choses.

Retracer ce parcours, comme ce volume tente de le faire, c'est en fin de compte démêler cet amalgame historique. L'on voit alors comment s'affirme d'abord l'identité entre Dieu et la science dans la proposition : « Dieu est science » (ou « pensée de la pensée » – Aristote), puis comment se renverse spéculativement le rapport du sujet au prédicat, dans la proposition « la science » (ou « le savoir absolu de l'absolu » – Hegel) « est Dieu ». En revenant aux soubassements structurels, l'histoire ainsi esquissée permet de décortiquer le bien-fondé de cette évolution. Mais en présentant des possibilités alternatives, elle nous donne également et simultanément le pouvoir de défaire cette identité, de déconstruire cette histoire, de rendre à chacun son dû, à Dieu ce qui est à Dieu, et à la science ce qui lui appartient.

Olivier BOULNOIS
Jacob SCHMUTZ
Jean-Luc SOLÈRE

PROCLUS, DENYS, LE *LIBER DE CAUSIS* ET LA SCIENCE DIVINE

La tradition aristotélicienne a légué au XIIIe siècle une vision de la connaissance que Dieu possède qui s'harmonise sur un point fondamental avec la conception chrétienne de Dieu, et en diffère sur un point également fondamental. La tradition aristotélicienne et la vision chrétienne de Dieu sont en accord quant au fait que Dieu possède la connaissance au plus haut degré concevable, mieux, que le plus haut degré de connaissance que nous pouvons concevoir n'est qu'imparfaitement comparable à la connaissance que Dieu possède [1]. La tradition aristotélicienne et la vision chrétienne sont par contre en désaccord quant à l'objet de cette connaissance, qui n'est que le premier principe lui-même selon Aristote, tandis que dans la vision chrétienne il est indispensable d'admettre que Dieu non seulement se connaît lui-même mais connaît aussi ce qu'il a créé, et, de plus, qu'il connaît aussi les événements contingents qui prennent place dans le temps – condition nécessaire afin qu'il puisse juger les événements produits par des agents volontaires. Les problèmes issus de ce désaccord et les solutions qui ont été proposées ont été l'objet d'une abondante littérature.

Dans la tradition néoplatonicienne, par contre, le premier principe ne possède aucune activité intellectuelle, qu'elle soit dirigée vers lui-même, comme c'est le cas dans la théologie aristotélicienne du livre Λ de la *Métaphysique*, ou bien vers d'autres objets de connaissance. C'est pourquoi la pensée issue du monothéisme hébraïque, chrétien et islamique n'a pas repris à son compte cet aspect de la métaphysique néoplatonicienne, qui s'harmonise mal avec la conception d'un Dieu personnel, connaissant et jugeant de par son omniscience et sa justice. Tout en étant profondément influencée par la conception néoplatonicienne de la transcendance du

1. *Metaph.* Λ 7, 1072 b 22-26.

premier principe par rapport à toute connaissance que nous pouvons essayer d'en obtenir, la réflexion théologique des philosophes inspirés par le monothéisme a toujours résisté au corollaire selon lequel ce premier principe inconnaissable est aussi non-connaissant. Pour m'en tenir aux deux exemples que seuls je connais un peu, aussi bien al-Kindī dans le contexte islamique que Thomas d'Aquin dans le contexte chrétien reprennent à leur compte maints éléments de la conception néoplatonicienne du premier principe, qu'ils font fusionner avec d'autres éléments issus de la tradition aristotélicienne[1]; et pourtant ils ne soutiennent jamais que ce principe transcende non seulement la connaissance passive, mais aussi la connaissance active. Qui plus est, ils ne relèvent pas de contradiction entre la thèse de la simplicité absolue et unité parfaite du premier principe et l'attribution de l'activité intellectuelle, de la connaissance donc. Redevables aussi bien l'un que l'autre de la théologie aristotélicienne du livre Λ, ils sont tous les deux convaincus que ce type spécial d'activité intellectuelle qui appartient au premier principe n'entraîne pas de dualité sujet-objet, si bien que la connaissance que Dieu possède n'entre pas en conflit avec la simplicité divine. Or, si la présence de cette théorie ne surprend pas chez deux philosophes qui trouvent leur bien dans des traditions philosophiques diverses et qui savent assimiler aussi bien des éléments aristotéliciens que des éléments néoplatoniciens, il est en revanche surprenant de retrouver une notion de “science divine” au sens actif dans des ouvrages appartenant strictement et purement à la tradition néoplatonicienne. C'est à cette bizarrerie que je voudrais consacrer cet exposé. Je vais présenter dans un premier moment les raisons pour lesquelles le premier principe ne connaît ni pense dans la métaphysique néoplatonicienne. Par la suite, je discuterai l'adaptation de ces doctrines qu'a opérée l'auteur anonyme du corpus pseudo-dionysien. Enfin, je présenterai des passages tirés aussi bien du *Livre des Causes* que de la paraphrase arabe de Plotin, qui soutiennent – contre la *communis opinio* néoplatonicienne – que le premier principe connaît et pense, et comparerai la thèse des textes néoplatoniciens arabes concernant la connaissance divine à celle que nous a livré le corpus pseudo-dionysien. Je me propose de faire ressortir de cette comparaison l'affinité de ces deux approches, affinité non surprenante certes dans son fond – puisque dans les deux cas il s'agit d'intégrer à la métaphysique néoplatoni-

1. J'ai essayé de m'expliquer mieux sur ce point dans « Aristotele e Plotino nella dottrina di al-Kindī sul primo principio », *Documenti e studi sulla tradizione filosofica medievale*, 4 (1993), p. 363-422, et dans « La notion de l'un dans Thomas d'Aquin. Une confrontation des commentaires sur les *Noms Divins* et sur la *Métaphysique* », *Recherches de Théologie et de Philosophie médiévales*, 64, 2 (1997), p. 315-351.

cienne une notion-clé du monothéisme – mais dont les détails s'avèrent intéressants.

– I –

La thèse néoplatonicienne selon laquelle le premier principe ne connaît ni pense découle de l'axiome fondamental de cette métaphysique, à savoir que seul est réellement premier ce qui est parfaitement simple. Averti des pièges préparés contre la doctrine de la participation par le Parménide du dialogue platonicien et à sa suite par Aristote, Plotin n'accepte pas l'existence d'un ensemble commun, qui contiendrait le principe et ses dérivés[1]. Par conséquent, le premier principe doit en même temps être l'origine réelle de tout ce qui est en tant qu'il est[2], et demeurer séparé par nature de tous ses dérivés. Le critère qui permet d'établir aussi bien l'une que l'autre condition est la simplicité, seul ce qui est parfaitement simple étant à la fois fondement premier de tout ce qui est et réalité incommensurable avec tout ce qui est[3]. La simplicité absolue du premier principe entraîne comme conséquence l'absence de toute relation. Il est notoire que la causalité du premier principe est selon Plotin une relation asymétrique,

1. V 6[24], 3.5-10 : si l'on prend ensemble avec les autres choses (μετὰ τῶν ἄλλων) ce principe qui doit précéder les autres choses, le résultat sera une régression à l'infini. En effet, celui qui place le principe ensemble avec les autres choses doit « accepter la conséquence qu'il soit comme si c'était avec les autres choses, ἐᾶν ὡς μετ' ἄλλων », même si, en tant que principe, il doit être différent par nature de ses dérivés. Il faut alors rechercher un autre principe encore, qui ne soit pas pris ensemble avec les autres choses, mais qui demeure αὐτὸ καθ'αὑτό – sans quoi, il y aura régression infinie. La finalité de cet argument est évidente : il s'agit de répondre à l'aporie posée par "Parménide" et reprise par Aristote, l'argument célèbre du "troisième homme". Voir à ce propos J. Fielder, « 'Plotinus' Reply to the Arguments of the *Parmenides* 130 a-131 d », *Apeiron*, 12 (1978), p. 1-5 ; *Id.*, « A Plotinian view of self-predication and TMA », *The Modern Schoolman*, 57 (1980), p. 339-347 ; F. Regen, *Formlose Formen. Plotins Philosophie als Versuch die Regressprobleme des platonischen Parmenides zu lösen*, Vandenhoeck-Ruprecht, Göttingen 1988, et mon « Ἄμορφον καὶ ἀνείδεον. Causalité des formes et causalité de l'Un chez Plotin », *Revue de philosophie ancienne*, 10 (1992), p. 69-113.

2. Le passage célèbre de VI 9[9], 1.1-2 : « C'est par l'"un" que tous les êtres sont des êtres, aussi bien les êtres qui sont des êtres au sens premier du terme que tout ce qui est dit, de quelque manière que ce soit, faire partie des êtres » (trad. Hadot, dans Plotin, *Traité 9.* Introduction, traduction, commentaire et notes par P. Hadot, Paris, Cerf, 1994, p. 69), pose la causalité universelle de l'Un, et cette idée réapparaît maintes fois ailleurs. Voir par exemple V 4[7], 1.34-36 ; VI 9[9], 9. 1-5 ; V 1[10], 6.38-39 ; V 2[11], 1.1-2 ; VI 6[34], 13.50-51 ; VI 8[39], 20.27-28 ; V 3[49], 15.11-14, 24 et 27-31.

3. Le Bien doit être en même temps ἀμιγὲς πάντων καὶ ὑπὲρ πάντα et αἴτιον τῶν πάντων. En effet, un tel principe ne peut être πάντα ni τι τῶν πάντων, il doit au contraire être ἁπλοῦν καὶ μόνον ἀγαθόν, et il est nécessaire que tout ce qui est en dérive : V 5[32], 13.31-37.

mieux une non-relation, étant donné que les dérivés sont dépendants du principe, tandis que l'inverse n'est pas vrai[1]. N'ayant aucune relation envers quoi que ce soit, le premier principe et seul le premier principe, de par sa simplicité, est complètement autosuffisant. Rien n'est "bien" pour le premier principe : il est ἀγαθόν non pas pour lui-même mais pour les autres choses, c'est pourquoi il n'a aucune βούλησις [2]. Plotin formule en toutes lettres l'asymétrie : toutes les autres choses ont besoin de ce principe, tandis qu'il n'a aucun besoin, même pas de lui-même. En effet, il serait dans ce cas ἐνδεὲς... αὑτοῦ[3], ce qui n'est pas acceptable au vu de la prémisse de la nécessaire simplicité de ce qui est absolument premier. C'est pourquoi à la question τίς ἡ τοῦ ἀγαθοῦ φύσις Plotin répond en reprenant à son compte un aspect crucial de la théologie aristotélicienne, à savoir la dépendance universelle vis-à-vis de ce principe, et en repoussant un autre aspect tout aussi crucial, la thèse de son auto-connaissance. Le Bien est ce principe duquel tout dépend et auquel tout tend, εἰς ὃ πάντα ἀνήρτηται καὶ οὗ πάντα τὰ ὄντα ἐφίεται, puisque toutes les choses sont δεόμενα par rapport au bien ; le Bien, par contre, est ἀνενδεές [4]. Mais s'il en est ainsi, force en est de conclure qu'il n'a aucune activité connaissante. Plotin met en relation l'absence d'activité intellectuelle et l'absence de tout besoin[5], et le soin qu'il met à prouver que le premier principe, s'il est *le* Bien, ne peut pas être une ἐνέργεια intellectuelle, fût-elle dirigée vers elle-même, montre non seulement que c'est précisément la théologie aristotélicienne du livre Λ qui est visée, mais aussi qu'elle est remise en question *iuxta propria principia*, puisque c'est en faisant fond sur l'identité établie par Aristote lui-même entre la cause première et le bien qui est l'ἐφετόν de toute autre réalité que l'argument de Plotin se développe. Dans son tout dernier traité, en effet, Plotin nous dit que si "bien" signifie ἔφεσις καὶ ἐνέργεια πρὸς τὸ ἄριστον, alors *le* Bien sera μὴ πρὸς ἄλλο βλέπον μηδ' ἐφιέμενον ἄλλο ; en tant que *source et principe* des ἐνέργειαι qui découlent de l'essence de chaque réalité, ce principe n'aura besoin d'aucune ἐνέργεια pour rendre les autres choses ἀγαθοειδῆ – il sera par conséquent ἐπέκεινα καὶ ἐνεργείας

1. VI 9[9], 3.49-51 : « C'est pourquoi même lorsque nous disons qu'il est "cause", ce n'est pas à lui que nous attribuons un prédicat, mais à nous-mêmes, car c'est nous qui avons en nous quelque chose qui vient de lui, alors que "lui" "est" en lui-même » (trad. Hadot, citée à la n. 2, p. 21).

2. VI 9[9], 6.39-42. Cf. aussi VI 7[38], 23.17-18.

3. VI 7[38], 41.28-31.

4. I 8[51], 2.1-7. Plotin fait fusionner ici *Metaph.* Λ 7, 1072 b 14 (ἐκ τοιαύτης ἄρα ἀρχῆς ἤρτηται ὁ οὐρανὸς καὶ ἡ φύσις) et *Éth. Nic.* A 1, 1094 a 3 (διὸ καλῶς ἀπεφήναντο τἀγαθόν, οὗ πάντ' ἐφίεται).

5. V 6[24], 5.10-12 ; III 8[30], 11.12-15 et 39-45.

καὶ ἐπέκεινα νοῦ καὶ νοήσεως [1]. Aussi dans le traité *Sur la liberté et la volonté de l'Un*, VI 8[39], Plotin avait déjà soutenu qu'au-delà des réalités libres et volontaires il y a le Bien lui-même, dont il serait absurde de dire qu'il cherche un autre bien[2]. Contre Aristote, qui conçoit le premier principe comme cet Intellect divin qui pense sa propre pensée, Plotin fait donc valoir deux thèses aristotéliciennes, à savoir d'une part l'identité entre le premier principe et le Bien, et, d'autre part, la définition de l'intellection comme ἐνέργεια, possession actuelle de l'objet intelligible par rapport auquel la faculté intellectuelle est en puissance jusqu'au moment où, par la saisie du νοητόν, elle devient connaissante en acte. Si, comme le pense Aristote, l'intellection est l'actualisation d'une potentialité, elle n'aura pas lieu dans le premier principe, chez qui on ne saurait retrouver aucune déficience et aucun besoin d'actualisation. Peut-on éviter cette conséquence inacceptable qui serait d'introduire la potentialité dans le premier principe en disant que son objet d'intellection n'est autre chose que lui-même ? Non, puisqu'il y aurait tout de même infraction de la simplicité du premier principe, simplicité qu'il faut au contraire garder à tout prix comme critère fondamental de distinction entre le principe et les dérivés. C'est pourquoi – comme l'a montré Pierre Hadot dans un essai qui a fait époque et auquel rien ne reste à ajouter[3] – il faut revenir en arrière, au *Sophiste* de Platon, et oser dire que oui, ce qui est réellement premier demeure immobile et vénérable, étant supérieur aux propriétés que possède l'être, à savoir la vie et la pensée[4]. Cet argument est déjà présent dans le traité VI 9[9] :

> Et, pour lui, il n'y a ni pensée, afin qu'il n'y ait pas d'altérité en lui, ni mouvement. Il est en effet antérieur au mouvement et à la pensée. Car, précisément, que pourrait-il penser ? Lui-même ? Avant d'avoir la pensée, il serait donc ignorant, et il aurait besoin de la pensée, afin de se connaître lui-même, lui qui pourtant se suffit à lui-même ! Ce n'est donc pas parce qu'il ne se connaît pas et ne se pense pas, qu'il y aura de l'ignorance en lui. Car il n'y a d'ignorance que lorsqu'il y a altérité, quand quelqu'un ignore un autre. Mais le Seul

1. I 7[54], 1.13-20. Les mots « source et principe » sont une citation de *Phaedr*. 245 C 9.

2. VI 8[39], 7.31-32.

3. P. Hadot, « Être, vie, pensée chez Plotin et avant Plotin », dans *Les Sources de Plotin*. Entretiens sur l'Antiquité classique, V, Fondation Hardt, Vandœuvres-Genève, 1960, p. 107-141.

4. Le passage de VI 7[38], 39.28-34 où Plotin dit que le fait de demeurer immobile et vénérable dans son immobilité, σεμνὸν ἑστήξεται – qui ne convient pas à l'être intelligible, selon le *Sophiste* – convient parfaitement au premier principe, est à lire accompagné du commentaire de Pierre Hadot, « Être, vie, pensée » (cité à la note précédente), et Plotin, *Traité 38*, introduction, traduction et notes par P. Hadot, Paris, Cerf, 1988, p. 359.

ne connaît pas et n'a rien qu'il ignore, mais étant un, étant avec lui-même, il n'a pas besoin de la connaissance de lui-même[1].

Par la suite, l'idée que la νόησις apparaît en deuxième, après le premier principe – δευτέρα ἡ νόησις μετ' ἐκεῖνο[2] – est reprise en plusieurs traités, et il y en a un qui est consacré en son entier à montrer que le premier principe, placé comme il est ἐπέκεινα τοῦ ὄντος, ne pense pas, ainsi qu'à discuter la nature du principe qui, par contre, est le πρώτως νοοῦν, à savoir l'Intellect[3]. La structure de l'argument est encore et toujours que le premier principe n'a pas d'auto-connaissance puisque, étant "un", il n'a pas en lui-même l'objet qu'il serait censé apprendre (ὃ μάθῃ)[4]. La raison en est, encore une fois, que le Bien doit être ἁπλοῦν et ἀνενδεές, transcendant ainsi le νοεῖν qui, lui, est issu d'un besoin et d'une potentialité ou déficience[5]. Une partie importante de ce traité est consacrée aux impossibilités qui s'ensuivraient si le premier principe possédait une activité connaissante, toutes rassemblées dans l'impossibilité fondamentale qu'il serait alors "plusieurs choses, πολλά", au lieu d'être "un" – conséquence intenable qui ne serait pas évitée en disant que ce qu'il connaît est lui-même[6]. Afin de pouvoir penser, le premier principe devrait en effet être un intellect ; or, cela obligerait à admettre la présence en lui aussi d'un objet intelligible : étant à la fois νοοῦν et νοητόν, il serait δύο, et par conséquent il ne serait plus le premier principe[7].

Deux traités postérieurs contiennent d'autres développements importants à cet égard, le traité 38 et le traité 49. Dans le traité VI 7[38], *Comment la multiplicité des Idées a été produite et sur le Bien*, l'examen de la remontée de l'âme vers l'Intellect et, à travers l'Intellect, au-delà de celui-ci, au Bien amène Plotin à poser la question « si le Bien possède la pensée ». C'est une considération globale de la position d'Aristote qui est mise en place ici, et il convient de citer le passage dans son entier :

1. VI 9[9], 6.42-50 (trad. Hadot, citée à la n. 2, p. 21).

2. III 9[13], 9.10.

3. Il s'agit du traité V 6[24], dont le titre est le suivant : Περὶ τοῦ τὸ ἐπέκεινα τοῦ ὄντος μὴ νοεῖν καὶ τί τὸ πρώτως νοοῦν καὶ τί τὸ δευτέρως (cf. Porphyre, *Vie de Plotin*, 25.47-49 et cf. plus loin, n. 1, p. 27).

4. V 6[24], 6.30-32.

5. V 6[24], 4.1-4. Un peu plus loin, 5.1-5, Plotin dit que c'est ce qui est multiple qui se recherche lui-même et veut συννεύειν et συναισθάνεσθαι αὑτοῦ. Par contre, ce qui est πάντη ἕν ne saurait pas "où" se rechercher lui-même (ποῦ χωρήσεται πρὸς ἑαυτό), si bien qu'il n'a aucun besoin de συναίσθησις ni de νόησις. Cf. aussi III 8[30], 11.25-26.

6. V 6[24], 2.17-20.

7. V 6[24], 2.2-7. La nécessité d'échapper à la dualité forcément introduite par la présence du νοῦς et du νοητόν est reprise aussi en III 8[30], 9.8-13 et en VI 7[38], 41.9-12.

Même ceux qui lui ont attribué la pensée ne lui ont pas accordé, dans leur discours sur ce sujet, la pensée des choses qui lui sont inférieures et qui viennent de lui. Pourtant, disent certains, il est absurde d'affirmer qu'il ne connaît pas les autres choses. Quoi qu'il en soit, les premiers, ne pouvant trouver quelque chose qui soit plus excellent, lui ont attribué la pensée de lui-même, comme s'il devait être plus vénérable à cause de la pensée et comme si la pensée devait être plus puissante que ce qu'il est en lui-même, comme si ce n'était pas lui précisément qui rend vénérable la pensée. De quoi recevra-t-il en effet son *excellence* ? De la pensée ou de lui-même ? Si c'était de la pensée, c'est qu'il n'aurait pas de lui-même l'excellence et qu'il serait inférieur à la pensée. Si c'est par lui-même qu'il a l'excellence, c'est donc qu'il est parfait avant la pensée et qu'il n'a pas été rendu parfait par la pensée. – Diront-ils que c'est parce qu'il est *acte* et non puissance qu'il doit penser ? – S'ils entendent par là qu'il est une *substance* qui pense toujours et qu'à cause de cela ils l'appellent acte, en disant cela ils disent pourtant qu'il est deux choses : la substance et la pensée et qu'il n'est pas simple, mais ils lui ajoutent quelque chose d'autre comme, pour les yeux, le fait de voir en acte représente une addition, même s'ils voyaient toujours. S'ils entendent "acte" comme seulement "en acte", et s'ils disent qu'il doit penser, parce que l'acte est en même temps pensée, il faut leur répondre que la pensée, si elle est pure pensée, ne pense pas, de même que le mouvement ne se meut pas [1].

Plus loin le raisonnement de Plotin se complète de la manière suivante : si l'on se représente le premier principe comme étant ἅμα νοοῦν καὶ νοούμενον et donc comme une οὐσία accompagnée d'une νόησις, il aura besoin de quelque chose qui le précède. En effet la νόησις est une forme de perfectionnement, τελείωσις, qui présuppose une autre nature préexistante à laquelle se réfère le νοεῖν, si bien qu'une νόησις qui se pense elle-même est toujours ces deux choses, le contenu de l'acte d'intellection, et l'acte d'intellection lui-même [2]. Ce statut, parfaitement convenable pour l'Intellect divin qui – selon Plotin, comme pour Platon dans le *Timée* – est le principe transcendant de l'intelligibilité de l'univers, n'est pas convenable lorsqu'il s'agit du premier principe. Plotin en effet non seulement n'a aucune objection contre la doctrine aristotélicienne selon laquelle dans la forme la plus parfaite d'intellection le sujet connaissant, l'objet connu et l'acte d'intellection ne font qu'un, mais reprend à son compte cette idée

1. VI 7[38], 37.1-16. Comme le signale Pierre Hadot dans le commentaire cité à la n. 4, p. 23, les mots en italiques sont des citations respectivement de *Metaph.* Λ 7, 1074 b 21 (τὸ τίμιον) ; 1071 b 20 ; 1072 b 28 (ἐνέργεια) ; 1074 b 20 ; 1073 a 4 ; 1074 b 20 ; 1072 b 28 (οὐσία).

2. VI 7[38], 40.13-56.

dans sa propre description du νοῦς. Et pourtant cette intellection éternelle et inépuisable qui est assurée à l'intellect divin par le fait que son objet intelligible n'est autre chose que lui-même ne peut pas être admise dans le premier principe. Dans le traité V 3[49], *Sur les réalités capables de connaître et sur ce qui les transcende*, Plotin attribue l'auto-connaissance à ce principe qui se suffit lui-même, mais seulement d'une façon secondaire (δευτέρως αὔταρκες), tandis qu'il place le principe premier, en tant qu'il est πάντη ἁπλοῦν καὶ αὔταρκες, au-delà de la pensée. Si un principe tel qu'il est l'ἁπλούστατον ἁπάντων existe, il n'aura pas la νόησις de lui-même, qui le rendrait multiple. On peut se demander, et Plotin l'avait déjà fait dans le traité VI 7[38], si cette position n'entraîne pas la négation de la providence. Or il n'en est rien, dit Plotin :

> Quant à la providence, elle est suffisamment assurée dans le fait qu'il est lui-même, lui par qui toutes choses sont[1].

L'ordre rationnel de l'univers est en effet le résultat de la bonne disposition de toutes ses parties, métaphoriquement exprimée par le λογισμός du Démiurge dans le *Timée*. Enraciné comme il est dans l'Un qui est au-delà des Formes, le modèle intelligible que le νοῦς pense et est, et à la suite duquel il façonne l'univers, ne saurait avoir besoin d'une pensée dirigée vers la réalité sensible pour "agir". Tout au contraire, le modèle intelligible "agit" – c'est-à-dire produit l'ordre rationnel de l'univers – tout simplement en étant ce qu'il est, sans besoin de rien "faire", fût-ce de calculer, prévoir ou choisir, à cette fin. À plus forte raison, le fondement ultime du modèle intelligible, l'Un lui-même, ne doit rien "faire" afin que la πρόνοια, à travers la royauté de l'Intellect divin, soit établie sur tout l'univers.

Dans le néoplatonisme postérieur à Plotin, la nécessité de sauvegarder la transcendance du premier principe par rapport à toute activité intellectuelle devient de plus en plus impérative. Au fur et à mesure que l'identité établie par Plotin entre le νοῦς et le cosmos intelligible est contestée – un processus qui, entamé par Jamblique, s'achève chez Proclus – la connaissance active devient le propre des principes divins subordonnés au niveau des Formes intelligibles, à savoir l'Intellect hypostatique et les autres dieux intellectuels qui le suivent. Plotin avait accepté la vision aristotélicienne de l'acte de connaissance comme actualisation d'une potentialité, ce qui devait placer le sujet connaissant en deuxième vis-à-vis de la perfection absolue du premier principe ; mais en même temps il avait repris d'Aristote l'idée qu'un intellect divin et hypostatique, ayant en lui-même l'objet d'intellection, était à la fois νοῦς, νόησις et νοητόν, et que

1. VI 7[38], 39.26-28 (trad. Hadot citée à la note 4, p. 23).

cette condition était la plus simple et la plus parfaite possible, en dehors de la simplicité et de la perfection absolues de l'Un. Poussés par la nécessité de séparer autant que possible l'un de l'autre le premier principe et le monde intelligible, les néoplatoniciens postérieurs à Plotin, à partir de Jamblique, ont rétabli la séparation entre l'intelligible et l'intellect que Plotin – au scandale de Porphyre lors de ses premiers contacts avec le maître – avait remplacée par son idée d'identité relationnelle entre les deux aspects de l'être suprasensible[1]. Étant à la fois l'ensemble des formes intelligibles et l'Intellect divin qui les connaît, la deuxième hypostase de l'univers plotinien n'avait que le premier principe lui-même au-dessus d'elle. Mais, pour les néoplatoniciens postérieurs, au-dessus de l'Intellect divin, trop complexe pour suivre immédiatement l'Un, se trouve à nouveau – comme dans le platonisme moyen – le cosmos intelligible[2]. Au-dessus du cosmos intelligible, d'autres principes viennent augmenter la distance entre le premier principe absolument transcendant et les Formes. Le modèle de la doctrine des principes de l'ancienne Académie, connu surtout à travers Aristote[3], est repris par Syrianus et par Proclus, et dessine une hiérarchie suprasensible dans laquelle le premier principe n'a plus au-dessous de lui le νοῦς, mais un couple de principes primordiaux, les principes de Limite et d'Illimitation, dont le mixte est l'être intelligible – le cosmos des

1. L'épisode de la perplexité de Porphyre devant la thèse innovative de l'identité entre l'Intellect et le cosmos intelligible, que Plotin avait soutenu dans le traité V 9[5], est raconté par Porphyre lui-même dans la *Vie de Plotin*, 18.8-19. Cet ouvrage peut maintenant être consulté dans la magnifique édition par les soins de l'UPR 76 du CNRS, accompagnée d'une série d'études importantes pour placer les traités de Plotin dans leur contexte propre : Porphyre. *La Vie de Plotin*. I. *Travaux préliminaires et index grec complet*, par L. Brisson, M.-O. Goulet-Cazé, R. Goulet, D. O'Brien. Préface de J. Pépin, Paris, Vrin, 1982 (Histoire des doctrines de l'Antiquité classique, 6). II. *Études d'introduction, texte grec et traduction française, commentaire, notes complémentaires, bibliographie*, par L. Brisson, J.-L. Cherlonneix, M.-O. Goulet-Cazé, R. Goulet, M. D. Grmek, J.-M. Flamand, S. Matton, D. O'Brien, J. Pépin, H. D. Saffrey, A.-Ph. Segonds, M. Tardieu, P. Thillet, Préface de J. Pépin, Paris, Vrin, 1992 (Histoire des doctrines de l'Antiquité classique, 16).

2. La distinction entre l'intelligible et l'intellect est établie dans les propositions 160 et 161 des *Éléments de Théologie*, Dodds, p. 140.5-27. Voir surtout *Él. th.* 161, Dodds, p. 140.21-22 : καὶ ὁ μὲν νοῦς ὂν διὰ τὸ πρώτως ὄν, αὐτὸ δὲ τὸ πρώτως ὂν χωριστόν ἐστιν ἀπὸ τοῦ νοῦ, διότι μετὰ τὸ ὄν ἐστιν ὁ νοῦς, et 25-26 : νοητὸν γάρ ἐστιν (*scil.* τὸ καθ' αὑτὸ καὶ ἀμεθέκτως ὄν) οὐχ ὡς τῷ νῷ συντεταγμένον, ἀλλ' ὡς τελειοῦν ἐξῃρημένως τὸν νοῦν.

3. J'ai essayé de le démontrer dans « La doctrine des principes : Syrianus comme source textuelle et doctrinale de Proclus. Première partie : histoire du problème », dans *Proclus et la Théologie platonicienne*. Actes du Colloque International de Louvain (13-16 mai 1998) en l'honneur de H. D. Saffrey et L. G. Westerink, édités par A.-Ph. Segonds et C. Steel, avec l'assistance de C. Luna et A. F. Mettraux, Leuven-Paris, Leuven University Press-Les Belles Lettres, 2000, p. 189-225.

Formes donc [1]. L'Intellect divin ne vient qu'après l'intelligible, qui lui est supérieur par dignité en tant qu'il en est l'objet d'intellection. Cette hiérarchie se complique davantage par l'introduction des hénades. L'abandon de la réponse que Plotin avait donnée au problème de la production par l'Un de la multiplicité des intelligibles ouvre en effet une aporie dans le néoplatonisme postérieur. Plotin avait placé l'origine de la multiplicité intelligible dans la relation entre l'Intellect et l'Un lui-même. Δύναμις τῶν πάντων, l'Un possédait chez lui, d'après Plotin, toute la multiplicité des principes intelligibles sans aucune distinction actuelle ; ces principes allaient acquérir leur distinction et leur actualité propre dans l'Intellect, chez qui ils allaient devenir les formes intelligibles au sens propre, objets éternels de la pensée du νοῦς et modèles de l'univers visible. Proclus a critiqué cette solution plotinienne [2] : d'après lui, la multiplicité des formes intelligibles est issue de la mixtion des principes cosmiques de Limite et Illimitation [3], et l'Un – qui demeure transcendant par rapport à ce couple – n'a plus aucune relation avec les formes. Mais tout effort pour souligner la transcendance de l'Un et sa séparation entraîne une aporie au sujet de sa causalité. Proclus, tout comme Plotin, veut garder intact le rôle de cause première et universelle pour l'Un : il n'est pas prêt à renoncer, comme le fera Damascius après lui, à appeler l'Un "principe" de tout ce qui est. D'autre côté, Proclus, au contraire de Plotin, ne peut pas accepter que l'Un soit directement la cause et le principe des intelligibles. La solution élaborée pour sortir de cette aporie – si l'Un est cause des formes intelligibles, c'est qu'il les possède en lui-même ; il sera alors multiple ; si en revanche il ne les possède pas en lui-même et qu'il n'en est pas la cause, il ne sera plus le principe universel – consiste dans l'introduction des hénades. Ces principes divins immédiatement issus de l'Un, et dont la relation avec le couple Limitant-Illimité n'est pas entièrement claire chez Proclus [4], sont autant d'hypostases de la causalité de l'Un. Les hénades, selon la première des propositions des *Éléments de théologie* qui leur sont consacrées, sont le θεῖος ἀριθμός, analogues donc à ce qu'est la série des intellects divins qui suivent l'Intellect hypostatique et la série des âmes

1. Cf. *Él. th.* 159, Dodds, p. 138.30-140.4.

2. J'ai présenté les critiques de Proclus à Plotin dans « Primo principio e mondo intelligibile nella metafisica di Proclo : problemi e soluzioni », *Elenchos. Rivista di studi sul pensiero antico*, 12 (1991), p. 271-302.

3. Cf. *Él. th.* 89, Dodds, p. 82.1-6.

4. Pour un recueil des textes procliens principaux concernant le rapport entre les hénades et le couple de principes πέρας-ἄπειρον, voir mon article « Proclo : enadi e ἀρχαί nell'ordine sovrasensibile », *Rivista di storia della filosofia*, 47 (1992), p. 267-295.

divines qui suivent l'Ame hypostatique[1]. Afin de préserver l'Un transcendant par rapport à toute participation, Proclus lui a subordonné un ordre d'unités divines participables, dont le rôle est de communiquer ces propriétés qui, demeurant dans l'Un, seraient à la rigueur non-communicables[2]. Tous les aspects de la causalité qui, une fois situés dans le premier principe lui-même, introduiraient une relation vis-à-vis des dérivés que Proclus juge inacceptable, sont en effet le propre de l'ordre des hénades[3]. Parmi ces aspects, la πρόνοια est de toute évidence l'un des plus importants et des plus problématiques – c'est en effet, dirait-on, la *ratio* même d'une relation que le principe établit vis-à-vis de ses dérivés. Pour cette raison Plotin, comme on vient de le voir, avait soigneusement épuré la πρόνοια de toute affinité avec la délibération humaine. Inacceptable même dans l'Intellect divin qu'est le Démiurge du *Timée*, la délibération n'a pas lieu dans le premier principe, dont la seule existence assure la πρόνοια vis-à-vis de tout l'univers. C'est pourquoi Proclus aussi s'évertue à montrer que la πρόνοια est une activité qui transcende la pensée[4]. Mais au lieu d'attribuer cette fonction pré-noétique au premier principe lui-même, il en fait le propre des hénades :

> Chaque dieu détient dans sa propre subsistence l'activité prénoétique universelle (τὸ προνοεῖν), et celle-ci se trouve chez les dieux à titre primordial (καὶ τὸ πρώτως προνοεῖν ἐν τοῖς θεοῖς).
> Tous les êtres autres que les dieux et venant à leur suite exercent l'activité prénoétique par communication des dieux, tandis que chez les dieux cette activité est congénitale. (...) C'est donc chez les dieux que réside l'activité prénoétique primordiale. Où, en effet, serait l'activité antérieure à l'esprit (ἡ πρὸ νοῦ ἐνέργεια) sinon chez les suressentiels ? Or l'activité prénoétique, comme le nom l'indique, est l'activité antérieure à l'esprit (ἡ δὲ πρόνοια, ὡς τοὔνομα ἐμφαίνει, ἐνέργειά ἐστι πρὸ νοῦ). C'est donc parce qu'ils sont dieux et sont bontés qu'ils exercent l'activité prénoétique sur tous les êtres, en les emplissant tous de la bonté antérieure à l'esprit[5].

> L'ordre divin tout entier à la fois exerce la fonction prénoétique sur ses dérivés et en transcende les objets (Πᾶν τὸ θεῖον καὶ προνοεῖ τῶν δευτέρων καὶ ἐξῄρηται τῶν προνοουμένων), sans que cette activité

1. *Él. th.* 113, Dodds, p. 100.5-15.
2. *Él. th.* 116, Dodds, p. 102.13-27.
3. *Él. th.* 151-158, Dodds, p. 132.26-138.29.
4. Voir J. Trouillard, « Note sur προούσιος et πρόνοια chez Proclus », *Revue des Études grecques*, 73 (1960), p. 80-87.
5. *Él. th.* 120, Dodds, p. 104.31-106.9, trad. de J. Trouillard, Proclos, *Éléments de Théologie*, traduction, introduction et notes par J. Trouillard, Paris, Aubier, 1965, p. 131-132.

> abaisse sa supériorité unitaire et pure de tout mélange et sans que cette unité séparée efface cette activité.
> C'est en demeurant dans leur propre unité et subsistance que les dieux ont empli tous les êtres de leur puissance. Et tout sujet qui est capable de recevoir participation des dieux jouit des biens que les normes de sa propre constitution lui permettent d'accueillir, tandis que les dieux rayonnent leurs biens sur ces êtres par leur être même, ou plutôt par leur antériorité à l'être (αὐτῷ τῷ εἶναι, μᾶλλον δὲ προεῖναι). Car n'étant rien d'autre que des bontés, c'est par leur être même qu'ils dispensent sans envie leurs biens à tous. Et ils ne font pas cette distribution par calcul, mais les êtres reçoivent selon leur valeur ce que les dieux accordent selon leur subsistance divine. Il n'est donc pas vrai qu'en exerçant l'activité prénoétique les dieux contractent une relation (σχέσιν) aux objets de cette activité. Car c'est parce qu'ils sont ce qu'ils sont qu'ils rendent bonnes toutes réalités, puisque tout ce qui crée par son être crée sans contracter de relation (πᾶν δὲ τὸ τῷ εἶναι ποιοῦν ἀσχέτως ποιεῖ). La relation, en effet, s'ajoute à l'être et, pour cette raison, est en marge de la nature (παρὰ φύσιν). Il n'est pas vrai davantage que la condition séparée des dieux ruine leur activité prénoétique. Car elle ruinerait du même coup leur propre subsistance (ce qui est un propos impie) dont le caractère distinctif est la bonté. C'est, en effet, le propre du bien que de se communiquer à tout ce qui est capable d'en prendre sa part [...][1].

Ces hypostases de la causalité de l'Un permettent donc à Proclus de garder intacte la transcendance absolue du premier principe, en tant qu'elles exercent à la place de l'Un cette providence universelle et antérieure à toute délibération du meilleur, que Plotin avait attribuée directement au premier principe. On peut certes avoir l'impression d'un escamotage ; l'évaluation de la position de Proclus n'est pourtant pas directement en question ici. Ce qui est important, dans cette tentative de retracer les lignes maîtresses de l'histoire du thème de la science divine dans le néoplatonisme, c'est d'observer que l'introduction de ces hypostases de la causalité de l'Un entraîne aussi la possibilité d'élaborer une notion de connaissance qui va par la suite assurer le modèle de la science que Dieu a de ses créatures. Proclus, si l'on me permet cette boutade, avait inventé les hénades précisément afin d'avoir des principes divins capables de faire tout ce qui aurait compromis la transcendance de l'Un, mais qui en même temps était censé appartenir intrinsèquement à la notion de principe premier et universel. Et s'il s'était servi d'un *topos* plotinien pour attribuer aux hénades la πρόνοια universelle, dans son analyse du mode de connaissance

1. *Él. th.* 122, Dodds, p. 108.1-20, trad. J. Trouillard, p. 133-134.

des hénades Proclus développe en revanche un thème que Porphyre avait créé, lorsque dans ses *Sentences* il avait tiré de plusieurs et différents raisonnements de Plotin l'axiome selon lequel chaque chose se trouve en une autre selon la nature propre à celle-ci, à savoir νοερῶς dans l'intellect, λογικῶς dans l'âme, et ainsi de la suite[1]. Porphyre avait dit dans ce contexte que toutes les choses se trouvent dans le premier principe absolument transcendant ἀνεννοήτως τε καὶ ὑπερουσίως. Proclus, à son tour, ne laisse pas échapper les possibilités que l'axiome porphyrien lui offre, et en applique un génial développement à la connaissance que les hénades possèdent des choses inférieures. Ce faisant, Proclus a mis en place un modèle pour la science divine qui va avoir une postérité très importante.

> Chaque dieu connaît de façon indivise les êtres divisés, de façon intemporelle les êtres temporels, de façon nécessaire les êtres non nécessaires, de façon immuable les êtres changeants. En un mot, il connaît tous les êtres sous un mode supérieur à leur ordre.
> Si tout ce qui peut exister chez les dieux s'y trouve conforme à leur caractère propre, il est dès lors évident que ce n'est pas sous le mode des êtres inférieurs que résidera chez les dieux la connaissance de ces mêmes êtres, mais sous le mode exigé par la supériorité transcendante des dieux. La connaissance des choses multiples et passibles sera donc unitive et impassible. Dès lors, même si le connu est divisé, la connaissance divine sera indivisible. Même si le connu est changeant, elle sera immuable. Même s'il est contingent, elle sera nécessaire. Même s'il est indéterminé, elle sera déterminée. Car ce n'est pas des êtres inférieurs que vient au divin la connaissance qu'il en a, de telle sorte que celle-ci aurait une nature conforme à celle du connu. Au contraire, ces êtres inférieurs rendent indéterminée la pensée qu'ils ont de la perfection déterminée des dieux et changeant leur considération de l'immuable. Ils reçoivent l'impassible de façon passible et l'intemporel de façon temporelle. Car il est possible de passer des supérieurs aux inférieurs, alors qu'il n'est pas permis aux dieux de recevoir quoi que ce soit des inférieurs[2].

1. Sent. 10, Lamberz p. 4.7-10 : Πάντα μὲν ἐν πᾶσιν, ἀλλὰ οἰκείως τῇ ἑκάστου οὐσίᾳ· ἐν νῷ μὲν γὰρ νοερῶς, ἐν ψυχῇ δὲ λογικῶς, ἐν δὲ τοῖς φυτοῖς σπερματικῶς, ἐν δὲ σῶμασιν εἰδωλικῶς, ἐν δὲ τῷ ἐπέκεινα ἀνεννοήτως τε καὶ ὑπερουσίως. J'ai analysé les sources de cette sentence de Porphyre ainsi que son utilisation par Proclus dans *Les* Sentences *de Porphyre entre les* Ennéades *de Plotin et les* Éléments de Théologie *de Proclus*, dans Porphyre. *Points de départ vers les Intelligibles*, texte grec, traduction et notes, UPR 76, à paraître.

2. *Él. th.* 124, Dodds, p. 110.10-28 ; trad. J. Trouillard, p. 135-136.

Il demeure absolument vrai que l'Un ne pense ni connaît – d'autant plus vrai que ses premiers rejetons, les hypostases de sa causalité ou hénades, pensent et connaissent, en assurant ainsi l'existence, au début même de toute la réalité, de ces attributs fondamentaux du divin que sont la πρόνοια et la science, sans que cela implique pourtant leur présence *dans* l'Un, au détriment de sa simplicité parfaite. Le premier principe demeure absolument séparé et transcendant, infiniment loin de l'Intellect divin, bien plus loin que chez Plotin, puisque chez Proclus l'Intellect divin ne vient qu'après une complexe hiérarchie de principes qui comprend les hénades, le couple des principes cosmiques "Limitant-Illimité", le principe "être" et sa série, les formes intelligibles – pour ne pas parler des développements plus complexes des ordres divins issus de l'exégèse théologique des dialogues de Platon, visant à retrouver chez ce dernier des classes de dieux intelligibles, intelligibles-intellectuels et finalement intellectuels, développements auxquels Proclus se livre dans la *Théologie Platonicienne*. Alors que pour Plotin, l'Un, tout en demeurant "immobile et vénérable" au-delà de la pensée, était suivi immédiatement par l'Intellect divin qui était pensée de pensée, pour Proclus l'Un se situe au-delà même des principes dont est issu l'intelligible ; l'Intellect, à son tour, ne vient qu'après l'intelligible. Il serait cependant absurde de ne pas faire une place à côté de l'Un pour les attributs les plus essentiels du premier principe et du divin, la providence et la connaissance de ses dérivés, et de ne les faire apparaître qu'après toute une série de principes intermédiaires ; et puisque selon Proclus cela peut se faire sans entraîner l'inconvénient de placer providence et connaissance chez l'Un lui-même, les hénades viennent accomplir cette tâche. Les hénades exercent la πρόνοια et connaissent ; tout comme la πρόνοια n'entraîne pas de relation, la connaissance que les hénades possèdent n'introduit pas en elles la moindre altération : elles connaissent « de façon indivise les êtres divisés, de façon intemporelle les êtres temporels, de façon nécessaire les êtres non nécessaires, de façon immuable les êtres changeants ».

Lorsque Denys le pseudo-Aréopagite rencontrera cette proposition des *Éléments de théologie*, il lui empruntera sa propre description de la manière dont le Créateur connaît ses créatures.

– II –

Le chapitre VII des *Noms Divins* est consacré à la dénomination de "sagesse". Après avoir célébré Dieu comme "être" dans le chapitre V, et comme "vie" dans le chapitre VI, l'auteur passe au troisième terme de la triade des principes ὄν, ζωή, νοῦς, que Proclus avait estimé contenir tous les aspects de la réalité intelligible. Principes fondamentaux de l'être intelligible, l'être, la vie et la pensée ne sauraient avoir lieu dans l'Un selon Proclus, qui, comme on vient de le voir, place encore plus radicalement que Plotin lui-même l'Un ἐπέκεινα νοῦ καὶ οὐσίας. En revanche, le pseudo-Denys estime que les attributs d'être, de vie et de sagesse conviennent parfaitement à Dieu, pourvu que l'on sache quelle est la valeur des prédications que nous allons effectuer à propos du premier principe. Puisque nous sommes capables seulement de dire ce que le premier principe est par rapport à nous, quelles sont les perfections qu'il doit posséder à un degré et sous une forme inexprimable pour nous au vu des perfections qu'il épanche sur ses créatures, les prédications *in divinis* ne nous disent rien sur la nature de Dieu, mais nous aident à comprendre sa causalité. Dans ce sens, Dieu peut et doit être dit ὄντως ὄν, ζωὴ ἡ αἰώνιος, et finalement aussi αὐτοσοφία.

> Venons-en maintenant, si tu veux bien, à célébrer cette Vie bonne et perpétuelle comme Sage, comme Sagesse en soi (ὡς σοφὴν καὶ ὡς αὐτοσοφίαν), ou plutôt comme Substance de toute sagesse, transcendante à toute sagesse et dépassant toute saisie. Car non seulement Dieu déborde de sagesse et « de sa saisie il n'est point de nombre », mais il transcende encore toute raison, toute intelligence, toute sagesse[1].

Cette αὐτοσοφία que Dieu est n'a point les caractères de la sagesse humaine, c'est pourquoi l'Apôtre la nomme "folie", en disant dans *I Cor.* I, 25 que la folie divine est plus sage que toute sagesse humaine[2]. Elle ne suit pas en effet les règles de notre raison discursive, et elle ne suit pas non plus le modes de connaissance de l'intellect. Et pourtant elle est la cause de toute intellection et de toute raison discursive :

> Célébrant ainsi dans sa transcendance la Sagesse irrationnelle, inintelligible, insensée, disons qu'elle est Cause de toute intelligence, de toute raison, de toute sagesse et de toute saisie, que c'est à elle qu'appartient tout conseil, que d'elle viennent toute connaissance et toute saisie, et qu'elle recèle enfin en elle tous les trésors de sagesse et de connaissance[3].

1. Pseudo-Dionysius Areopagita *De Divinis Nominibus* hrsg. von B. R. Suchla, de Gruyter, Berlin-New York 1990, VII 1, p. 193.5-9. La traduction de M. de Gandillac est citée d'après les *Œuvres complètes du Pseudo-Denys l'Aréopagite*, traduction, préface et notes par M. de Gandillac, Paris, Aubier, 1943, p. 140.

2. *DDN* VII 1, Suchla, p. 193.10-194.1 ; trad. de Gandillac, p. 141.

3. *DDN* VII 2, Suchla, p. 194.16-19 ; trad. de Gandillac, p. 141.

Mais l'auteur ne se contente pas d'énoncer ce paradoxe. Il poursuit en expliquant comment il est possible que la θεῖα σοφία, tout en étant de nature complètement différente par rapport aux modes de connaissance qui nous sont familiers – intellection, raison discursive, perception sensible – en est tout de même la cause. Premièrement, il s'agit de savoir en quel sens nous pouvons dire que Dieu, qui est en réalité ὑπέρσοφος, est λόγος et γνώστης.

> Mais puisque la Sagesse divine est, dit-on, principe, cause, substance, achèvement, conservation de la sagesse en soi, ainsi que de toute sagesse, de toute intelligence et de toute raison, pourquoi célébrons-nous Dieu, lui qui est plus que sage, comme Sagesse, Intelligence, Raison et Connaissance ? Lui qui n'a pas d'activité intellectuelle, comment va-t-il comprendre les intelligibles ? Lui qui transcende toute sensation, comment connaîtra-t-il les réalités sensibles ? L'Écriture affirme pourtant qu'il sait toutes choses et que rien n'échappe au savoir divin [1].

La solution de ce problème s'obtient seulement si l'on se rappelle que « il faut entendre les attributs divins selon un mode qui convienne à Dieu, τὰ θεῖα θεοπρεπῶς νοητέον » [2]. En particulier, pour comprendre quel est le mode selon lequel l'attribut de "connaissant" convient à Dieu, l'auteur du traité sur les *Noms Divins* a recours aux thèses sur la connaissance propre aux hénades-dieux que Proclus avait formulées dans la proposition 124 des *Éléments de théologie*. Proclus avait soutenu que si les hénades-dieux connaissent « de façon indivise les êtres divisés, de façon intemporelle les êtres temporels, de façon nécessaire les êtres non nécessaires, de façon immuable les êtres changeants », la raison en est que « ce n'est pas des êtres inférieurs que vient au divin la connaissance qu'il en a, de telle sorte que celle-ci aurait une nature conforme à celle du connu » ; tout au contraire, la connaissance que les hénades possèdent de toute réalité dérivée est causale : elles possèdent en elles-mêmes les dérivés κατ'αἰτίαν, à savoir sur un mode d'être supérieur au mode d'être propre à la réalité connue [3]. Le pseudo-Denys suit Proclus de près :

> À vrai dire, l'Intelligence divine contient toutes choses dans une connaissance qui transcende [tout objet connu], car, dans la mesure

1. *DDN* VII 2, Suchla, p. 196.1-7 ; trad. de Gandillac, p. 143.

2. *DDN* VII 2, Suchla, p. 196.8 ; trad. de Gandillac, p. 143.

3. La distinction parmi les trois modes d'être κατ' ἀιτίαν, à savoir le mode d'être que la chose considérée a dans son principe ; καθ'ὕπαρξιν, à savoir le mode d'être que la chose a en elle-même ; κατὰ μέθεξιν, à savoir le mode d'être que la chose a dans ses effets, est formulée par Proclus dans *Él. th.* 65, Dodds, p. 62.13-23.

> même où elle est cause universelle, elle contient d'avance en elle la notion de toutes choses (...). Ce n'est point, en effet, à partir des êtres que l'intelligence divine connaît les êtres, mais à partir de soi, en soi, à titre de cause, elle possède d'avance et rassemble par anticipation la notion, la connaissance et l'essence de toutes choses ; non qu'elle considère chaque objet dans son idée générale, mais parce qu'elle connaît et contient tout dans l'unique extension de sa causalité propre [1].

L'objet connu – tous les êtres, donc – ne se trouve pas dans le ϑεῖος νοῦς selon le mode d'être qui lui est propre, mais selon le mode d'être de celui-ci ; d'où la conséquence recherchée, à savoir que

> C'est donc en se connaissant soi-même que la divine Sagesse connaît toutes choses, immatériellement les choses matérielles, indivisiblement les choses divisibles, unitairement les choses multiples, car c'est dans un acte unique qu'elle connaît et qu'elle produit tout. S'il est vrai qu'en tant que cause unique et universelle Dieu confère l'existence à tout être, c'est également en tant que cause unique qu'il connaîtra tout être comme procédant de lui et préexistant en lui, et ce n'est pas des êtres qu'il partira pour arriver à les connaître, puisque c'est précisément lui qui à chacun d'eux octroyera le pouvoir de se connaître soi-même et de connaître les autres [2].

La thèse que Proclus avait mise en place pour attribuer aux hénades la connaissance des dérivés sans que cela implique chez elles dépendance vis-à-vis des objets connus est ici utilisée pour expliquer comment Dieu connaît tout être, à savoir « comme procédant de lui et préexistant en lui » et par là non selon le mode d'être qui appartient à la créature, mais selon le mode d'être qu'elle a dans le Créateur : ἀΰλως, ἀμερίστως, ἑνιαίως.

Cette idée va avoir une longue et importante postérité : elle assure en effet le modèle pour résoudre le paradoxe impliqué dans l'attribution de la connaissance au premier principe, paradoxe qui se crée une fois accepté, avec Aristote, que le connaissant est potentiel vis-à-vis de l'objet connu, et que l'acte de connaître consiste en un passage au terme duquel ce qui était en acte non-connaissant, et potentiellement connaissant, devient connaissant en acte. Le long développement que j'ai trop brièvement essayé de retracer a mis l'école platonicienne tardive en mesure d'élaborer un modèle de connaissance que le premier principe peut posséder sans être par là affecté de potentialité ou de changement. La nécessité de placer en dehors du

1. *DDN* VII 2, Suchla, p. 196.12-21 ; trad. de Gandillac, p. 143-144.
2. *DDN* VII 2, Suchla, p. 197.3-9 ; trad. de Gandillac, p. 144.

premier principe, mais à l'origine même de toute la réalité, des hypostases des différents aspects de la causalité divine – les hénades – a amené Proclus à en déterminer les caractères, et le pseudo-Denys n'a pas manqué de saisir toutes les possibilités offertes par cet effort de dire en quoi consiste, et comment s'explique, cette relation nécessaire et à plusieurs égards aporétique qu'est la causalité divine. Le pseudo-Denys était en effet très conscient des points de dissension qui le séparaient de son maître Proclus[1], et très explicite dans son projet de ramener en Dieu, et en Dieu seul, toutes les perfections et tous les caractères que Proclus avait échelonné tout le long de sa hiérarchie des hypostases[2]. Parmi ces perfections, la science ne pouvait pas manquer, pour d'évidentes raisons que l'auteur lui-même met en vedette lorsqu'il nous dit, dans les passages que je viens de citer, qu'à la rigueur Dieu est ὑπέρσοφος, mais qu'il faut quand même faire état des affirmations de l'Écriture et de l'Apôtre qui nous disent en toutes lettres que Dieu est omniscient. Or, une science telle que Proclus l'a élaborée pour les hénades non seulement n'a aucun des inconvénients de la notion aristotélicienne de connaissance, mais, par surcroît, a le grand avantage de ne pas être en conflit avec la transcendance divine par rapport à toute connaissance de la part des dérivés. Alors que, dans la tradition aristotélicienne, il n'y a aucune raison de penser que le premier principe demeure

1. Les recherches les plus récentes suggèrent que le personnage qui se cache derrière le pseudonyme de « Denys l'Aréopagite » fut un élève de Proclus et de Damascius dans l'école d'Athènes. Voir S. Lilla, « Denys l'Aréopagite (pseudo-) », dans *Dictionnaire des Philosophes antiques* publié sous la direction de R. Goulet, II, Paris, Éditions du CNRS, 1994, p. 727-742. H. D. Saffrey a consacré une série importante d'études aux relations entre "Denys" et Proclus, « Un lien objectif entre le pseudo-Denys et Proclus », *Studia Patristica* IX, Texte und Untersuchungen zur Geschichte der altchristlichen Literatur, 94, Berlin 1966, p. 98-105 ; « Nouveaux liens objectifs entre le pseudo-Denys et Proclus », *Revue des Sciences philosophiques et théologiques*, 63 (1979), p. 3-16 (reproduits dans *Recherches sur le néoplatonisme après Plotin*, Paris, Vrin, 1990, p. 227-248 ; « Le lien le plus objectif entre le pseudo-Denys et Proclus », dans *Mélanges offerts au Père L. E. Boyle à l'occasion de son 75e anniversaire*, FIDEM, Louvain-la-Neuve 1998, p. 791-810; aussi dans *Le Néoplatonisme après Plotin*, Paris, Vrin, 2000, p. 239-252).

2. *DDN* V 2, p. 181.16-21 Suchla, trad. de Gandillac, p. 129 : « Nous n'entendons pas distinguer pour autant le bien, l'être, la vie et la sagesse, ni attribuer à plusieurs divinités de rang inégal la causalité et la production respective des diverses réalités (οὐδὲ πολλὰ τὰ αἴτια καὶ ἄλλων ἄλλας παρακτικὰς θεότητας ὑπερεχούσας καὶ ὑφειμένας), mais nous les considérons comme les procès entièrement bienfaisants d'un Dieu unique et comme les noms divins correspondant à nos manières humaines de célébrer ce Dieu, l'un de ces noms révélant dans son ensemble la Providence du Dieu unique, les autres ne la révélant qu'à des degrés divers d'universalité et de particularité ». Le bout de phrase οὐδὲ πολλὰ τὰ αἴτια καὶ ἄλλων ἄλλας παρακτικὰς θεότητας ὑπερεχούσας καὶ ὑφειμένας vise directement la doctrine proclienne des hénades et des autres principes de médiation qui articulent la procession des ordres divins.

au-delà de toute connaissance de notre part, dans la tradition du platonisme tardif le premier principe, situé comme il est au-delà de l'être, ne peut jamais être connu, puisque toute connaissance n'est que de l'être, c'est-à-dire de l'intelligible.

Chez le pseudo-Denys nous trouvons, établi une fois pour toutes, le modèle qui va être maintes fois repris aussi au XIIIe siècle : le premier principe ne peut pas être connu par nous, mais peut nous connaître sans que cela entraîne chez lui la moindre trace de potentialité ou de changement. Il ne nous connaît pas, en effet, en tirant de nous sa connaissance ; il ne nous connaît pas non plus sous le mode d'être qui est le nôtre – matériel, temporel, subdivisé – mais selon le mode d'être que nous avons chez lui, cause qui nous "contient" à l'avance, à savoir sur un mode d'être immatériel, intemporel et simple.

Lorsque la traduction arabo-latine de Gérard de Crémone fera circuler ce petit manuel de théologie produit au IXe siècle à Bagdad dans la vague des traductions gréco-arabes qu'est le *Liber de causis*, c'est une conception tout à fait analogue à celle que je viens de résumer qui sera mise en circulation – et cette fois, du moins jusqu'au dernier quart du XIIIe siècle[1], sous le nom d'Aristote. C'est à ce phénomène surprenant de l'histoire des textes que je vais consacrer la partie finale de cette étude.

– III –

L'auteur du *Liber de causis* a consacré une de ses propositions à la thèse de la transcendance du premier principe par rapport à notre connaissance. La version latine du lemme de cette proposition, c'est-à-dire l'axiome célèbre *Causa prima superior est omni narratione*, sera universellement connue et reprise, et ses lecteurs au XIIIe siècle ne manqueront pas de noter l'affinité de ce propos avec la théologie négative dionysienne. La source de la proposition en question est le théorème 123 des *Éléments de théologie*, où Proclus soutient que les hénades, tout en étant inconnaissables de par elles-mêmes en tant qu'elles partagent le caractère qui est propre de l'Un, sont connaissables à partir des caractères qu'elles octroient à leurs participants. Cette distinction a pour but de réserver au premier principe, isolé dans sa transcendance, le caractère de l'inconnaissabilité *simpliciter* :

> L'ordre divin entier est en lui-même ineffable et inconnaissable pour tous ses dérivés en raison de son unité suressentielle, mais il

1. Ce fut en effet à ce moment, comme on le sait, que Thomas d'Aquin découvrit les véritables origines procliennes du *De causis*.

> est compréhensible et connaissable par ses participants. C'est pourquoi seul le premier est totalement inconnaissable en tant qu'il est imparticipable[1].

L'auteur du *Liber de causis*, fidèle à son habitude, a appliqué à la cause première les thèses élaborées par Proclus au sujet des hénades, et a transformé l'axiome proclien de la manière suivante :

> La cause première est supérieure au discours, et les langues échouent à discourir d'elle, du moins à discourir sur son être, car elle est au-dessus de toute cause ; et on peut discourir seulement par les causes secondes, qui sont illuminées par la lumière de la cause première[2].

Ce ne sont donc plus les hénades qui, inconnaissables quant à leur essence, sont connaissables à partir des perfections qu'elles produisent dans les degrés inférieurs de l'être ; c'est plutôt la seule cause première qui demeure absolument inconnaissable, puisque la connaissance s'obtient toujours à travers l'examen des causes, nous rappelle l'auteur, et la cause première, n'ayant aucune cause au-dessus d'elle, échappe par définition à notre connaissance[3]. On aurait pourtant tort de penser que l'auteur a jugé inutile de reprendre le caractère de connaissabilité *secundum quid*, à partir des perfections des dérivés, que Proclus avait élaboré à propos des hénades. L'auteur l'a repris, mais à sa façon. Tout d'abord, il a modifié la thèse proclienne en ce sens, que la possibilité de connaissance *secundum quid*, à côté de l'inconnaissabilité *simpliciter*, est référée directement à la cause première elle-même. Deuxièmement, l'auteur a altéré la doctrine de Proclus en ce sens, qu'il a soutenu que la cause première, inconnaissable en elle-même, nous est rendue visible, dans une certaine mesure, à travers l'Intellect. Cette thèse d'allure franchement plotinienne a été selon toute vraisemblance repérée par l'auteur dans la paraphrase arabe des *Ennéades*,

1. *Él. th.* 123, p. 108.25-28 Dodds ; trad. Trouillard, p. 134.

2. *Liber de causis*, prop. 5[6] ; voir *Die pseudo-aristotelische Schrift über das reine Gute bekannt unter dem Namen Liber de causis* (...) bearbeitet von O. Bardenhewer, Herder, Freiburg i. B. 1882 (rémpr. Francfort-sur-le-Main, Minerva, 1961), p. 69.8-10 ; A. Badawī, *Al-Aflāṭūniyya al-muḥdaṯa 'inda l-'Arab*, Maktaba l-Nahḍat al-Miṣriyya, Le Caire, 1955, p. 8.11-13 ; la traduction française est citée d'après P. Magnard, O. Boulnois, B. Pinchard, J.-L. Solère, *La Demeure de l'Être. Autour d'un anonyme. Étude et Traduction du Liber de causis*, Paris, Vrin, 1990, p. 49.

3. « Et toute chose, en vérité, n'est connue et dite qu'à partir de sa propre cause. Quand donc une chose est cause seulement et n'est pas effet, elle n'est pas connue par une cause première ni dite, puisqu'elle est supérieure au discours, et que nulle parole ne l'atteint » : p. 70.4-7 Bardenhewer ; p. 9.2-4 Badawī ; la traduction française est de Magnard, Boulnois, Pinchard, Solère, p. 49.

où se trouve reproduite la thèse du νοῦς comme ἄγαλμα τὸ πρῶτον de l'Un. Visiblement sous l'influence de cette doctrine – dont il ne soupçonne pas la distance vis-à-vis des idées procliennes au sujet – l'auteur abandonne le texte de Proclus, et termine sa proposition comme suit :

> Et, en définitive, elle n'est signifiée qu'à partir de la cause seconde qui est l'intelligence. Elle n'est nommée per le nom de son premier effet que sur un mode meilleur et plus élevé, puisque ce qui appartient à l'effet appartient également à la cause, mais sur un mode plus haut, meilleur et plus noble, comme nous l'avons montré [1].

Or, si son premier effet est l'Intellect, cause seconde qui nous montre ce que la cause première est sous un mode bien plus élevé, et si la définition et la nature de cet effet est d'être "intellect", force en est de conclure que la cause première elle aussi peut être signifiée « par le nom de son premier effet », pourvu que l'on sache qu'à cette dénomination correspond en réalité quelque chose de tout à fait supérieur à ce qu'est pour nous être "connaissant" ou être un intellect. La cause première elle-même sera donc dite "intellect", ou du moins sera-t-elle dite posséder la science ? Cette conclusion tout à fait non-proclienne et aussi non-plotinienne est, à notre surprise peut-être, explicitement formulée par l'auteur du *Liber de causis*. Dans une proposition qui – seule dans tout le *Liber* – n'a aucun rapport avec les *Éléments de théologie*, il dit que

> Et ainsi la cause première n'est pas l'intelligence, ni l'âme, ni la nature, mais elle est au-dessus de l'intelligence, de l'âme, de la nature, parce qu'elle crée toutes choses. À vrai dire, elle crée l'intelligence sans intermédiaire, mais elle crée l'âme, la nature et les autres choses par l'entremise de l'intelligence. Et ainsi la science divine n'est pas comme la science de l'être intelligent ni comme la science de l'âme, mais elle est au-dessus de la science de l'intelligence et de la science de l'âme, parce qu'elle crée les sciences [2].

Ce bout de phrase est très éloquent. Il nous dit en premier lieu que l'auteur du *Liber de causis* avait sur sa table de travail la paraphrase arabe des *Ennéades*, comme le montre la thèse de la création *mediante intelligentia* qui, étrangère à Proclus, ne l'est pas moins au Plotin originaire, tandis qu'elle se retrouve partout dans la paraphrase arabe des *Ennéades*, et surtout dans les péricopes du texte qui sont indépendantes du grec, comme

1. *Liber de causis*, p. 71.6-9 Bardenhewer ; p. 9.12-14 Badawī ; la traduction française est citée d'après Magnard, Boulnois, Pinchard, Solère, p. 49.

2. *Liber de causis*, prop. 8[9], p. 78.2-7 Bardenhewer ; p. 12.10-13 Badawī ; la traduction française est citée d'après Magnard, Boulnois, Pinchard, Solère, p. 55.

le Prologue de la pseudo-*Théologie d'Aristote*, par exemple[1]. En deuxième lieu, ce bout de phrase nous informe que la vision qui était celle du pseudo-Denys a eu un avatar musulman dans la Bagdad du IXe siècle.

Les routes à travers lesquelles la thèse dionysienne sur la science divine a pu rejoindre l'auteur du *Liber* sont inconnues et face à cet état des choses toute interprétation doit être émise sous la réserve qu'elle est purement spéculative, mais on ne peut pas s'empêcher de remarquer l'affinité des deux approches à la question de la science divine. Aussi bien chez Denys que pour l'auteur du *De causis*, la cause première demeure en elle-même inconnaissable et transcendante aussi par rapport à la connaissance active, si celle-ci est prise dans le sens ordinaire du mot. Et pourtant, contre la doctrine explicite et répétée de Proclus, aussi bien l'un que l'autre attribuent au premier principe une forme de connaissance qui transcende toute forme de connaissance. La θεῖα σοφία de Denys et *al-'ilm al-ilāhī* du *Liber* ont aussi cela en commun, qu'il s'agit dans les deux cas d'une connaissance en même temps transcendante par rapport à toute connaissance de degré inférieur, et cause de ces degrés inférieurs. Chez Denys, la θεῖα σοφία octroie « le pouvoir de se connaître soi-même et de connaître les autres »[2]; dans le *Liber*, *al-'ilm al-ilāhī* « crée les sciences »[3]. Il est tout à fait possible que ce parallélisme de solutions ne soit qu'un parallélisme, et non pas une filiation doctrinale qui demeure, à l'état actuel de nos connaissances, une pure possibilité. Toutefois, l'attribution de la connaissance active au premier principe – contre la *communis opinio* néoplatonicienne – se retrouve aussi dans la paraphrase arabe des *Ennéades*, si bien que, si parallélisme il y a, celui-ci comprend aussi la tradition des écrits plotiniens, et non seulement celle des écrits procliens.

Tout d'abord, dans la paraphrase arabe de V 3[49], 12 on retrouve un passage qui semble avoir inspiré assez directement l'auteur du *Liber de causis* quant à son idée que la Cause Première est en même temps au-dessus de toute science mais aussi science suprême. L'auteur de la paraphrase, moyennant une erreur de traduction ou bien un infléchissement intentionnel, a transformé un passage où Plotin nous disait que ce qui vient après le premier principe – l'intellect, donc – ne peut pas être aveugle, mais doit se

1. J'ai examiné la dépendance de cette thèse du *Liber de causis* à l'égard de la paraphrase arabe des *Ennéades* dans « La doctrine de la création *mediante intelligentia* dans le *Liber de causis* et dans ses sources », *Revue des Sciences philosophiques et théologiques*, 76 (1992), p. 209-233. Pour un examen plus détaillé de la formation de ce *topos* dans les passages de la *ps. Th.* indépendants du grec, on peut se rapporter à mon article « Pseudo-Theology of Aristotle, Chapter I : Structure and Composition », *Oriens*, 36 (2001), p. 78-112.

2. Voir plus haut, note 2, p. 35.

3. Voir plus haut, note 2, p. 39.

voir et se connaître lui-même, dans un passage où cette condition est attribuée au premier principe.

V 3[49], 12.44-50

Οὐδὲ γὰρ ἀποτέτμηται τὸ ἀπ' αὐτοῦ οὐδ' αὖ ταὐτὸν αὐτῷ οὐδὲ τοιοῦτον οἷον μὴ οὐσία εἶναι οὐδ' αὖ οἷον τυφλὸν εἶναι, ἀλλ' ὁρῶν καὶ γινῶσκον ἑαυτὸ καὶ πρῶτον γινῶσκον. Τὸ δὲ ὥσπερ ἐπέκεινα νοῦ, οὕτως καὶ ἐπέκεινα γνώσεως, οὐδὲν δεόμενον ὥσπερ οὐδενός, οὕτως οὐδὲ τοῦ γινώσκειν· ἀλλ' ἔστιν ἐν δευτέρᾳ φύσει τὸ γινώσκειν.

L'être qui vient de l'Un ne se sépare pas de lui et n'est pas identique à lui. Il est faux qu'il ne soit pas une substance, et qu'il soit comme un aveugle : il voit, il se connaît lui-même ; il est le premier être connaissant. L'Un est au-delà de la connaissance, comme il est au-delà de l'Intelligence ; il n'a pas plus besoin de la connaissance que de nulle autre chose. La connaissance est dans une nature de second rang [1].

Épître sur la science divine, Badawī p. 175.10-16

Les choses intelligibles sont une lumière provenant de la lumière de cet Intellect-là. La lumière demeure dans les choses intelligibles ; elle n'est pas séparée (*ġayr mubāyin*) de celles-ci ni celles-ci d'elle, bien qu'elle soit différente par rapport à celles-ci. Mais tout en disant qu'elle est différente par rapport à celles-ci, différente de la substance, différente de l'intellect, différente des autres choses, nous ne disons pas pour autant qu'elle n'est pas une substance, nous ne disons pas qu'elle est privée de l'intellect, de la vision ou de la science. Nous disons plutôt qu'elle est au-dessus de la substance, de l'intellect, de la vision et de la science, et cela puisqu'elle voit et connaît son essence, à savoir l'essence qui est au-dessus de toute essence. C'est pourquoi elle est la science qui est

1. Traduction Bréhier, V, p. 66. L'erreur de traduction ou l'infléchissement doctrinal intentionnel dans la paraphrase arabe s'est produit dans la première phrase, et tout le passage arabe en découle. Cependant que chez Plotin le sujet de οὐδὲ (...) ἀποτέτμηται est τὸ ἀπ' αὐτοῦ, périphrase qui désigne l'Intellect, dans le passage arabe la chose qui est dite ne pas être séparée (*ġayr mubāyin*) des choses intelligibles est la « lumière ». J'hésite entre l'erreur de traduction et l'infléchissement doctrinal délibéré précisément parce que Plotin lui-même avait, dans le passage immédiatement précédant (lignes 39-44), parlé aussi bien de l'Un que de l'Intellect comme d'une « lumière », et dans le passage arabe aussi (voir les deux premières lignes citées) il est question tout d'abord de « la lumière de l'Intellect (*ḍaw' al-'aql*) ». Mais depuis le moment où le traducteur-paraphraste a interprété *ġayr mubāyin* comme référé à la « lumière » tout court, tout était prêt pour la substitution de la Cause Première à l'Intellect. En effet, non seulement l'identité entre la Cause Première et la lumière est établie presque spontanément, mais aussi le passage plotinien qui précède peut avoir induit le traducteur-paraphraste à penser que ce qui était dit dans la suite du passage concernait le premier principe lui-même. Plotin y compare en effet l'Un au soleil et l'Intellect à la lumière : « Il est raisonnable d'admettre que l'acte qui émane en quelque sorte

au-dessus de toute science, puisqu'elle est la science première ; et elle est au-dessus de toute science, aussi bien qu'au-delà de tout intellect, puisqu'elle n'a absolument pas besoin de connaître : la science n'apparaît que dans la substance seconde, puisque celle-ci a besoin de connaître la substance première.

Ce passage et le passage du *De causis* ont en commun non seulement l'attribution du *'ilm* à l'Un néoplatonicien – contre la doctrine de leurs sources respectives – mais aussi la forme que prend cette thèse. Dans les deux passages, en effet, le premier principe est en même temps *'ilm* suprême et supérieur à tout *'ilm*. Cette formulation est assez caractéristique pour laisser penser que l'auteur du *De causis* [1] ait puisé son inspiration dans la paraphrase de V 3[9], 12. Ce dernier passage n'est d'ailleurs pas isolé.

En V 8[31], 4 Plotin est en train de parler du monde intelligible, de la σοφία qui s'y trouve. Cette σοφία a "produit" tous les ὄντα, à savoir tous les intelligibles ; mieux, elle est tous les ὄντα, puisque ἡ οὐσία ἡ ἐκεῖ σοφία. Dans la paraphrase arabe la Sagesse première, *al-ḥikma al-ūlā*, qui produit tous les êtres, n'est désormais autre chose que le premier principe lui-même. Encore une fois le rapprochement avec le *De causis* s'impose :

de l'Un est comme la lumière qui émane du soleil ; toute la nature intelligible est une lumière ; debout, au sommet de l'intelligible et au-dessus de lui, règne l'Un, qui ne pousse pas hors de lui la lumière qui rayonne. Ou encore, nous admettons que l'Un est, avant la lumière, une autre lumière qui rayonne sur l'intelligible, en restant immobile » (lignes 39-44, trad. Bréhier). Il est possible que le traducteur-paraphraste n'ait pas compris le changement de sujet dans le passage qui suit, et qui ne concerne plus, chez Plotin, l'Un, mais l'Intellect. Quoi qu'il en soit, le résultat est que tous les caractères de l'Intellect dans le passage plotinien se trouvent attribués dans la paraphrase arabe à la « lumière », c'est-à-dire à la Cause Première, qui du coup possède le statut d'une « science première » qui est « substance (*ğawhar*) », qui se connaît elle-même, « essence (*ḏāt*) qui est au-dessus de toute essence », mais qui, d'autre part, n'a aucun besoin de connaître. La dernière phrase de l'arabe montre que le traducteur entend qu'elle n'a pas besoin de connaître une substance différente d'elle-même. Ces caractères évoquent la théologie aristotélicienne du livre Λ.

1. Celui-ci, par d'autres indices, semble avoir travaillé après le traducteur-paraphraste arabe des *Ennéades*, puisqu'il en connaît certaines tournures caractéristiques, qui ne se trouvent pas dans le grec de Plotin. L'appartenance du *De causis* au groupe d'ouvrages traduits dans le "cercle d'al-Kindī" a été démontrée, à partir des caractéristiques du style et de la doctrine, par G. Endress, *Proclus Arabus. Zwanzig Abschnitte aus der Institutio Theologica in arabischer Übersetzung*, F. Steiner Verlag, Wiesbaden-Beyrouth, 1973.

V 8[31], 4.44-47

Τῆς μὲν οὖν σοφίας τὸ μέγεθος καὶ τὴν δύναμιν ἄν τις κατίδοι, ὅτι μετ' αὐτῆς ἔχει καὶ πεποίηκε τὰ ὄντα, καὶ πάντα ἠκολούθησε, καὶ ἔστιν αὐτὴ τὰ ὄντα, καὶ συνεγένετο αὐτῇ, καὶ ἓν ἄμφω, καὶ ἡ οὐσία ἡ ἐκεῖ σοφία.

On peut par conséquent concevoir la grandeur et la puissance de la sagesse, puisqu'elle emporte avec elle tous les êtres et qu'en effet elle les a engendrés, que tous l'accompagnent, qu'elle est elle-même tous les êtres et qu'ils sont nés avec elle, et que ces deux choses font un, et qu'ainsi l'essence qui se trouve dans le lieu intelligible est sagesse [1].

ps. Theol. Ar. X, Badawī p. 156.16-157.2

Qui peut voir et connaître vraiment la grandeur et le pouvoir de la Sagesse première? Car c'est une Sagesse (*ḥikma*) qui contient toutes choses et une puissance (*qudra*) qui crée toutes choses. Toutes les choses sont en elle et elle est différente de toutes choses, puisqu'elle est la cause des choses intelligibles et des choses sensibles, sauf qu'elle a créé les choses intelligibles sans aucune médiation et a créé les choses sensibles par l'entremise des choses intelligibles. Toutes les choses remontent à elle puisqu'elle est la Cause des causes et la Sagesse des sagesses, comme nous l'avons souvent dit. Si la Sagesse première est la Cause des causes, il s'ensuit que toute action accomplie par son effet remonte aussi à celle-là, mais sur un mode meilleur et plus élevé.

Comme le montrent le passage concernant la création *mediante intelligentia* ainsi que le *topos* de la dénomination de la cause par l'action propre à l'effet, mais « sur un mode meilleur et plus élevé », ce passage était présent à l'esprit de l'auteur du *Liber de causis* quand il s'est détaché de Proclus pour écrire la conclusion de la proposition 5[6] et la proposition 8[9].

Mais s'il en est ainsi, il importe de s'interroger sur les implications de ce petit fait d'histoire littéraire. Admettons que l'auteur du *De causis* ait retrouvé dans la paraphrase arabe des *Ennéades* le modèle de la dénomination d'un principe en soi ineffable à travers les noms de ses effets, mais pris, ces derniers, *per modum altiorem et sublimiorem* – comme le dit la version latine du *Liber*. Admettons qu'il y ait retrouvé le modèle pour attribuer à ce principe une science et une sagesse qui sont en même temps la sagesse et la science première, et une puissance au-delà de toute science et

1. Traduction de P. Mathias, Plotin. *Du beau. Ennéades I, 6 et V 8*, préface, traduction et commentaires de P. Mathias, Paris, Presses Pocket, 1991, p. 82, modifiée à la dernière ligne.

sagesse, qui crée celles-ci. Sachant que la traduction-paraphrase arabe des *Ennéades* où ces infléchissements se retrouvent a été l'œuvre d'un chrétien d'Émèse[1], on ne saurait se soustraire à la conclusion, toute spéculative qu'elle soit, que celui-ci, étant familier avec les écrits du pseudo-Denys – dont la communauté chrétienne syriaque connaissait déjà depuis un bon siècle une version dans sa langue[2] – ait spontanément référé à l'Un de Plotin les caractères de l'Un de "Denys". L'auteur du *De causis*, en reprenant à son compte les idées que l'on vient de mentionner, n'aurait alors fait autre chose qu'hériter indirectement de "Denys", auquel par ailleurs Thomas d'Aquin, qui lisait attentivement ses sources, le rapproche sur d'autres points importants[3].

Cristina D'Ancona Costa*

1. Dans le Prologue de la pseudo-*Théologie d'Aristote* la traduction est attribuée à ʿAbd al-Masīḥ ibn Nāʿima al-Ḥimṣī : voir Badawī, *Al-Aflāṭūniyya al-muḥdaṭa ʿinda l-ʾArab* (cité à la note 1 de la p. 38), p. 3.7. La provenance de ce personnage d'Émèse est indiquée par sa *nisba*, al-Ḥimṣī, et son appartenance à la communauté chrétienne par le nom ʿAbd al-Masīḥ, "serviteur du Messie", comme l'a souligné F. W. Zimmermann, « The Origins of the so-called *Theology of Aristotle* », dans *Pseudo-Aristotle in the Middle Ages. The Theology and Other Texts*, éd. by J. Kraye, W. F. Ryan, C. B. Schmitt, The Warburg Institute, London, 1986, p. 110-240, en part. p. 114, p. 136 et n. 166. Il est connu comme chrétien aussi par les sources anciennes, telles Ibn Abī Uṣaybiʿa : voir J.-M. Fiey, *Chrétiens syriaques sous les Abbassides, surtout à Bagdad (749-1258)*, Corpus Scriptorum Christianorum Orientalium, Louvain, 1980 (Subsidia, 59), p. 74.

2. Selon Lilla, « Denis l'Aréopagite (-pseudo) », p. 729 (cité à la note 1 de la p. 36), "Denys" lui-même était d'origine syriaque. La première traduction syriaque du *corpus* dionysien se doit à Sergius de Reshaina, le traducteur syriaque d'Aristote († 536) : voir la bibliographie rassemblée par Lilla, p. 741.

3. Voir Sancti Thomae de Aquino *Super Librum de causis expositio*, éd. H. D. Saffrey, O.P., Louvain-Fribourg, Société Philosophique-Éd. Nauwelaerts, 1954 (Textus Philosophici Friburgenses, 4/5), p. 16.15-23 ; p. 20.5-22 ; p. 28.10-25 ; p. 33.6-13 ; p. 43.3-11 ; p. 46.7-12 ; p. 47.8-22 ; p. 103.19-23.

* Je remercie vivement Olivier Boulnois, qui a corrigé le français de cette étude.

CE DONT DIEU N'A PAS IDÉE

PROBLÈMES DE L'IDÉALISME MÉDIÉVAL (XIIIe-XIVe SIÈCLES)

S'il existe une première théorie de la science divine, où Dieu ne connaît pas ce qui est autre que soi – proposition d'Aristote parfois attribuée également à Averroès –, je voudrais étudier ici le second paradigme de la théologie divine, où Dieu est dit connaître toutes choses en se connaissant soi-même : un modèle qui se constitue par dépassement de la conception précédente. Ce modèle recèle cependant des difficultés internes : si la science divine se caractérise par la précontenance formelle d'une idée correspondant à la forme spécifique des choses, tout ce qui n'est pas l'*eidos* de la chose – l'accident, la matière, l'individualité, l'état de fait, tout cela risque de basculer dans l'inconnaissable. Rechercher ce dont Dieu n'a pas idée, c'est donc interroger un platonisme de fond qui structure la doctrine de la science divine, se demander au nom de quoi et comment il est tantôt admis et tantôt rejeté. Cette part d'ombre conduit aussi à s'interroger sur ce qui le rend possible, sur le partage entre lumière et ténèbres, sur les marges du discours théologique : non pas ce qui est exclu de l'ordre du discours, comme l'impossible et l'inconnaissable, mais sa marge. Cet objet paradoxal n'a pas de réalité dans l'absolu, il fait pourtant l'objet d'un savoir, oblique et non direct ; il est monstrueux ou chimérique, mais conserve une place dans l'édifice de la science; il n'est pas faux, mais fait ressortir sourdement les difficultés de la théorie des idées. On y retrouve d'ailleurs les ténèbres, l'imaginaire, la chimère et les errements infinis du langage.

Le Moyen Âge retrouve l'antique question de Platon : « y a-t-il des formes séparées de toutes choses, y compris du poil et de la boue ? »[1]. Dans le dialogue qui porte son nom, Parménide n'hésitait pas à l'admettre, en

1. *Parménide* 130 c 5.

refusant toute limitation de la doctrine des formes. Pourtant, le premier platonisme, tel que l'expose Aristote, excluait déjà de l'univers des formes les négations et les privations, les relations, les artefacts et celles où il y a de l'antérieur et du postérieur[1]. Dans son commentaire sur le *Parménide,* Proclus affirme qu'il n'y a pas d'idée de la matière informe, des choses singulières, des parties du corps, des accidents, des artefacts, ni du mal[2] : l'intellect les connaît par la forme correspondante, l'espèce, la forme du tout, la substance, les modèles naturels ou le bien dont ces objets sont la privation. Mais le texte de Proclus est resté inconnu du monde latin et du Moyen Âge jusqu'à sa traduction par Guillaume de Moerbeke vers 1286. Par conséquent, cette problématique a été reconstruite au Moyen Âge, à partir d'Aristote et de bribes de néoplatonisme, jusqu'à sa redécouverte consciente par Berthold de Moosburg et par Nicolas de Cues[3]. En posant cette question, nous cherchons donc comment s'est réélaborée, en milieu latin, *d'une manière originale et neuve*, une problématique d'abord néoplatonicienne – comment l'éclipse du *corpus* ne s'est pas accompagnée d'une mise entre parenthèses de la question, mais bien de son renouvellement.

Le problème des idées divines pose ainsi la question du lien entre platonisme et idéalisme au Moyen Âge[4]. Que l'on entende par idéalisme la doctrine platonicienne des idées, ou comme Hegel, le projet qui cherche à saisir l'être dans sa totalité rationnelle – comme identité concrète du rationnel et du réel – la question se pose : la pensée médiévale a-t-elle connu un idéalisme, et celui-ci n'est-il pas précisément ce qui conduit du premier au second ? Il faut tout de suite remarquer que, contrairement aux arguments développés au XIIIe siècle, la question n'est pas tranchée par les exigences de la théologie chrétienne : Augustin n'hésite pas à affirmer que Dieu n'a pas d'idées propres des individus[5]. Pour quels motifs rationnels passe-t-on de la synthèse néoplatonicienne (où le divin est au-delà des

1. *Métaphysique* A, 9, 990 a 34-991 a 8; M, 4, 1078 b 32-1079 b 10; cf. L. Robin, *La Théorie platonicienne des Idées et des Nombres d'après Aristote,* Paris, 1908, p. 122-198.

2. *In Parmenidem* III, éd. V. Cousin, Paris, 1864, p. 822-832 (texte grec), éd. C. Steel, Leuven-Leyde, 1982, p. 162-170 (trad. latine de G. de Moerbeke). – Notons que Plotin admet des idées des individus, cf. P. Kalligas, « Forms of Individuals in Plotinus : A Re-Examination », *Phronesis* 42 (1997) p. 206-227.

3. Et même dans ce cas, l'influence de Proclus a été bien moindre qu'on ne l'imagine parfois : même si Nicolas de Cues en a connu des passages, le *De docta ignorantia* (1440) est antérieur de dix ans à la première copie du manuscrit du *Commentaire de Parménide* commandée par le Cusain (1450).

4. D'une manière analogue à ce qu'a fait pour l'idéalisme allemand W. Beierwaltes, *Platonisme et Idéalisme,* Paris, Vrin, 2000.

5. *Epistola* XIV, 4 (Ad Nebridium) ; CSEL 34, 34-35. – Le texte est cité comme objection par Bonaventure.

idées) à l'intégration des idées dans la pensée créatrice de l'Esprit absolu ? Quelles sont les difficultés inhérentes à une telle théorie ? Pour quelle raison enfin a-t-elle été rejetée ? – Telles sont les questions que j'examinerai ici, principalement à partir des grands *Commentaires des Sentences* du XIVe siècle.

LE PRINCIPE D'UNE CONNAISSANCE PAR LES IDÉES

Selon Guillaume d'Auxerre, il faut attribuer à Dieu la science, par ressemblance aux réalités naturelles. Or dans la nature, la science est l'acte par lequel l'intellect s'assimile à la chose. Que ce soit par essence ou par causalité, il est donc manifeste que « Dieu est dit connaître en quelque façons toutes choses en raison de son statut d'image-modèle (*propter sue exemplaritatis ymaginem*) »[1]. En se connaissant lui-même, Dieu connaît toutes choses parce qu'il en est lui-même le modèle. Il est lui-même l'Idée – l'essence-modèle et la cause précontenante – de toutes choses. Ainsi, le verbe « savoir » signifie directement l'essence divine comme modèle des choses créées, mais connote dans les créatures « une certaine imitation par laquelle les créatures imitent le souverain bien »[2].

De même, la *Somme de frère Alexandre* affirme le principe que toutes choses sont connues par Dieu dans leurs idées. – À la suite de Denys, Alexandre de Halès pense la science divine sur le modèle d'un soleil intelligible : alors que la science humaine est une ressemblance de l'intellect qui provient de la chose, la science divine est une ressemblance théorétique aux choses qui renverse le sens de l'adéquation, puisque ce sont maintenant les choses qui correspondent à la science divine[3] ; de même, la lumière ressemble à toutes les couleurs, même si aucune n'existe, car celles-ci sont précontenues dans cette ressemblance lumineuse[4] ; comme le dit Denys, « Dieu connaît toutes choses en tant qu'elles sont en lui, et qu'elles présubsistent en lui et la connaissance qu'il en a, il ne la tire pas des étants »[5]. Pour Alexandre, cela signifie que Dieu connaît toutes choses par la cause : en se connaissant lui-même, il connaît la cause de toutes choses. Dans un cercle, l'infinité des lignes convergentes est enveloppée dans l'unité du centre qui permet de les engendrer; de même, « dans la

1. *Summa Aurea*, I, IX, 1 (Paris-Grottaferrata, 1980, I, p. 177).
2. *Summa Aurea*, I, IX, 1 (I, 178).
3. Alexandre de Halès, *Summa theologica* I, Inq. 1, tract. 5, sect. 1, q. un., § 163, Quaracchi, 1924, t. I, p. 246.
4. *Id.* (I, 245).
5. *De divinis nominibus*, 7, § 2 (PG 3, 870).

cause de toutes choses, les natures de toutes les choses singulières sont enveloppées par une unité sans confusion »[1].

Alexandre peut alors affronter la principale difficulté, telle que l'énonce Denys : « Il pré-possède et préconçoit la connaissance, la science et la substance de toutes choses, mais non selon une idée »[2]. Si Dieu est vraiment transcendant, il est au-dessus des idées, et n'a pas besoin d'elles pour connaître. Selon Bonaventure, il existait bien au XIIIe siècle une position dionysienne pour laquelle Dieu connaît en tant que cause, et non en tant qu'idée[3]. En tous cas, Alexandre rejette cette hypothèse ; pour cela, il identifie l'idée et la cause ; il abandonne ainsi la transcendance dionysienne de la science divine au-delà des idées, le dépassement néoplatonicien du platonisme. À partir d'Augustin[4], il revient à la thèse que Dieu connaît toutes choses par leur cause exemplaire, c'est-à-dire leur idée. Il peut donc dénoncer l'erreur de Platon, qui supposait à tort trois principes, le démiurge, l'idée et la matière, en identifiant les deux premiers : l'idée n'est autre que l'essence divine elle-même. C'est simplement parce qu'il impliquait l'extériorité des idées que Denys a voulu condamner ce platonisme, mais à part cela, il permettait précisément de fonder un idéalisme : rien n'interdit d'affirmer que Dieu connaît toutes choses par leurs idées en lui – puisqu'elles ne sont autres que lui. Alexandre peut ainsi à revenir à *un autre* platonisme, en identifiant l'idée à la science divine, sans conférer à celle-ci aucune transcendance sur Dieu : « Si l'on considère celui qui est la cause, il sait tout par la cause, puisqu'il sait tout par lui-même, lui qui est cause de toute chose »[5]. D'emblée, le schéma démiurgique est déterminant : l'idée est idée dans la mesure précise où elle est exemplaire – c'est-à-dire où elle constitue le modèle à partir duquel Dieu cause ou produit la réalité finie comme une copie conforme au modèle. – Ainsi, toutes choses sont connues par leur cause, c'est-à-dire leur forme spécifique préexistant en un Dieu créateur, y compris leur contraire : l'infor-

1. *De divinis nominibus* 7, § 2 (PG 3, 870).

2. *De divinis nominibus* 7, § 2 (PG 3, 870).

3. *Sentences* I, d. 35, art. un. q. 1 resp. (ed. minor, in *Opera theologica selecta*, Quaracchi, 1934, t. I, p. 479). Je n'ai malheureusement pas pu identifier les auteurs mentionnés, à moins qu'il ne s'agisse d'une méprise sur Alexandre.

4. *De diversis quaestionibus*, q. 46 (BA 10, 123-129).

5. *Summa theol.* I, inq. 1, tract. 5, sect. 1, q. un. m. 2 chap. 2, § 165 (I, 248 b) : « Si consideratur ipse qui est causa, omnia scit per causam, quia omnia scit per se, qui est causa omnium ». Les exemples donnés par Bonaventure sont déjà ceux d'Alexandre : le point précontient virtuellement la ligne, et le centre la circonférence – mais ils viennent d'abord de Denys.

mité du mal, le multiple, le néant, l'infini, le contingent, le singulier, l'énonçable et l'opposé comme tel[1].

Le premier problème concret est posé par la question du mal : Dieu connaît les biens et les maux par la même voie; mais il n'y a pas de mal subsistant, pas d'idée du mal; dans ce cas, Dieu ne connaît pas non plus le bien par une idée, ce qui semble signifier qu'il ne connaît rien par une idée. Mais ici, la réponse est indiquée par la question : Dieu connaît le mal par l'idée du bien, en tant qu'il en est déficient. C'est pourquoi le modèle de la lumière reste valide : c'est la connaissance divine qui touche les limites de l'inconnaissable, de même que la lumière connaît les ténèbres « en tant que défaut de lumière »[2]. Force est de constater que le principe d'une connaissance par les idées est nettement affirmé, mais que le mode de celle-ci reste indéterminé : comment, en Dieu, la lumière intelligible est-elle capable de percevoir ses propres limites? Comment la lumière se connaît-elle elle-même et son contraire? Alexandre ne développe ici aucune noétique précise.

De même, Dieu connaît le multiple par l'unité, car toute perfection doit lui être attribuée, et il est plus parfait de connaître le multiple sous le mode de l'unité: l'unité de sa puissance (*virtus)* englobe virtuellement la pluralité qu'elle précontient en elle[3]. Le même argument montre qu'il connaît le contingent dans une raison nécessaire: il connaît le multiple comme préexistant en lui – cela conduit Alexandre à conclure que Dieu est la cause immuable et nécessaire de tout ce qui arrive, le contingent comme l'immuable[4]. De plus, même ce qui n'est pas se trouve en Dieu comme l'idée de la maison dans l'esprit de l'artisan : en tant que créateur, c'est précisément dans la mesure où il est démiurge, où il est capable de la produire (*causa disponens*), qu'il en a l'idée; et à l'égard de ce qui n'a jamais été et ne sera jamais, il se connaît comme cause puissante (*causa potens*) – c'est-à-dire comme lieu de tous les possibles, même irréels[5]. C'est encore de la même manière que Dieu, même s'il ne cause qu'un

1. Ce sont les titres du Membrum III, chap. 3; Membrum II, chap. 3; Membrum 3, chapitre 1, 2 4, 5, 6, 7.

2. *De divinis nominibus* 7, § 2 (PG 3, 870); cité § 167 (I, 250 b).

3. *Summa* I, 1, 5, 1, q. un, chap. 3, § 166 (I, 249).

4. *Summa* § 171, qui renvoie au § 164.

5. *Summa* § 168 (I, 251). On retrouve la distinction attestée, depuis Guillaume d'Auxerre au moins, entre science de vision et science de simple intelligence : par la première « scit Deus tantum ea quae fuerunt futura, quia visio exigit rei presentiam et Deo presentia sunt quecumque fuerunt futura »; par la seconde, « scit Deus omne excogitabile, sive sit sive non sit et possit esse, sive nec sit nec possit esse » (*Summa Aurea,* I, IX, 2; I, p. 180). – On remarquera que chez Guillaume d'Auxerre la science de simple intelligence inclut même les impossibles !

monde fini, connaît l'infinité des possibles : ils sont dans la cause en tant que (toute-)puissante, pouvant tous les possibles [1].

Dieu connaît toutes choses par leurs idées – mais comment passer des idées à une connaissance du sans-idée ? Alexandre est très discret sur ce point. Il ne voit aucune difficulté à dire à la fois que Dieu connaît toutes choses par l'idée causale préexistant en lui et que certaines choses n'ont pas d'idée propre en Dieu : celles-ci seront connues par leur autre, comme les ténèbres par la lumière – par l'idée dont elles sont le contraire... C'est pourquoi Alexandre n'affirme même pas que certaines choses n'ont pas d'idées en Dieu : l'idée de leur autre est leur idée. Par la doctrine de la connaissance eidétique, Alexandre se rattache à Augustin contre Denys, mais par la doctrine de la précontenance causale, il se réclame explicitement de Denys [2]. – L'ensemble conduit pourtant à une nouvelle synthèse : l'identification en Dieu de l'essence, de la science, et des idées – la constitution d'un idéalisme théologique.

Le hiatus entre l'idée et la connaissance

Cet idéalisme est un carrefour à partir duquel la pensée médiévale prend plusieurs directions.

Celle d'Albert le Grand, d'abord, qui reconnaît un écart entre l'idée comme forme et la possibilité de connaître la matière, mais qui s'efforce de le combler en unifiant divers ordres de connaissance dans une même idée. Celle de Bonaventure, ensuite, pour qui tout ce qui a une réalité est objet de la science divine, ce qui le conduit à multiplier les idées autant qu'il y a de choses connaissables. Celle de Thomas d'Aquin, enfin, qui ouvre une béance entre les idées et la connaissance divine.

Albert le Grand semble être le premier à formuler notre question (avant 1245 ?) : « Y a-t-il des idées de toutes choses, et cela principalement en raison de la matière première » [3] ? La question générale est immédiatement recouverte par un problème spécifique, celui de la matière brute : « En effet, si l'idée est la raison de la forme, elle ne semble avoir de relation qu'à la forme, excluant donc la relation à la matière » [4]. L'argument en sens contraire est radical : « tout ce qui est créé a une raison idéelle (*idealis*) dans

1. *Id.* § 169 (I, 252).

2. *Id.*, citation § 172 (I, 255).

3. *In Lib. I. Sent.*, d. 35, art. 10 (éd. Jammy, Lyon, 1651, p. 515) : « Si omnium sit idea, et hoc praecipue propter materiam primam ».

4. « [...] quia si idea est ratio formae, non videtur habere relationem nisi ad formam ; non ergo ad materiam, ut videtur » (*ibid.*).

l'esprit divin, ou dans celui du Créateur; la matière première est créée; elle a donc une idée dans l'esprit du Créateur »[1]. Il ne sert à rien de dire (comme Alexandre de Halès) que la matière première est connue par son contraire, la forme : dire cela n'est rien dire, car nous nous interrogeons sur la connaissance pour laquelle elle est connue par elle-même. – « Il est également absurde de dire que Dieu a reçu la connaissance de l'un par l'autre, comme nous : car dans ce cas, il y aurait quelque chose dont il n'aurait la connaissance que par accident et non par lui-même, ce qui est faux; il connaît donc la matière première par elle-même »[2].

La réponse paraît limpide : « Dieu connaît la matière et il produit immédiatement par l'idée de la matière »[3]. Et pourtant, cela ne signifie pas qu'il y ait une idée de la matière distincte de celle de la forme. En effet, l'idée est « une espèce de l'efficient » – entendons : une espèce dans l'efficient, une forme faite de la texture même du créateur – « que l'effet imite autant qu'il le peut »[4]. Un dégradé ontologique s'ensuit, qui montre bien que l'idée est en Dieu le corrélat de tous les degrés d'imitation de l'essence divine par la créature finie : « Certaines réalités imitent cette idée en étant seulement selon la puissance, comme la matière première; d'autres selon un acte mêlé de puissance dans la succession, comme le mouvement et le temps; d'autres dans le repos, comme le vide ou l'infini; d'autres en participant à une forme déterminée en acte, non mêlée de réalités plus ou moins nobles, comme les créatures qui sont déterminées par le mode, l'espèce et l'ordre de leur propre nature ». Finalement, l'existence d'une idée de la matière revient à affirmer qu'il y a une seule et même idée pour chaque forme, mais imitée diversement par la matière première, le mouvement, le vide, ou les natures parfaites. Albert ne semble envisager l'idée propre de la matière qu'en raison de la possibilité d'une création de la matière nue. Mais, puisque des formes sont créées, la matière participe de la même idée qu'elles. La question de la matière pose donc au paroxysme le problème de savoir s'il y a des idées de toutes choses; elle conduit aussi à montrer qu'il n'y a pas d'idée distincte de toutes choses, mais une seule

1. « Quicquid creatum est, rationem idealem habet in mente divina, sive Creatoris : materia prima creata est : ergo habet ideam in mente Creatoris » (*ibid.*).

2. « Absurdum est dicere quod tu dicas Deum accipere cognitionem unius per alterum, sicut nos accipimus : quia tunc aliquid esset cuius cognitionem non haberet nisi per accidens et non per seipsum, quod falsum est : ergo materiam primam cognoscit per seipsam » (*ibid.*). C'est très probablement une allusion à Alexandre de Halès.

3. « Deus cognoscit materiam et facit immediate per ideam materiae » (*ibid.*).

4. « Dico esse ideam speciem efficientis, quam imitatur quantum potest effectum » (*ibid.*).

idée pour toutes les manières de s'acheminer vers la forme spécifique. Il y aura autant d'idées que de formes.

Bonaventure (vers 1250-1252) part d'une définition plus précise de l'idée : c'est une « ressemblance de la chose connue », non certes une ressemblance univoque qui suppose une participation à quelque chose de même genre, mais une « *ratio cognoscendi* » (raison de connaître). En vertu de l'inversion du sens de la vérité comme adéquation, en nous, la raison de connaître est une ressemblance et la chose même est une vérité, mais en Dieu, c'est « la raison de connaître qui est la vérité », et la créature, la ressemblance. L'idée « exprime » donc la vérité suprême qui est l'essence divine : elle la fait jaillir et elle la manifeste hors de soi [1]. Les idées sont donc identiques par la nature où elles subsistent, mais différentes par le rapport à la créature qu'elles signifient.

C'est pourquoi Bonaventure peut traiter d'une manière originale la question du singulier : l'idée divine, selon sa réalité, est identique à la vérité divine, mais selon sa *ratio intelligendi* (sa distinction de raison) elle est une ressemblance de la chose connue. Elle exprime donc non seulement l'universel (comme l'idée chez Alexandre), mais aussi le singulier. Est-ce la même réponse qu'Alexandre ? Non, car ce n'est plus de la même idée qu'il s'agit : « Ce n'est pas seulement une ressemblance de l'universel en tant qu'il est universel, mais aussi du singulier en tant que singulier, et pour cette raison, puisqu'il y a une ressemblance des deux, l'idée n'est pas seulement multipliée selon la multiplicité des universaux, mais aussi selon celle des singuliers » [2] – Dieu a autant d'idées des singuliers qu'il y a de singuliers, il a une idée pour chacun d'eux, et l'idée ne se limite pas à une ressemblance spécifique ou universelle. Par cette percée, Bonaventure étend la théorie des idées divines au-delà de l'*eidos* platonicien.

Cette percée s'élargit à la question de l'infini : quand Alexandre disait prudemment que la même puissance causale précontient l'infinité des étants, Bonaventure affirme que les idées « ne sont pas en nombre fini, mais en nombre infini » [3]. L'infinité des idées ne vient donc pas du nombre des corrélats créés (des idéats), mais de leur connotation (*in quantum connotata*) – même si Dieu ne produit qu'un monde fini, et des objets en

1. *Sentences* I, d. 35, art. un., q. 1 resp. (I, 480). – Ce double sens de la vérité est repris par Thomas d'Aquin dans la célèbre q. 1, a. 1 du *De veritate* (Rome, 1970, p. 6).

2. *Sentences*, I, d. 35, art. un. q. 4 (I, 486 a) : « non tantum est similitudo universalis, ut universale est, sed etiam singularis ut singulare, et ideo, quia similitudo est utrorumque, non solum multiplicatur secundum multitudinem universalium, sed etiam singularium ».

3. *Id.*, q. 5 : « non sunt in numero finito, sed infinito » (I, 487 b).

nombre fini, les objets de sa puissance sont infinis [1]. Bonaventure exclut du même coup la réponse d'Albert selon laquelle « les réalités imparfaites ne sont pas en Dieu et ne sont pas contenues en lui par une idée propre, mais par l'idée de leurs opposés, la matière par l'idée de la forme, la passion par l'idée de l'acte, la multiplicité par l'idée de l'unité » [2]. Cette position ne peut être soutenue : si imparfaites soient-elles, « toutes ces choses indiquent quelque entité, et donc quelque vérité, et elles ont nécessairement une assimilation à la vérité première » [3] – chaque chose, si vile soit-elle, a une cause exemplaire, et donc une idée en Dieu. De même que l'idée du non-vivant est vivante en Dieu, selon Augustin, de même, l'idée de l'imparfait est parfaite en Dieu, fût-ce celle de la matière. C'est donc la définition de l'idée comme assimilation partielle de l'intellect divin à son essence qui permet de penser l'idée comme portant sur toutes choses. L'idée prévaut ici comme représentation du possible, plutôt que cause préexistant en Dieu.

Une limite demeure : le mal pur n'est pas présent en Dieu. « Le mal n'a pas d'idée en Dieu [...] bien qu'il soit dans la connaissance de Dieu ; car, bien qu'il soit connu par Dieu, il n'est pas connu par une idée de lui, mais par l'idée du bien dont il est la privation » [4]. Dieu le connaît de la même manière que « le droit est juge de soi-même et de l'oblique » [5] : « la malice et la fausseté n'ont pas d'idée et ne sont pas en Dieu ni par Dieu » [6]. Ici, Bonaventure est obligé de reconnaître une connaissance divine sans idée : la connaissance oblique du mal par le bien. Le mal n'a pas d'idée en Dieu parce que l'idée est encore pensée comme « ce à quoi Dieu coopère en tant que cause [...]formelle ou exemplaire ». Le bien s'y trouve sur le mode de le position, le mal est connu sur le mode de l'accident et de la privation. Est-ce une limite à la science divine ? – Non, car la limite se situe dans l'ontologie de Bonaventure plutôt que dans sa doctrine de la science : le mal n'est pas une entité positive. Ainsi, les idées sont la représentation en Dieu de toutes choses, à condition que ce soient vraiment des choses, douées d'une certaine positivité.

1. *Id.*, q. 5 ad 2 : « non venit a multitudine ideatorum in quantum creata, sed inquantum connotata. Idea autem non connotat ideatum secundum actualem existentiam, sed solum secundum potentiam ».

2. I, d. 36, a. 3, q. 2 (I, 501) : « Ad hoc dixerunt aliqui quod imperfecta non sunt in Deo, nec cognoscuntur a Deo per aliquam ideam propriam, sed per ideam suorum oppositorum, ut materia per ideam formae, passio per ideam actus, multitudo per ideam unitatis ».

3. I, d. 36, a. 3, q. 2 (I, 501) : « Cum enim ista omnia dicant aliquam entitatem et ita veritatem, de necessitate aliquam assimilationem habent ad primam veritatem, et ita rationem exemplaritatis ; et ideo necessario sunt in Deo ».

4. I, d. 36, art. 2, q. 1 (I, 499).

5. I, d. 36, a. 3, q. 1 (I, 499).

6. I, d. 36, art. 3, q. 2 (I, 501).

Dans la *Somme théologique*, saint Thomas fait culminer sa question sur les idées par l'article suivant[1] : « Y a-t-il des idées de tout ce que connaît Dieu » ? C'est, semble-t-il, une reprise de la question d'Albert le Grand, mais qui prend explicitement pour thème notre question, sans la réduire au problème particulier de la matière.

Avant d'examiner la réponse de Thomas, il faut comprendre ce qu'il entend par « idée ». – Dès le *Commentaire des Sentences*, Thomas appelle idées « les formes des choses existantes en Dieu », « qui sont comme des formes opératives »[2], les modèles par lesquels l'artisan produit son ouvrage, « car toutes choses sont dans l'esprit divin comme les artefacts dans l'esprit de l'artisan »[3] – identifié par Averroès au moteur des sphères. L'idée est par excellence le modèle d'où procède toute production démiurgique. Thomas rappelle que « le nom d'idée vient d'*eidos*, ce qui veut dire forme »[4]. La pluralité des idées en Dieu vient donc de ce que chaque idée désigne l'essence divine comme le modèle imité par la créature, l'essence divine étant « l'idée propre de cette chose selon un mode déterminé d'imitation »[5]. L'idée est réellement identique à l'essence divine, mais c'est la pluralité des relations aux choses qui engendre une pluralité de raisons d'imitabilités et donc une pluralité d'idées – « en tant que Dieu pense son essence comme imitable par tel ou tel mode »[6]. Y a-t-il une idée pour chaque chose ? Le principe de la réponse est proche de celui d'Albert le Grand : tout ce qui peut être produit par Dieu a une raison ou une ressemblance qui préexiste en Dieu[7]. C'est pourquoi, « si quelque chose est produit par Dieu, selon ce rapport (*secundum hoc*) il a en Dieu une ressemblance, selon ce rapport son idée se trouve en Dieu, et selon lui il est connu par Dieu ; c'est pourquoi, puisque toute chose est produite par Dieu, il faut que les idées de toutes choses soient en Dieu »[8]. Comprenons : tout ce qui est une chose est produit par Dieu, et donc toute chose a une idée en Dieu.

1. Voir J. F. Wippel, *Thomas Aquinas on the Divine Ideas*, Toronto, 1993.

2. *Sentences* I, d. 36, q. 2, a. 1 : « formas rerum in Deo existentes ideas dicimus, quae sunt sicut formae operativae » (Paris, éd. Mandonnet, 1929 ; I, 839).

3. *Ibid.* : « omnia sunt in Deo, sicut artificiata in mente artificis ».

4. *Ibid.* : « idea dicitur ab « eidos », quod est forma ».

5. *Sent.* I, d. 36, q. 2, a. 2 (I, 842) : « divina essentia erit propria idea istius rei secundum determinatum imitationis modum ».

6. *Ibid.* : « secundum quod Deus intelligit essentiam suam utimitabilem per hunc vel per illum modum ».

7. *Sent.* I, d. 36, q. 2, a. 3 (I, 844) : « Unumquodque, secundum quod se habet ad hoc quod a Deo producatur, ita se habet ad hoc quod ipsius idea sit in eo ».

8. *Ibid.* : « Secundum id quod aliquid a Deo producitur, secundum hoc similitudinem in ipso habet, et secundum hoc est idea ipsius in Deo, et secundum hoc a Deo cognoscitur ; et ideo cum omnis res a Deo producatur, oportet omnium rerum ideas in ipso esse ».

Mais qu'est-ce qu'une chose ? – Précisément, le mal n'en est pas une. Il n'a donc pas d'idée en Dieu : « le mal en tant que mal est une privation, comme la cécité ; c'est pourquoi l'idée de la chose mauvaise est en Dieu, non certes en tant qu'elle est mauvaise, mais en tant que la chose est ; et le mal lui-même est connu par Dieu par le bien opposé, celui dont manque la chose soumise à la privation »[1]. Saint Thomas ne reviendra jamais sur ce principe, que l'on trouve encore dans le *De veritate* : le mal n'a pas de forme, or la ressemblance est la participation à une même forme, le mal n'a donc pas de ressemblance en Dieu[2] ; et dans la *Somme théologique*[3]. Une telle doctrine a des implications théologiques et éthiques importantes, notamment sur la doctrine de la prédestination[4].

Dès le commentaire des *Sentences*, encore, Thomas, comme Albert, nie que Dieu ait une idée propre de la matière. Certes, Dieu a « en quelque sorte » une idée de la matière première, puisqu'elle en provient. Pourtant, « l'être parfait ne convient pas à la matière en soi, mais seulement en tant qu'elle est dans un composé »[5] : puisque c'est la forme qui donne un être parfait au composé, la matière n'a pas d'autre idée que celle du composé. L'essence divine n'étant imitable que selon un être parfait, seul l'être parfait du composé a une idée propre en Dieu. D'où cette conclusion : la matière n'a d'idée en Dieu qu'imparfaitement. La *Somme théologique* est plus radicale : « La matière en soi n'a pas d'être, et elle n'est pas non plus connaissable »[6]. Dans le *De Veritate* et dans la *Somme*, Thomas saisit l'occasion pour attaquer le platonisme : Platon a refusé de donner une idée à la matière parce qu'il la pensait comme incréée ; le croyant, lui, parce qu'il

1. *Ibid.* : « malum, inquantum malum, nihil est, cum sit privatio quaedam, sicut caecitas ; et ideo rei malae idea in Deo est, non quidem inquantum mala est, sed inquantum res est ; et ipsum malum per oppositum bonum cognoscitur a Deo, a quo res privationi subjecta est ».

2. *De veritate* q. 3, a. 4 : « secundum Augustinum malum dicitur ex hoc ipso quod non habet formam : unde cum similitudo attendatur secundum formam aliquo modo participatam, non potest esse quod malum similitudinem aliquam in Deo habeat » – c'est une référence à Augustin, *De natura boni*, chap. 4 (PL 42, 553), cité aussi par Albert, *Summa* I, tr. 13, q. 55 m. 2 a. 3.

3. *Summa theologiae* I, q. 15, a. 3 ad 1.

4. « Deus autem non potest esse directe causa peccati. [...] Similiter etiam neque indirecte » (Ia IIae q. 79, a. 1) car « defectus gratiae prima causa est a nobis » (*ibid.*, q. 112, a. 3 ad 2). Cf. J.-M. Garrigues, *Dieu sans idée du mal : la liberté de l'homme au cœur de Dieu*, Paris, 1982 (remarquable, mais plus théologique qu'historique) ; J.-P. Arfeuil, « Le dessein sauveur de Dieu et la doctrine de la prédestination chez S. Thomas d'Aquin », *Revue thomiste* (1974).

5. *Sentences* I, d. 36, q. 2, a. 3 ad 2 (I, 844) : « Esse autem perfectum, materiae non convenit in se, sed solum secundum quod est in composito ».

6. *Summa theologiae* I, q. 15, a. 3 ad 3 : « Materia secundum se neque esse habet, neque cognoscibilis est ».

soutient que la matière a été créée par Dieu et n'est jamais sans forme, admet toujours qu'elle a une idée en Dieu [1].

Dans les *Sentences*, Thomas enchaîne immédiatement sur le problème de la connaissance du singulier. Tout comme il a une notion différente de l'homme et du cheval, Dieu a une notion différente de Pierre et de Martin. Mais cette différence a elle-même un statut différent : la différence entre l'homme et l'animal vient de la forme spécifique, à laquelle une idée correspond parfaitement, tandis que la distinction entre les singuliers d'une même espèce provient de leur matière, dont il n'y a pas d'idée parfaite. C'est pourquoi la distinction des espèces est plus parfaite que celle des individus [2]. Le *De Veritate* et la *Somme* expliquent davantage pourquoi il doit y avoir une idée du singulier – pour un motif strictement théologique : même si la nature vise la conservation des espèces sans viser tel ou tel individu, la Providence divine porte sur les singuliers, et même les « définit » [3]. Mais Thomas n'expose pas comment cette idée est possible.

Les *Sentences* distinguent ce problème de celui des accidents : eux non plus n'ont pas d'être parfait. « Ils manquent à la perfection de l'idée », mais en tant qu'ils imitent l'essence divine, celle-ci est leur idée. L'embarras de Thomas est perceptible dans cette position hybride et contradictoire, où il affirme à la fois l'existence de l'idée et sa négation. Or Thomas, par une sorte de transfert méthodologique remarquable, pense l'hybride précisément à cette occasion. Certains êtres singuliers sont faits de deux espèces mêlées, comme le mulet, qui provient d'un âne et d'un cheval : si donc de tels êtres ont une idée, il semble qu'à chacun d'eux corresponde une double idée, ce qui est absurde, car il ne faut pas multiplier les principes sans nécessité. La réponse de Thomas est simple : « le mulet a une espèce intermédiaire entre l'âne et le cheval, il n'est donc pas dans deux espèces mais dans une seule » [4]. Il faut se contenter d'un intermédiaire et d'un mélange. On peut se demander alors si l'hybride n'est pas seulement dans le contenu de la question, mais dans la forme de la réponse.

La *Somme* traite dans le même article des genres, des accidents et des individus, qui sont extérieurs à la forme spécifique. – Les genres n'ont pas d'autre idée que celle de l'espèce, en tant que l'idée signifie leur modèle, car le genre ne subsiste nulle part ailleurs que dans l'espèce. – Les accidents sont de deux sortes : les accidents inséparables d'un sujet sont connus dans l'idée de ce sujet, tandis que les accidents séparables ont eux-mêmes une idée spécifique correspondant à une autre forme : la structure de la maison

1. *De veritate* q. 3, a. 5 (p. 111-112) ; *Summa theologiae* I, q. 15 a. 3 ad 3.
2. *Sentences* I, d. 36, q. 2, a. 3 ad 3 (I, 845).
3. *De veritate* q. 3, a. 8 (p. 115-116) ; *Summa theologiae* I, q. 15, a. 3 ad 4.
4. *De veritate* q. 3, a. 8 ad 4 (p. 116).

est impliquée dans la forme de la maison, mais les peintures qui la décorent renvoient à d'autres formes ayant leur idée en Dieu [1]. C'est une présentation plus rigoureuse que celle des *Sentences,* puisqu'elle place sur le même plan des réalités ontologiques extérieures à l'espèce.

Dernier problème, qui n'est pas formulé dans les *Sentences,* mais qui apparaît dans le *De veritate* : Dieu a-t-il une idée de l'irréel – ce qui n'a pas été et ne sera jamais ? Selon Denys, les idées sont « les volontés divines, déterminantes et productrices des choses » ; elles correspondent donc au possible qui se réalise [2]. Dans sa réponse, Thomas est obligé de scinder en deux les aspects constitutifs de l'idée, modèle de production et forme *(ratio)* de connaissance : « de ce qui n'est pas, qui n'a pas été et ne sera pas, Dieu n'a pas une connaissance pratique. [...] C'est pourquoi, à leur égard, il n'y a pas d'idée en Dieu, en tant que l'idée signifie un modèle (*exemplar*), mais seulement en tant qu'elle signifie une raison » [3]. Le schéma démiurgique de l'idée ne vaut que pour ce qui a été, est ou sera créé : il n'y a d'idée-modèle que pour le réel, objet de la science de vision. Il faut donc concevoir un autre sens de l'idée, la simple raison de connaître, pour la science de simple intelligence. Ainsi, la différence entre le possible qui se réalise et celui qui ne se réalise pas semble enracinée dans la structure même de la science divine, si bien que la volonté divine n'est pas indifférente devant son objet, s'autodéterminant pour décider s'il doit ou non devenir réel. La puissance de Dieu est toujours ordonnée d'avance à la participation au bien que l'intellect divin lui présente [4]. – Le *De potentia* expose clairement quel statut en découle pour l'idée : l'irréel n'a pas en Dieu d'idée au sens complet du terme, celui d'un modèle en vue de la production d'une œuvre, mais Dieu connaît simplement tout ce qui est en sa puissance – c'est une idée au sens imparfait [5]. N'est-ce pas abdiquer la consistance ontologique et causale de l'idée, pour la réduire à un simple moyen de connaissance ? L'idée se détache ici radicalement de la cause, de son statut de modèle artisanal, et se réduit à une simple connaissance sans fondation ontologique.

1. *Summa theologiae* I, q. 15, a. 3 ad 4.

2. Denys, *De divinis nominibus* chap. 5, § 8 (PG 3, 824 C; cf. S. Thomas, *In librum Dionysii De divinis nominibus*, chap. 5, lect. 3, éd. C. Pera, Turin-Rome, 1950, p. 249-251) : « exemplaria sunt divinae voluntates, determinativae et effectivae rerum » (éd. Pera, § 282 ; cf. *De veritate* q. 3, a. 6 arg. 3, p. 112).

3. *Summa theologiae* I, q. 15, a. 3 ad 2. Parallèle : *In librum Dionysii De divinis nominibus* V, 3, § 664 (p. 249).

4. Duns Scot lui reprochera cette interprétation, qui lui semble réduire la liberté divine. Cf. T. Noone, « Aquinas on Divine Ideas : Scotus's Evaluation », *Franciscan Studies* 56 (1998), p. 307-324, notamment p. 323-324.

5. *De potentia* q. 1, a. 5 ad 11.

Dans l'ensemble, hors de la forme spécifique, Thomas est obligé de s'en tenir à des réponses embarrassées, tantôt hybrides, tantôt dédoublées, comme ici, et finalement de déréaliser l'idée en la dépouillant de son caractère causal. Mais un point est encore plus troublant : c'est le fait que la *Somme contre les Gentils* décrive la connaissance divine sans recourir au concept d'idée. Les seuls emplois de ce concept dans le livre I renvoient aux Idées platoniciennes, donc pour les rejeter[1], sauf en un passage où il s'agit de les récupérer dans leur sens véritable de raisons divines[2]. Tout se passe comme si, dans cet ouvrage guidé par l'ordre des raisons, Thomas ne pouvait pas s'appuyer sur le vocabulaire augustinien et sur l'exemplarisme causal, mais se donnait précisément pour tâche d'en établir le fondement conceptuel : la connaissance divine est prouvée avant qu'il soit établi que Dieu est créateur, le concept créatif d'idée est donc passé sous silence – on ne peut l'anticiper par l'autorité d'Augustin. Dans une *Somme contre les Gentils*, on peut faire l'économie des idées, et leur concept semble pris dans un vertigineux vacillement.

L'analyse de Thomas ouvre une béance difficile à refermer. Il y a maintenant un écart entre la science divine et les idées : certaines réalités – le mal, l'irréel, la matière, les genres, les accidents et les individus – sont connues par Dieu sans avoir d'idée en lui. Quel est leur statut ontologique ? Ce ne sont pas des choses au sens plein, mais ne sont-elles rien ? Par quelles voies sont-elles connues par Dieu ? Si cette connaissance en Dieu est un acte de penser sans être une idée, en quoi consiste-t-elle ?

L'écartèlement entre l'idée et la science : Henri de Gand et les deux sens de la *res*

Gilles de Rome développe son analyse des idées selon la même structure de pensée[3]. Il affirme toutefois fortement que toutes les réalités évoquées par Thomas ont bien une idée, y compris les impossibles : « Même si le bouc-cerf et la chimère ne sont pas des étants dans la nature

1. *Summa contra Gentiles* [=*SCG*] I, 24, § 2 ; I, 51, § 3.

2. *SCG* I, 54, 5 : « Il [Augustin] dit que les notions *(rationes)* des choses sont multiples dans l'esprit divin. En cela est aussi conservée l'opinion de Platon qui pose des idées, d'après lesquelles serait formé tout ce qui existe dans les choses matérielles ». Dans sa traduction (Paris, 1999, I, p. 271) C. Michon montre (p. 392, n. 97) que Thomas fait l'économie du redoublement entre les objets de la science divine et ceux des idées, mais n'en signale pas le motif – à savoir que Thomas fait tout simplement l'économie des idées.

3. Les *Sentences* I, d. 35, a. 2, q. 4 (Venise 1521, Francfort 1968, f. 189r°A), suivent presque exactement l'ordre et les arguments de la *Somme théologique* : mal, matière, accidents de l'espèce (genres) et inséparables, accidents de l'individu et séparables, individus.

des choses, leur raison n'implique pas la privation de l'étant; c'est pourquoi ils sont imaginables et ils ont une idée. Ou encore, il faut dire autrement et mieux : même si ce ne sont pas des étants quant à leur totalité, ce sont des étants quant à leurs parties. On y trouve en effet la tête du lion et la queue du serpent, même si on ne trouve pas d'animal dans le corps duquel ces choses existent »[1]. Gilles pousse le statut de l'idée beaucoup plus loin que la seule exemplarité : tout ce qui peut être pensé (et donc tout ce qui peut être pensé par Dieu) a une idée, même s'il n'existe pas positivement. Cela vaut même pour le mal, qui, pourtant, n'est rien : « On ne dira pas que le mal n'a pas d'idée, mais qu'il n'a pas d'idée par laquelle être imité. »[2] L'idée se détache alors de la précontenance causale. L'idée n'est plus le modèle d'une production possible, pas même le modèle d'un possible, mais vise le simple « imaginable », la fiction forgée de deux parties incompatibles dans la nature. – La science théorique de Dieu correspond à celle des énonçables (l'ensemble des états de faits signifiables par une proposition), sa science pratique correspond à la science des choses. Ainsi, il connaît tout ce qui n'est pas, n'a pas été et ne sera pas dans la mesure où il connaît toutes les combinaisons entre les énonçables[3]. Mais parce qu'il peut faire ce qu'il n'a pas fait, Dieu peut savoir ce qu'il n'a pas su par une science pratique, et non par une science spéculative, car il n'est rien qui ne soit compris par cette science.

C'est pourtant dans le *Quodlibet* VII d'Henri de Gand, soutenu en décembre 1282, que l'écartèlement entre idées créatrices et science divine se manifeste avec le plus de rigueur. La première question posée : « Toute chose a-t-elle une idée propre en Dieu ? » – interfère avec la seconde : « Les relations ont-elles des idées propres en Dieu ? ». « L'idée en Dieu n'est rien d'autre que l'essence divine même en tant qu'elle est la raison que la créature doit imiter »[4]. Henri est plus précis que Thomas, qui ne dit jamais si la relation d'imitablité est le moyen ou l'objet par lequel Dieu connaît les créatures comme termes d'une telle relation – sans doute les deux aspects sont-ils indiscernables à ses yeux. Pour Henri, au contraire, la notion par

1. *Sentences* I, d. 35, a. 2, q. 4 ad 1 (189 r° G) : « licet hircocervus et chimera non sint entia in rerum natura, non tamen de ratione eorum est privatio entis; et ideo imaginabilia sunt et ideam habent. Vel dicendum aliter et melius : quod licet non sint entia quantum ad sui totalitatem, sunt tamen entia quantum ad suas partes. Invenitur enim caput leonis et cauda serpenti, licet non inveniatur animal in cuius corpore dicta existant ».

2. *Ibid.*, ad 1 in contrarium (H) : « Non arguitur malum nullo modo habere ideam, sed non habere ideam qua imitetur ».

3. *Sentences* I, d. 39, princ. 1, q. 2 (Venise 1521, 206 ra BC).

4. Dit dans l'argument 1, mais non réfuté par la suite : *Quodlibet* VII, q. 1 et 2 (*Opera omnia* XI, 3, éd. G. A. Wilson, Leuven, 1991, p. 3) : « idea in Deo nihil aliud est quam ipsa divina essentia ut est ratio, quam creatura debet imitari ».

laquelle Dieu connaît ce qui est autre que soi est la relation d'imitabilité qu'il entretient avec sa propre essence [1].

Cette analyse s'enracine dans la théorie de la relation que développe Henri de Gand, à la suite de Simplicius. Quand un terme second dépend d'un terme premier, il faut que le premier se rapporte au second et non l'inverse; or la créature dépend tout entière de Dieu, il faut donc que Dieu s'y rapporte avant qu'elle ne se rapporte à lui [2]. La créature est constituée par la relation de l'intellect divin envers elle, elle ne peut s'y rapporter qu'après-coup et secondairement. Les idées sont donc déduites par une relation comme identité de l'être et de la différence, comme vie de l'absolu.

C'est pourquoi Henri commence par exclure que les intentions secondes et les artefacts soient l'objet d'idées propres : « Dieu, par les idées simples de choses naturelles, connaît toutes les intentions et les formes artificielles ainsi que les dispositions violentes qui peuvent être faites à partir d'elles par l'intellect et par l'art » [3]. Les intentions secondes et les formes artificielles sont des rapports seconds aux natures simples, qu'elles composent ou divisent. Parmi les choses naturelles, il faut distinguer celles qui sont posées (*additae*) en elles-mêmes et pour soi (*secundum se et ad se ipsas*), et celles qui sont en relation à un autre (*ad aliud*). Dans le premier mode, on trouve simplement les choses qui tombent sous les trois premières catégories : la substance, la quantité et la qualité. Dans le second mode, on trouve les sept autres catégories [4], qui portent sur « ce qui n'a aucune réalité propre autre que la réalité des trois autres genres sur lesquels ils sont fondés » ; – par conséquent, les relations, et plus généralement « les choses tombant sous les sept catégories autres que la substance, la quantité et la qualité, n'ont pas d'idée propre en Dieu autre que celle des autres catégories » [5].

1. *Quodlibet* IX, q. 2 (*Opera omnia* XIII, éd. R. Macken, Leuven, 1983), p. 29 : « Ut [...] idea nihil aliud sit de ratione sua formali quam respectus imitabilitatis ex consideratione intelletus in ipsa divina essentia ». La remarque a été faite par T. Noone, « Aquinas on Divine Ideas : Scotus's Evaluation », *Franciscan Studies,* 56 (1998), p. 307-324, p. 312.

2. *Quodlibet* VII, q. 1 et 2, p. 6.

3. « Deus per simplices ideas rerum naturalium cognoscit omnes intentiones et formas artificiales atque violentas dispositiones, quae possunt fieri circa illas ab intellectu et arte » (*ibid.* p. 6).

4. Voir la *Summa quaestionum ordinariarum*, a. 32, q. 5 (Paris, 1520, réimpr. Franciscan Institute, St. Bonaventure (N. Y.), 1953, t. I, f° 198 r°-199 r°).

5. *Quodlibet* VII, q. 1 et 2 : « non est aliqua realitas propria alia a realitate aliorum trium generum super quae fundantur [...] relationes, et generaliter res septem praedicamentorum aliorum a substantia, quantitate et qualitate, non habent proprias ideas in Deo alias ab ideis illorum praedicamentorum, super quorum res fundatur » (p. 7).

Mais à l'intérieur du premier mode, certaines réalités sont essentiellement ce qu'elles sont, et d'autres le sont accidentellement. Du premier genre sont les quiddités et les essences spécifiques, qui sont essentiellement ce qu'elles sont en soi et pour soi. Du second genre sont les accidents logiques, comme l'intention première du genre et de la différence, tel « animal » et « rationnel » dans l'homme, ou ce qui peut être produit sous l'essence spécifique, tels les individus contenus sous l'espèce, comme « Pierre » et « Paul » sous l'espèce humaine : « Les choses de ces deux derniers modes, parce qu'elles sont accidentellement ce qu'elles sont en soi et pour soi, n'ont ni l'une ni l'autre d'idée en Dieu »[1]. Par conséquent, seule l'espèce a une idée complète. Il faut exclure des idées divines les genres, les différences et les individus : le genre et la différence ont une idée incomplète, leur idée complète étant celle de l'espèce où ils se réalisent ; les individus n'ont d'autre forme que celle du composé où ils s'intègrent, ou de l'espèce qui joue pour eux le rôle d'universel[2]. De même, alors qu'il existe une idée propre de la quantité continue, les nombres discrets n'ont pas d'idée propre[3]. Enfin, « les négations ou les privations n'ont pas d'idée propre en Dieu, parce qu'elles ont pour nature d'être connues par l'idée de l'habitus[4] ». Il en va de même pour les relations. Henri accepte cependant de dire que la matière première a une idée propre en Dieu, autre que celle de la forme du composé : cette idée est analogue à la forme du continu ; elle s'agrège dans la matière du singulier[5]. – Dans l'ensemble, la position

1. *Ibid.*, p. 7-8 : « Res autem de utroque istorum modorum, quia accidentaliter sunt id quod sunt secundum se et ad se, idcirco dico quod neutra earum habet ideam in Deo ». – Le refus d'une idée des individus est étroitement lié à la doctrine de l'individuation selon Henri de Gand, pour qui le principe de l'individuation n'est autre qu'une négation ; cf. p. 10 : « numerus sive discreta quantitas nihil addit super continuum nisis rationem negationis aut respectus partium ad invicem. [...] Negationes autem seu privationes non habent proprias ideas in Deo, quia non sunt natae cognosci nisi per ideam habitus ». Cf. T. Hoffmann, « Ideen der Individuen und *intentio naturae*. Duns Scotus in Dialog mit Thomas von Aquin und Heinrich von Gent », *Freiburger Zeitschrift für Philosophie und Theologie* 46 (1999), p. 138-152, surtout p. 144-145.

2. *Quodlibet* VII, q. 1 et 2, p. 9.

3. La longue discussion sur le nombre est une discussion serrée de Thomas d'Aquin, *Somme théologique* I, q. 30, a. 3 : Thomas n'admet pas que l'on pose de nombre en Dieu, car il n'y a pas de quantité en lui, mais seulement une unité transcendantale, et une pluralité du même type.

4. *Quodl.* VII, q. 1 et 2, p. 10.

5. *Ibid.*, p. 20-21 : « etsi non esset omnino factibile secundum se extra compositionem, habet tamen propriam ideam in Deo aliam ab idea formae, per quam est factibilis in composito. Quae quidem idea materiae una est ad omnes partes materiae quae nata sunt adunari in unitate materiae singularis, quemadmodum una est idea formae continui ad omnia continua quae nata sunt adunari in unitate continui singulari ».

d'Henri de Gand reste voisine de celle de la *Somme théologique* de Thomas (à l'exception du cas de la quantité et de celui de la matière) : possède une idée propre ce dont l'être est produit par imitation d'un modèle en Dieu. Mais il y parvient par une déduction beaucoup plus rigoureuse et l'étude de cas plus ramifiés.

Résumons : huit sortes d'étants n'ont pas d'idées propres en Dieu : « les intentions secondes, les relations, les artefacts, les genres, les différences, les individus, les privations et les nombres ». « N'ont des idées propres que les essences spécifiques des choses »[1]. Enfin, puisque ces essences spécifiques ont une relation accidentelle aux autres choses, qui, elles, en dépendent essentiellement, elles sont les idées de ces huit autres types d'objets.

Pour mieux comprendre cette dernière conclusion, il faut s'interroger sur la transcendantalité de l'objet de la pensée. En effet, la relation n'a de fondement réel que dans une autre catégorie, celle de la substance. « Rien n'est une chose dans la catégorie de la relation si elle n'est pas [une chose] d'une autre catégorie[2] ». Cet objet, c'est la *res* elle-même. « Ce qu'il y a de plus commun en tout, contenant tout dans une sorte d'extension analogue, est la chose (*res*) ou le quelque chose (*sive aliquid*), considéré de telle manière que rien ne lui soit opposé si ce n'est le pur néant, qui n'est pas et n'a pas pour nature d'être, ni dans une chose hors de l'intellect, ni même dans le concept d'un intellect, car rien n'a pour nature de mouvoir l'intellect s'il n'a pas un statut de réalité quelconque (*rationem alicuius realitatis)* »[3]. Ce qui transcende les catégories comme l'analogue le plus vaste n'est pas l'être, mais la *res,* entendue comme négation de la négation, pur pensable et minimum de réalité parce que *non-nihil* – car seul le néant ne peut pas être pensé, n'ayant pas même d'essence ou de possibilité. Henri prend soin de mentionner que la réalité de la *res* est non-catégoriale en un double sens : elle transcende dans son extension les genres prédicamentaux, elle n'a pas même la réalité de ce qui est. « La *res*, ou l'*aliquid*, pris en ce sens le plus commun, n'a pas le statut de catégorie – en effet, dans le cas contraire, il y aurait plus qu'une catégorie unique, contenant le Créateur et la créature –

1. *Ibid.*, p. 18 : « isti octo modi entium proprias ideas in Deo non habent : intentiones secundae, relations, artificialia, genera, differentiae, individua, privationes et numeri. Restat igitur quod proprias ideas solummodo habent specificae rerum essentiae ».

2. « Nulla est res in praedicamento relationis, nisi quae est alicuius alterius praedicamenti » (*ibid.*, p. 24). « Circumscripta realitate fundamenti, nihil manet de realitate in praedicamento relationis » (*ibid.*, p. 23).

3. « Sciendum quod omnium communissimum, omnia continens in quodam ambitu analogo, est res sive aliquid, sic consideratum ut nihil sit ei oppositum nisi purum nihil, quod nec est nec natum est esse, neque in re extra intellectum, neque etiam in conceptu alicuius intellectus, quia nihil est natum movere intellectum nisi habens rationem alicuius realitatis » (*ibid.*, p. 26-27).

mais elle est distinguée par une distinction analogique, en ce qui est ou qui a pour nature d'être seulement dans le concept de l'intellect ou dans l'intellect seul, et ce qui est ou qui a pour nature d'être dans la chose hors de l'intellect »[1]. Entendons : l'*aliquid* gagne son *extension* analogique en raison de son *statut* analogique – il inclut aussi bien l'être dans l'intellect, pure intention seconde, que les êtres réels, existants[2]. L'*aliquid* contient aussi bien le réel que le rationnel, mais il vacille entre ces deux dimensions, étant divisé par elles sans avoir de nature propre, commune et antérieure. Le transcendantal est atteint au prix d'une perte de réalité – c'est ce que signale le terme *res*.

C'est ainsi que la « *res* » peut se concevoir en deux sens, à partir de deux étymologies différentes[3]. « La "*res*" selon l'opinion seulement, et on la dit à partir de "*reor, reris*" (je pense), ce qui est identique à "j'opine, tu opines", et cette *res* est seulement selon l'opinion, quant au mode sur lequel elle est conçue par l'intellect, à savoir dans la notion d'un tout, comme la montagne d'or, ou le bouc-cerf, qui a une moitié de cerf, une moitié de bouc »[4]. Ces représentations sont des choses véritables quant à

1. « Res autem, sive "aliquid" sic communissime acceptum, non habet rationem praedicamenti, – sic enim esset tantum unum praedicamentum continens Creatorem et creaturam –, sed distinguitur distinctione analogica in id quod est aut natum est esse tantum in conceptu intellectus sive in ipso intellectus, et in id quod cum hoc aut est aut natum est esse in re extra intellectum » (*ibid.*, p. 27).

2. Cette division est à rapprocher de l'analyse de l'*esse*, qui n'a d'être que dans les singuliers hors de l'intellect, ou dans l'intellect lui-même (*ibid.*, p. 18 : « essentia rei [...] solum duplex esse habet, unum scilicet in singularibus extra intellectum, aliud in ipso intellectu »), elle-même rapportée aux trois états de l'intelligible selon Avicenne (*Liber de philosophia prima* V, 1 ; éd. Van Riet, t. II, Louvain-Leiden, 1980, p. 227-228).

3. À la suite de Thomas d'Aquin : l'étant (*ens*) renvoie directement à ce qui a l'acte d'être (*esse*), mais la *res* renvoie à la fois à la quiddité en tant qu'elle est pensée (*a reor, reris*) et en tant qu'elle existe (*res rata*). Le nom de *res* se tire de la quiddité, mais l'essence peut avoir un être singulier hors de l'âme ou un être appréhendé dans l'âme, si bien que le nom de « "res" se rapporte à l'un et à l'autre : à ce qui est dans l'âme, dans la mesure où la *res* est dite à partir de *reor, reris,* et à ce qui est hors de l'âme, dans la mesure où la *res* signifie un être consistant (*ratum*) et ferme dans la nature » (*Sentences* I, d. 25, q. 1, a. 4; Paris, éd. P. Mandonnet, 1929, t. I, p. 612).

4. « Primo modo est "res" secundum opinionem tantum, et dicitur "a reor, reris", quod idem est quod "opinor, opinaris", quae tantum res est secundum opinionem, quoad modum quo ab intellectu concipitur, sicilicet in ratione totius, ut est mons aureus, vel hircocervus habens medietatem cervi, medietatem hirci. Est tamen res secundum veritatem quoad partes eius quae sunt mons et aurum et huiusmodi ; aliter enim non posset totum esse in intellectu et ens secundum opinionem, nisi partes essent aliquid secundum veritatem, quia ab alio non potest moveri intellectus. Quod sic est ens, secundum totum non est res praedicamenti, sed solum secundum partes suas. Unde nec ista habent proprias ideas in Deo, et est nonus modus eorum quae dicimus non habere proprias ideas in Deo » (*Quodl.* VII, q. 1 et 2, p. 27). Texte parallèle : *Summa quaestionum ordinariarum* art. 21, q. 4 resp. (I, 127 O) : « Autre est

leurs parties, la montagne et l'or, etc., sans quoi elles ne seraient même pas concevables par un intellect (il faut au moins des parties véritables pour permettre à un intellect de les composer), mais dans leur unité complexe, ces étants chimériques, imaginaires, n'étant pas dotés d'essence, ne sont pas des choses tombant sous les catégories. Par conséquent, « ces réalités non plus n'ont pas d'idées propres en Dieu, et c'est le neuvième mode des réalités que nous avons dites dépourvues d'idées propres en Dieu ». – Il faut comprendre ici que ce neuvième mode est moins un mode particulier que celui dans lequel communiquent les huit autres : toutes les réalités dépourvues d'idées propres sont imaginables et appartiennent bien à la « *res a reor* ».

Mais il y a un deuxième sens de la *res*. « Or l'*aliquid*, ou la *res* ayant pour nature d'être, ou qui est quelque chose hors de l'intellect, qui est dite "*res*" à partir de "*ratitudo*" [solidité, consistance], n'a encore pas le statut de genre ou de catégorie, mais il est divisé par une division analogique en ce qui est quelque chose qui est l'être même, et ce qui est quelque chose à quoi convient ou a pour nature de convenir l'être »[1]. Au deuxième sens, la *res*, qui peut se nommer plus proprement *aliquid*, correspond à l'être selon Thomas d'Aquin, et couvre dans son extension analogique l'écart entre Dieu et la créature, entre l'acte d'être lui-même et ce qui reçoit l'acte d'être – l'être global des créatures suffisant à transcender les catégories. Nous revenons ici à un terrain plus classique, au transcendantal pourvu d'essence et capable d'exister. Cet être « a par soi une idée en Dieu, c'est pourquoi aussi la science de cet objet a par soi un être (*per se de ipso habet esse scientia*) »[2]. Ce qui a une essence (la *res* au second sens) a bien une idée.

Henri procède alors à une véritable division transcendantale de la table des catégories : le transcendantal se divise d'abord selon l'être, puis selon la « *res* ». – Il y a trois sortes d'actes d'être, c'est-à-dire d'existences, qui conviennent à la *res* : être en soi, dans un autre et pour un autre ; à savoir

l'intention de toute chose (*res*) créée en tant qu'elle est dite à partir de "je pense, tu penses" (*reor, reris*), autre l'être d'essence, qui lui convient en tant qu'elle est une nature et une essence, et une chose (*res*) dite à partir de la consistance (*a ratitudine*) ».

1. *Quodl.* VII, q. 1 et 2, p. 27 : « Aliquid autem, sive res nata esse vel quae est aliquid extra intellectum, quae dicitur "res a ratitudine", adhuc non habet rationem generis aut praedicamenti sicut neque prius, sed dividitur divisione analogica in id quod est aliquid quod est ipsum esse, et in id quod est aliquid cui convenit aut natum est convenire esse ».

2. *Ibid.*, p. 28 : « Et est illud de quo iam diximus, quod habet per se ideam in Deo, unde et per se de ipso habet esse scientia ». Cf. L. Honnefelder, « Die Lehre von der doppelten ratitudo entis und ihre Bedeutung für die Metaphysik des Johannes Duns Scotus », *Studia scholastico-scotistica 5, Deus et homo ad mentem J. Duns Scoti*, Rome, 1972, p. 661-671 ; et O. Boulnois, « *Res rata, res a reor, ratitudo, Ding a denken* », *Vocabulaire européen de la Philosophie,* sous la dir. de B. Cassin (à paraître).

l'existence de la *substance*, des *accidents* absolus et des *relations*. Les deux premières sont incompatibles entre elles, mais compatibles avec la troisième. – Par ailleurs, il y a trois sortes de *res* à qui convient l'existence : la substance, la quantité et la qualité. L'on peut donc croiser ces déterminations : la substance n'a d'autre mode d'exister que celui de la substance ; l'accidentalité convient à la quantité et à la qualité mais la même chose ne peut pas être à la fois l'un et l'autre ; l'être relatif se divise dans les sept autres catégories.

Cette répartition peut être figurée par un tableau à double entrée :

	Substance	Accidents absolus	Relations
Substance :	X	0	0
Quantité :	0	X	0
Qualité :	0	X	0
Action :	0	0	X
Passion :	0	0	X
Quand :	0	0	X
Où :	0	0	X
Position :	0	0	X
Avoir :	0	0	X

La conclusion est radicale. Henri rappelle le principe aristotélicien : les catégories ne sont pas des choses. « En effet, dans toute l'universalité des créatures, il n'y a que trois choses [correspondant aux] trois premières catégories, la substance, la quantité et la qualité ; tout le reste, ce ne sont que des notions ou des intentions de l'intellect concernant ces trois choses, qui n'ont aucune réalité propre (*non habentes aliquid propriae realitatis*) si ce n'est parce qu'elles sont fondées sur les choses [correspondant à] ces catégories. C'est pourquoi, puisque l'idée ne porte que sur les choses, il n'y pas d'idée propre des relations ». – C'est naturellement sur cette analyse que Scot et Ockham s'appuieront pour dénier toute réalité à ce qui est hors de la substance, de la quantité et de la qualité [1].

Mais l'analyse d'Henri laisse béante une difficulté : il est clair que la *res a reor*, le pur imaginable (la chimère ou le bouc-cerf), n'a pas de réalité parce qu'elle ne correspond même pas à un objet possible. Mais pour le reste, Henri affirme d'une part que les *res a ratitudine* ont une idée ; d'autre part, qu'à l'intérieur de la *res a ratitudine*, tout ce qui n'appartient pas aux catégories fondamentales de la substance, la qualité et la quantité, mais aux

1. Ockham poursuit même cette réduction, en reconduisant la quantité à l'être de raison : seule la substance et la qualité indiquent quelque chose de réel (*Quodlibet* IV, q. 12, *Opera theologica*, St. Bonaventure (N. Y.), 1980, t. IX, p. 358).

sept autres, relatives aux premières, n'a pas d'idée. Comment soutenir à la fois que l'être des créatures a une idée en Dieu et que tout ce qui tombe sous les sept dernières catégories n'en a pas ? Il est clair que pour Henri, ces choses-là n'ont pas de réalité consistante. Mais dans ce cas, pourquoi dire qu'elles tombent sous l'extension de l'être analogue ?

Sa tentative de classification rigoureuse des objets de pensée provoque l'effet inverse au but recherché : au lieu de nous assurer d'un socle ontologique ferme, elle donne l'impression qu'une contamination irrésistible par l'irréel et l'imaginaire risque d'envahir le domaine du pensable[1]. N'est-ce pas le schéma démiurgique qu'il faut rejeter ? Le statut même de l'idée qu'il faut modifier ?

Toutes choses ont une idée

La réaction ne s'est pas fait attendre. Dans son *Quodlibet*, Gonzalve d'Espagne réfute point par point l'analyse d'Henri de Gand. Il s'appuie sur la définition bonaventurienne de l'idée : « l'idée est un principe de représentation de l'objet visé (*ideatum*) ; mais le représentant de l'absolu n'est pas un représentant du relatif »[2]. Le relatif ne se déduit pas de l'absolu ; il faut donc deux principes de représentation, deux idées. Pour chacun des objets qui échappent à l'idée selon Henri de Gand, Gonzalve martèle le même argument : tout ce qui ajoute un supplément d'intelligibilité doit être intelligible séparément, il lui faut donc une idée : « Ce qui est connaissable par soi a une idée propre, d'après la définition de l'idée »[3] – une définition qui ne se tire plus de l'exemplarité, mais de la simple représentation de l'intelligible. Ainsi, des *intentiones* qui ne diffèrent pas réellement les unes des autres ont cependant des idées propres, et c'est le cas par excellence pour la relation : « l'idée indique proprement une relation et un rapport. Mais la relation est différenciée selon la raison par comparaison au multiple. Il peut donc y avoir une idée différente du fondement et de la relation, même s'ils diffèrent seulement selon la raison »[4]. Un argument logique vient étayer cet argument : « rien d'identique ne peut être le

1. Voir Richard de Mediavilla, *Sent.* I, d. 36, a. 2, q. 4 (I, 111 v).

2. Gonsalve d'Espagne, *Quaestiones disputate et de quolibet,* éd. L. Amorós, Florence-Quaracchi, 1935, *Quodlibet* q. 1, p. 390.

3. « Quod est per se scibile et congnoscibile habet propriam ideam, ex definitione ideae » (*ibid.*, p. 393).

4. « Idea dicit proprie relationem et respectum ; sed relatio variatur ex comparatione ad diversa secundum rationem ; ergo alia potest esse idea fundamenti et relationis, quamvis differunt solum secundum rationem » (*ibid.*, p. 392).

principe de connaissance du multiple comme multiple et comme unité » – on trouve là une réfutation en règle de l'argument d'Alexandre de Halès, selon lequel le multiple est connu dans et par l'unité. Le multiple, l'intelligible, doit être atteint en lui-même et directement, et non comme précontenu dans une cause. C'est maintenant l'idée qui est dilatée jusqu'à la totalité de l'intelligible, à tel point qu'il faut renoncer à voir dans l'idée un principe précontenant la création. Un exemple en est donné avec la relation entre deux segments d'une droite : dans une même droite, on peut concevoir un segment égal à la moitié de l'autre, et ce doublement constitue précisément leur relation, qui a bien une idée en Dieu [1]. Si l'on en croit cet exemple, il y a bien en Dieu une idée de la relation entre le segment double et sa moitié, même si l'objet réellement créé est une seule et unique droite. Dieu a bien une idée distincte de ce qui n'est pas réellement différent.

Cependant, Gonzalve ne s'éloigne pas de la description noétique de l'idée telle qu'elle est évoquée par Henri : l'idée est pensée comme une relation de Dieu au multiple, multipliée dans et par l'intellect divin. Elle n'a cependant de réalité que dans la mesure où Dieu se conçoit comme diversement imitable.

Duns Scot ne pose pas la question dans la *Lectura* ni dans l'*Ordinatio*, ce qui semble indiquer que la problématique oxonienne n'exigeait pas nécessairement ce débat. Il se concentre là sur la question de la formation des idées, à partir des remarques d'Henri de Gand, mais sa critique atteint indirectement des auteurs classiques comme Thomas d'Aquin. Sa position se réclame explicitement de Bonaventure [2], elle joint simplement une analyse logique et métaphysique plus poussée des arguments d'Henri qu'elle s'efforce de critiquer. L'idée divine ne peut provenir d'une relation de Dieu à soi-même, s'apercevant comme imitable, car il faudrait de nouveau trouver des raisons d'imitation qui fondent cette relation, ce qui pose la même question à l'infini. On ne peut pas dire non plus que la science divine dépend des objets, car cela revient à avilir l'intellect divin. Il reste donc une seule position, audacieuse : Dieu ne déduit pas les idées d'une relation, il ne les induit pas du monde sensible, mais il les produit tout simplement dans leur être intelligible [3]. Dieu pense directement les intelligibles, et n'a de relation à eux que dans un acte second, réflexif et

1. *Ibid.*, q. 1, p. 392.

2. *Reportatio Parisiensis [=Rep. Par.]* I, d. 36, q. 3, §[20] 46 (éd. T. Noone, « Scotus on divine ideas : *Rep. Par. I-A, d. 36* », *Medioevo,* 24 (1998), p. 441) : « Respondeo ergo ad primam quaestionem cum alio doctore antiquo, quod idea [...] ipsa est distincta cuiuslibet positivi alterius a Deo ». Cf. Bonaventure, *Sent.* I, d. 35, a. un. q. 1 et dub. IV.

3. *Ordinatio* [= *Ord.*], I, d. 35, § 32 (*Opera omnia*, Vatican, 1950 *sq.* [= *Vat.* suivi du numéro de tome et de page] VI, 258).

comparatif[1]. L'intellect divin les produit avant de les connaître, elles sont produites comme condition préalable objective de la connaissance divine : elles sont en relation à l'intellect divin dans la production avant qu'il soit en relation à elles dans la connaissance. Scot interprète donc radicalement l'expression bonaventurienne, comme la production d'une nouveauté absolue.

Il étudie ensuite le fondement de la relation entre l'intellect divin et la chose connue. Dans sa réponse, dirigée contre Henri de Gand, Scot rejette absolument le principe qu'un certain être d'essence doive préexister à l'idée divine. Il en donne deux raisons principales : 1) Dieu ne connaît pas autrement ce qu'il a fait que ce qu'il va faire, la connaissance n'est donc pas modifiée par l'être d'existence; elle ne doit donc pas l'être davantage par l'être d'essence. Ce n'est pas parce que Dieu la connaît qu'une chose a l'existence, ni non plus une essence. Ici, la science divine devient neutre et préalable à l'essence comme à l'existence. L'être-connu n'est même pas un être d'essence, parce qu'il est pour Dieu antérieur à l'être d'essence commeà celui d'existence. 2) L'extension de la théorie de la connaissance au fini. Tous les arguments que l'on peut introduire à propos de l'intellect divin peuvent être aussi formulés à propos du nôtre. Or si quelque chose n'existe pas, et peut quand même être pensé par nous, il n'en découle pas qu'il ait pour autant un être d'essence.

Le fait même que ce second argument existe est extraordinairement révélateur. L'idée divine est mise exactement sur le même plan que l'intellection humaine, ce qui signifie que son caractère originel de cause exemplaire a totalement disparu. Certes, l'idée divine permet bien de penser Dieu comme producteur, pourtant, ce n'est pas comme producteur d'un être absolu, d'une créature, mais simplement comme producteur de l'être intelligible, d'un objet de pensée[2]. L'idée divine est d'abord un être intelligible, entendons qu'elle est produite par l'intellect divin et qu'elle est de la même qualité que cet intellect; c'est donc une « entité absolue » et non une relation[3]. Pourtant, cet être intelligible, ou être objectif, n'est pas encore un être d'essence. C'est un simple « être représenté »[4]. La rose que Dieu pense peut être pensée comme une essence ou comme un existant, il reste que

1. *Lectura* [= *Lect.*] I, d. 35, § 17 (Vat. XVII, 450) : « intellectus divinus, si non haberet nisi actum directum, non oporteret ponere huiusmodi relationes, nisi haberet actum reflexum et comparativum ».

2. *Ord.* I, d. 36 § 28 (Vat VI, 282) : « "producere illud in tali esse" non est producere in aliquo esse simpliciter ».

3. *Ord.* I, d. 36, § 31 (Vat. VI, 283) : « entitas absoluta ».

4. *Ord.* I, d. 36, § 34 (Vat. VI, 284) : « esse repraesentatum ».

c'est la simple idée de rose, une rose dont l'être est diminué, représentatif, une rose sans parfum et sans existence [1].

Par ce biais, c'est toute la fondation de l'essence chez Henri de Gand, dans le *Quodlibet XI, q. 2,* que Scot attaque : pour Henri, la *res* a un être consistant (*esse ratum*) au sens de la *res a ratitudine* dès qu'elle a une relation à un modèle [2]. Dans cette analyse, la consistance de la *res* au sens du possible provenait de son être d'essence, c'est-à-dire de ce qu'elle participe à l'essence divine en l'imitant selon des degrés divers : « La manière plus habituelle des théologiens est d'appeler idées les raisons d'imitabilité elles-mêmes » [3]. C'est donc la participation imitative qui fondait l'être d'essence et permettait d'aller au-delà du simple être représenté, de la *res a reor*.

C'est sur ce fond que Scot aborde, à Paris, pour la première fois, le problème de ce dont Dieu n'a pas idée [4]. Plus clairement que dans l'*Ordinatio*, Scot revient sur le statut de la relation : la production de l'être intelligible en Dieu fonde bien une relation. Mais ici Scot s'interroge sur sa nature – est-elle : 1) la raison qui fait connaître la créature, comme le dit Henri de Gand [5] ? 2) l'objet connu, comme le dit Jacques de Viterbe [6] ? 3) l'acte de connaissance même, par laquelle celle-ci est produite, comme l'affirme Olivi [7] ? Scot se range à la seconde opinion : la science divine est intuitive et l'essence divine est par elle-même représentative de soi et de toutes choses. Elle ne requiert aucune raison d'imitabilité, aucune raison

1. *Lect.* I, d. 36, § 26 (Vat. XVII, 468-469).

2. Résumé en *Lect.* I, d. 36, § 1 (Vat. XVII, 461) : « habet esse ratum per respectum ad exemplar ». Voir Henri, *Quodl.* IX, q. 2 (p. 28) : « ipsa essentia [Dei] est ratio et habet rationem respectus quo respicit alia a se, non ut quae sunt per existentiam aliquid extra in se ipsis, sed ut quae sunt per essentiam aliquid in divina cognitione, videlicet in eo quod divina essentia est ratio et forma exemplaris illorum [...] sua enim scientia est causa entis ».

3. *Quodl.* IX, q. 2 (p. 37) : « Modus tamen theologorum magis consuetus est appellare ideas ipsas rationes imitabilitatis, secundum quod expositum est ».

4. Cf. T. Noone « Scotus on divine ideas : *Rep. Par. I-A, d. 36* », *Medioevo,* 24 (1998), p. 359-454.

5. *Quodl.* VIII, q. 1 et q. 8 (Bade, f. 300r B) ; cf. Bonaventure, I *Sent.* d. 35, art. un. q. 1 *in corp.* ; q. 3 *in corp.* et ad 1-5.

6. *Quodlibeta* (éd E. Ypma, Würzburg, 1968), I, q. 5 p. 65 « creatura antequam sit in effectu est res aliqua ut obiectum cognitum etiam ut est a Deo alia et distincta ». Cf. Godefroid de Fontaines, *Quodlibeta* VIII, q. 3 (éd. Hoffmans, *Les Philosophes belges*, t. IV, fasc. I, Louvain, 1924, p. 48-49).

7. Olivi, « Responsio quam fecit ad litteram magistrorum praesentatam sibi in Avinione », éd. Damasus Laberge, *Archivum Franciscanum Historicum,* 28 (1935), p. 396 ; cf. *Quaestiones in secundum librum Sententiarum*, q. 3 (éd. Jansen, Quaracchi, 1922, t. I, p. 57-58).

d'intellection préalable[1]. « L'idée n'est pas une relation mais un objet connu dans l'esprit divin dans lequel les créatures sont objectivement »[2].

Scot peut alors se demander quels sont les objets dont Dieu n'a pas d'idée. Les trois premiers arguments en sens contraire sont classiques : Dieu n'a pas d'idée du mal de faute (*malum culpae*), car le mal n'est pas en lui ; il n'a pas d'idée de la matière, car celle-ci n'est pas connaissable ; il n'a pas d'idée des parties – essentielles ou quantitatives – car il a une idée du tout, et ne peut pas avoir deux idées portant d'un même acte sur le tout et les parties – cet argument résume spéculativement les problèmes que posent à la fois les genres, les différences et les nombres[3].

Dieu a-t-il des idées distinctes de tout ce qui n'est pas lui ? Scot commence par décrire la position platonicienne : celle-ci consiste à faire de l'idée le principe de la production (*factionis*) ou de la génération mais aussi de la connaissance des choses[4]. Or cette position est celle de Thomas d'Aquin, qui partait d'ailleurs de Platon dans la *Somme théologique* (I, q. 15 a. 3) : selon son résumé, « l'idée est le principe des corrélats (*ideatorum*), si bien que, selon qu'elle est le principe de la fabrication et de la génération des choses, elle s'appelle modèle (*exemplar*) et appartient à la connaissance pratique, mais en tant qu'elle est le principe de la connaissance de la chose, elle s'appelle proprement raison (*ratio*) et appartient à la connaissance spéculative, qui touche tout ce que Dieu peut connaître, même si cela n'arrive jamais (*etsi nullo tempore fiant*) ». On le voit, pour Scot l'essentiel de la position de Thomas réside dans l'opposition entre la science pratique et la simple intelligence ; il la fonde à juste titre sur la distinction entre la possibilité statistique, au sens de Knuuttila[5], et l'irréel, le pur possible qui ne se réalise jamais. Au sens premier, l'idée est « l'exemplaire et le principe pratique » des choses.

Ce fil directeur permet à Scot d'exposer ce dont Dieu ne devra pas avoir idée selon Thomas[6] : 1) par hypothèse, ce qui n'a jamais été et ne sera

1. *Rep. Par.* I-A, d. 36, q. 2, § 34 (éd. T. Noone, p. 408) : « nulla ratio intelligendi requiritur ad actum illum ».

2. *Rep. Par.* I-A, d. 36, q. 2, § 57 (éd. T. Noone, p. 419) : « idea est ratio aeterna in mente divina [...] Et sic patet quod idea non est relatio aliqua sed *obiectum cognitum* in mente divina in qua sunt creaturae obiective » (je souligne).

3. *Rep. Par.* I-A, d. 36, q. 3, § 1, 2, 3 (éd. T. Noone, p. 425).

4. D'après Aristote, *Métaphysique* Z, 8, 1033 b 26-1034 a 9.

5. Cf. S. Knuuttila, « Scotus' criticism or the "statistical" interpretation of modality », *Sparche und Erkenntnis im Mittelalter,* éd. J.-P. Beckmann, L. Honnefelder, Berlin-New York, 1981, p. 441-450, qui appelle possibilité « statistique » celle qui se réalise pour au moins un état de fait, à la suite de J. Hintikka, *Time and Necessity, Studies in Aristotle's Theory of Modality,* Oxford, 1973.

6. *Rep. Par.* I-A, d. 36, q. 3, § 12-16 (éd. T. Noone, p. 428-430).

jamais, et même les non-étants, comme la chimère, qui ne tombent pas sous les divisions de l'étant; 2) la matière, qui n'a d'idée que dans la forme totale du composé; 3) les genres; 4) les accidents inséparables; 5) les individus. – Sur ce dernier point, les déclarations de principe ne suffisent pas à Scot, d'autant plus qu'elles sont ignorées par les disciples de Thomas, comme Jean de Paris, affirmant que Dieu n'a tout simplement pas d'idée différente des individus [1].

En excluant ce qui n'a jamais été et ne sera jamais, le pur possible, des idées, Thomas commet à ses yeux l'erreur fondamentale. En effet, il n'y a rien dans l'idée d'un possible qui permette de distinguer s'il sera fait ou non. Tout le monde s'accorde pour dire que le possible se propose à l'intellect avant l'intervention de la volonté divine. Par conséquent, la décision de le faire être ou non appartient à la volonté divine. – Sans cela, on est obligé d'admettre la soumission de la volonté divine à l'ordre des possibles compris comme réalisables (virtuels), c'est-à-dire finalement à l'interprétation aristotélicienne du possible comme être en puissance, ou encore l'interprétation statistique de la modalité – ce qui est certainement la faute que Thomas a commise aux yeux de Scot [2]. Car si l'intellect montrait à la volonté divine un possible comme devant être fait, celle-ci ne serait plus libre, ou, bien pire, elle serait coupable de faire ce qu'il ne faut pas [3].

C'est donc toute la distinction entre science pratique et science spéculative qui s'effondre. En effet, la science pratique se distingue de la science spéculative parce qu'elle se réfère à une fin instituée. Elle appartient au domaine des fins naturellement préordonnées. Or cette analyse ne convient pas à la science divine, où la nature des choses n'impose rien. Car c'est l'acte de la volonté divine, et non la nature des choses, qui accepte ou n'accepte pas qu'un possible soit fait [4].

1. *Sent.* I, d. 36, q. 6 (éd. Muller, Rome, 1961, p. 380) : « Licet individua differant secundum existentiam, [...] non tamen differunt secundum formam quia in forma speciei conveniunt, ideo ipsorum non sunt diversae ideae ».

2. Qui ne tombe pas, bien entendu, dans l'autre erreur possible, le « volontarisme », comme le croit J. Ross, « Aquinas Exemplarism; Aquinas's Voluntarism », *The American Catholic Philosophical Quarterly*, 64 (1990), p. 171-198, critiqué à juste titre par A. Maurer, « St Thomas, James Ross on the Divine Ideas : A Reply », *ibid.* 65 (1991), p. 213-220 et L. Dewan, « St. Thomas, James Ross, and Exemplarism : A Reply », *ibid.* 65 (1991), p. 221-234. – Il faudrait aussi atténuer les remarques de Knuuttila sur la nouveauté de Scot : en admettant une science de simple intelligence, Thomas d'Aquin reconnaît bien qu'il y a du possible qui ne se réalise jamais et qu'il est connaissable – même sans idée.

3. *Rep. Par.* I-A, d. 36, q. 3, § 18 (éd. T. Noone, p. 430) : « aut voluntas non posset non velle illud fieri et sic non essset libera [...], vel si posset velle illud non fieri, posset esse non recta, quia faceret contra rationem rectam dictantem hoc esse faciendum ».

4. *Rep. Par.* I-A, d. 36, q. 3, § 19 (éd. T. Noone, p. 431) : « solummodo per actum voluntatis divinae acceptantis hoc fieri et non acceptantis aliud fieri, illud est possibile

Scot discute ensuite longuement les arguments de Thomas, pour montrer que la matière, le genre, les accidents inséparables et l'individu sont intelligibles et ont donc une idée en Dieu[1]. Il signale en passant que l'analogie entre l'artisan et le créateur est trompeuse : si un artisan peut laisser hors de son intention beaucoup de caractéristiques de son œuvre, parce qu'il présuppose une matière qui conserve ses propriétés, Dieu connaît chaque propriété de sa création, qu'il produit dans sa totalité sans en rien ignorer.

L'autre position est celle d'Henri de Gand, que Scot résume magistralement. Comme nous l'avons vu, cette opinion part du principe que les relations ne signifient pas autre chose que leur fondement, ce qui est totalement faux, ainsi que Scot l'a montré dans son traité de la relation[2] : « une chose n'est pas absolument identique à une autre, si elle peut être sans elle sans contradiction, mais tout fondement d'une relation, par rapport à une autre créature, peut être sans cette relation » – par conséquent l'être du fondement n'est pas identique à celui de la relation.

Quant à l'argument selon lequel Dieu n'a pas d'idée du mal, Scot propose deux réponses. La première est empruntée à Pierre Lombard, et consiste à dire que « Dieu connaît le mal par une connaissance simple mais non par une connaissance d'approbation ou d'acceptation »[3]. L'autre est tout simplement celle de Bonaventure, et consiste à dire que le mal est une privation : il ne pose aucune réalité, et il est donc connu par l'espèce du positif dont il est la privation[4].

En somme, il y a une idée « distincte de tout ce qui est positif autre que Dieu, qu'il soit faisable en soi ou dans un autre, qu'il soit relatif ou absolu », puisque toute réalité positive est un objet[5]. Ce qui implique une infinité d'idées divines, puisqu'il y a une infinité d'objets possibles pour la connaissance divine prise en ce sens[6]. Scot enfreint le tabou de l'infinité : les auteurs précédents, et notamment Henri de Gand, refusent d'attribuer à

fiendum et aliud non fiendum ». Je m'appuie sur le commentaire de T. Noone, « Aquinas on Divine Ideas : Scotus Evaluation », p. 318.

1. *Rep. Par.* I-A, d. 36, q. 3, § 20-32 (éd. T. Noone, p. 431-436) ; § 59-61 (p. 445).

2. *Lect.* II, d. 1, § 184-212 (Vat. XVIII, 61-70).

3. *Rep. Par.* I-A, d. 36, q. 3, § 55 (éd. T. Noone, p. 443) : « Deus novit malum notitia simplici et non notitia approbativa vel acceptationis » ; cf. Pierre Lombard, *Sent.* I, d. 36, chap. 2, § 3 (Grottaferrata, 1971, t. I, p. 260).

4. *Rep. Par.* I-A, d. 36, q. 3, § 56 (éd. T. Noone, p. 443-444).

5. *Rep. Par.* I-A, d. 36, q. 3, § 46 (éd. T. Noone, p. 441) : « idea [...] ipsa est distincta cuiuslibet positivi alterius a Deo, sive sit factibile in se vel in alio, sive absolutum sive respectivum ».

6. *Rep. Par.* I, d. 36, q. 4, § 68 (éd. T. Noone, p. 447) : « Si enim idea sit obiectum cognitum, cum comprehendat obiecta infinita, infinitae erunt ideae in mente sua ».

Dieu une infinité actuelle d'idées. Ils préfèrent parler d'une pluralité d'idées en acte, se rapportant à l'infinité en puissance des objets. Il paraît en effet contradictoire de conférer aux idées l'infinité, puisque cette infinité ferait nombre avec l'infinité divine, ce qui contrevient à la définition même de l'infini[1]. Mais Scot n'hésite pas à affirmer qu'il y a en Dieu une infinité d'idées, car cette infinité est en Dieu. Le second infini est identique à l'infini de son intellect, il se fond par conséquent dans l'océan infini de l'essence divine auquel l'intellect divin est réellement identique[2]

Dans sa critique d'Henri de Gand comme dans celle de Thomas d'Aquin, Scot attaque principalement l'interprétation de l'idée comme principe exemplaire. On ne peut fonder le pensable sur l'imitabilité primordiale de l'essence divine. Cela reviendrait à poser une éternité des essences (« *essencias eternas* »[3]) – ce qui contrevient au principe d'une création *de nihilo*. Dans les deux cas, la science divine doit comprendre la simple intelligence de ce qui ne sera jamais. Il faut comprendre l'objet de la pensée divine comme étant le seul intelligible, le représentable non-contradictoire. Cela implique une réévaluation des mondes possibles qui ne se réalisent jamais, et exige d'aller à la simple possibilité prise en elle-même, donc à un niveau plus général que l'*ens ratum* d'Henri de Gand, mais aussi que la connaissance pratique de Thomas d'Aquin. L'idée est une simple représentation dans la pensée, et non un être d'essence, un fondement qui cause par voie d'exemplarité. Pour une ontologie du pensable, il faut tirer toutes les conséquences du principe énoncé ailleurs par Duns Scot : la cause exemplaire est une simple métaphore[4].

L'ambiguïté de la *res* et la duplicité de la *science divine* selon Thomas d'Aquin et Henri de Gand recouvrent une ambiguïté fondamentale de la métaphysique. Celle-ci hésite entre une métaphysique de la représentation et une théologie de la participation. Mais Scot tranche en vue d'une interprétation univoque de la structure de la métaphysique : l'être ne doit plus être pensé comme possible parce qu'il imite un modèle divin et y participe dans son essence, mais parce qu'il est le corrélat de notre représentation la plus primordiale, car la plus universelle. Il est simplement

1. Cf. Henri de Gand, *Quodlibet* V, q. 3 (Paris, 1518, I, f° 155 r N – v N).

2. *Rep. Par.* I-A, d. 36, q. 4, § 64 et 68 (éd. T. Noone, p. 446 et 447).

3. *Rep. Par.* I-A, d. 43, q. 1, Oxford Merton 59, f° 183 r, éd. T. Hoffmann, *Creatura intellecta, Die Ideen und Possibilien bei Duns Scotus mit Ausblick auf Franz von Mayronis, Poncius und Mastrius,* thèse dactylographiée, Fribourg (Suisse), 1999, p. 350 ; à paraître : Münster, Aschendorff (Beiträge zur Geschichte der Philosophie und Theologie des Mittelalters, Neue Folge 58), 2002.

4. *Ord.* I, d. 2, § 40 (Vat. II, 149) : « Quod additur de causa exemplari, non est aliud genus causae ab efficiente, quia tunc essent quinque genera causarum; unde causa exemplaris est quoddam efficiens, quia est agens per intellectum ».

la représentation du possible logique (non-contradictoire), et non celle du possible réel (qui se réalise dans un état de fait). Pourtant, même si la possibilité n'est pas fondée dans un *esse essentiae,* elle se distingue radicalement de la fiction, des chimères, des intentions secondes, etc [1].

La *res* douée d'une possibilité réelle ne tire pas celle-ci d'une relation à Dieu, mais de la consistance propre de la quiddité, à laquelle l'essence ou l'existence ne répugnent pas. La possibilité véritable, ce qui a un être "*ratum*", consistant ("*res a ratitudo*"), et non purement pensé ("*res a reor*") exclut la pure fiction, forgée par l'imagination ou l'opinion. C'est un "être d'emblée distinct des fictions, c'est-à-dire à qui ne répugnent pas l'être d'essence ou l'être d'existence" [2]. L'être n'est vraiment « *ratum* » que par sa consistance propre – parce que celui-ci est tel et celui-là autrement : c'est la cohérence formelle qui fonde la non-contradiction, et non l'inverse.

Pour Henri, la *res a reor* inclut la montagne d'or et le bouc-cerf, tandis que la *res rata* correspond au possible comme tel ; il faut donc faire intervenir la distinction entre ce qui a une idée et ce qui n'en a pas pour distinguer le réel du possible. L'ontologie de Scot est plus économique : pour lui, la distinction essentielle passe entre le possible logique et le possible réel, entre le non-contradictoire et le possible qui se réalise [3]. Les fictions n'ont pas d'idée en Dieu tout simplement parce qu'elles ne sont pas possibles [4]. La différence entre l'intelligible et le réel ne dépend pas d'une participation intrinsèque à Dieu, mais simplement d'une libre décision de sa volonté.

Ce qui n'a pas d'idée en Dieu correspond à ce qui n'est pas réellement pensable, parce qu'impossible – le contradictoire logique et le néant. Mais Duns Scot distingue précisément le transcendantal, réel et non-contradictoire logiquement, des fictions et de l'*ens rationis*. Il n'ouvre pas la voie à une compréhension « surtranscendantale » du concept d'être qui serait univoquement commun au réel et au rationnel dans l'unité d'une repré-

1. Duns Scot, *Rep.* I-A, d. 43, q. 1, Oxford, Merton 59, f° 184 r, éd. T. Hoffmann, *op. cit.*, p. 354 : « Ex hoc apparet quod ens fictum distinctum contra ens ratum, ut "chimaera" vel "homo irracionalis" et huiusmodi includens contradictionem, non est unum conceptibile nisi ab intellectu errante, et quod est conceptibile nisi ab intellecto errante ut errans est, nichil est. Nec habent talia figmenta vel contradictoria ydeas in deo nisi secundum partes illorum, que tamen partes non faciunt per se unum nec in re, nec in intellectu ».

2. Duns Scot, *Ord.* I, d. 36, § 48 (Vat. VI, 290).

3. *Ord.* I, d. 36, § 61 (Vat. VI, 296) : « possibilitas logica, absolute – ratione sui – posset stare, licet per impossibile nulla omnipotentia eam respiceret » ; cf. H. Deku « Possibile logicum », *Philosophisches Jahrbuch,* 63 (1956), p. 1-21.

4. La chimère est l'exemple même de ce qui ne peut exister *formaliter ex se* : *Ord.* I, d. 36, § 60 (Vat. VI, 296) « homini non repugnat affirmatio quae est « esse aliquid », [...] chimaerae repugnat ».

sentation. L'étant en tant qu'étant se distingue encore de l'*ens rationis*, ou de l'opinable (qui comprend les fictions, les chimères, les négations)[1]. Il se distingue ainsi de la compréhension de l'être dans l'ère moderne. – Néanmoins, il y prépare, en supprimant toute valeur constitutive aux idées divines, toute déduction par l'*esse essentiae*.

Le basculement est radical : l'idée n'est plus, dans la pensée divine, le modèle précontenant la chose produite dans la création, sa nature préexistante, mais tout simplement l'objet connu[2]. C'est pourquoi tout ce qui a une réalité objective a une idée propre en Dieu : « tout ce qui est un objet distinctement connaissable par Dieu a une idée distincte »[3]. Toute positivité a une idée, toute idée est idée d'une positivité.

Néanmoins, l'idée se borne aux réalités simples, dont l'essence est nécessaire. Elle ne permet pas de connaître les vérités contingentes, signifiées par une proposition complexe. Scot rejette ainsi la position selon laquelle Dieu connaîtrait le futur contingent *via* des idées dans l'intellect divin, comme précontenues dans ses causes. En effet, les idées représentent nécessairement ce qu'elles représentent, de même que la statue de César représente nécessairement son signifié, qu'il existe ou non dans l'histoire. C'est pourquoi elles restent incapables de représenter le contingent comme tel. Les idées peuvent représenter des termes, comme « table », et la vérité de propositions nécessaires complexes, comme « un triangle a trois côtés », mais elles ne peuvent pas représenter des vérités contingentes complexes, comme celle-ci : « demain, Socrate sera assis ». Car si Dieu connaissait de toute éternité l'idée de cette proposition, il ne la connaîtrait pas comme une alternative de possiblités contradictoires, et il n'y aurait plus de contingence. Et s'il connaissait nécessairement dans une idée les deux parties de l'alternative, deux propositions contradictoires seraient vraies simultanément, ce qui est contraire aux lois de la logique[4]. La force de l'analyse

1. *Rep. Par.* I, d. 29, § [10] (*Opera omnia*, Paris, éd. Wadding-Vivès, 1894, XXII, 369 b) : « Relationi reali et rationis non est aliquis conceptus unius et ejusdem rationis communis, quia licet posset abstrahi unus conceptus univocus a Deo <et> [éd. ut] creatura, non tamen a re rationis et re reali, quia conceptus abstractus a Deo et creatura esset ex utraque parte realis et sic eiusdem rationis ; non sic ab ente reali et rationis, quia ex una parte esset realis, et ex alia rationis tantum ».

2. *Rep.* I-A, d. 36, q. 3, § 47 (éd. T. Noone, p. 441) : « Si autem idea ponatur obiectum cognitum » [...] « ex quo est obiectum cognitum » ; § 68 : « Si enim idea sit obiectum cognitum ». Cf. *Ord.* I, d. 35, § 42 (VI, 263) : « ipsum obiectum cognitum est idea » ; § 40 : « ista "ratio aeterna" est in mente divina ut cognitum in cognoscente ».

3. *Rep.* I-A, d. 36, q. 3, § 47 (éd. T. Noone, p. 441).

4. *Lectura* I, d. 39, § 21 (Vat. XVII, 485) : « ideae sicut sunt necessariae in essendo, ita in repraesentando ; igitur repraesentant quidquid possunt. Ideae igitur uniformiter semper repraesentabunt : vel igitur unam partem contradictionis tantum, vel ambo. Si unam partem

scotiste est une des raisons principales de l'effacement progressif de la doctrine des idées au XIVe siècle. La place de plus en plus grande réservée à la contigence au sein de la science divine amène progressivement à abandonnner toute référence à la théorie des idées, jusqu'à Grégoire de Rimini qui fait du *complexe significabile* l'objet même de la science divine.

Pour Duns Scot, cette analyse signifie-t-elle qu'il faut abandonner le vocabulaire de l'idée ? Non, car la connaissance des objets remplit les deux fonctions principales de l'idée selon Augustin, l'émanation du multiple hors de Dieu, et le retour du multiple vers l'un par la contemplation : « C'est en y participant qu'existe tout ce qui existe » ; et « C'est de leur vision que l'âme tire sa béatitude suprême »[1]. 1) La connaissance divine vise les objets dans leur forme propre, elle est immuable comme l'esprit divin, et constitue le modèle de tout ce qui est produit dans la nature[2]. 2) La béatitude que procure leur vision n'est pas autre chose que la totalité du bonheur qu'on a à connaître les quiddités créées. L'âme n'est pas divinisée par les idées, elle a le même objet que la pensée divine[3]. – Dans la reformulation scotiste de la théorie des idées, la théologie de la participation et de la vision en Dieu se voit tranchée à sa racine. Elle débouche sur une doctrine des idées sans idéalisme.

Ockham ne dit pas autre chose : « L'idée est quelque chose de connu par le principe effectif intellectuel », qu'il contemple pour le produire dans l'être réel[4]. Ainsi, on dira que « la créature elle-même est une idée »[5]. Les idées ne sont pas en Dieu comme dans leur sujet (subjectivement), mais seulement « objectivement »[6]. A cette réserve près qu'il n'admet pas de réalité des universaux, et donc pas d'idée des espèces, Ockham parvient aux mêmes conclusions : il y a des idées des singuliers, de la matière, de la

tantum, et semper (quia sunt aeternae in repraesentando), igitur non cognoscet Deus nisi tantum unam partem contradictionis ; si ambo semper repraesentant, igitur simul intelliget contradictoria esse vera, – quod est impossibile. Igitur ideae non sunt necessariae ad cognoscendum futura contingentia ».

1. *De diversis quaestionibus* 83, q. 46 (BA 10, 126 et 128).

2. D'où la reformulation de la définition augustinienne de l'idée : « idea est ratio aeterna in mente divina, secundum quam aliquid est formabile ut secundum propriam rationem eius » (*Ord.* I, d. 35, § 38 ; Vat. VI, 260).

3. *Ord.* I, d. 35, § 38 (Vat. VI, 263) : « exponenda est de beatitudine quae potest haberi in creaturis ut in obiectis ».

4. Guillaume d'Ockham, *Scriptum in librum primum Sententiarum* (*Ordinatio = Ord.*) I, d. 35, q. 5, a. 3 (éd. G. Etzkorn, F. Kelley, St. Bonaventure (N. Y.), 1979, *Opera theologica*, t. V, p. 486).

5. Ockham, *Ord.* I, d. 35, q. 5, a. 3 (V, 488).

6. Ockham, *Ord.* I, d. 35, q. 5, a. 3 (V, 488).

forme et de leurs parties, mais non des espèces, des genres, des différences, des négations, ni du mal [1].

Quatre conclusions s'imposent maintenant.

1) Il est possible d'établir, selon les différents auteurs étudiés, un tableau des objets sans idées propres :

Alexandre : le mal, le multiple, le néant, l'infini, le contingent, le singulier, l'énonçable.

Albert le Grand : la matière.

Bonaventure : le mal = rien.

Thomas :

Sentences : le mal, la matière, les accidents, le particulier

De veritate : le mal, la matière, l'irréel, les accidents, les singuliers

Somme théol. : le mal, la matière, l'irréel, les accidents, les individus, les genres

Henri de Gand : les intentions secondes, les relations, les artefacts, les genres, les différences, les individus, les privations, les nombres, les chimères.

Gonzalve d'Espagne : rien.

Duns Scot : le mal = rien, les fictions, les chimères ; le contingent.

Ockham : le mal = rien, les prédicables, les négations ; le contingent.

2) Ce tableau permet de situer clairement des écoles de pensée.

Une première position identifie sans y voir de difficulté la science divine à l'idée divine : c'est celle de frère Alexandre. Deux écoles divergentes vont se développer à partir de cette position. – La première privilégie l'exemplarisme causal de l'idée divine ; elle va d'Albert le Grand à Henri de Gand en passant par Thomas d'Aquin (il faudrait y ajouter Jean de Paris et maître Eckhart). Elle correspond à ce que les historiens appellent souvent l'école dominicaine, mais s'enracine d'abord dans la synthèse d'Alexandre de Halès. – La seconde école passe par deux généraux successifs de l'ordre franciscain, Bonaventure et Gonzalve d'Espagne, et va jusqu'à Duns Scot et Ockham. Elle privilégie la science divine, et affirme que toute entité positive, dès lors qu'elle est connaissable, a une idée en Dieu. De ce fait, seul le néant ou le mal, ce qui revient au même, n'a pas d'idée en Dieu. A quoi il faut ajouter le contingent, qui échappe à toute représentation (fatalement nécessaire).

3) Outre cette structure permanente, une évolution se dessine : dans la lignée exemplariste, le détail de la spéculation conduit à faire surgir de plus en plus d'objets qui n'ont pas d'idées en Dieu, dans une série de ramifica-

1. Ockham, *Ord.* I, d. 35, q. 5, a. 3 (V, 493).

tions proprement vertigineuses… Nous passons d'un objet chez Albert à neuf chez Henri de Gand ! La solution exemplariste ouvrait un abîme de plus en plus béant, dans lequel tous les objets de la science divine – à l'exception des essences spécifiques – menaçaient de sombrer. C'est pourquoi la solution de Bonaventure, réinstrumentée par Duns Scot, apparaît finalement comme la promotion d'un nouveau paradigme, et la résolution des nombreuses difficultés posées par la question. En abandonnant toute référence à l'exemplarité, elle fonde l'idée divine sur le simple connaissable, c'est-à-dire sur la non-contradiction. La conséquence de ce nouveau modèle est la mise sur le même plan de l'intellect divin et de l'intellect humain.

4) Mais une conséquence de cette théorie est tout simplement que l'idée divine n'est plus nécessaire. – D'une part, si l'idée n'a plus de réalité exemplaire ou causale, on peut aussi se passer du concept d'idée pour expliquer la science divine. Thomas d'Aquin en a été capable dans la *Somme Contre les Gentils*. Mais c'est Ockham qui a théorisé cet abandon, consacrant le passage au nouveau paradigme, et réduisant l'idée à une connotation de la science divine. – D'autre part, si la science cesse d'être celle du nécessaire comme chez Aristote, pour devenir celle du contingent (de Duns Scot à Ockham), et si le contingent n'est pas accessible par une idée, celle-ci perd toute raison d'être. L'on peut voir une trace du succès de Duns Scot et plus encore d'Ockham dans le commentaire des *Sentences* de Grégoire de Rimini : celui-ci analyse la science divine à partir de la distinction entre signifiable simplement ou complexement, mais sans recourir du tout au concept d'idée [1]. Une période s'achève.

Ainsi, quand il y a une idée de toute chose, l'idée n'explique plus rien, et elle devient superflue. L'idéalisme *médiéval* (comme invention et synthèse originale) s'efface. Il laisse le champ libre à la redécouverte de l'idéalisme platonicien, la traduction latine du *Commentaire du Parnénide* de Proclus permettant à Nicolas de Cues de lire la théorie des idées sous sa forme originelle – celle de Platon.

Olivier BOULNOIS

1. *In I Sent.* d. 35 et 36 q. 1, *Additio* 148, éd. A.D. Trapp et V. Marcolino, Berlin-New York, 1984 (t. III, p. 228, l. 17-22) : « Huic dicto favet communis antiquorum doctorum distinctio, qui de scientia dei loquentes dicebant quod scientia accipitur vel pro cognitione rerum vel pro cognitione entuntiabilium ; nomine rerum intelligentes omne quod est vel fuit aut potest esse aliqua entitas et per consequens enuntiabilia accipientes e contrario pro his cognoscibilibus quae nec fuerunt nec esse possunt aliquae essentiae vel entitates ».

LA SCIENCE DU FUTUR CONTINGENT CHEZ THOMAS D'AQUIN

Les réflexions qui suivent sont le résultat d'un travail de recherche dont le but a été d'analyser les commentaires de Thomas d'Aquin au traité *Perihermeneias (De Interpretatione)* d'Aristote [1], en particulier ceux sur le IXe chapitre portant sur le problème des futurs contingents. D'après l'interprétation traditionnelle, la démarche d'Aristote dans ce traité aurait été de réfuter et en même temps d'éclairer la question mise en place par le « Dominateur » au sujet du déterminisme des événements futurs et, par conséquent, au sujet du caractère déterminé de la valeur de vérité des énoncés futurs en matière contingente. La question des futurs contingents engage plusieurs problématiques, et permet dès lors d'étudier les conceptions d'Aristote au sujet de problèmes aussi divers que la liberté humaine, les rapports entre logique et ontologie, la nature du temps, les modalités et sa doctrine de la vérité [2]. En premier lieu, il convient de se

1. Thomas d'Aquin, *Expositio libri Peri Hermeneias*, in *Opera omnia iussu Leonis XIII P.M. edita* [= Leon. suivi du numéro du tome et de la page], t. I*/1, editio altera retractata, éd. R.-A. Gauthier, Rome-Paris, 1989. Toutes nos références seront à cette édition, abrégée *In I Periherm.*, suivi du numéro de la *lectio*.

2. La bibliographie secondaire sur le chapitre IX du *De Interpretatione* est désormais énorme. À titre indicatif, pour les études antérieures à 1973, voir V. Celluprica, *Il Capitolo 9 De Interpretatione di Aristotele. Rassegna di studi : 1930-1973*, Bologne, Il Mulino, 1977. Pour la discussion médiévale du problème, voir P. A. Streveler, « The Problem of Future Contingents : A Medieval Discussion », *The New Scholasticism* 47/2 (1973), p. 233-247 ; C. Normore, « Future Contingents », in *The Cambridge History of Later Medieval Philosophy*, éd. N. Kretzmann / A. Kenny / J. Pinborg, Cambridge, Cambridge, University Press, 1982, p. 358-381 ; W. L. Craig, *The Problem of Divine Forenowledge and Future Contingents from Aristotle to Suárez*, Leyde-New York-Cologne, Brill, 1988.

demander quel embarras a poussé Aristote à opérer une reconstruction et à proposer une réfutation de l'argument mégarique.

RECONSTRUCTION DE L'ARGUMENT DIT « DOMINATEUR »

L'argument mégarique[1], tel qu'il est notamment exprimé par Épictète dans ses *Entretiens*, est généralement présenté à partir d'un conflit entre trois propositions :

1) Tout ce qui est vrai est nécessaire ;
2) Du possible ne s'ensuit pas l'impossible ;
3) Est possible ce qui n'est pas vrai ni le sera.

Ayant perçu le conflit, Diodore Cronos a utilisé la vraisemblance des deux premières propositions pour prouver que ce qui n'est pas vrai ni le sera n'est pas possible. Le Dominateur cherche ainsi à montrer que le possible est ce qui est vrai ou ce qui sera vrai, en vertu des deux prémisses suivantes : premièrement, toute proposition concernant le passé, lorsqu'elle est vraie, est nécessaire ; deuxièmement, du possible ne s'ensuit pas l'impossible. L'embarras d'Aristote a dû se manifester lorsque Diodore, en s'appuyant sur deux prémisses acceptées par Aristote, élabore une conclusion qui va quant à elle à l'encontre d'une des thèses fondamentales du système aristotélicien, à savoir celle de l'être en puissance.

La conclusion mégarique, obtenue à partir de l'idée que toute proposition vraie relative au passé est nécessaire et que du possible ne s'ensuit pas l'impossible, entraîne la conséquence déterministe selon laquelle tous les événements, y compris les futurs, sont nécessaires. La conclusion de Diodore a ainsi la prétention de démontrer qu'un fait quelconque peut être dit possible seulement s'il s'est réalisé dans le passé, s'il se réalise maintenant ou s'il va se réaliser dans le futur. Par conséquent, un fait qui ne s'est pas réalisé, ne se réalise pas maintenant, et ne se réalisera pas dans le futur, n'est pas possible. Il en résulte que ce qui n'est pas arrivé, s'il s'agit de quelque chose de possible, doit nécessairement avoir lieu (dans le futur), ou bien cela ne se réalisera pas, se révélant ainsi comme quelque chose d'impossible. Nous pouvons dès lors en conclure que nous n'avons plus aucun moyen d'affirmer la contingence du futur comme étant ce qui peut se

1. L'exposé que nous donnons ici de l'argument Dominateur s'appuie en grande partie sur la présentation de P.-M. Schuhl, *Le Dominateur et les Possibles*, Paris, PUF, 1960, p. 34 : « Il semble qu'on rende compte de tous ces faits sans le trahir en disant que le Dominateur fut une riposte des Mégariques à l'attaque dirigée contre eux par Aristote, dont nous trouvons la réponse au chapitre IX de l'Herméneia, qui passe pour un de ses derniers ouvrages ». Pour une exposition detaillée de l'argument Dominateur, voir également l'ouvrage classique de J. Vuillemin, *Nécessité ou Contingence*, Paris, Éditions de Minuit, 1984.

réaliser ou ne pas se réaliser. Au contraire, nous sommes dans le cas d'un déterminisme absolu quant aux événements futurs.

La formulation des conditions du problème des futurs contingents

Parmi les commentateurs contemporains du traitement aristotélicien des futurs contingents, on a coutume de distinguer deux grandes tendances interprétatives. D'un côté, la première interprétation, dite traditionnelle, soutenue entre autres par J. L. Ackrill, William et Martha Kneale et William Lane Craig, affirme que les énoncés portant sur le futur ne seraient ni vrais, ni faux et, par conséquent, nous devrions abandonner le principe de la bivalence pour ceux-ci. En effet, pour certains des partisans de cette interprétation[1], Aristote serait prêt à admettre la validité absolue du principe du tiers exclu, de sorte qu'une disjonction telle que *Demain il y aura une bataille navale* ou *Demain il n'y aura pas une bataille navale* serait vraie. Les partisans de l'interprétation traditionnelle divergent néanmoins également entre eux sur quelques points significatifs. On peut à ce titre évoquer l'exemple des points de vue de Kneale et de Ackrill au sujet de la distinction entre les principes de bivalence et du tiers exclu. Selon Kneale, étant donné que le principe de non-contradiction guide la notion aristotélicienne de vérité et de fausseté, le principe de bivalence entraîne celui du tiers exclu[2]. Ackrill, quant à lui[3], met en relief la nécessité de cette distinction, tout en s'appuyant sur le fait que selon lui, Aristote n'est pas d'accord avec l'idée que le principe de bivalence s'applique aux énoncés futurs contingents.

1. Cf. notamment la présentation bien connue de J. L. Ackrill, *Aristotle's Categories and De Interpretatione*, translated with notes and glossary, Oxford, Clarendon Press, 1963, ainsi que J. Vuillemin, *Nécessité ou Contingence*, *op. cit.*

2. M. and W. Kneale, *The Development of Logic*, Oxford, Clarendon Press, 1962, p. 46-47 : « In chapter 9 of *De Interpretatione* Aristotle questions the assumption that every declarative sentence is true or false. … The principle that every statement is true or false is called the Principle of Bivalence and has been distinguished from the Law of Excluded Middle which is generally formulated "Either P or not-P" where "P" marks a gap into which a declarative sentence may be insertéd. Given the definitions of truth and falsity which we have quoted the principles are, however, obviously equivalent; for "It is true that P" is equivalent to "P" and "It is false thath P" is equivalent to "not-P", "P or not-P" is plainly equivalent to "It is true that P or it is false that P" ».

3. J. L. Ackrill, *Aristotle's Categories and De Interpretatione, op. cit.*, p. 134 : « … at beginning of Chapter 9 [Aristotle] makes it clear that here "necessary for the affirmation or the negation to be true or false" does not mean "necessary for one to be true and one false". So Aristotle is saying in this paragraph : with statements about what is and what hs been, each member of a contradictory pairs is either true or false…; but with future singulars it is different ».

D'un autre côté, on trouve l'interprétation dite « non-traditionnelle », soutenue entre autres par G. E. M. Anscombe[1], Colin Strang[2] et Jaakko Hintikka[3]. Selon cette interprétation, Aristote nierait non pas la vérité des énoncés singuliers futurs contingents, comme l'estime la première interprétation, mais seulement leur nécessité : ce terme de « nécessité » devant être ici compris non pas comme une nécessité logique, mais comme une nécessité temporelle, cette dernière étant supposée caractériser des réalités présentes et passées. Ainsi, un énoncé quelconque en matière contingente est maintenant déjà vrai ou faux. Mais puisqu'il n'est pas nécessaire, il n'y a pas de fatalisme.

On trouve cependant dans les commentaires d'Ackrill[4] une nouvelle version de cette seconde interprétation, selon laquelle Aristote aurait établit qu'un énoncé ayant une valeur de vérité a forcément une valeur nécessaire (si vrai, nécessairement; si faux, impossible). Le contre-argument que propose Ackrill consisterait à dire qu'un énoncé peut ne pas avoir de valeur de vérité et l'acquérir ultérieurement. Selon cette interprétation, Aristote nierait encore à la fin ce qu'il niait au début, à savoir que toute affirmation est vraie ou fausse. Certes, Aristote admet que tout énoncé est, dans un moment quelconque, vrai ou faux, mais il ne manque pas d'accepter, pour autant, la revendication nécessitariste qui affirme que si p est vrai, alors l'événement exprimé par p ne peut pas ne pas avoir lieu. Toutefois, il nie – ce que le déterministe assume sans autre forme de procès – que cela s'étende à tous les futurs singuliers ainsi qu'à d'autres énoncés dont l'affirmation ou la négation sont vraies. Ce que nie Aristote est donc la conclusion nécessitariste selon laquelle tout énoncé est vrai ou faux de façon déterminée, c'est-à-dire le principe de bivalence.

La formulation de Thomas d'Aquin des conditions du problème des futurs contingents

Dans ses commentaires au *De interpretatione* d'Aristote, Thomas d'Aquin[5] nous montre comment Aristote opère sa reconstruction et formule

1. G. E. M. Anscombe, « Aristotle and the Sea Battle », *Mind* 65 (1956), p. 1-15, version révisée dans : *Aristotle. A Collection of Critical Essays*, éd. J. Moravscik, Londres-Melbourne, 1968, p. 108-114.

2. C. Strang, « Aristotle and The Sea Battle », *Mind* 69 (1960), p. 447-465.

3. J. Hintikka, *Time and Necessity. Studies in Aristotle's Theory of Modality*, Oxford, Clarendon Press, 1973.

4. J. L. Ackrill, *Categories and De Interpretatione*, *op. cit.*, p. 140-142.

5. Malgré les éventuelles différences entre l'exposé du texte d'Aristote dans son traité *De interpretatione* et l'exposé de Thomas d'Aquin dans son commentaire à ce dernier, les analyses ici développées ne porteront que sur le commentaire de Thomas d'Aquin.

sa principale objection à l'argument dit « dominateur ». Tout au début de sa leçon 13, Thomas d'Aquin met en relief une dissimilitude des énoncés singuliers futurs en matière contingente par rapport aux autres types d'énoncés :

> Dans les propositions passées et présentes, il est nécessaire que, dans n'importe quelle matière, l'une des opposées soit vraie de façon déterminée et que l'autre soit fausse, tandis que dans celles qui sont singulières et portant sur le futur, il n'est pas nécessaire que l'une soit vraie et que l'autre soit fausse de façon déterminée[1].

Thomas d'Aquin signale que, selon les deux principes de l'être, celui de la non-contradiction et celui du tiers exclu, il n'y aurait que deux valeurs de vérité, le vrai et le faux. Cela veut dire que selon le principe de non-contradiction, étant donné deux énoncés contradictoires, il est logiquement impossible que les deux soient vrais à la fois, tandis que, selon le principe du tiers exclu, dans le cas de deux énoncés contradictoires, il ne peut y en avoir qu'un qui soit vrai, et que donc si l'un des deux est vrai, les deux ne seront jamais faux.

En vertu du concept aristotélicien de vérité[2], nous savons que « s'il est vrai de dire qu'il est blanc, alors nécessairement, il en èst ainsi dans la chose ; et s'il est vrai de le nier, alors nécessairement il n'en est pas ainsi. »[3] Ce concept de vérité semble poser un problème dans le cas de la classe particulière des énoncés qui expriment les actions humaines dans le futur. Prenons un énoncé qui décrit l'événement d'une action humaine future, tel que : *Demain il y aura une bataille navale*. Si cet énoncé est vrai, alors l'état de choses aura nécessairement lieu. En revanche, si l'énoncé est faux, l'état de choses n'aura nécessairement pas lieu. Sachant que l'argument du Dominateur propose comme conclusion que les événements futurs sont nécessaires, si l'énoncé *Demain il y aura une bataille navale* est vrai, alors il est nécessairement vrai, et s'il est faux, alors il est nécessairement faux.

1. Thomas d'Aquin, *In I Periherm.*, 13 (Leon. I*/1, 66b) : « Nam in praeteritis et praesentibus necesse est quod altera oppositarum determinate sit vera et altera falsa in quaecunque materia ; sed in singularibus quae sunt de futuro hoc non est necesse, quod una determinate sit vera et altera falsa ». Sauf indication de nom de traducteur, toutes les traductions sont de nous.

2. *In I Periherm.*, 9 (Leon. I*/1, 46b) : « Cum enim enunciatur aliquid esse vel non esse secundum congruentiam rei, est oratio vera ; alioquin est oratio falsa ». Sur ce concept de vérité chez Thomas d'Aquin, voir J. Owens, « Judgment and Truth in Aquinas », *Mediaeval Studies* 32 (1970), p. 138-158, repris dans *St. Thomas Aquinas on the Existence of God. The Collected Papers of Joseph Owens*, éd. J. Catan, Albany, N.Y., SUNY Press, 1980, p. 34-51.

3. *In I Periherm.*, 13 (Leon. I*/1, 67a) : « Et hoc est quod manifestat consequenter dicens quod si verum est dicere quod album sit, de necessitate sequitur quod ita sit in re ; et si verum est negare, ex necessitate sequitur quod ita non sit ».

À partir de relations strictement logiques entre les énoncés, nous savons donc que demain il y aura une bataille navale – et dans ce cas-ci l'énoncé est nécessairement vrai – ou bien que demain il n'y aura pas une bataille navale – et dans ce cas-là l'énoncé est alors nécessairement faux. Ainsi, selon l'argument déterministe, toute contingence serait ôtée aux événements futurs, en particulier à ceux qui impliquent l'action humaine, si nous estimons que pour qu'un énoncé exprime une action humaine, il est nécessaire que l'état de choses qu'il décrit trouve la cause de sa réalisation dans l'action elle-même. Il s'agit là d'une condition pour le concept d'action, mais pas d'une condition suffisante. Il faut en effet également que l'action ne soit pas elle-même déterminée. Ce n'est que dans ce second cas que le déterminisme est incompatible avec l'action humaine. Comme nous le verrons plus loin, si l'énoncé *Demain il y aura une bataille navale* est un énoncé vrai de façon déterminée, alors l'événement de la bataille navale ne dépend absolument pas de l'action humaine. Il est vrai et, de surcroît, il l'est de façon déterminée. Ainsi, quoique les hommes athéniens et les hommes perses fassent, la bataille navale aura lieu. Il s'agit donc d'un argument destiné à établir un déterminisme à partir d'un point de vue purement logique, une fois établi que si toute prédication est préalablement vraie ou fausse, tous les événements ont lieu par nécessité.

Les deux reconstructions de l'argument du Dominateur

Après avoir formulé les conditions du problème, Thomas d'Aquin présente l'argument du Dominateur. La première partie de son commentaire comprend deux moments, dans lesquels la reconstruction est traitée successivement du point de vue logique et ontologique. Cela signifie que l'argument du Dominateur part de l'analyse de trois principes logiques (premier moment) : celui de la non-contradiction, celui du tiers exclu et celui du concept de vérité, desquels Diodore tire quelques conséquences pour l'ontologie (deuxième moment). Ce passage se fonde sur le principe aristotélicien de la vérité comme correspondance.

La première reconstruction de l'argument mégarique établit que si un énoncé quelconque décrit la réalisation d'un état de choses, cet énoncé est vrai[1]. Donc, l'énoncé qui lui est contradictoire doit, par le principe du tiers

1. *In I Periherm.*, 13 (Leon. I*/1, 67a-67b) : « Ponamus enim quod sint duo homines, quorum unus dicat aliquid esse futurum, puta quod Socrates curret, alius vero dicat hoc idem ipsum non esse futurum ; supposita praemissa positione, scilicet quod in singularibus et futuris contingit alteram esse veram, scilicet vel affirmativam vel negativam, sequetur quod necesse sit quod alter eorum verum dicat, non autem uterque : quia non potest esse quod in

exclu, être faux. Ainsi, un énoncé dit hier, par exemple : *Demain il y aura une bataille navale,* est contradictoire à l'énoncé dit aujourd'hui selon lequel tel événement n'a pas lieu. Bref, l'énoncé affirmé hier a une valeur de vérité déterminée, dans ce cas, le fait d'être faux. À la fin de la première démonstration de l'argument mégarique, nous retrouvons comme conclusion le principe de bivalence, lequel ne se limite pas à affirmer que, étant donnés deux énoncés dont l'un est la négation de l'autre, tous les deux ne peuvent pas être vrais, comme dans le cas du principe de non-contradiction. De même, les deux énoncés ne peuvent pas être faux, en vertu du principe du tiers exclu. Le principe de bivalence affirme que, pour n'importe quel couple d'énoncés contradictoires, l'un des deux est actuellement vrai et l'autre actuellement faux, c'est-à-dire, ou bien un énoncé est vrai de façon déterminée ou bien il est faux de façon déterminée, sans qu'il y ait de troisième possibilité.

Ayant formulé le principe de bivalence, Diodore en tire la conclusion suivante : ou bien tout est nécessaire, ou bien tout est impossible [1]. Appuyés sur cette conclusion, les Mégariques soutiennent, dans la deuxième reconstruction de leur argument, le principe d'une rétrogradation de la vérité. Ils le divisent en deux moments, dont le premier est la rétrogradation du présent au passé [2]. Ainsi, l'énoncé qui est vrai dans le présent était déjà vrai dans le passé par rapport au futur, son opposé étant actuellement faux. De même qu'aujourd'hui il est faux, de façon déterminée, de dire que la bataille navale n'a pas eu lieu dans le passé, il était vrai, de façon déterminée, par rapport au futur, de dire que la bataille navale aura lieu. Par conséquent, il a toujours été vrai dire que la bataille navale aura lieu [3].

Dans le deuxième moment, la même raison qui fait que nous rétrogradons du présent vers le passé fait que, selon Diodore, nous rétrogradons

singularibus propositionibus futuris utraque sit simul vera, scilicet affirmativa et negativa : sed hoc habet locum solum in indefinitis ».

1. *In I Periherm.*, 13 (Leon. I*/1, 67b) : « Est ergo processus huius rationis talis. Si necesse est quod omnis affirmatio vel negatio in singularibus et futuris sit vera vel falsa, necesse est quod omnis affirmans vel negans determinate dicat verum vel falsum. Ex hoc autem sequitur quod omne necesse sit esse vel non esse. Ergo, si omnis affirmatio vel negatio determinate sit vera, necesse est omnia determinate *esse vel* non *esse.* Ex hoc concludit ulterius quod omnia sint ex necessitate ».

2. *In I Periherm.*, 13 (Leon. I*/1, 68b) : « Sed determinate nunc est verum dicere de aliquo singulari quod est album; ergo *primo,* idest antequam illud fieret album, erat verum dicere quoniam hoc erit album ».

3. *In I Periherm.*, 13 (Leon. I*/1, 68b) : « Si enim similiter se habet veritas et falsitas in praesentibus et futuris, sequitor ut quidquid verum est de presenti, etiam fuerit verum de futuro, eo modo quo est verum de praesenti ».

du futur vers le passé [1]. Ainsi, si un état de choses quelconque existera, alors il a toujours été vrai que cet état de choses sera [2]. Il en résulte que si toute affirmation ou négation sur le futur est, de façon déterminée, vraie ou fausse, cela veut dire que l'état de choses qui leur correspond, ou bien nécessairement existe ou bien nécessairement n'existe pas [3]. Bref, tous les états de choses futurs sont soit nécessaires soit impossibles [4]. Toutefois, par ce postulat, le principe de la rétrogradation de la vérité étend à la totalité du temps la conséquence suivante : si la chose énoncée est ainsi dans la réalité, alors l'énoncé a été vrai. De ce fait, il a toujours été vrai d'affirmer que cette chose a été, est ou sera. La conclusion de l'application de la rétrogradation de la vérité est que la nécessité est coextensive à l'être. Ainsi, si nous acceptons cette généralisation de la rétrogradation, il nous suffit de prendre en considération le principe du tiers exclu (nécessairement P ou $\neg P$) afin de pouvoir affirmer la nécessité de la bivalence. Ce que le principe du tiers exclu nous propose est que, étant donné un événement futur, nous pourrons *a priori* affirmer que, ou bien il existera, ou bien il n'existera pas. Ce qui permet d'attacher ce savoir *a priori* à la rétrogradation est le fait qu'il a toujours été vrai ou qu'il a toujours été faux que telle chose aura lieu ou qu'elle n'aura pas lieu. C'est ce qui résulte de l'application de la bivalence.

La réfutation aristotélicienne de l'argument déterministe selon Thomas d'Aquin

Selon Thomas d'Aquin, ce n'est pas le principe du tiers exclu que refuse Aristote, mais bien plutôt l'usage sans restriction du principe de bivalence [5]. Ainsi, la critique la plus importante que fait Aristote à l'argument

1. *In I Periherm.*, 13 (Leon. I*/1, 68b) : « Sed eadem ratio videtur esse in propinquo et in remoto ».

2. *In I Periherm.*, 13 (Leon. I*/1, 68b) : « ergo si ante unum diem verum fuit dicere quod hoc erit album, sequitur quod semper fuit verum dicere de quolibet eorum, quae facta sunt, quod erit ».

3. *In I Periherm.*, 13 (Leon. I*/1, 68b) : « Si autem semper est verum dicere de praesenti quoniam *est,* vel de futuro quoniam *erit*, non potest hoc *non esse vel non futurum esse* ».

4. *In I Periherm.*, 13 (Leon. I*/1, 68b) : « Sequitur ergo ex praemissis quod omnia, quae futura sunt, necesse est fieri ».

5. Aristote et Thomas d'Aquin distinguent tous les deux logiquement le principe de bivalence du principe du tiers exclu. Thomas d'Aquin définit le principe de bivalence de la manière suivante : « Est ergo processus huius rationis talis. Si necesse est quod omnis affirmatio vel negatio in singularibus et futuris sit vera vel falsa, necesse est quod omnis affirmans vel negans determinate dicat verum vel falsum » (*In I Periherm.*, 13, Leon. I*/1, 67b) ; et le principe du tiers exclu : « Quarum *prima* talis est : affirmatio et negatio dividunt verum et falsum, quod patet ex definitione veri et falsi : nam nihil aliud est verum quam esse

mégarique porterait sur l'application du principe de bivalence aux énoncés futurs en matière contingente. Ce qui légitime et rend valide la reconstruction que réalise Aristote de l'argument mégarique, c'est le fait qu'il établit la bivalence à partir de la rétrogradation. La conséquence mégarique en découle directement : tous les futurs sont ou bien nécessaires ou bien impossibles. D'un autre côté, pour les mêmes raisons, il est possible d'affirmer que ce qui ne s'est pas actualisé a toujours été dans l'impossibilité de se réaliser, devenant ainsi ce qui jamais ne sera. Dans ce cas-là, nous aurions les modalités diodoriennes suivantes : ce qui est en acte est nécessaire ; ce qui n'est pas, qui n'a pas été ou qui ne sera pas, est impossible [1].

Ce que Diodore montre ainsi est que, étant donné un fait quelconque, par exemple, l'événement d'une bataille navale, on ne peut dire qu'il est possible que dans la mesure où il se réalise maintenant ou qu'il se réalisera dans le futur. Accepter cette formulation revient à accepter que, du point de vue ontologique, la possibilité se réduit à l'actualité passée, présente ou future. Ainsi, on ne peut pas dire d'un fait qui ne se réalise pas maintenant ni dans le futur qu'il est possible. À l'aide de ce raisonnement, Diodore dissout les différences entre les modalités une fois que, en réduisant le possible au nécessaire, il le prive de sa force logique. Cela se fonde sur le fait que lorsque nous affirmons que quelque chose est possible, en vérité nous voulons affirmer que, en dernière analyse, elle est nécessaire. Du fait que nous réduisons une modalité à l'autre, nous réduisons également toutes les autres, à partir du moment où elles se définissent les unes par les autres.

Aussi, lorsqu'on se demande ce qui a mené Aristote à formuler une conclusion différente et même à refuser la notion de possible proposée par

quod est, vel non esse quod non est ; et nihil aliud est falsam quam esse quod non est, vel non esse quod est ; et sic oportet quod si affirmatio sit falsa, quod negatio sit vera ; et e converso ». (*In I Periherm.*, 13, Leon. I*/1, 69b).

C'est toutefois surtout à Lukasiewicz, introducteur de l'expression « loi de bivalence » que l'on doit la distinction terminologique entre ces deux principes : « I satisfied myself at the time that all theses of the ordinary propositional calculus could be proved on the assumption that their propositional variables could assume only two values, "0" or "the false", and "1" or "the true". To this assumption corresponds the basic theorem that « every proposition is either true or false. For short I will term this the *law of bivalence*. Although this is occasionaly called the law of the excluded middle, I prefer to reserve this name for the familiar principle of classical logic that two contradictory propositions cannot be false simultaneously ». Cf. J. Lukasiewicz, « Philosophical Remarks on Many-Valued Systems of Propositional Logic », in *Polish Logic. 1920-1939*, éd. Storrs MacCall, Oxford, Clarendon Press, 1967, p. 52.

1. *In I Periherm.*, 14 (Leon. I*/1, 73a) : « *Quidam* enim distinxerunt ea secundum eventum, sicut Diodorus, qui dixit illud esse impossibile quod nunquam erit ; necessarium vero quod semper erit ; possibile vero quod quandoque erit, quandoque non erit ».

Diodore, nous devons tenir compte du fait que selon la conception de la possibilité proposée par Diodore, affirmer qu'un énoncé du type *S est P* est possible, implique que S est, a été ou sera P. Cette notion de possibilité a un correspondant ontologique, à savoir que nous excluons de l'univers des choses possibles ce qui n'a pas été réalisé ainsi que ce qui jamais ne viendrait à s'actualiser, comme c'est le cas du vêtement qui sera ou qui ne sera pas coupé, dont Aristote affirme la possibilité d'être coupé[1]. Cette possibilité est une attribution vraie, même s'il n'est jamais coupé, si jamais il n'a été coupé ni sera coupé un jour.

Toujours selon Thomas d'Aquin, Aristote a dû conclure que concevoir le possible tel que le propose Diodore implique l'impossibilité humaine de la délibération[2]. Dans un tel modèle, l'application du concept d'action aux choses resterait exclue. Conformément à la notion aristotélicienne de possibilité, dire que quelque chose est possible revient à dire qu'il y a une indétermination quant à sa réalisation ou à sa non-réalisation[3]. Or, nous savons que la notion de possible est établie par Aristote à partir d'une distinction quant à la manière d'être des choses : le possible et le nécessaire étant des différences dans l'être, il existe donc des choses qui possèdent, dans leur nature, les causes nécessaires qui déterminent inexorablement leur réalisation[4]. De même, il existe des choses dans lesquelles nous ne

1. *In I Periherm.*, 14 (Leon. I*/1, 73a) : « Sit enim, puta, vestis nova ; manifestum est quod eam possibile est incidi, quia nihil obviat incisioni, nec ex parte agentis nec ex parte patientis. Probat autem quod simul cum hoc quod possibile est eam incidi, possibile est etiam eam non incidi, eodem modo quo supra probavit duas indefinitas oppositas esse simul veras, scilicet per assumptionem contrarii. Sicut enim possibile est istam vestem incidi, ita possibile est eam exteri, idest vetustate corrumpi ; sed si exteritur non inciditur ; ergo utrumque possibile est, scilicet eam incidi et non incidi ».

2. *In I Periherm.*, 14 (Leon. I*/1, 71a) : « Dicit ergo primo, ex praedictis rationibus concludens, quod haec inconvenientia sequuntur, si ponatur quod necesse sit oppositarum enunciationum alteram determinate esse veram et alteram esse falsam similiter in singularibus sicut in universalibus, quod scilicet nihil in his quae fiunt sit ad utrumlibet, ex necessitate. Quorum *primum* est quod non oportebit de aliquo consiliari. *Secundum* inconveniens est quod actiones humanae, quae sunt propter aliquem finem (puta negotiatio, quae est propter divitias acquirendas), erunt superfluae : quia si omnia ex necessitate eveniunt, sive operemur sive non operemur erit quod intendimus. Sed hoc est contra intentionem hominum, quia ea intentione videntur consiliari et negotiari ut, si haec faciant, erit talis finis, si autem faciunt aliquid aliud, erit alius finis ».

3. *In I Periherm.*, 14 (Leon. I*/1, 73b) : « Et ideo alii melius ista distinxerunt secundum naturam rerum, ut scilicet dicatur illud necessarium, quod in sua natura determinatum est solum ad esse ; impossibile autem quod est determinatum solum ad non esse ; possibile autem quod ad neutrum est omnino determinatum, sive se habeat magis ad unum quam ad alterum, sive se habeat aequaliter ad utrumque, quod dicitur contingens ad utrumlibet ».

4. Thomas d'Aquin, *In Duodecim Libris Metaphysicorum Aristotelis Expositio*, éd. M. R. Cathala, Turin, Marietti, 1964 (*infra* cité *In Met.*), VI, 2, § 1182 : « Et primo quae sit causa entis per accidens ; dicens, quod quia in entibus quaedam sunt semper similiter se

retrouvons pas, dans la série naturelle des causes, une détermination quant à leur réalisation[1]. Nous pouvons donc considérer comme possibles des affirmations telles que *Socrate marchera* ou *Le vêtement sera coupé*, même si, en raison de quelque empêchement, Socrate ne marchera jamais ou que le vêtement ne sera jamais coupé. Or, au contraire de ce que propose Aristote, ce que prétend montrer Diodore est que, par exemple, le fait que Socrate marchera, ne peut être dit possible que s'il s'est réalisé, s'il se réalise maintenant ou s'il vient à se réaliser dans le futur. Un fait qui ne s'est pas réalisé ou qui ne se réalisera pas dans le futur n'est simplement pas possible. Cela étant, Thomas d'Aquin signale que dans les autres futurs qui ne sont pas toujours en acte, qui sont plutôt en puissance, il est manifeste que tous ne sont pas ou ne seront pas par nécessité, mais que quelques-uns se rapportent aux deux côtés, c'est-à-dire, qu'ils ne se rapportent pas plus à l'affirmation qu'à la négation[2].

Sur ce point de l'analyse, il est important de mettre en relief la distinction aristotélicienne entre l'acte et la puissance qui, selon Thomas d'Aquin[3], constitue l'explication de l'existence du possible par rapport aux choses. Dire, comme nous le verrons, qu'il est possible que quelque chose soit *P* revient à dire qu'il est possible que telle chose ne soit pas *P*. Or, pour Aristote, dire que *A* est en puissance *B* doit être compatible avec le fait que *A* ne devienne jamais *B*, comme en atteste l'exemple du vêtement qui a la puissance de se déchirer même s'il n'est jamais coupé. Aussi, la définition mégarique de l'être en puissance n'est donc pas satisfaisante pour Aristote parce qu'elle prétend que, pour tout objet *A*, être en puissance *B* équivaut à avoir été, être ou devenir *B*. Cela implique également qu'il n'y a pas de mouvement puisque, en vérité *A*, depuis toujours, a été *B*.

habentia ex necessitate (non quidem secundum quod necessitas ponitur pro violentia, sed prout necessitas dicitur secundum quam non contingit aliter se habere, ut hominem esse animal) ; quaedam vero non sunt ex necessitate, nec semper, sed sunt <secundum magis>, idest ut in pluribus. Et hoc, scilicet ens ut in pluribus, est causa et principium quod aliquid sit per accidens. In rebus enim quae sunt semper, non potest esse aliquid per accidens ; quia solum quod est per se potest esse necessarium et sempiternum, ut etiam in quinto habitum est. Unde relinquitur, quod solum in contingentibus potest esse ens per accidens ».

1. *In Met.* VI, 2, § 1183 : « Contingens autem ut in paucioribus est ens per accidens cuius causa quaeritur. Unde relinquitur, quod causa entis per accidens sit contingens ut in pluribus, quia eius defectus est ut in paucioribus. Et hoc est ens per accidens ».

2. *In I Periherm.*, 14 (Leon. I*/1, 73a) : « Et ex hoc universaliter concludit quod in aliis futuris, quae non sunt in actu semper, sed sunt in potentia, hoc manifestum est quod non omnia ex necessitate sunt vel fiunt, sed eorum quaedam sunt ad utrumlibet, quae non se habent magis ad affirmationem quam ad negationem ».

3. Thomas d'Aquin, *De Principiis Naturae ad Fratrem Sylvestrum* (Leon. XLIII, 39a) : « Nota quod quoddam potest esse licet non sit, quoddam uero est. Illud quod potest esse dicitur esse potentia, illud quod iam est dicitur esse actu ».

Comme on l'a déjà souligné, les présupposés logiques de l'argument mégarique sont le principe de non-contradiction, le principe du tiers exclu et le principe de bivalence. C'est sur la base de ces trois principes que Diodore tire sa conclusion déterministe selon laquelle les événements (passés, présents et futurs) sont dans leur totalité nécessaires ou impossibles. Nous pouvons constater, à partir du commentaire qui nous occupe, ainsi qu'à partir d'autres commentaires de Thomas d'Aquin à l'œuvre d'Aristote, que le Philosophe refuse catégoriquement de mettre en question le principe de non-contradiction et celui du tiers exclu, premiers principes de l'être en tant qu'être et, comme tels, applicables sans restriction. Diodore lui-même ne les a d'ailleurs jamais niés. Bien au contraire, ces principes lui ont servi de fondement logique pour son argumentation. Les points de discordance entre Aristote et Diodore se situent dans les deux résultats que ce dernier a tirés à partir de l'application du principe de la non-contradiction et du tiers exclu. Ces résultats sont les suivants :

> 1. Tous les énoncés, y compris ceux qui portent sur le futur, possèdent, de façon déterminée, une valeur de vérité (principe de bivalence appliqué sans restriction).
> 2. Tous les événements, même les futurs, sont nécessaires.

Ce sont là, respectivement, les résultats de la première et de la deuxième reconstruction mégarique. Ceci dit, la réfutation de l'argument mégarique peut se réduire à une remise en question du caractère non-restreint de la validité du principe de bivalence. Il reste à savoir à quel genre d'énoncé une telle reformulation de l'ampleur de la validité de ce principe serait applicable. Dans le cas des énoncés sur le passé ou le présent, il semble qu'il s'agit d'un cas positif de l'application de ce principe, une fois que la référence temporelle passée se rapportait aux états de choses déjà déterminés. Il en va de même avec les énoncés sur le présent, auxquels ce principe est aussi applicable parce que l'état de choses qui rend ces énoncés vrais est présent ou donné. Aussi, pour éviter le déterminisme mégarique, la réduction ne pourra se référer qu'aux énoncés singuliers futurs en matière contingente.

Thomas d'Aquin s'interroge sur ce qu'envisage Aristote lorsque celui-ci réfute le déterminisme. Une fois que le problème se résume au caractère déterminé de la valeur de vérité des énoncés futurs, la réfutation d'Aristote a pour but de refuser la conséquence déterministe de la rétrogradation du futur vers le passé : si toute affirmation ou négation sur le futur est vraie ou fausse de façon déterminée, alors l'état de choses qui leur correspond est nécessaire ou impossible. La seule manière pour le Philosophe de nier l'antécédente selon laquelle toute affirmation ou négation sur le futur est vraie ou fausse de façon déterminée(en l'occurrence de nier l'application du principe de bivalence aux énoncés futurs) consiste dès lors à réfuter la conséquence de ladite implication : *Tous les événements, y compris les futurs, sont nécessaires*. Par conséquent, l'argumentation prend la forme du *modus tollens*. En effet, les événements qui se produisent à partir d'une cause accidentelle, par hasard[1], n'ont pas une cause déterminée[2], dans la mesure où entre eux et cette cause-là, il n'y a pas une relation nécessaire de telle sorte qu'elle ait toujours lieu. Avec l'introduction de la notion de hasard, avec l'admission de l'existence d'événements qui ont, dans leur origine, une conjonction accidentelle de séries causales, on peut alors arriver à constater que tous les événements futurs n'ont pas lieu par nécessité, ce qui implique la négation de la conséquence[3].

Si nous avons obtenu la négation de l'idée que tous les événements sont nécessaires, nous sommes donc autorisés à affirmer qu'il n'est pas question d'accepter l'idée que tous les énoncés sur le futur possèdent une valeur de vérité de façon déterminée. Que l'on reprenne ici la thèse de l'argument mégarique selon laquelle si tout énoncé sur le futur possède une valeur déterminée de vérité, il en résulte que tous les événements futurs sont nécessaires : la contre-preuve aristotélicienne à cet argument est que tous les événements n'ont pas lieu par nécessité. Par conséquent, on ne peut pas affirmer que tous les événements sur le futur possèdent une valeur déterminée de vérité. Avec cette contre-preuve aristotélicienne à la thèse qui affirme que tous les événements ont lieu par nécessité, on obtient par la même occasion la réfutation de l'argument dominateur. Bref, le déterminisme n'est pas logiquement nécessaire.

1. *In I Periherm.*, 14 (Leon. I*/1, 74b) : « Dicit enim quod non omne quod fit habet causam, sed solum illud quod est per se. Sed illud quod est per accidens non habet causam ; quia proprie non est ens, sed magis ordinatur cum non ente, ut etiam Plato dixit. Unde *esse musicum* habet causam, et similiter *esse album ;* sed hoc quod est, *album esse musicum,* non habet causam : et idem est in omnibus aliis huiusmodi ».

2. *In I Periherm.*, 14 (Leon. I*/1, 75a) : « Quia si quilibet effectus habet causam, esset effectum (qui est futurus post quinque dies, aut post quantumcumque tempus) reducere in aliquam causam priorem : et sic quousque esset devenire ad causam, quae nunc est in praesenti, vel iam fuit in praeterito ; si autem causa posita, necesse est effectum poni, per ordinem causarum deveniret necessitas usque ad ultimum effectum. Puta, *si Comedit salsa, sitiet : si sitiet, exibit domum ad bibendum : si exibit domum, occidetur a latronibus. Quia ergo iam comedit salsa, necesse est cum occidi.* Et ideo Aristoteles ad hoc excludendum ostendit utramque praedictarum propositionum esse falsam, ut dictum est ».

3. *In Met.* XI, 8, § 2282 : « … causa futurorum contingentium non est iam posita ut praesens et praeterita, sed adhuc est contingens ut futura, et proper hoc effectus sunt adhuc contingentes… ».

Thomas d'Aquin estime que c'est en cherchant à signaler que l'argument du Dominateur n'est pas logiquement nécessaire qu'Aristote en arrive à présenter sa théorie de l'être[1]. Au niveau ontologique, Aristote distingue deux types d'événements : ceux qui sont absolument nécessaires et ceux qui sont nécessaires par supposition[2]. Les événements nécessaires absolument sont ceux qui sont nécessaires, parce qu'ils ne peuvent pas être autrement, dans la mesure où il n'est pas possible que ce qui nécessairement doit être ne soit pas : ils sont éternels et nécessaires. En revanche les événements nécessaires par supposition sont ceux dans le cas desquels c'est la durée de l'événement qui détermine sa qualification de nécessaire – alors que dans le cas de la nécessité absolue, celle-ci opère inconditionnellement à tous les moments du temps. Ainsi, c'est la détermination du temps de l'événement qui décide la détermination du type de nécessité. L'état de choses décrit par l'énoncé *Socrate est assis* n'est donc pas nécessaire de façon absolue. Il n'est nécessaire que selon la supposition que, dans le passé, Socrate se soit assis. Il ne s'ensuit pas que demain Socrate sera nécessairement assis, dans la mesure où il est seulement nécessaire *quand il est et pendant qu'il est*, et qu'il n'est pas nécessaire quand il n'est pas ni pendant qu'il n'est pas.

C'est ainsi que, selon Thomas d'Aquin, se présente la justification du refus d'Aristote, du point de vue ontologique, de l'argument déterministe. Une telle justification a servi à montrer qu'une distinction entre la nécessité absolue et la nécessité par supposition est essentielle pour expliquer la contingence du point de vue ontologique. Avec cette définition de la nécessité par supposition, nous disposons de la justification ontologique qui nous permet de savoir pourquoi il n'est pas nécessaire de façon absolue que les événements existent ou que nécessairement ils n'existent pas. De plus, cette distinction établit que, du point de vue de l'être, le principe de bivalence n'est pas admis sans restriction. Supposer le contraire reviendrait à admettre le déterminisme qui veut que tous les événements soient nécessaires ou impossibles.

1. *In I Periherm.,* 14 (Leon. I*/1, 80a-80b) : « Dicit ergo primo, quasi ex praemissis concludens, quod si praedicta sunt inconvenientia, ut scilicet omnia ex necessitate eveniant, oportet dicere ita se habere circa res, scilicet quod omne quod est necesse est esse *quando* est, et omne quod non est necesse est non esse *quando* non est ».

2. *In I Periherm.,* 15 (Leon. I*/1, 80b) : « Et ideo manifeste uerum est quod omne quod est necesse est esse quando est ; et omne quod non est necesse est non esse pro illo tempere quando non est : et haec est necessitas non absoluta, sed ex suppositione. Unde non potest simpliciter et absolute dici quod omne quod est, necesse est esse, et omne quod non est, necesse est non esse : quia non idem significant quod omne ens, *quando* est, sit ex necessitate, et quod omne ens *simpliciter* sit ex necessitate ; nam primum significat necessitatem ex suppositione, secundum autem necessitatem absolutam ».

En suivant cette réflexion, étant donné un couple d'énoncés contradictoires sur un événement futur contingent, par exemple *Demain il y aura une bataille navale* et *Demain il n'y aura pas une bataille navale*[1], supposer qu'ils ont une valeur déterminée de vérité reviendrait à supposer que l'un des deux était vrai de façon déterminée, c'est-à-dire, avant l'occurrence de la bataille navale. Dans le cas de choses nécessaires par supposition, par exemple dans le cas de la bataille navale, nous pouvons seulement affirmer qu'elles sont nécessaires quand elles sont. Puisque la bataille navale, au moment de l'affirmation de l'énoncé, n'a pas encore eu lieu, cet énoncé n'a pas de valeur de vérité déterminée, puisque l'occurrence future de la bataille navale reste indéterminée. Par conséquent, le principe de bivalence se révèle comme un principe qui n'est pas dérivé de l'ontologie, pour autant qu'il n'est pas vrai que tous les événements sont nécessaires ou impossibles. Il en est ainsi également parce qu'il ne faut pas penser que les choses nécessaires par supposition seront ou ne seront pas nécessairement dans le futur.

Il reste alors la question de savoir pourquoi Aristote nie que dans le cas des énoncés singuliers en matière contingente, ou bien l'affirmation est vraie ou bien la négation est fausse[2]. À ce propos, dans le deuxième moment de sa solution, Thomas d'Aquin réaffirme la dépendance de la logique par rapport à l'ontologie. Ce faisant, il réaffirme également le principe de la vérité comme correspondance, mettant en relief que c'est l'être qui rend les énoncés vrais. Ainsi, au lieu d'accepter l'idée que tout énoncé est vrai ou faux et que tous les faits sont déjà déterminés, Thomas d'Aquin soutient que, parce que bien des événements futurs ne sont pas encore déterminés, les énoncés au sujet de ces événements ne sont pas encore vrais ou faux. Cela n'empêche pas qu'ils puissent devenir vrais ou faux dans le temps. Il existe par conséquent une asymétrie irréductible[3]

1. *In I Periherm.*, 15 (Leon. I*/1, 81b) : « Et hoc manifestat per exemplum : quia *necesse est nauale bellum esse futurum cras uel non esse*; *set non est necesse nauale bellum futurum esse cras*; similiter etiam non est necesse *non esse* futurum, quia hoc pertinet ad necessitatem absolutam; set *necesse est* quod uel sit *futurum cras uel non* sit futurum, hoc enim pertinet ad necessitatem que est sub disiunctione ».

2. *In I Periherm.*, 15 (Leon. I*/1, 81b-82a) : « Et exponit consequenter quae sint illae res, quarum contradictoria contingere queunt. Et dicit huiusmodi, esse *que* neque *semper sunt*, sicut necessaria, neque *semper non sunt*, sicut impossibilia, set quandoque sunt et quandoque non sunt. Et ulterius manifestat quiomodo similiter se habeat in contradictoriis enunciationibus. Et dicit quod harum enunciationum, quae sunt de contingentibus, *necesse est* quod sub disiunctione altera pars *contradictionis* sit uera *uel* falsa, *non tamen* hec uel illa determinate, *set* se habet ad *utrumlibet* ».

3. *In Met.* IX, 11, § 1897 : « Quod sic considerandum est. Non enim ideo tu es albus, quia nos vere existimamus te esse album; sed e converso, ideo existimamus te esse album, quia tu es album. Unde manifestum est, quod dispositio rei est causa veritatis in opinione et oratione ».

entre les deux aspects du concept de vérité, *a voce ad rem* et *a re ad vocem*[1]. Cela signifie que c'est l'indétermination causale qui fait qu'il n'est pas toujours vrai de dire que les accidents sont d'une forme ou de l'autre. En somme, un énoncé singulier futur sur un accident ne peut pas être vrai avant l'occurrence de l'état de choses correspondant.

Finalement, il est important de poser la question suivante : si les énoncés singuliers futurs en matière contingente n'ont pas de valeur de vérité déterminée, comment la conjonction de ces énoncés peut-elle être contradictoire ? En fait, la question se pose dans les termes suivants : comment est-il possible que deux énoncés futurs contingents, dont l'un affirme tandis que l'autre nie l'occurrence d'un événement, soient tous les deux contradictoires ? Pour essayer d'y trouver une réponse, deux choses doivent être prises en compte : d'abord le refus de Thomas d'Aquin d'attribuer une valeur déterminée de vérité aux énoncés singuliers futurs en matière contingente, puisqu'ils ne sont actuellement ni vrais ni faux, et ensuite, son affirmation de l'existence de relations logiques entre ces énoncés contradictoires, de sorte que rendre l'un des deux vrai impliquerait la fausseté de l'autre, comme l'exigent les principes du tiers exclu et de non-contradiction.

Nous trouvons la solution du problème à partir du moment où, laissant de côté la notion de valeur de vérité, nous focalisons notre attention sur les rapports logiques qui sont à l'œuvre entre des symboles significatifs. La signification doit être entendue ici comme la représentation de l'occurrence des états de choses. Premièrement, il faut distinguer les conditions de signification et les conditions de vérité d'un énoncé. Deuxièmement, il faut montrer que les conditions de signification sont liées à la nature significative de l'énoncé. Il s'agit donc d'essayer de montrer que les relations logiques entre les deux formes d'expression de la signification énonciative, l'énoncé affirmatif et sa négation, ne sont pas assurées par la vérité ni par la fausseté des énoncés, mais par le caractère significatif de ces derniers. En ce sens, la signification d'un énoncé affirmatif exclut la signification d'un énoncé négatif.

Pour définir la notion de signification énonciative, il est d'emblée nécessaire de considérer ses parties, à savoir les noms. C'est grâce à l'établissement de la relation de symbolisation entre le nom et quelque chose de nommé par lui qu'un nom peut signifier quelque chose. Le point important est que le nom soit caractérisé comme une partie intégrante de

1. *In I Periherm.*, 9 (Leon. I*/1, 47b) : « Et hoc est quod manifestat consequenter dicens quod *si verum est dicere quod album sit,* de necessitate sequitur quod ita sit in re ; et si verum est negare, ex necessitate sequitur quod ita non sit. Et e converso : quia si ita est in re vel non est, ex necessitate sequitur quod sit verum affirmare vel negare ».

l'énoncé, partie qui est celle dont la fonction logique dans un énoncé quelconque est de présenter l'objet ou une propriété de ce dernier. En tout cas, la fonction du nom est celle de désigner quelque chose[1] puisque, si le nom ne désignait rien, il ne présenterait aucun thème à l'énoncé et il n'y aurait pas de fonction en tant que partie. Donc, c'est une condition nécessaire que le nom *homme*, par exemple, fonctionne en tant que nom dans la mesure où il nomme quelque chose, ce qui est dit, dans la fonction référentielle de sujet, ou en tant qu'une description, dans la position de prédicat, puisque c'est à partir de la position d'un nom que nous avons *en puissance* la possibilité de produire une affirmation ou une négation[2], dans laquelle, lorsque nous affirmerions ou que nous nierions quelque chose, nous aurions la fonction de la copule. C'est à travers cette relation entre le nom et ce qui est nommé que le nom réussit à présenter la chose nommée comme étant le thème de l'énonciation. Cette même relation fait que le nom réussit également, bien que seulement dans la mesure où il est juxtaposé à d'autres noms dans un énoncé, à référer à ce qui est dit.

Ainsi, nous sommes devant un point différentiel du concept de signification[3] : la signification simple, attribuée aux noms, et la signification composée, attribuée au discours. Il nous appartient donc de nous interroger sur la distinction que fait Thomas d'Aquin entre la signification des noms et celle du discours. Par rapport au type de signification concernant les noms, une fois que ses parties, les syllabes, en tant que telles, ne peuvent pas signifier quelque chose, parce que c'est le nom qui est censé signifier une conception, nous avons une signification que nous pourrions appeler nominative. C'est-à-dire, une signification qui s'établit à partir du moment où, par convention, nous attribuons un nom à une chose déterminée, à travers une connexion entre le nom et ce qui est nommé[4]. Alors que le nom

1. *In I Periherm.*, 5 (Leon. I*/1, 29a) : « Nomen autem, prout a uerbo distinguitur, significat rem sub determinato modo, prout scilicet potest intelligi ut in se existens ; unde nomina possunt subici et predicari ».

2. *In I Periherm.*, 6 (Leon. I*/1, 34ab) : « Et hoc dico non in actu, set solum in potentia : potest enim aliquid addi per cuius additionem fiet "affirmatio vel negatio", scilicet si "addatur" ei uerbum ».

3. *In I Periherm.*, 6 (Leon. I*/1, 32b-33a) : « Sed quia duplex est significatio uocis, una que refertur ad intellectum compositum, alia que refertur ad intellectum simplicem, prima significatio competit orationi, secunda uero competit parti orationis, unde subdit : ut dictio, non ut affirmatio ».

4. *In I Periherm.*, 4 (Leon. I*/1, 21a) : « Manifestat ergo primo quod pars nominis separata nichil significat, per nomina composita, in quibus hoc magis uidetur. In hoc enim nomine *quod* est "*equiferus*", hec pars "*ferus*" per se nichil significat, sicut significat in hac oratione que est "*equus ferus*". Cuius ratio est quod unum nomem imponitur ad significandum unum simplicem intellectum ; aliud autem <est> id a quo imponitur nomem ad significandum,

possède une signification simple, le discours *(oratio)*, ayant une signification qui porte sur la *pensée composée (intellectum compositum)*, est logiquement complexe, dans la mesure où sa signification dépend de la composition des significations des noms. En effet, s'il est vrai qu'un nom ou un verbe pris de façon isolée ne peut pas communiquer l'existence d'un état de choses, il est également vrai que l'énoncé doit être constitué et de noms et de verbes. La signification énonciative se compose, justement, de la liaison entre les noms et les verbes, de sorte que l'énoncé doit être entendu comme présentant l'union ou la séparation de ce qui est signifié par des noms et par des verbes [1].

Pour que nous soyons en présence d'un énoncé, il ne suffit pas que le nom, par exemple *homme*, signifie quelque chose. Il faut qu'il y ait encore un autre nom, *rationnel*, celui-ci étant, lui aussi, porteur de signification et, en outre, il faut que s'établisse un lien entre ces deux signifiés, la copule ayant la fonction d'exprimer ce lien. Si le lien est positif, l'énoncé qui en résulte, *l'homme est rationnel*, a pour signification l'existence d'une synthèse entre l'homme et le rationnel, de sorte que le prédicat *rationnel* s'applique à l'être de l'homme. Si le lien est négatif, la signification de l'énoncé sera l'inexistence du lien, une séparation entre l'homme et le rationnel, où la rationalité est éloignée de l'être de l'homme. Puisqu'il est constitué de noms, l'énoncé a donc la tâche d'articuler les différents rapports de symbolisation établis par ces derniers, en les composant de façon à préfigurer l'existence ou la non-existence d'une synthèse quelconque de quelque prédicat chez quelque sujet. En fonction de sa propre constitution et parce qu'il résulte de la composition de noms signifiants en eux-mêmes, l'énoncé a la caractéristique d'être essentiellement composé. Cela veut dire que la signification énonciative consiste à exprimer l'union ou la séparation de ce qui est signifié par les noms. Donc, l'essentiel de l'énoncé est à situer dans l'expression des liens qui s'entremêlent entre les objets et leurs attributs, ainsi que dans la description de l'union ou de la séparation des objets et de leurs propriétés.

ab eo quod nomen significat ; sicut hoc nomen *lapis* imponitur a lesione pedis, quod non significat, ad significandum conceptum cuiusdam rei ».

1. *In I Periherm.*, 3, 4 (Leon. I*/1, 15a) : « *Compositio* quidem, quando intellectus comparat unum conceptum alteri, quasi apprehendens *coniunctionem* aut *identitatem* rerum, quarum sunt conceptiones ; *divisio* autem, quando sic comparat unum conceptum alteri, ut apprehendat res esse diversas. Et per hunc etiam modum in vocibus affirmatio dicitur compositio, in quantum coniunctionem ex parte rei significat ; negatio vero dicitur divisio, in quantum significat rerum separationem ».

La signification énonciative peut s'exprimer de deux manières : l'existence d'un lien ou d'une séparation entre un objet et un attribut, tout en établissant une alternative selon laquelle une chose constitue l'autre, de façon positive ou de façon négative. La première, l'énonciation affirmative, signifie la composition des choses signifiées, alors que la seconde, l'énonciation négative, signifie leur séparation. Puisque la négation et l'affirmation sont composées des mêmes noms, leur différence porte sur la fonction logique, la négation exprimant la non-existence de la composition entre une chose et l'autre. Cette distinction de la façon dont la copule dispose les noms dans l'énoncé (A est B, A n'est pas B), aboutit à une distinction du sens [1] de l'énoncé :

> … soit l'énonciation est affirmative, par laquelle est énoncé quelque chose qui est, soit elle est négative, par laquelle est signifié quelque chose qui n'est pas [2].

Dans ce passage, Thomas d'Aquin nous informe que l'énoncé affirmatif établit une liaison entre quelque chose et quelque chose d'autre, liaison qui est niée par la négative. L'affirmation signifie une *composition*, dans le sens de déclarer qu'une chose est d'une certaine façon, alors que la négative signifie une *division,* ou *séparation* lorsqu'elle énonce que telle chose n'est pas de cette façon-là. En d'autres termes, ce que l'affirmation décrit comme étant uni, la négation le décrit comme étant séparé. Ces énoncés sont constitués des mêmes noms, lesquels se réfèrent aux mêmes choses, ces dernières ayant toutefois une différence entre elles parce que, dans un cas, la copule exprime la liaison entre le sujet et un prédicat, et dans l'autre, la séparation. Ainsi, c'est dans la mesure où la particule négative a une influence sur la fonction de la copule que cette première introduit une modification dans le sens de l'énoncé. Cette modification est, justement, l'inversion du sens antérieur. C'est ainsi qu'affirmation et négation expriment, sur le plan de la représentation, deux possibilités qui s'excluent mutuellement, c'est-à-dire l'union ou la séparation de ce qui est représenté par le sujet et par le prédicat. Lorsqu'il soutient que ces possibilités ont lieu au niveau de la représentation, Thomas d'Aquin défend l'indépendance des conditions de sens par rapport aux conditions de vérité.

1. Pour éviter une éventuelle confusion de terminologie, nous emploierons ici l'expression « sens » comme synonyme de signification énonciative, tout en la distinguant de la notion de signification nominative.

2. *In I Periherm.*, 9, 2 (Leon. I*/1, 46b) : « enunciatio uel est affirmatiua, per quam scilicet enunciatur aliquid esse ; alia autem negatiua, per quam significatur aliquid non esse ».

En vertu de ce que démontre Thomas d'Aquin[1], l'énonciation peut varier à partir de ces quatre modes lorsque nous la comparons à la réalité, une fois que c'est dans l'adéquation de la représentation au représenté que se situe la vérité. Les quatre possibilités de l'acte énonciatif se présentent de la façon suivante : a) Lorsque nous partons de la négation de l'énonciation négative fausse, nous pouvons *énoncer ce qui est, dans la réalité, comme n'étant pas*; b) nous pouvons également étendre l'affirmative fausse comme étant celle dans laquelle *ce qui n'est pas*, dans la réalité, se présente comme *étant*; c) Tout comme dans l'affirmative vraie, où *ce qui est*, dans la réalité, *est*; d) et, encore, nous pouvons considérer la négative vraie comme étant celle qui affirme de quelle façon *ce qui n'est pas,* dans la réalité, *n'est pas*[2]. Cela étant, être affirmatif ou négatif constitue une caractéristique de la forme de l'énoncé, c'est-à-dire une caractéristique de l'adéquation ou de l'inadéquation de son sens à la réalité. Donc, pour la détermination des conditions de vérité d'un énoncé, la détermination préalable de son sens est une condition nécessaire mais non suffisante, ce qui prouve l'indépendance de celui-ci par rapport à celles-là. Autrement dit, aussi bien l'énonciation affirmative que la négative préfigurent l'existence ou la non-existence d'une synthèse quelconque de quelque prédicat chez quelque sujet. Elles énoncent que le monde peut être disposé d'une façon déterminée ou d'une autre, sans que pour autant en découle que le monde se trouve de la façon dont il a été préfiguré par l'énonciation. Toutefois, il n'y a que deux possibilités : l'adéquation ou la non-adéquation de la représentation à la réalité, ces possibilités étant présentes dans tout énoncé, étant considéré que tout énoncé, qu'il soit affirmatif ou négatif, peut être vrai ou faux.

Cette notion d'acte énonciatif comprenant les deux formes, affirmer quelque chose ou nier quelque chose par rapport à la réalité, se traduit dans

1. *In I Periherm.*, 9, 3 (Leon. I*/1, 46b-47a) : « Uno modo, quia id quod est in re enunciatur ita esse sicut in re est : quod pertinet ad affirmationem ueram … Alio modo, cum enunciatur aliquid non esse quod in re non est : quod pertinet ad negationem ueram… Tertio modo, cum enunciatur aliquid esse quod in re non est : quod pertinet ad affirmationem falsam … Quarto modo, cum enunciatur aliquid non esse quod in re est : quod pertinet ad negationem falsam ».

2. Sur ce point, notons que, lorsque nous prononçons un énoncé quelconque, il n'est pas important que nous soyons ou que nous ne soyons pas en mesure de déterminer sa véracité. L'activité énonciative consiste à faire un choix entre une de ces deux formes (l'affirmation ou la négation), dans la mesure où il est possible à celui qui énonce, d'énoncer que ce quelque chose n'est pas, même s'il sait que quelque chose est, et inversement. Cela signifie que nous pouvons exprimer une union, même lorsqu'elle n'a pas lieu ou que nous avons connaissance de l'occurrence d'une division. Ainsi, l'opposition entre l'affirmation et la négation porte, tout d'abord, sur le sens des énoncés et, seulement après, sur sa valeur de vérité.

le vocabulaire de la philosophie contemporaine par la caractérisation de l'énoncé comme ayant deux termes absolument opposés l'un à l'autre, ceux-ci signalant deux alternatives qui s'excluent entre elles, pour ce qui est de la façon dont les choses peuvent ou ne peuvent pas être unies dans la réalité. Par convention, cette caractérisation de l'énoncé est nommé « bipolarité »[1] et présuppose un plan, un espace bipolaire, où elle se situe dans un des deux pôles qui n'est jamais neutre, qui toujours ou bien affirme ou bien nie. Ce que l'un affirme comme devant être le cas, la négative nie, et inversement. Ainsi, la négation d'un énoncé vrai est un énoncé faux, de même que celle d'un énoncé faux est un énoncé vrai. Lorsque nous nions ou que nous affirmons, il est possible ou il n'est pas possible que la réalité soit en conformité avec cet énoncé. Pour que nous ayons l'énoncé comme représentation de la réalité, il importe peu qu'une alternative ou l'autre se vérifie. Par contre, il est important que, lorsque nous définissons l'énoncé comme affirmation ou négation de quelque chose sur quelque chose, que nous ayons la possibilité que la réalité corresponde à l'un ou à l'autre de ces deux termes diamétralement opposés et s'excluant entre eux.

Si cette représentation proposée par l'énoncé correspond au monde, nous dirons qu'il est vrai. Cependant, si un « défaut » a lieu dans cette représentation, dans le sens où cette correspondance ne se vérifie pas, nous dirons que l'énoncé est faux. Dans ce cas-là, la relation d'adéquation ne s'est pas vérifié, ce qui ne nous empêche pas de comprendre l'énoncé, au point même de l'identifier comme étant faux. Ainsi, puisque le fait qu'un énoncé signifie de façon complexe est tout à fait distinct du fait qu'il possède une de ces deux valeurs de vérité, nous devrons donc, pour établir si un énoncé est vrai ou faux, « quitter » le niveau logique de l'énoncé pour nous adresser à ce à quoi il se réfère, c'est-à-dire, à quelque chose de distinct de l'énoncé lui-même. Par conséquent, dire qu'un énoncé est vrai ou faux exige un type de confrontation entre lui et le monde, une fois que la détermination de sa valeur de vérité trouve son fondement dans cette comparaison aux choses. Ce faisant, nous pourrions affirmer qu'il est essentiel à l'énoncé qu'il exécute l'un des deux types de signification, affirmatif ou négatif, alors que le degré de détermination de sa valeur de vérité ne peut pas être considéré comme une propriété intrinsèque de l'énoncé. Ce qui est propre à la nature significative de l'énoncé, ce sont ses conditions de sens.

1. L. Wittgenstein, « Notes on Logic », *The Journal of Philosophy* 56 (1957), p. 232 : « Every proposition is esssentially true-false. Thus a proposition has two poles (corresponding to case of its truth and case of its falsity) ».

Nous sommes dès lors maintenant partiellement en mesure de répondre à la question de départ : si les énoncés portant sur les singuliers futurs contingents n'ont pas de valeur de vérité déterminée, de quelle façon la conjonction de ces énoncés peut-elle être contradictoire ? C'est Thomas d'Aquin qui, tout en définissant la contradiction, indique la solution :

> Ainsi, [le Philosophe] dit, premièrement, que lorsque quelque affirmation s'oppose à quelque négation, et vice-versa, aux oppositions de ce genre s'impose ce nom : *contradiction*[1].

La contradiction est ainsi définie, non pas par rapport à la valeur de vérité des énoncés, mais par rapport à leur sens. Comme nous l'avons vu, une fois que le sens de l'énoncé affirmatif exclut celui de l'énoncé négatif, lorsque le premier est vrai, autrement dit, lorsque l'état de choses qu'il décrit a lieu, l'énoncé négatif est faux, puisque le même état de choses qui rend le premier vrai, rend le second faux. Cela dit, c'est parce que les énoncés affirmatif et négatif sont contradictoires que les deux ne peuvent pas être simultanément vrais.

Selon Thomas d'Aquin, lorsque nous affirmons aujourd'hui que *Demain il y aura une bataille navale* ou que *Demain il n'y aura pas une bataille navale*, nous affirmons vraiment qu'aujourd'hui, il est nécessaire que la non-réalisation de l'événement d'une bataille navale demain exclue la réalisation de l'événement d'une bataille navale demain. Donc, l'énoncé *Demain il y aura une bataille navale* est logiquement incompatible avec l'énoncé contraire *Demain il n'y aura pas une bataille navale*[2]. Il s'agit donc d'énoncés qui, selon Aristote, sont contradictoires. Ils sont contradictoires parce que le sens de l'affirmation de l'énoncé *Demain il y aura une bataille navale* exclut le sens de l'énoncé négatif *Demain il n'y aura pas une bataille navale*. On voit donc que suspendre la rétrogradation de la vérité et restreindre la bivalence ne revient pas à refuser les relations logiques entre des énoncés singuliers futurs en matière contingente[3].

1. *In I Periherm.*, 9, 7 (Leon. I*/1, 47b) : « Dicit [Philosophus] ergo primo quod, cum cuilibet affirmationi opponatur negatio et e conuerso, oppositioni huiusmodi imponatur hoc nomen quod dicatur *contradictio* ».

2. *In I Periherm.*, 15, 3 (Leon. I*/1, 81b) : « Et hoc manifestat per exemplum : quia *necesse est nauale bellum esse futurum cras uel non esse* ; *set non est necesse nauale bellum futurum esse cras* ; similiter etiam non est necesse *non esse* futurum, quia hoc pertinet ad necessitatem absolutam; set *necesse est* quod uel sit *futurum cras uel non* sit futurum, hoc enim pertinet ad necessitatem que est sub disiunctione ».

3. *In I Periherm.*, 15, 4 (Leon. I*/1, 81b-82a) : « Et exponit consequenter quae sint illae res, quarum contradictoria contingere queunt. Et dicit huiusmodi, esse *que* neque *semper sunt*, sicut necessaria, neque *semper non sunt*, sicut impossibilia, set quandoque sunt et quandoque non sunt. Et ulterius manifestat quomodo similiter se habeat in contradictoriis enunciationibus. Et dicit quod harum enunciationum, quae sunt de contingentibus, *necesse est*

Ainsi Thomas d'Aquin justifie-t-il la validité universelle du principe du tiers exclu sans être obligé d'accepter la validité sans restriction du principe de bivalence. De ce fait, il peut refuser l'équivalence et préserver l'inégalité des énoncés singuliers futurs en matière contingente par rapport à d'autres énoncés. Cela est possible puisque, comme nous l'avons vu, les relations logiques entre les deux formes d'expression de la signification énonciative, c'est-à-dire, l'énoncé affirmatif et sa négation, ne sont pas assurées par la vérité ni par la fausseté des énoncés mais par le caractère significatif de ces énoncés, puisque la signification d'un énoncé affirmatif exclut la signification d'un énoncé négatif et inversement.

LE PROBLÈME DES FUTURS CONTINGENTS DU POINT DE VUE THÉOLOGIQUE

Nous avons traité jusqu'ici de la manière dont Thomas d'Aquin a abordé le problème des futurs contingents du point de vue strictement logique, comme semblait l'exiger l'exercice même d'un commentaire sur un traité de logique, en l'occurrence le *De Interpretatione* d'Aristote. Toutefois, malgré la prédominance de l'analyse logique, il ne manque pas d'y aborder aussi le problème du point de vue théologique, même s'il ne le fait que de manière rapide à la fin de sa *lectio* 14[1].

Pour Thomas d'Aquin, l'idée de nier à Dieu la connaissance des futurs contingents est inconcevable parce qu'elle supprimerait la prescience divine des actes posés par les sujets humains. Aussi, l'affirmation d'une telle connaissance risquerait de rétablir la théorie fataliste. Thomas d'Aquin cherche à sortir de ce dilemme par l'intermédiaire de sa conception de la vision éternelle de Dieu :

> Il est donc manifeste que les faits contingents sont connus de Dieu infailliblement en tant que soumis au regard divin selon sa présence, et cependant, à l'égard de leurs propres causes, ils demeurent des futurs contingents[2].

quod sub disiunctione altera pars *contradictionis* sit uera *uel* falsa, *non tamen* hec uel illa determinate, *set* se habet ad *utrumlibet* ».

1. *In I Periherm.*, 9 (Leon. I*/1, 79b) : « Et haec quidem dicta sunt ad salvandum radices contingentiae, quas hic Aristoteles ponit, *quamvis videantur logici negotii modum excedere* ». (C'est nous qui soulignons). Sur un total de 82, Thomas d'Aquin ne consacre que trois pages au traitement théologique (p. 77-79).

2. *Summa theologiae* Ia, q. 14, a. 13 (Leon. IV, 186b) : « Unde manifestum est quod contingentia et infallibiliter a deo cognoscuntur, inquantum subduntur divino conspectui secundum suam praesentialitatem : et tamen sunt futura contingentia, suis causis comparata ».

Un événement contingent peut donc être compris de deux façons différentes. Premièrement, il peut être compris en lui-même, en tant qu'il a une existence actuelle. Vu de cette façon, l'événement n'est pas futur, mais présent et donc déterminé. C'est ce que confirme également le commentaire au *De Interpretatione* :

> Le fait que l'homme voie Socrate s'asseoir n'enlève rien à la contingence de cette action, qui relève du rapport de la cause à l'effet. Cependant, l'œil humain voit avec une certitude et une infaillibilité absolue Socrate s'asseoir lorsqu'il s'assied, puisque toute chose en tant qu'elle est en elle-même est désormais déterminée. Il s'ensuit par conséquent que Dieu connaît avec une certitude et une infaillibilité absolue toutes les choses qui se produisent dans le temps, et cependant, tout ce qui arrive dans le temps n'est ou ne se produit pas de manière nécessaire, mais contingente[1].

Dans ce passage, l'argument de Thomas d'Aquin consiste à dire que, dans la mesure où un événement contingent est présent, il peut faire l'objet d'une connaissance certaine. Néanmoins, il insiste sur le fait qu'il en est ainsi précisément parce qu'au moment de son existence, le contingent ne peut pas ne pas être. Ces énoncés de Thomas d'Aquin nous renvoient dès lors à la notion aristotélicienne, reprise aussi par Boèce, de nécessité conditionnelle :

> … dès qu'il existe, [le contingent] ne peut pas ne pas exister quand il existe, car, comme il est dit au livre I du *Périherménéias*, « il est nécessaire que ce qui existe existe quand il existe ». Mais il ne s'ensuit pas qu'il soit nécessaire purement et simplement, ni que la science de Dieu se trompe. En effet, ma vue ne se trompe pas lorsque je vois que Socrate est assis, bien que ce soit contingent[2].

1. *In I Periherm.*, 14 (Leon. I*/1, 78b) : « Ex hoc autem quod homo videt Socratem sedere, non tollitur eius contingentia quae respicit ordinem causae ad effectum ; tamen certissime et infallibiliter videt oculus hominis Socratem sedere dum sedet, quia unumquodque prout est in seipso iam determinatum est. Sic igitur relinquitur, quod Deus certissime et infallibiliter cognoscat omnia quae fiunt in tempore ; et tamen ea quae in tempore eveniunt non sunt vel fiunt ex necessitate, sed contingenter ».

2. Thomas d'Aquin, *De veritate,* q. 2, a. 12, ad 2 (Leon. XXII/1, 84b), trad. S.-Th. Bonino *in* Thomas d'Aquin, *De la vérité ou La Science en Dieu*, Paris-Fribourg, Éd. du Cerf-Éditions Universitaires, 1996, p. 333 : « … ex quo autem est, non potest non esse tunc quando est, quia "quod est, necesse est esse quando est", ut in I Perihermeneias dicitur ; non tamen sequitur quod simpliciter sit necessarium, nec quod scientia dei fallatur, sicut et visus meus non fallitur dum video socratem sedere quamvis hoc sit contingens ».

Deuxièmement, un événement contingent peut être considéré en fonction de sa cause prochaine[1]. Il est alors considéré en tant que futur et contingent, et donc comme pas encore déterminé par rapport à ceci ou à cela, puisque le contingent implique une aptitude à des effets contraires. Dans ce cas, le fait contingent ne se prête pas à une connaissance certaine et infaillible. Le but principal de Thomas d'Aquin dans son commentaire au *De Interpretatione* est de réfuter les objections de ceux qui estiment qu'étant donné que la prescience divine est en elle-même la cause de tout ce qui arrive, tout se produirait par nécessité. Ainsi, lorsqu'il distingue, parmi les causes, celles qui sont nécessaires de celles qui sont contingentes, il réaffirme l'existence d'effets contingents. Par conséquent, les énoncés qui les prévoient ne sont ni vrais ni faux de façon déterminée.

Si l'on admet le concept de Dieu compris comme un être qui possède tous les attributs à leur plus haut degré, alors il faut le comprendre comme omniscient du point de vue de la connaissance. Il n'y a donc rien qui échappe à sa connaissance. Dire de quelqu'un qu'il sait signifie qu'il y a sur quelque chose une vraie information dont la vérité présuppose une relation entre le fait de dire et ce qui est dans la réalité. S'il en est ainsi, si Dieu est omniscient, Dieu sait si un énoncé quelconque est vrai ou est faux. Par exemple, pour l'énoncé présent *P* qui décrit un événement futur, comme *Demain il y aura une bataille navale*, si Dieu est omniscient, il sait s'il y aura ou s'il n'y aura pas la bataille navale. Donc, si Dieu sait *P*, *P* est nécessairement vrai. Ainsi, pour reprendre le même exemple, si la bataille navale ne peut pas ne pas avoir lieu, il est logiquement impossible que notre action produise quelque détermination ou influence relativement à sa réalisation. Or, si la bataille navale se réalise indépendamment de quelque décision des hommes, il ne s'agit donc pas d'un résultat de l'action humaine. Cette hypothèse nous conduirait dès lors à devoir affirmer l'incompatibilité entre l'omniscience divine et le libre-arbitre.

Le souci de Thomas d'Aquin est de montrer que cette incompatibilité n'est qu'apparente, puisque, Dieu étant éternel, il n'est pas soumis au temps et qu'il n'existe pour lui ni passé, ni présent, ni futur. Il existe seulement un présent éternel, et dans son "maintenant" éternel, le cours entier du temps lui est présent et donc connu. Alors que la connaissance des êtres finis est temporelle, la connaissance de Dieu est quant à elle éternelle

1. *In I Periherm.*, 14 (Leon. I*/1, 78b) : « et ideo ex ipsa voluntate divina originantur necessitas et contingentia in rebus et distinctio utriusque secundum rationem proximarum causarum : ad effectus enim, quos voluit necessarios esse, disposuit causas necessarias ; ad effectus autem, quos voluit esse contingentes, ordinavit causas contingenter agentes, idest potentes deficere ».

et s'étend à tous les moments du temps. Par conséquent, il connaît également les événements futurs contingents, il connaît la valeur de vérité des énoncés portant sur ce type d'événements, non pas en tant que futurs, mais en tant que « présents » dans son éternité. Les événements qui, pour nous, intellects finis, restent liés au futur, sont connus de Dieu en tant que présents en vertu de l'éternité de sa connaissance. Sa connaissance n'impose pas une nécessité absolue sur les choses qu'il connaît, elle impose seulement une nécessité conditionnelle. L'exemple classique de ce genre de nécessité est présenté par Thomas d'Aquin dans sa *Somme contre les Gentils* de la manière suivante :

> Si toute chose est connue de Dieu comme vue par lui actuellement, il sera nécessaire que Dieu la connaisse, tout comme il est nécessaire que Socrate soit assis du fait qu'on le voit assis. Mais cela n'est pas nécessaire de façon absolue, ou, comme le disent certains, *par la nécessité du conséquent*; mais ce le sera sous condition, ou *par la nécessité de la conséquence*. Cette conditionnelle est en effet nécessaire : *si on le voit assis, il est assis*. Et donc, si la conditionnelle est transformée en catégorique, de sorte que l'on dise, *ce qui est vu assis est nécessairement assis*, il est évident que, comprise *de dicto* et *composée*, elle est vraie ; mais comprise *de re* et *divisée*, elle est fausse[1].

Il convient surtout de retenir de ce passage l'idée que dans l'énoncé : *il est nécessaire que Socrate soit assis du fait qu'on le voit assis*, la nécessité peut être comprise de deux façons : premièrement comme nécessaire hypothétiquement ou sous condition, ou comme « nécessité de la conséquence », qui consiste à dire que si l'état de choses se produit, alors il est nécessaire qu'il se produise. Un autre exemple illustre cette nécessité de la conséquence, mais sans impliquer le moindre type de déterminisme : lorsqu'on dit, *si on le voit assis, c'est qu'il est assis*, c'est-à-dire que si l'état de choses se produit, alors il est nécessaire qu'il se produise. Deuxièmement, la nécessité peut être comprise comme nécessité absolue ou « nécessité du conséquent », qui est illustrée par la proposition : *Ce que*

1. Thomas d'Aquin, *Summa contra Gentiles* I, c. 67 (Leon. XIII, 191b), trad. C. Michon *in* Thomas d'Aquin, *Somme contre les Gentils I. Dieu*, Paris, Garnier-Flammarion, 1999, p. 301 : « Praeterea, si unumquodque a Deo cognoscitur sicut praesentialiter visum, sic necessarium erit esse quod Deus cognoscit, sicut necessarium Sortem sedere ex hoc quod sedere videtur. Hoc autem non necessarium est absolute, vel, ut a quibusdam dicitur, *necessitate consequentis* : sed sub conditione, vel *necessitate consequentiae*. Haec enim conditionalis est necessaria : *Si vedetur sedere, sedet*. Unde et, si conditionalis in categoricam transferatur, ut dicatur, *Quod videtur sedere, necesse est sedere*, patet eam *de dicto* intellectam, et *compositam*, esse veram ; *de re* vero intellectam, et *divisam*, esse falsam ».

l'on voit assis, est nécessairement assis. Dans le premier type de nécessité, la nécessité hypothétique, il y a l'exigence de la réalisation d'une condition sans laquelle l'événement ne se réalise pas. Cette condition est donc décisive pour établir son caractère nécessaire. Contrairement à la nécessité simple ou absolue, qui s'applique à tous les moments du temps, la nécessité par supposition ou conditionnelle établit un rapport entre l'occurrence de la condition et la nécessité de l'événement, de sorte que la nécessité reste soumise à la durée de la condition. Thomas d'Aquin ajoute encore que la nécessité doit être comprise comme *de dicto*, puisque le fait d'être assis n'est pas une propriété nécessaire de Socrate, dans la mesure où elle n'appartient pas à la nature du sujet et qu'elle lui est donc accidentelle. Il ajoute encore que cette nécessité doit être comprise dans un sens composé, puisque ce qui est nécessaire pour Socrate c'est de s'asseoir ou de ne pas s'asseoir, et non dans un sens divisé selon lequel nécessairement Socrate s'assiéra ou nécessairement il ne s'assiéra pas.

Ainsi, si l'on entend la proposition *Tout ce que Dieu sait existe nécessairement "de re"* prise dans un sens divisé, alors elle est fausse, puisque cela voudrait dire que toute chose que Dieu sait est nécessaire. D'un autre coté, si l'on la prend *de dicto*, alors cette proposition est prise dans un sens composé, c'est-à-dire, que si Dieu sait quelque chose, alors elle est vraie, puisque cela signifie que l'affirmation *qu'une chose est lorsqu'elle est connue de Dieu*, est nécessaire. Bien entendu, dans ce cas, la nécessité ne doit pas être comprise absolument, mais par supposition puisque nous sommes ici dans le cas d'un rapport établi entre l'occurrence de la condition et la nécessité de l'événement. Par conséquent, la solution de Thomas d'Aquin au dilemme entre prescience divine et indétermination des futurs contingents prend d'abord appui sur la distinction entre nécessité absolue et nécessité conditionnelle[1]. Cependant, cette distinction n'est pas suffisante pour la solution de la contradiction. Il était nécessaire d'introduire un troisième concept, celui de l'éternité :

> Or, bien que la chose en elle-même soit encore à venir, elle est cependant présente selon le mode du connaissant. Voilà pourquoi il vaudrait mieux dire « Si Dieu connaît quelque chose, cela est » que « cela sera ». Il faut donc porter le même jugement sur la proposition « Si Dieu sait quelque chose, cela sera » et sur la proposition

1. *In I Periherm.*, 15, 2 (Leon. I*/1, 80a-80b) : « Dicit ergo primo, quasi ex praemissis concludens, quod si praedicta sunt inconvenientia, ut scilicet omnia ex necessitate eveniant, oportet dicere ita se habere circa res, scilicet quod omne quod est necesse est esse *quando* est, et omne quod non est necesse est non esse *quando* non est ».

> « Si je vois Socrate courir, Socrate court » : l'un et l'autre *sont nécessaires quand ils sont*[1].

De cette façon, contrairement à la connaissance humaine qui est temporelle, la connaissance divine est éternelle et vaut pour chaque moment du temps. Ainsi, un état de choses, quant à la connaissance divine est nécessaire, mais quant à sa nature[2], c'est-à-dire pris absolument, reste contingent.

Gerson NEVES PINTO

1. Thomas d'Aquin, *De veritate,* q. 2, a. 12, ad 7 (Leon. XXII/1, 86b), trad. Bonino, p. 337 : « Quamvis autem res in se ipsa sit futura, tamen secundum modum cognoscentis est praesens ; et ideo magis esset dicendum "si Deus scit aliquid, hoc est" quam "hoc erit" : unde idem est iudicium de ista "si Deus scit aliquid, hoc erit" et de hac "si ego video Socratem correre, Socrates currit" quorum utrumque est necessarium dum est ».

2. *In I Periherm.*, 14 (Leon. I*/1, 78b) : « Sunt autem differentiae entis *possibile et necessarium ;* et ideo ex ipsa voluntate divina originantur necessitas et contingentia in rebus et distinctio utriusque secundum rationem proximarum causarum : ad effectus enim, quos voluit necessarios esse, disposuit causas necessarias ; ad effectus autem, quos voluit esse contingentes, ordinavit causas contingenter agentes, idest potentes deficere ».

LA SCIENCE DIVINE DU DIVIN ET DU NON-DIVIN CHEZ DUNS SCOT

La science divine chez Duns Scot est à la fois la théologie première et la métaphysique première. Préalablement à la prévision des futurs, elle est la contemplation d'un plan de contenus formels possibles, qui découlent de la contemplation par Dieu de sa propre essence comme déité (*deitas*). Pour préciser la doctrine de Scot, je signalerai les traits par lesquels il se démarque nettement de ses prédécesseurs, S. Thomas d'Aquin, S. Bonaventure et Henri de Gand. J'esquisserai ensuite les grandes lignes de la théologie divine, par laquelle Dieu se connaît lui-même et connaît le plan de toutes les quiddités qui peuvent être créées (les *creabiles*). Par la détermination qu'opère la volonté divine, à laquelle l'intellect présente les possibles, la théologie première se prolonge en prévision des futurs, ce qui fournira la matière de la troisième partie de cette étude.

– I –

À l'époque où Jean Duns Scot débutait sa courte et brillante carrière de théologien, trois des plus renommés docteurs médiévaux, Bonaventure, Thomas d'Aquin et Henri de Gand étaient tombés d'accord – certes avec des différences de détail– sur une certaine manière de se représenter la connaissance divine du non-divin. Leur problématique découlait de deux sources, d'une part le différend Platon-Aristote, d'autre part la pensée des Pères de l'Église, surtout S. Augustin.

Pour ce qui concerne l'origine grecque du problème commun aux médiévaux, on se rappellera les traits principaux par lesquels Aristote a dépeint le rapport de Dieu au monde : Dieu ne connaît que lui-même, car s'il connaissait autre chose que lui-même, son intellect s'avérerait être sujet d'une relation de potentialité envers un objet qui l'actualiserait du dehors. Dieu ne serait alors plus absolument indépendant, c'est-à-dire divin. Pour Platon, par contre, le Démiurge quasi-divin contemple des Formes exemplaires, qu'il imprime dans la matière. Ces Formes semblent subsister en quelque sorte dans un lieu intelligible, qui est aussi originaire que le Démiurge contemplateur lui-même.

Pour les Pères, héritiers de la philosophie grecque et de la Bible, il s'agissait de préserver à la fois l'indépendance absolue du Dieu créateur, et la connaissance divine de toute chose autre que Dieu. S. Augustin s'inspira donc des Idées platoniciennes, en les transformant en des idées présentes dans l'esprit divin, des exemplaires vus par Dieu préalablement à la création du monde. L'immuabilité de ces idées permettait à Dieu une connaissance proprement divine du non-divin : la permanence est en effet la marque du divin. Les idées différent les unes des autres de sorte que Dieu connaisse les différentes espèces des choses. Dans le même temps, les idées divines sont en quelque manière identifiées au Verbe du prologue johannique : parce que le Verbe contient les idées et qu'il est Dieu, les idées s'intègrent dans la vie même de Dieu.

S. Bonaventure reprit avec enthousiasme le thème de la présence des idées divines dans le Verbe, y voyant l'expression de lui-même par le Père, à travers le Verbe et les idées. En revanche, S. Thomas d'Aquin, moins exubérant que son contemporain franciscain, mit plutôt en lumière la simplicité divine. Tout en Dieu est Dieu ; Dieu ne connaît que son essence. Alors comment connaît-il les créatures ? La réponse de l'Aquinate, qui fut aussi celle d'Henri de Gand, consiste à dire que Dieu en se connaissant lui-même parfaitement, se connaît comme imitable. Dieu connaît par là tout ce qui, une fois créé, pourrait l'imiter. L'imitabilité *ad extra* de l'essence divine est une relation qui ne se distingue de l'essence divine qu'en raison.

Pour Duns Scot, un certain nombre de thèses, centrales dans les approches bonaventuriennes, thomasiennes et henriciennes, sont de véritables contre-sens. Il les critique parce qu'elles lui semblent escamoter la connaissance divine du non-divin, en confondant la relation d'imitabilité en Dieu avec ce qui peut imiter Dieu et qui a son propre contenu formel. Selon Duns Scot, la connaissance divine d'un objet non-divin doit être représentée comme une tension vers l'objet lui-même[1]. S'ébauche par là une conception systématique de la connaissance soit comme intentionnalité envers un objet, soit comme apparition de l'objet au connaissant.

1. Cf. les remarques d'Alain de Libera sur la noétique de Duns Scot dans *La Querelle des Universaux : De Platon à la fin du Moyen Âge*, Paris, Seuil (Coll. Des Travaux), 1996, p. 285.

Il ne faut pas passer sous silence une inspiration cachée de la pensée scotiste de l'intentionnalité, à savoir celle du franciscain Pierre Jean Olieu (Olivi), que Duns Scot ne nomme pas, probablement à cause de ses vues suspectes en théologie. La noétique d'Olieu s'écarte nettement de l'aristotélisme, pour lequel la chose connue affecte ou « meut » la faculté cognitive pour qu'elle soit connue. La chose connue fut donc appelée *movens* par plusieurs scolastiques. Mais aux yeux d'Olieu, ce serait rabaisser le statut ontologique de l'âme que de l'imaginer comme mue par des choses matérielles. Olieu a donc nié que l'objet soit un *movens*, une cause efficiente de la connaissance, avec l'intellect; selon lui, l'objet n'est que le *terminans* de l'acte de connaissance[1]. Scot, pour sa part, réhabilite la causalité concurrente de l'objet avec l'âme – l'objet est donc selon lui le *movens*, avec l'intellect, de l'intellect fini – mais la distinction olivienne entre *movens* et *terminans* lui est précieuse quand il s'agit de décrire la connaissance divine des créatures, lesquelles ne peuvent évidemment pas affecter Dieu. Chez Scot, l'essence divine est un quasi-*movens* de l'intellect divin pour qu'elle soit connue de Dieu, mais les quiddités autres que Dieu ne sont que des *terminantia* de la connaissance divine.

Comment se formulent les principales objections de Scot contre S. Thomas et Henri de Gand pour ce qui concerne la connaissance divine des créatures ?

Tout le monde s'accorde à dire qu'un Créateur intelligent et libre doit connaître tout ce qu'il peut produire, et ce, préalablement à sa volonté de créer. Mais Scot n'arrive pas à comprendre cela autrement que comme la vision par Dieu d'un plan d'objets possibles, par rapport auxquels sa volonté fait le choix de créer ou de ne pas créer, de créer ceci ou cela. Or si l'on dit à la suite de S. Thomas que la connaissance divine de ces idées n'est que la connaissance de l'essence divine comme imitable, on peut se demander si la connaissance divine des créatures n'a pas été éliminée. Duns Scot estime que l'imitabilité est une relation de raison dans l'essence divine par laquelle Dieu connaît les créatures. Mais une relation n'est pas son terme. Si donc l'imitabilité connue est une relation de raison, elle présuppose l'être-connu de son terme, elle ne l'explique pas. L'objet « la divinité imitable » ne livre pas à l'intellect qui le contemple l'objet « la pierre » qui l'imite ; or c'est précisément la pierre que Dieu doit connaître.

Là donc où les penseurs chrétiens sont généralement d'accord pour dire que Dieu connaît les créatures « en lui-même », par l'imitabilité ou autrement, Scot plaide pour un bon usage d'expressions telles que :

1. Pierre-Jean Olieu, *Quaestiones in II Sent*, éd. B. Jansen, Collegii S. Bonaventurae ad Claras Aquas (Quaracchi), 1924, 1926, t. II, p. 450 *sq.* ; t. III, p. 10 *sq.*

« connaître les choses dans l'essence divine » ou « connaître les choses en Dieu ». Autrement dit, Scot ne veut pas que l'on suggère si peu que ce soit que les choses connues en Dieu sont la même chose que Dieu. Les objets connus par Dieu sont plutôt « jetés devant » l'intellect divin que subsistant « dans » l'intellect divin. Scot parle davantage d'une tension vers l'objet que d'une identité entre le connaissant et le connu. Scot barre ainsi d'avance la route aux développements postérieurs d'un Jean Wyclif qui raisonnera comme suit : Dieu connaît les créatures, donc les créatures sont « en » Dieu ; tout ce qui est en Dieu est Dieu, donc la créature est Dieu [1].

Par ailleurs, l'intentionnalité scotiste empêche que l'expression traditionnelle de connaissance divine des créatures « en Dieu » ne supprime l'identité quidditative, c'est-à-dire le « ce que c'est » de chaque espèce et individu. Les créatures qui apparaissent « en Dieu » doivent apparaître comme ce qu'elles sont et non comme Dieu ! Quand le penseur franciscain et écossais reprend la formule : créatures « en Dieu », il y apporte le correctif d'un bon sens bien terre à terre :

> Tu es donc la vérité la plus intelligible et la plus splendide, la vérité infaillible, et tu comprends la vérité de tous les intelligibles avec la plus grande certitude. Car l'on ne peut pas dire que les autres, qui apparaissent en toi, t'apparaissent de façon à te tromper par le fait que c'est en toi qu'elles apparaissent ; car cette raison d'apparaître [*ratio apparendi*, l'essence divine connue] n'empêche pas que ce soit la raison propre de la chose exhibée par elle qui apparaisse à ton intellect [2].

Pour terminer ce court examen des oppositions entre Duns Scot et ses prédécesseurs, je présente le rejet par Scot des images thomasiennes et bonaventuriennes du rapport entre le temps et l'éternité. Pour S. Bonaventure, l'éternité divine est comme le centre d'un cercle, le temps comme la circonférence. De même que l'on peut dire que le centre est également présent à toutes les parties de la circonférence, l'éternité est également présente à toutes les parties du temps, y compris le futur. Selon S. Thomas, l'éternité divine englobe le temps de sorte que Dieu est conçu comme présent au futur, et par là capable de connaître les choses futures. Pour S. Thomas, la noétique divine est donc fondée sur une présence ontique. Mais dans les distinctions 35 à 39 du premier livre de son

1. Voir S. Sousedik, « Der Streit um den wahren Sinn der scotischen Possibilienlehre », in *John Duns Scotus. Metaphysics and Ethics*, éd. L. Honnefelder, R. Wood et M. Dreyer, Leiden-New York-Köln, Brill, 1996, p. 201-202.

2. *De primo principio*, c. 4 n. 37 (in *Opera Omnia*, éd. Wadding, Paris, Vivès, 1891 *sq.* [= WV suivi du tome et de la page], IV, 787).

Ordinatio, Scot réplique que cette présence de Dieu au futur est une incohérence pour la simple raison que, le futur n'existant pas, il n'y a pas de terme pour une relation de "présence à …". La présence ontique de l'objet fait défaut, et par conséquent la présence noétique ne peut pas s'y fonder. Il faut donc une représentation pour que Dieu connaisse le futur. Scot précise que les idées divines en tant que représentatives du possible ne suffisent pas ; ce n'est que par l'être-voulu de certaines d'entre elles que l'essence divine est en mesure de les faire représenter – intemporellement – l'histoire réelle du monde. Pour sauver la vraie nouveauté des créatures dans *leur* temps, Scot postule donc un plan d'idées divines connues et voulues comme une représentation éternelle de l'histoire dans l'esprit divin. La troisième partie du présent essai étudiera ce point crucial de la noétique divine scotiste.

– II –

Passons à la description des objets de la science divine.

Avant d'être, selon l'ordre des instants de nature, la prévision des futurs voulus, la science divine est la contemplation d'un plan de contenus formels possibles. L'acte même qui connaît ce plan de possibles selon leur être intelligible (*esse intelligibile*) est, préalablement, théologie première et métaphysique première. En tant que théologie, l'unique acte de connaissance divine est l'intuition de l'essence divine, *deitas*, et « en même temps » elle est métaphysique première visant la quiddité *deitas* comme être (*ens*) infini. Qu'est-ce que Dieu, Théologien premier, connaît au juste en se connaissant comme *deitas ?*

Il faut donner toute son ampleur au fait que Scot pense Dieu comme une quiddité, *deitas*. Les termes « quiddité » et « essence » dans le discours scotiste n'ont peut-être pas reçu toute l'attention qu'ils méritent de la part des historiens de l'ontothéologie. Et pourtant ce discours constitue une clé d'interprétation du concept scotiste de l'étant [1], car le discours sur la *deitas* nommée mais non conçue (par nous *in statu isto*, dans notre statut actuel) sert à sauvegarder la transcendance divine [2].

1. *Quaestiones super Libros Metaphysicorum Aristotelis*, I, q. 9 (« utrum ad metaphysicum, in quantum talis, per se pertinet congnoscere omnes quiditates in particulari »), éd. R. Andrews, G. Etzkorn, G. Gál, etc., St. Bonaventure, New York, 1997, p. 165-180.

2. Voir dans ce contexte l'analyse de la signification dans l'*Ordinatio* [= *Ord.*] I, d. 22 q. unica, *Opera omnia*, Vatican, 1950 *sq.* [= Vat. suivi du numéro de tome et de page], t. V, p. 339-347.

En effet, par le nom « Dieu », Scot signifie Dieu en tant qu'il est « cette essence » (*haec essentia*), c'est-à-dire l'essence qu'il est, sans connaître justement cette essence. L'esprit de l'homme en chemin (*viator*) utilise un *nom* absolument propre (« Dieu » ou « essence divine »), même si Dieu tel qu'il est *conçu* (comme l'étant infini ou premier) ne se présente que par une combinaison de notions universelles. Tant que nous n'avons pas vu ou conçu l'essence divine qui est infinie et première, c'est comme si l'on connaissait le genre « couleur » sans avoir vu ou conçu les espèces particulières. Nous pourrions recevoir de notre communauté linguistique le nom « blanc » qui signifie le blanc, mais son acte de signification restera imparfait tant que subsiste le décalage entre la blancheur et une circonlocution telle « la couleur première ». De façon analogue, quand nous disons « Dieu » nous signifions *deitas* mais nous ne la concevons qu'*in universali*.

On peut comprendre cela en se rappelant que nous signifions une quiddité plus distinctement que nous ne la concevons chaque fois que nous posons une question. Si je demande : « quelle est la couleur du tapis qui est dans l'autre pièce ? », je signifie une quiddité particulière sans la concevoir. Dire « une espèce de couleur », c'est en quelque sorte avoir transformé la question « quelle couleur ? » en substantif. « Quiddité » est la forme nominalisée de « Quid est ? ».

Le concept scotiste de l'étant, déterminé par celui de quiddité, se présente donc comme l'essence de la question et non pas un contenu fixe. Le « lieu de l'intelligibilité » [1] qu'est le tout de l'étant (*totum ens*) se révèle comme un lieu éclaté. Éclaté dans ce sens que l'étant n'est pas un contenu formel *a parte rei* à côté d'autres et que Dieu aurait en commun avec les étants finis [2]. Éclaté aussi dans la mesure où l'étant ne précède pas la quiddité première (*deitas*) productrice-de-quiddités. C'est que toute chose est quelque chose. Une chose qui ne serait que « chose » ne serait aucune chose, il faut *quelque* chose, *deitas* en l'occurrence. Le passage suivant illustre le rapport scotiste d'une quiddité telle que « l'humanité » avec l'étant :

1. « Le lieu de l'intelligibilité précède (...) pour Suárez (et, à un moindre titre, J. Duns Scot), la césure du fini et de l'infini, du créé et de l'incréé, de l'homme et de Dieu » (J.-L. Marion, *Questions cartésiennes II : Sur l'ego et sur Dieu*, Paris, Presses Universitaires de France [coll. Philosophie aujourd'hui], 1996, p. 204).

2. « Il sera manifesté dans l'article trois que Dieu et la créature ne sont pas d'emblée divers dans les concepts, mais qu'*ils sont d'emblée divers dans la réalité, car ils ne se rencontrent dans aucune réalité* » (*Ord.* I, d. 8 p. 1 q. 3 n. 82, Vat. IV, 190, trad. O. Boulnois, in *Duns Scot. Sur la connaissance de Dieu et l'univocité de l'étant*, Paris, Presses Universitaires de France [coll. Epiméthée], 1988, p. 230. Voir aussi n. 137-150, p. 253-258).

> Mais si l'humanité en tant qu'elle est l'humanité a un "quoi comme chose" qui répugne aux fictions, alors l'humanité en tant qu'elle est l'humanité est un étant consistant[1].

L'humanité est un étant parce qu'elle est l'humanité ; on ne peut pas dire que quelque étant est l'humanité parce que l'étant est l'étant. Telle quiddité et une autre, par exemple l'humanité et le cheval (*equinitas*), ne sont pas de simples multiplications de « quiddité ». Aucune science dite particulière n'est subalternée à la métaphysique[2]. On pourrait dire aussi que « quiddité », comme « l'étant » chez Aristote, ne signifie pas un genre. La connaissance fondamentale est la connaissance de telle ou telle quiddité – ange, homme, pierre – et la métaphysique est la considération de ces quiddités comme des quiddités, c'est-à-dire par rapport à l'être (*esse*) universalisé. Le rapport d'une quiddité à l'*esse* universalisé est signifié par la proposition qui « définit » l'étant : « à qui être ne répugne pas » (*cui non repugnat esse*)[3]. Le rapport à l'*esse* se ramifie en outre par la disjonction transcendentale entre d'une part la possibilité, au sens de l'aptitude d'être causé du fini, et d'autre part la nécessité, au sens de la répugnance à ne pas exister de l'essence divine[4].

Pour Scot les quiddités s'échelonnent sur une hiérarchie de perfection qui constitue la grandeur transcendentale ou le *quantum* de l'étant. La quantité de « puissance » ou de « valeur » est une mesure de la

1. « Si vero humanitas in quantum humanitas habet "quid" rei quod repugnat figmentis, ergo humanitas unde humanitas, est ens ratum » (*Ord.* I, d. 3 p. 2 q. un. n. 317, Vat. III, 192-193).

2. « Cum secundum eos [les opposants à la thèse de Scot] subjectum aliarum [scientiarum] addunt accidentales rationes, et per meam positionem addit essentiale aliquid, puta hanc quidditatem super quidditatem, magis sequitur subalternatio per illos quam per me » (*Quaestiones super Libros Metaphysicorum Aristotelis*, I, q. 9 n. 40, éd. cit., p. 175-176).

3. *Opus Oxoniense* IV, d. 8 q. 1 n. 2 (WV XVII, 7). Le datif *cui* dans cette expression signifie la quiddité tout en la voilant ; le concept de l'étant se présente effectivement comme une circonlocution par laquelle l'intellect est ouvert à l'égard de toutes les quiddités (au-delà des différences catégorielles) : « Ens autem imponitur ab actu essendi, sed actus essendi videtur ratio simplicior quam actus substandi, et ideo ens primo occurrit intellectui quoad rationem [c'est-à-dire l'*esse*] a qua est nominis impositio, quia simplicissima » (*Super praedicamenta*, q. 4 n. 13, WV I, 449). Le concept métaphysique de Dieu, à savoir l'étant souverain ou le plus parfait ou le meilleur, est une circonlocution pour la quiddité divine (*QQ. Subt.* I, q. 1 n. 47, WV VII, 35-36).

4. Sur la possibilité-opposée-à-la-nécessité, voir un passage tiré du développement d'*Ord.* I, d. 43 nn. 6-9 (Vat. VI, 354-355) : « Possibile, secundum quod est terminus vel obiectum omnipotentiae, est illud cui non repugnat esse et quod non potest ex se esse necessario ». Voir *infra* p. 118-119.

quiddité par rapport à « l'étant », car c'est en tant qu'étants que les quiddités se placent dans leur ordre de perfection [1].

Indépendamment de toute comparaison faite entre elles par un intellect qui les contemple, les quiddités sont plus grandes ou moins grandes en perfection par une grandeur qui leur est intrinsèque. L'intellect ne fait que constater une grandeur qui précède son acte, car cette grandeur est réellement identique à l'essence [2]. En prenant deux quiddités diverses, le Docteur Subtil dirait qu'en tant que *quid* et *quid*, elles diffèrent l'une de l'autre. L'une est aussi plus que l'autre – « plus » ne dit pas la même chose que « différente » – ce qui ne serait pas possible sans *ens quantum*. Sans *ens quantum*, on ne trouverait que la diversité d'un *quid* par rapport à un autre *quid*. L'amour, par exemple, serait différent de la haine, mais il ne saurait être meilleur comme étant.

Les plans de la quiddité et de la quantité (transcendantale) peuvent être signifiés séparément. Un objet signifié comme « quelque chose de fini » est aussi telle ou telle quiddité ou contenu formel qui n'est pas qu'une limitation. Le fait de connaître la limitation d'un étant signifié par autrui comme « étant fini », ne livre pas la quiddité à l'intellect [3]. La connaissance *in statu isto* de Dieu relève du même cas de figure. La métaphysique nous démontre l'existence d'un Principe premier-étant infini, et l'Écriture le signifie par un nom propre à son essence (« Dieu » ou « YHWH »), mais *on ne connaît pas* cette essence, cette quiddité. On sait seulement qu'elle surpasse, à l'infini, tout étant fini [4].

1. C'est pourquoi un corps infini (s'il pouvait y en avoir) serait infiniment moindre comme étant que Dieu, l'étant infini, car un corps même infini est toujours dans un genre d'étant fini en perfection. Voir *Quodlibet V*, n. 26 (WV XXV, 230). Pour des développements abondants sur la *quantitas* transcendantale de l'étant, voir *Ord.* I, d. 31 (Vat. VI, 203-222), d. 19 q. 1. (Vat. V, 265-279), *Quodlibet VI* (WV XXVI, 239-281).

2. À la suite d'Augustin, qui voulait justifier les métaphores bibliques pour Dieu sans admettre la quantité en Dieu, Scot admet une grandeur transcendentale caractéristique de tout *ens* en tant qu'*ens*, à distinguer de la quantité-genre, qui a la potentialité d'être divisée réellement. Un corps plus grand qu'un autre et qui peut être divisé illustre ce qu'est la quantité générique. Un ange qui est plus parfait qu'une âme humaine mais qui est indivisible illustre ce qu'est la grandeur transcendentale. Le corps en tant que tel a sa grandeur transcendentale : cette grandeur limitée est la raison pour laquelle un corps est un étant moindre en perfection qu'un esprit. Les relations d'égalité ou d'inégalité selon l'être doivent reposer sur un fondement : la grandeur transcendentale, la *magnitudo virtutis* d'Augustin, qui est en chaque étant le degré non d'extension matérielle ou divisible, mais de perfection.

3. On demanderait : « Cet étant fini est-il un poisson, un chat, un chien, ou quoi d'autre ? ».

4. Voir l'exposition de cette problématique dans l'*Ord.* I, d. 22 q. un. (Vat. V, 339-347) : « Utrum Deus sit nominabilis a nobis aliquo nomine significante essentiam divinam in se, ut est "haec" ? ».

La métaphysique qui est la nôtre (*metaphysica nostra*), capable de démontrer l'existence du Premier principe, ne perfectionne pas totalement l'intellect tant qu'il ne voit pas l'essence divine comme la quiddité qu'elle est. Mais l'inverse est aussi vrai, c'est-à-dire que la vision de la *deitas* ne serait pas béatifiante si elle ne comprenait pas Dieu comme l'étant premier et infini. La science divine est donc la métaphysique première. La science divine ne constituerait pas (avec la charité) la béatitude divine si elle ne connaissait pas « l'étant infini » :

> seul ce qui est formellement infini peut béatifier. Donc il y a ici une grandeur de « valeur » – l'infinité de grandeur plutôt – de par la nature de la chose [1].

La vision de la divinité comble l'intellect divin parce qu'elle comble la permissivité de l'objet adéquat de tout intellect, à savoir l'étant [2]. Autrement dit, l'intellect qui voit l'essence *deitas* doit nécessairement savoir que l'essence intelligée est le premier principe, l'étant infini :

> Il est impossible de se tromper à l'égard de la vision de l'essence de Dieu, et donc il est impossible que Paul ait cru qu'il voyait l'essence divine s'il ne la voyait pas ; mais c'est ceci qu'il affirme de lui-même Il Cor 2, selon l'exposition des saints ; donc cela s'est réellement passé, et non seulement en apparence. Preuve du premier antécédent : personne ne peut se tromper à l'égard d'un principe premier quelconque – en croyant qu'il comprend un tel principe quand il ne comprend pas – car si c'était le cas, on ne pourrait plus constater par les termes qu'[un énoncé] est un principe ou qu'il ne l'est pas ; il est donc encore plus impossible de se tromper à l'égard de Dieu lorsqu'il est vu. (…) Et donc contre les faux miracles de l'Antichrist, on pourrait faire l'objection suivante : si tu es Dieu, fais-moi voir l'essence divine sans voile et aussi m'en souvenir avec certitude après la vision, avec la certitude que c'était la vision de l'essence divine sans voile [3].

1. « [N]ihil beatificat nisi formaliter infinitum. Ergo est ibi magnitudo virtutis – immo infinitas magnitudinis – ex natura rei » (*Ord.* I, d. 31 q. un. n. 8, Vat. VI, 205-206).

2. « Nulla potentia operativa potest perfectissime quietari nisi in obiecto includente summam perfectionem possibilem obiecto adaequato suo ; sed infinitas vel immensitas est perfectio possibilis enti vel vero, vel cuicumque rationi transcendenti, et aliquod eorum est obiectum adaequatum cuiuscumque intellectus » (*Ord.* I, d. 22 textus interpolatus, Vat. VI, 387).

3. « Impossibile est aliquem decipi circa se videre Dei essentiam, igitur impossibile fuit Paulum credere se videre divinam essentiam nisi illam videret ; sed hoc asserit de se II Cor. 2, secundum expositionem sanctorum ; igitur illud fuit vere factum, et non tantum apparenter. Probatio primi antecedentis, quia nullus potest decipi circa primum principium aliquod

Le bienheureux (Dieu ou l'élu au ciel) non seulement voit quidditativement l'essence divine, mais il la prend comme comblant son intellect dont l'objet n'est rien en particulier, c'est-à-dire l'étant en général :

> Tout intellect est [de] la totalité de l'étant pris en général[1]. Comment l'intellect croirait-il qu'il est apaisé s'il ne l'est pas ? Ne pourrait-il pas connaître son inclination au vrai qu'il ne voit pas ? S'il croit qu'il voit Dieu, il croit qu'il est apaisé en Dieu, s'il ne le voit pas, il n'est pas apaisé (...) aucune créature ne peut rendre l'âme bienheureuse[2].

La béatitude consiste donc en la quiddité *deitas*, infinie et première par rapport à l'étant, objet adéquat de l'intellect et de la métaphysique. Parce que la *deitas* est la *deitas*, la théologie en soi – celle de Dieu – a son objet, et parce que la *deitas* existe nécessairement et est intuitionnée, la métaphysique en soi – celle de Dieu – a son objet.

L'objet principal de la science divine, c'est donc l'essence divine. Son objet secondaire est le plan des idées divines :

> Tu es bienheureux, voire la béatitude par essence, car tu es la compréhension de toi-même. Tu es la vision claire de toi-même et la charité la plus joyeuse : et tout en étant bienheureux en toi-même et te suffisant à toi-même, seul et au plus haut degré, tu intelliges néanmoins tous les intelligibles à la fois[3].

Appelés « idées » en tant qu'ils sont connus par Dieu, les intelligibles sont en eux-mêmes des contenus formels, des essences ou des quiddités qui peuvent être créés à partir de rien (d'existant)[4]. La création est l'acte d'un

– credendo se intelligere cum non intelligat tale principium – quod non constaret ex terminis apprehensio quod esset principium et quod non; igitur multo magis non potest decipi circa Deum visum. (...) Unde contra falsa miracula Antichristi posset sibi obici, (...) hoc modo : si tu es Deus, fac me videre nude divinam essentiam, et post visionem memoriam certam habere visionis, et certitudinem quia illa fuit visio divinae essentiae nude » (*Ord.*, Prol., p. 2 q. un. nn. 116-117, Vat. I, 81-83).

1. « Omnis intellectus est totius entis communissime sumpti » (*De primo principio*, c. IV n. 14, WV IV, 770).

2. « Qualiter crederet intellectus se quietari si non quietaretur ? Nonne poterit cognoscere inclinationem suam ad verum quod non videt ? Si credit se videre Deum, credit se quietari in Deo; si non videt, non quietatur (...) nulla creatura potest animam beatificare » (*Ord.*, Prol., nn. 116-117, Vat. I, 81-82).

3. « Tu beatus, imo essentialiter beatitudo, quia tu es comprehensio tui ipsius. Tu visio tui clara, dilectio jucundissima : et licet in te solo beatus, et tibi summe sine aliis sufficiens, tu tamen omne intelligibile simul actu intelligis » (*De primo principio*, c. IV n. 36, WV IV, 786).

4. L'utilisation de *quidditates* pour les idées divines est une trace laissée dans le discours scotiste par les vieilles controverses sur l'objet de la connaissance, liées par Augustin à la

Dieu intelligent qui connaît et veut préalablement ce qui surgit dans l'existence réelle, en dépendance de sa volition. Mais la théorie scotiste des idées divines soutient que la création *ex nihilo* des êtres avec leurs opérations dans le temps n'est pas la première production dans l'ensemble de l'être (*universitas entis*). C'est une évidence pour tous les commentateurs qu'il y a chez Duns Scot une « production » par Dieu des idées divines elles-mêmes. La question épineuse est celle de savoir quel est le caractère de cette production. Deux réponses se sont dessinées tout au long de l'histoire du scotisme.

Une première, celle que l'on attribue le plus souvent à Duns Scot, consiste à considérer toutes les essences, celle du Dieu nécessairement existant et celles des possibles, comme subsistant en quelque sorte dans un domaine transcendantal qui précède l'être actuel. Selon cette lecture, la « production » des idées serait seulement le fait que les essences possibles sont aussi, de par l'acte parfait de l'intellect divin, des objets connus de l'intellect divin. Une telle interprétation fait de Duns Scot le père fondateur du rationalisme en métaphysique : puisque les quiddités possibles « sont là » indépendamment de l'ajout de leur *esse cognitum* dans l'esprit divin, le monde créé se trouve en quelque sorte sécularisé, car les idées divines ne sont plus la même chose que l'essence divine elle-même, comme ce serait le cas chez Augustin, Thomas et Bonaventure. Au contraire les quiddités, l'infinie et les finies confondues, seraient toutes de « l'étant » à un titre égal, d'où la figure ontothéologique de l'être abstrait plus originaire que Dieu lui-même.

Par contre si l'autre interprétation de la production des idées chez Duns Scot est la bonne, on doit dire que les essences possibles découlent dans leur contenu formel même à partir de l'essence divine préalablement connue et productrice. Elles n'ont d'autre statut primordial que celui d'objets auprès de l'intellect divin. Scot appelle le fait d'être un objet l'être-intelligible (*esse intelligibile*) ou l'être-connu (*esse cognitum*) de l'objet.

Il faut donc examiner de plus près cette production des idées divines, production par laquelle la théologie première de la *deitas* se prolonge en contemplation d'un plan d'essences finies.

La distinction 43 du premier livre de l'*Ordinatio* a très souvent semblé infléchir la pensée du Docteur Subtil dans le sens de la première interprétation esquissée ci-dessus. Il se demande dans ce passage si les chimères (*impossibilitates*) sont impossibles par elles-mêmes ou bien par un

problématique des Idées. Dans le contexte de la création qui est celui de Duns Scot, *quidditates* ne signifie pas exclusivement les essences en tant qu'abstraites des individus, mais plutôt un « monde intelligible » d'individus possibles, et non seulement de formes comme chez Platon.

manque de puissance en Dieu pour les créer. Il conclut que l'impossibilité n'est rien d'autre que la contradiction entre deux formalités simples. Donc, même si Dieu n'existait pas, est-il dit par Scot, les combinaisons possibles seraient possibles et les combinaisons impossibles seraient impossibles (n. 5, Vat. VI, 353-354). L'impossibilité réside dans la contradiction entre deux raisons formelles dont l'une et l'autre sont en elles-mêmes possibles. Certes l'intellect divin connaît les quiddités et leurs vérités prédicatives nécessaires par l'entremise de l'essence divine, de sorte que la connaissance divine des objets possibles ne dépend que de la perfection divine. Mais cela n'empêcherait pas – et c'est le propre de la première interprétation – que les quiddités avec leurs vérités nécessaires soient indépendantes de Dieu ; en les « produisant » en esse intelligibile, Dieu leur confère seulement un *esse cognitum*[1].

Toutefois, la même distinction 43 du premier livre de l'*Ordinatio* fournit aussi une raison de douter de la justesse de l'interprétation qui vient d'être esquissée, car même si les essences créables fondent leur vérité nécessaire « formellement par elles-mêmes » (*ex se formaliter*), elles sont aussi de par l'intellect divin comme principe (*principiative*) :

> Revenant donc comme au premier principe extrinsèque, nous devons dire que l'intellect divin sera ce à partir de quoi il faut voir la première raison de possibilité dans la pierre. (...) Le possible, en tant que terme ou objet de la toute-puissance, est ce à quoi être ne répugne pas et qui ne peut pas exister nécessairement de par soi ; la pierre, produite dans l'être intelligible par l'intellect divin, tient cela de par soi formellement, et de l'intellect [divin] comme de son principe ; elle est donc de par soi formellement possible, et par l'intellect divin comme par son principe. (...) ». (« [R]educendo quasi ad primum extrinsecum principium, intellectus divinus erit illud a quo est prima ratio possibilitatis. (...) Possible, secundum quod est terminus vel obiectum omnipotentiae, est illud cui non

1. Au XVIIe siècle le scotiste John Punch soutenait l'indépendance des essences finies, tandis que l'interprétation opposée qui sera défendue ici fut celle du *princeps scotistarum*, Bartolomeo Mastri (voir Stanislav Sousedik, « Der Streit um den wahren Sinn der scotischen Possibilienlehre », *loc. cit.*, p. 191-204, et dans le présent volume les contributions de J. Schmutz, p. 195-196, et de J.-L. Solère, p. 294-298). Une troisième interprétation mettrait les idées divines « dans » l'essence divine, même si elles sont considérées comme formellement distinctes de l'essence. Cette lecture pourrait se réclamer du Prologue de la *Lectura* (p. 2 q. 3 nn. 52-106, Vat. XVI, 23-37) : « essentiis, ostensis in essentia Dei, (...) essentiae ibi resultantes » (n. 103). Mais il faut noter que dans ces questions de la *Lectura*, le texte oscille constamment entre « dicitur » et « dicendum » ; il n'est donc pas sûr que tout ce qui est dit représente la position du jeune commentateur. Toutefois le passage suivant anticipe le langage des œuvres de sa maturité immediate : « cognoscit essentiam et quod includitur *virtualiter* in essentia » (n. 103).

repugnat esse et quod non potest ex se esse necessario; lapis, productus in esse intelligibili per intellectum divinum, habet ista ex se formaliter et per intellectum principiative; ergo est ex se formaliter possibilis et quasi principiative per intellectum divinum (*Ord.* I, d. 43 n. 6, Vat. VI, 354).

Il se trouve donc dans la quiddité finie une certaine origination à partir de l'intellect divin. Il ne s'agit certes pas d'une création dans l'être réel-actuel, mais d'une « production » dans l'être intelligible et l'être-possible :

> Avant toute production de la chose en dehors, la chose a [seulement] un être-possible, parce que – comme il a été prouvé à la distinction 36 – l'être produit dans l'être intelligible n'est pas l'être produit dans l'être pris absolument[1].

La possibilité dont il s'agit ici est la simple non-répugnance à être d'une quiddité non-nécessaire, c'est-à-dire qui doit être causée pour exister. La phrase suivante montre que la production en question écarte de la quiddité tout statut qui serait aussi originel que celui de l'essence divine, car la quiddité est produite dans sa possibilité même :

> Si la chose doit être considérée comme étant possible avant que Dieu la produise par la toute-puissance, cela est vrai, mais elle n'est pas absolument antérieure dans cette possibilité ; elle est produite par l'intellect divin[2].

Si donc l'impossible n'est autre que l'union fictive de deux possibles qui se contredisent, les deux éléments possibles sont présupposés comme découlant de l'intellect divin qui les connaît simultanément :

> L'impossible pris absolument inclut des incompossibles qui sont incompossibles par leurs raisons formelles, et ils sont incompossibles de par cela à partir de quoi ils ont leurs raisons formelles comme d'un principe. Le processus est donc le suivant : de même que Dieu par son intellect produit le possible dans l'être possible, il produit deux étants formellement (tous les deux dans l'être possible), et ces “produits” sont par eux-mêmes formellement incompossibles de sorte qu'ils ne peuvent pas être une seule chose ni un tiers formé d'eux. Ils ont cette incompossibilité formellement de

1. « [A]nte omnem productionem rei ad extra, res habet possibile esse, quia – sicut probatum est distinctione 36 – rem produci in esse intelligibili non est rem produci in esse simpliciter » (*Ord.* I, d. 43 n. 9, Vat. VI, 355).

2. « Si tamen res intelligatur esse possibilis antequam Deus per omnipotentiam producat, illud sic est verum, sed in illa possibilitate non est simpliciter prius, sed producitur ab intellectu divino » (*ibid.* n. 14, Vat. VI, 358-359).

> par eux-mêmes, et, comme à partir d'un principe, de celui qui d'une certaine manière les a produits (...) [L'impossible] se réduit, comme à son principe, à l'intellect divin, qui le produit dans cet être en lequel ces parties se contredisent formellement. À cause de cette contradiction formelle, le tout [formé] par elles est absolument impossible[1].

L'intellect divin est donc la source ultime de la quiddité formelle elle-même dans sa possibilité et dans l'être intelligible. Certes la phrase que nous avons déjà signalée pourrait induire à penser que les quiddités dans leur possibilité et leurs impossibilités mutuelles sont indépendantes de Dieu : « [L'impossible pris absolument] répugnerait à être, si par impossible Dieu n'existait pas » (*Ord.* I, d. 43 n. 5, Vat. VI, 353-354). Mais Scot parle ici des quiddités considérées seulement *formaliter*, et non *principiative*, comme l'indiquent deux passages qui au contraire rattachent la répugnance-à-être *principiative* à Dieu :

> La première impossibilité vient donc formellement de l'impossible lui-même, et a son principe en Dieu (Sic ergo impossibilitas prima est formaliter ex parte impossibilis et principiative in Deo, *Ord.* I, d. 43 n. 17, Vat. VI, 360).

Si une quiddité, avec ses contradictions envers d'autres quiddités, était ce qu'elle est antérieurement à son être-connu, il serait dénué de sens de postuler une dimension principiative à côté de celle du *formaliter*. Cette interprétation est confirmée par le passage suivant :

> Tout "absolument rien" inclut en lui-même les raisons de plusieurs choses, de sorte qu'il n'est pas rien premièrement par sa propre raison [formelle], mais par les raisons de ces choses qu'il est censé inclure (...) cette raison de contradiction vient des raisons formelles de ces choses ; elles ont cette contradiciton premièrement par l'intellect divin[2].

1. « Impossibile simpliciter includit incompossibilia, quae ex rationibus suis formalibus sunt incompossibilia, et ab eo sunt principiative incompossibilia, a quo principiative habent suas rationes formales. Est ergo ibi iste processus, quod sicut Deus suo intellectu producit possibile in esse possibili, ita producit duo entia formaliter (utrumque in esse possibili), et illa "producta" se ipsis formaliter sunt incompossibilia, ut non possint simul esse unum, neque aliquid tertium ex eis ; hanc autem incompossibilitatem, quam habent, formaliter ex se habent, et principiative ab eo – aliquo modo – qui ea produxit. (...) Immo reducitur principiative ad intellectum divinum, principiantem illud in illo esse in quo partes illae formaliter repugnant, propter quam formalem repugnantiam totum ex eis est simpliciter impossibile » (*ibid.* nn. 16-17, Vat. VI, 359-360).

2. « Sed omne "simpliciter nihil" includit in se rationes plurium, ita quod ipsum non est primo nihil ex ratione sui, sed ex rationibus illorum quae intelligitur includere, propter

Si l'on peut accorder que la distinction 43 du livre I de l'*Ordinatio* reste obscure sur la manière de conjuguer d'une part le *formaliter ex se* des quiddités finies, et d'autre part le *principiative ab intellectu divino*, tout doute sur l'antériorité naturelle de ce dernier semble être résolu par la clarté du texte suivant :

> L'intellect divin produit ces [objets] par son acte dans l'"être intelligible", et par son acte, il donne à cet objet-ci tel être, et à celui-là tel être, et par conséquent, il leur donne telle raison d'objet[1].

Il faut en conclure qu'antérieurement à la création dans l'existence (*esse existentiae, esse simpliciter*) à partir de rien, il y a une production des possibles comme objets de connaissance, à partir d'un néant encore plus profond :

> Il faut examiner la causalité par rapport à tous les causables, et en tant qu'elle concerne l'"être-sous quelque rapport", c'est-à-dire l'être-connu ou l'être-voulu[2].
> Une chose ne peut pas être créée, c'est-à-dire produite en l'être pris absolument, à partir de rien, c'est-à-dire à partir de ce qui n'est aucunement (ni absolument ni sous quelque rapport). Car rien n'est créé qui n'a auparavant eu l'être-intelligé-et-voulu, et dans son être-intelligé [la chose] a été formellement possible. (…) Une chose peut être produite (mais non pas créée) à partir de rien absolument, c'est-à-dire pas à partir de quelque chose [qui est] selon l'être d'essence ou l'être d'existence, ou selon un être-sous quelque rapport, – car la créature n'est pas produite dans l'être-intelligible à partir de quelque être, ni pris absolument ni sous quelque rapport, ni comme possible par lui-même dans cet être[3].

formalem repugnantiam illorum inclusorum plurium ; et ista ratio repugnantiae est ex rationibus formalibus eorum, quam repugnantiam primo habent per intellectum divinum » (*ibid.* n. 18, Vat. VI, 360-361).

1. « [N]am intellectus divinus producit ista actu suo in "esse intelligibili", et acto suo dat huic obiecto "esse" tale et illi tale, et per consequens dat eis talem rationem obiecti » (*Ord.* I, d. 3 p. 1 q. 4 n. 266, Vat. III, 162 ; trad. O. Boulnois, in *Duns Scot. Sur la connaissance de Dieu et l'univocité de l'étant*, *op. cit.*, p. 195).

2. « Videndum est de causalitate respectu omnium causabilium quantum ad esse secundum quid, ut esse cognitum vel esse volitum » (*Ord.* II, d. 1 q. 1 n. 15, Vat. VII, 8).

3. « [N]on potest aliquid creari, id est produci ad "esse" simpliciter de nihilo, id est nullo modo ente (nec simpliciter nec secundum quid). Nihil enim creatur quod non prius habuit esse intellectum et volitum, et in esse intellecto fuit possibile formaliter. (…) Potest aliquid produci (licet non creari) de simpliciter nihilo, id est non de aliquo secundum esse essentiae nec esse exsistentiae, nec secundum aliquod esse secundum quid, – quia creatura producitur in esse intelligibili non de aliquo esse, nec simpliciter nec secundum quid, nec possibili ex parte sui in isto esse » (*ibid.*, q. 2 nn. 83-84, Vat. VII, 43-44).

Les créatures ont été produites non seulement à partir de *rien*-d'existant-réellement, mais aussi à partir d'elles-mêmes en tant que connues depuis l'éternité. Mais en tant que contenus formels possibles et connus, elles n'ont pas précédé leur production dans « l'espace » de l'entendement divin. C'est ce qui se déduit des passages suivants de l'*Ordinatio*, livre I, distinction 43 :

> Le possible, en tant que terme ou objet de la toute-puissance, est ce à quoi être ne répugne pas et qui ne peut pas exister nécessairement de par soi ; la pierre, produite dans l'être intelligible par l'intellect divin, a cela de par soi formellement, et par l'intellect comme par son principe[1].

« Ce à quoi être ne répugne pas » est la définition scotiste de l'étant ; le possible « la pierre » (*lapiditas*) n'est donc pas indépendamment de l'intellect divin producteur. Cela se confirme dans les lignes suivantes de la même distinction 43 :

> Si la chose doit être considérée comme étant possible avant que Dieu la produise par la toute-puissance, cela est vrai, mais, en cet être-possible, elle n'est pas antérieure d'une façon absolue ; elle est produite par l'intellect divin[2].

Pour comprendre le « passage » de l'intellect divin de la *deitas* à la *lapiditas* et à tous les autres objets secondaires, il faut donc reconnaître d'abord une certaine production de ces derniers dans leur être quidditatif même. Le principe producteur est parfois dit être l'intellect qui est uni à l'essence divine, et parfois l'essence divine féconde en tant que présente comme objet à l'intellect et contenant « éminemment » et « virtuellement »

1. « Possible, secundum quod est terminus vel obiectum omnipotentiae, est illud cui non repugnat esse et quod non potest ex se esse necessario ; lapis, productus in esse intelligibili per intellectum divinum, habet ista ex se formaliter et per intellectum principiative » (Ord. I, d. 43 q. un. n. 7, Vat. VI, 354).

2. « Si tamen res intelligatur esse possibilis antequam Deus per omnipotentiam producat, illud sic est verum, sed in illa possibilitate non est simpliciter prius, sed producitur ab intellectu divino » (*Ord.* I, d. 43 n. 14, Vat. VI, 358). Le discours scotiste sur Dieu comme *principium* semble chercher son univocité à partir de : 1) la production trinitaire de deux *personnes* réelles dans le *même étant divin*, laquelle production n'est pas une création ; 2) la quasi-production par l'intellect divin d'objets purs secondaires qui ne sont pas, en tant que tels, des étants réels ; 3) la production d'*étants* réels qui sont des étants autres que le producteur, c'est-à-dire la création proprement dite. La quasi-production des idées divines, qui est comprise jusqu'à un certain point comme l'imagination créatrice d'un artiste, est une condition de possibilité d'une création par un créateur intelligent. Paul Vignaux soulignait l'importance de la *productivitas* dans la vision d'ensemble scotiste : « Introduction nouvelle », in *Philosophie au Moyen Âge*, Albeuve (Suisse), Éditions Castella, 1987, p. 36 ; réimprêssion augmentée d'une bio-bibliographie de Rudolf Imbach, Paris, Vrin, 2002.

les objets secondaires [1]. Dire que l'essence infinie « contient » *eminenter* et *virtualiter* les essences finies, c'est dire la chose suivante : la quantité infinie de perfection de *deitas*-connue-par-Dieu laisse découler d'elle, dans un seul et même *esse cognitum*, une hiérarchie de degrés finis d'*entitas*, lesquels degrés d'*entitas* sont les diverses quiddités possibles. Scot compare cet écoulement à celui d'une propriété à partir d'une essence. Seul l'aspect d'un quasi-écoulement est à retenir dans l'analogie, car à la différence de la capacité à rire de l'humanité, les intelligibles sont des objets et non des propriétés de Dieu [2].

Mais comment penser une *production* d'un objet pur ? Scot lui-même compare les objets secondaires de la connaissance divine aux relations de raison produites par l'intellect quand il compare un objet à un autre objet. La pierre éternellement connue serait donc un être de raison – de la raison divine – comme « genre » et « espèce » sont des êtres de raison produits comme des objets de pensée quand l'intellect humain compare des universaux entre eux. Les prédicables ne sont que des relations de raison, mais, parce qu'ils sont de véritables objets tant que l'intellect rapporte les universaux entre eux, ils peuvent même être les objets d'une science, à savoir la science de la logique. Les objets secondaires produits par l'essence infinie divine, c'est-à-dire les créatures présentes auprès de l'intellect divin comme des possibles auxquels être ne répugne pas, ne sont pas tous des relations, tant s'en faut, mais cette réserve faite, leur être est, comme celui

1. « Per hoc enim quod intellectus divinus est in actu per essentiam suam ut est ratio intelligendi, habet actum primum sufficientem ad producendum omne aliud in esse cognito, et producendo illud in esse cognito, producit ipsum habens dependentiam ad ipsummet ut intelligentiam (et per hoc intellectio est eius, quod illud aliud dependet ad istam intellectionem ut ad absolutum) » (*Ord.* I, d. 35 n. 47, Vat. VI, 264-265). L'essence divine est « ratio eminentior continens perfecte similitudinem virtualem cogniti » (*id.*, n. 55, Vat. VI, 269). « Filius habet eandem naturam et per consequens omnem fecunditatem productivam, et ita virtutem producendi lapidem… in esse cognito » (*Ord.* II, d. 1 q. 1 n. 37, Vat. VII, 22).

2. La comparaison est faite dans un passage qui explique comment les objets secondaires sont connus par Dieu postérieurement aux productions trinitaires, mais selon l'*ordo originis* des personnes : « Pater intelligit lapidem a se, Filius non a se sed habet hoc a Patre (…) Exemplum huius in creaturis : si origo sit Socratis a Platone per se secundum humanitatem, ordo originis in eis in habendo humanitatem est primus ordo originis simpliciter, ordo autem eorum in habendo risibilitatem est alius ordo originis, quasi secundum quid, – quia sicut in primo instanti naturae Socrates habet humanitatem a Platone, ita in secundo habet risibilitatem ab eo ; et *si prius naturaliter ambo haberent humanitatem quam risibilitas produceretur* [ceci correspondrait à la manière dont la communication de l'essence divine au Fils et à l'Esprit précède la production des intelligibles], ambo causarent simul risibilitatem, et tamen quod hoc causarent unus haberet ab alio » (*Ord.* II, d. 1 q. 1 n. 33-34, Vat. VII, 20).

des objets de la logique, une dépendance envers l'unique intellection divine qui intuitionne premièrement l'essence divine [1].

Puisque les contenus formels finis sont produits dans leur être formel même, ils ne mesurent pas l'intellection divine. C'est le propre de l'intellection finie d'intelliger un contenu dont elle « a besoin », c'est-à-dire un contenu qui mesure l'intellect pour autant qu'il est « responsable » comme cause partielle de l'intellect-intelligeant-ce-contenu. Par contre, l'intellection divine de l'essence divine est précédée (selon l'ordre des instants de nature) par l'essence divine seule, nécessairement existante, qui quasi-détermine l'intellection divine à être l'intellection intuitive de l'essence divine (Scot dit « quasi-movet », et non « movet », pour autant qu'à la différence de l'intellection humaine ou angélique, l'intellection divine en tant qu'opération, abstraction faite de tel ou tel objet, n'est pas produite). L'intellection divine est aussi celle de la pierre possible sans qu'elle ait eu besoin de la pierre possible. Autrement dit, Dieu s'est passé de la pierre pour connaître la pierre, puisqu'il se l'est procurée. De façon naturelle et nécessaire [2], l'essence infinie projette les quiddités finies en mesurant à chacune ce qu'elle est ; la connaissance divine n'est donc mesurée que par l'essence qui est infinie en elle-même, et virtuelle par rapport aux quiddités finies. Le passage suivant du premier livre de la *Lectura* donne une image saisissante de l'intellect divin mesurant et non-mesuré :

> L'intellect divin intellige premièrement l'essence divine ; au deuxième instant, il intellige la créature dans l'être intelligible, et cela non point par un acte comparatif : c'est par un acte direct qu'il intellige la pierre, qui est par conséquent sujet d'une relation à l'intellect divin ou à la connaissance divine selon le troisième mode de relation (car la pierre a une relation – celle du mesuré à la mesure – à la connaissance divine, de sorte que le fait qu'il intellige la pierre n'est rien d'autre que ceci : "le fait que la pierre est produite dans l'être-intelligible" a une relation à la science divine en tant qu'absolue, et non en tant qu'elle a une relation dans le sens inverse, – de même que le fait que Dieu crée la pierre n'est rien d'autre que le fait que la pierre produite dans l'être d'existence a une relation à Dieu qui, en tant qu'il termine cette relation, est compris comme absolu et non comme ayant une relation dans le sens inverse) [3].

1. *Ord.* II, d. 1 q. 1 n. 32 (Vat. VII, 18).

2. Et non pas contingente, comme c'est le cas pour la volonté divine qui crée en voulant.

3. « Intellectus divinus primo intelligit essentiam ; et in secundo instanti intelligit creaturam in esse intelligibili, non actu comparativo, sed lapidem actu directo, quem consequitur relatio ad intellectum divinum vel ad scientiam divinam secundum tertium modum relationis

– III –

Il faut donc voir dans la « production » scotiste des intelligibles autre chose qu'un simple ajout de l'*esse cognitum a Deo* à des quiddités qui seraient indépendantes de Dieu. Les quiddités possibles sont produites comme des objets purs n'ayant pas d'autre « statut » que celui d'objets qui « sont là » sous le regard éternel de Dieu. Seule l'essence divine précède et mesure la connaissance que l'intellect divin a d'elles. Mais l'on n'a pas encore terminé la description scotiste de la science divine. Le Docteur Subtil considère non seulement la connaissance divine du possible qui s'offre à la volonté créatrice, mais aussi la manière dont, une fois déterminée la volonté, un ensemble d'objets voulus est connu par Dieu, dans l'éternité, comme le futur vrai.

Nous avons cerné dans notre introduction l'essentiel de la conception thomiste et des idées divines et de la prévision des futurs, critiquée à fond par Duns Scot. Pour S. Thomas en effet, Dieu connaît le futur pour autant qu'étant éternel, il est présent au futur. Par contre Scot n'accepte pas que Dieu puisse avoir une relation éternelle de « présence à... » envers un terme qui n'existe pas encore. Le Docteur Subtil conçoit l'éternité plutôt comme l'aptitude nécessaire de la part de Dieu à être lui-même le terme d'une relation de simultanéité de n'importe quel autre existant, quand et seulement quand celui-ci sera créé dans son temps. La créature *future* X n'existant pas encore, elle n'est disponible comme terme de la connaissance éternelle de X qu'au moment où elle surgira dans l'*esse existentiae* (*reale*). Une fois créé, X existera en dépendance de Dieu et en identité avec la « quiddité » X jouissant de l'*esse intelligibile* éternel devant le regard de l'intellect divin[1].

Pour que la créature soit identique avec une idée divine, il faut que la créature et l'idée divine soient la même « quiddité » produite par l'intellect

(quia lapis tunc in esse intelligibili refertur ad scientiam divinam sicut mensuratum ad mensuram, ut sic nihil aliud sit ipsum intelligere lapidem quam "lapidem in esse intelligibili esse productum" habere relationem ad scientiam divinam ut absolutum quid est, et non ut refertur e contra, – sicut Deum creare lapidem nihil aliud est quam lapidem in esse exsistentiae productum referri ad Deum, qui ut terminat illam relationem absolutus intelligitur, et non e contra referri) » (*Lectura* I, d. 35 q. un. n. 22, Vat. XVII, 452). Ne pourrait-on comparer cette image d'une connaissance non-mesurée (divine et non-humaine, s'entend) avec l'*intuitus originarius* de Kant ?

1. La pierre réelle ne doit-elle pas être identique, quand elle existe, avec la pierre-idée divine, pour que l'assertion suivante de Duns Scot soit vraie ? : « Potest concedi quod temporale etiam potest denominari ab habitudine aeterni ad ipsum, – sicut lapis, non tantum ut ideabilis sed ut exsistens, est aeternaliter scitus a Deo » (*Ord.* I, d. 30 n. 47, Vat. VI, 190-191).

divin. Cette quiddité doit être comprise par la métaphysique un peu comme une essence avicennienne. Pour Duns Scot, la « quiddité » en tant que contenu formel est absolument indifférente par rapport à l'existence réelle et à l'objectité devant un intellect. Ainsi donc la pierre qui est créée commence et à exister (par l'*esse reale*), et à être identique à un objet, « la pierre » en l'*esse cognitum a Deo*. Toutefois la connaissance divine est immuable, hors du temps. Même l'objet secondaire de la connaissance divine ne change pas, en tant qu'il est un objet, quand la créature surgit en existence réelle. Comment Dieu distingue-t-il dans son plan immuable d'idées celles auxquelles répondront des créatures dans le temps ?

La réponse de Duns Scot se dessine de façon détaillée dans les distinctions 38 et 39 des *Commentaires* sur les *Sentences* de Pierre Lombard. À cela il est utile d'ajouter les passages scotistes sur la prédestination, et notamment les distinctions 41 et 42 du premier livre de l'*Ordinatio*. Le prolongement de la théologie première en prévision des futurs, consiste en ce que la volition divine se porte sur les possibles connus en un instant logique antérieur, et les rend « vrais » pour Dieu au dernier instant de nature de sa vie cognitive. Par cette vérité des objets connus et voulus, Dieu sait depuis l'éternité un ensemble de propositions datées (« A est B au temps *a* ») qui seront l'histoire réelle quand les choses prévues et voulues surgiront en leur existence réelle. C'est dans ce contexte que Scot traite de la connaissance divine infaillible des futurs contingents [1].

Ainsi donc la connaissance divine des futurs est comme un supplément de vérité, du côté de l'objet, que Scot appelle être-vrai (*esse verum*) et qui caractérise parmi les objets connus ceux que Dieu a voulus. Cet *esse verum* peut être considéré comme la manière distinctive dont se présentent à l'intellect divin ceux parmi les possibles qui sont voulus.

L'*esse verum* des objets futurs est lui-même redevable à l'être-voulu (*esse volitum*) des mêmes objets. L'*esse volitum* d'un objet futur c'est le passage de la volonté divine, vu du côté de l'objet, sur le même objet préalablement connu. L'*esse verum* qui en résulte est inséparable aussi de la motion de l'essence divine qui, ayant quasi-mû l'intellect à connaître

1. Le thème du présent essai se limite à l'apparition à Dieu des objets possibles et futurs. Ne sera pas traitée la manière très originale dont Scot conjugue la causalité contingente première, qui ne peut pas être empêchée, avec la causalité propre des créatures libres. Sur la solution scotiste du problème de la prescience des futurs contingents et de la liberté, voir John Duns Scotus, *Contingency and Freedom : Lectura I 39*, trad. et présentation de A. Vos Jaczn *et alii*, Kluwer Academic Publishers, Dordrecht, 1994; Allan B. Wolter, « Scotus's Paris Lectures on God's Knowledge of Future Events », dans A. B. Wolter, *The Philosophical Theology of John Duns Scotus*, éd. Marilyn McCord Adams, Cornell, Ithaca et Londres, 1990, p. 285-333.

l'essence divine et les quiddités finies, le meut au dernier instant de nature à connaître l'ensemble de propositions datées voulues par la volonté.

On peut désormais proposer un résumé en parcourant tout l'enchaînement des instants de nature de la science divine. Au premier instant de nature, c'est-à-dire indépendamment d'une autre opération divine, l'intellect divin est mû par la présence de l'essence divine à intuitionner l'essence divine et à produire les quiddités finies et possibles. Cette motion et la production des quiddités sont naturelles : l'essence divine étant ce qu'elle est et présente (par identité réelle) à l'intellect, faculté qui opère de façon naturelle et non libre, l'intellect divin ne peut pas ne pas intuitionner la divinité et intelliger les essences finies qu'il intellige. Pourquoi l'intellect divin regardant l'essence divine produit-il le plan d'objets qu'il produit – ce cheval, Pierre, cette fleur, etc. – et non pas un monde possible peuplé d'autres « quiddités » ? Question insensée posée par nous autres métaphysiciens humains qui ne savons ce qu'est la quiddité *(quid ?)* infinie, source des quiddités finies.

Intuitionnée, l'essence divine est offerte à la volonté divine qui, étant non seulement une volonté mais aussi la volonté de la nature infiniment parfaite, aime nécessairement l'essence divine, l'étant infiniment digne d'amour. Puisque la perfection de la vie divine consiste en la bonté infinie de l'Objet connu et aimé, accompagné comme il est d'un cortège d'essences possibles dont la production par l'intellect, faculté non-libre, est nécessaire, c'est de façon contingente que la volonté divine a choisi de créer, en vue de l'essence divine comme fin, un monde couronné par la charité envers Dieu de créatures libres. Des histoires possibles ayant été offertes à la volonté divine comme autant d'ensembles de propositions possibles et datées, la volonté divine passant sur une d'elles lui a conféré un statut nommé *esse volitum* par Duns Scot. Parce que cette histoire constituée par l'*esse volitum* est l'histoire voulue pour des objets de l'intellect divin, elle jouit d'un *esse verum* en raison de quoi l'essence divine meut de façon naturelle l'intellect divin à connaître l'existence et les opérations des créatures, puisque la perfection infinie de l'*Ens primum* ne souffre l'ignorance d'aucune vérité.

Ansgar SANTOGROSSI

LES IDÉES COMME ESSENCES CRÉABLES CHEZ FRANÇOIS DE MEYRONNES

Dans son livre *L'Être et l'Essence*, Étienne Gilson a cherché à montrer comment, dans l'histoire de la philosophie, il fut difficile de penser l'existence. Thomas d'Aquin y est présenté comme l'auteur ayant le mieux réussi à donner à l'existence la place qui lui est due en proposant une métaphysique de l'acte d'être[1]. Après Thomas, en revanche, on aurait rejoint la position avicennienne et on aurait considéré l'existence comme accidentelle à l'essence. Ces doctrines postérieures, dit Gilson, sont caractérisées par un « primat de l'essence » : ce n'est plus l'existence qui est au fondement de la métaphysique. Gilson voit en Jean Duns Scot une étape majeure de ce développement et il mentionne François de Meyronnes comme son représentant le plus extrême[2]. Même si l'image qu'il présente de ce dernier n'est pas tout à fait exacte[3], Gilson exprime bien une tendance

1. É. Gilson, *L'Être et l'Essence,* Paris, Vrin, 1994[3]. Pour saint Thomas, voir spécialement chap. III, p. 81-123.

2. *Ibid.,* p. 124-143.

3. Gilson observe : « Prenons comme exemple François de Meyronnes, *scotistarum princeps*, et voyons comment il parle de l'essence divine. Elle s'offre à lui comme qualifiée par une suite de modalités successives qui la déterminent progressivement à être telle. On ne peut mieux faire que de lui laisser ici la parole. *Essentia est primo essentia. Secundo essentia est haec. Tertio essentia est haec infinita. Quarto essentia est haec infinita existens et realis.* Ainsi, ce que François de Meyronnes nomme ici le *modus realitatis vel existentiae* arrive bon quatrième dans les déterminations de l'essence divine » (*ibid.,* p. 141-142). Le texte cité de François de Meyronnes est le suivant : *In I Sent.* d. 33 q. 3 a. 1, Venetiis 1520, f° 101vaI. Dans son exposé de la pensée de Meyronnes, Gilson se base sur B. Roth, *Franz von Mayronis OFM. Sein Leben, seine Werke, seine Lehre vom Formalunterschied in Gott,* Werl, Franziskus-Druckerei, 1936 (Franziskanische Forschungen 3), p. 412-414. Gilson néglige le fait que, dans d'autres listes des modalités de l'essence, l'existence figure bien au premier lieu. Cf. A. A. Maurer, « The Role of Infinity in the Thought of Francis of Meyronnes », *Mediaeval Studies* 33 (1971), p. 201-227. Réimprimé dans : *Id., Being and Knowing, Studies in Thomas*

manifeste chez François de Meyronnes, le *Doctor illuminatus* ou *Magister abstractionum*. C'est bien l'essence qui occupe le rôle central dans sa métaphysique, et l'existence figure parmi les modes de l'essence.

La thèse de Gilson sur la supériorité des essences par rapport à l'existence chez François de Meyronnes formera l'arrière-plan de mon exposé, dans la mesure où je chercherai à montrer que chez François de Meyronnes, les essences créables sont pourvues d'un être propre qu'elles ne reçoivent pas de Dieu. Pour ce faire, j'ai choisi le thème des idées, car c'est à l'occasion de leur discussion que François de Meyronnes examine les essences en tant que telles [1].

Mon étude se déploiera en trois moments. Dans un premier moment, je vais situer la pensée de François de Meyronnes dans son contexte historique. François poursuit un développement qu'on peut observer dès la fin du XIIIe siècle. D'une part, on allait attribuer de moins en moins d'importance aux idées divines. D'autre part, on allait s'intéresser toujours plus à l'être propre de la créature en tant qu'objet de la connaissance divine et dans sa possibilité intrinsèque. C'est dans cette tradition que François de Meyronnes s'inscrit. Il accorde peu d'importance aux idées divines et il s'intéresse plutôt aux essences créables. François identifie ces essences aux Idées platoniciennes qu'il va interpréter en ayant recours à Avicenne.

Si l'on considère une essence en tant que créable, on fait abstraction de son existence. Même si l'essence créable n'existe pas en tant que telle, on ne peut pas dire qu'elle n'est rien, car elle est alors l'essence, sans existence. Dans un deuxième moment, nous étudierons donc comment François de Meyronnes caractérise les essences en tant que telles, c'est-à-dire en tant qu'elles font abstraction de tout ce qui leur est accidentel. Nous verrons comment François leur attribue un être d'essence (comme Henri de Gand), sans pour autant les concevoir comme éternelles, nécessaires et réelles.

Considérée de manière absolue, sans aucune détermination accidentelle, une essence n'est que l'essence qu'elle est – selon la formule d'Avicenne : *equinitas est tantum equinitas*. À ce niveau d'abstraction, les essences ne contiennent même pas de relation à autre chose. Ainsi, dans le dernier moment, nous allons exposer comment François n'attribue même pas de rapports de dépendance vis-à-vis de Dieu aux essences en tant que telles.

Aquinas and Later Medieval Philosophers, Toronto, Pontifical Institute of Mediaeval Studies, 1990 (Papers in Mediaeval Studies 10), p. 333-359. Cf. spécialement p. 340-348.

1. Cf. T. Hoffmann, *Creatura intellecta. Die Ideen und Possibilien bei Duns Scotus mit Ausblick auf Franz von Mayronis, Poncius und Mastrius,* Münster, Aschendorff, 2002 (BGPhMA NF 60), chap. 6, p. 217-262.

Nous examinerons si, d'après le *Doctor illuminatus*, les essences ont un être avant tout rapport à Dieu, donc totalement indépendamment de lui.

Le contexte historique

Tout d'abord, quelques mots à propos de la vie et des œuvres de François de Meyronnes. Il est né avant 1288 à Meyronnes en Provence, une petite commune de la région de Barcelonnette[1]. Il entra dans l'ordre des franciscains à Digne[2], étudia à Paris quelque temps entre 1304 et 1307[3], où il suivit l'enseignement de Duns Scot[4]. Lui même donna des cours sur les *Sentences* entre 1308 et 1318 auprès de divers *studia* d'Italie et de France; au cours de l'année académique 1320–1321, il les a commentées à Paris[5]. Ce commentaire est conservé dans de nombreux manuscrits et dans une édition imprimée à Venise en 1520. François de Meyronnes nous a laissé plusieurs *Quodlibeta*, dont le principal, rédigé sur la base d'une dispute générale de l'avent 1323 ou de carême de 1324, a été imprimé dans la même édition de Venise[6]. Notre exposé se basera sur ces deux textes[7]. François de Meyronnes mourut autour de l'année 1326, à Plaisance[8].

Dans quel contexte historique François de Meyronnes a-t-il développé sa conception des idées[9]? La redécouverte des œuvres d'Aristote confrontait

1. Pour les données biographiques voir B. Roth, *Franz von Mayronis,* p. 11-50; H. Rossmann, *Die Hierarchie der Welt. Gestalt und System des Franz von Meyronnes OFM mit besonderer Berücksichtigung seiner Schöpfungslehre,* Werl, Franziskus-Druckerei, 1972 (Franziskanische Forschungen 23), p. 9-33. Cf. C. Bérubé, « La première école scotiste », *in* Z. Kaluza, P. Vignaux (éd.), *Logique, Ontologie, et Théologie au* XIVe *siècle. Preuve et Raisons à l'Université de Paris,* Paris, Vrin, 1984, p. 9-24, p. 13-15.

2. B. Roth, *Franz von Mayronis,* p. 19; H. Rossmann, *Die Hierarchie der Welt,* p. 10.

3. B. Roth, *Franz von Mayronis,* p. 25.

4. *Ibid.*, p. 25-26.

5. H. Rossmann, *Die Hierarchie der Welt,* p. 10-11.

6. H. Rossmann, « Die Quodlibeta und verschiedene sonstige Schriften des Franz von Meyronnes OFM », *Franziskanische Studien* 54 (1972), p. 1-76, p. 4. Pour les *Quodlibeta* non imprimés, voir *ibid.*, p. 9-43.

7. Notamment *In I Sent.* d. 42, d. 43-44, d. 46, d. 47; *Quodl.* q. 8, q. 14. Ni le *Commentaire des Sentences*, ni le *Quodlibet* ne sont édités critiquement. Les deux textes pris ensemble peuvent tout de même nous procurer une base fiable, car, par leur contenu, ils se confirment l'un l'autre.

8. H. Rossmann, *Die Hierarchie der Welt,* p. 24.

9. Pour ce qui suit, J. Hamesse, « *Idea* chez les Auteurs Philosophiques des XIIe et XIIIe siècles », *in* M. Fattori, M. L. Bianchi (éd.), *Idea,* VI Colloquio Internazionale, Roma, 5-7 gennaio 1989, Rome, Edizioni dell'Ateneo, 1991 (Lessico Intellettuale Europeo 51), p. 99-135; M. J. F. M. Hoenen, « *Propter dicta Augustini.* Die Metaphysische Bedeutung der mittelalterlichen Ideenlehre », *Recherches de Théologie et Philosophie médiévales* 64 (1997), p. 245-262.

les théologiens du XIIIe siècle à la problématique suivante : Aristote exclut de l'intellect divin toute potentialité. Par conséquent, la connaissance de Dieu n'est pas un pâtir dû à un objet extérieur à lui, et dès lors, il ne pense que lui-même[1]. Comment est-il alors possible que Dieu connaisse les créatures? Les penseurs chrétiens du XIIIe siècle ont recouru aux idées divines comme principe de connaissance qui puisse permettre à Dieu de connaître les créatures. Ces idées ont été identifiées, dans un sens, à l'essence divine elle-même[2]. Il y avait ainsi en Dieu *une* idée, à savoir sa propre essence. Comme Dieu connaît toute chose de manière distincte, on parlait pourtant d'une pluralité d'idées, constituées par les diverses manières dont Dieu connaît son essence comme imitable[3].

Avec Henri de Gand, on commence à attribuer aux idées une entité propre, en dehors de leur identité avec l'essence divine. Le Docteur Solennel les considère en tant qu'elles figurent comme objets de connaissance en Dieu et il leur attribue à ce titre un *esse obiectivum*[4]. En plus de cet *être objectif*, Henri de Gand attribue aux créatures connues au moyen des idées un *être d'essence*. Cet être d'essence précède éternellement les créatures existantes dans le temps. Les idées sont ainsi mises en étroit rapport avec les natures créables (les possibles)[5].

Duns Scot, quant à lui, refuse d'identifier les idées à des relations d'imitabilité en Dieu. Avant que Dieu ne connaisse sa propre nature comme imitable par une créature, il connaît le terme de cette relation, à savoir la créature elle-même. Pour connaître la créature, Dieu n'a pas besoin d'idées comme principe de connaissance, car l'essence divine est capable de par sa

1. Aristote, *Métaphysique* Λ 9, 1074b15-1075a10.

2. *Summa Halensis*, p. 1 inq. 1 tract. 3 q. 1 (80) *in corp.* et ad 1, éd. Quaracchi, 1924, t. I, p. 131a-b; p. 1 inq. 1 tract. 2 q. 4 (63) ad 3, t. I, p. 92b; Albert le Grand, *In I Sent.* d. 35 a. 9 *in corp.*, éd. Borgnet, t. XXVI, p. 193b; Bonaventure, *In I Sent.* d. 35 a. un. q. 2 *in corp.*, t. I, p. 605b-606a; Thomas d'Aquin, *De veritate* q. 3 a. 2 *in corp.*, éd. Léonine, t. XXII, p. 105a; *S. theol.* I q. 15 a. 1 ad 3, éd. Léonine, t. IV, p. 199b; *S. theol.* I q. 44 a. 3 *in corp.*, *id.*, p. 460b.

3. Thomas d'Aquin, *In I Sent.* d. 36 q. 2 a. 2 *in corp.*, éd. Mandonnet, Paris, Lethielleux, 1929, p. 842; *S. theol.* I q. 15 a. 2 *in corp.*, éd. Leon., t. IV, p. 202a-b; Henri de Gand, *Quodl.* VIII q. 1 *in corp.*, Parisiis, 1518, t. II, f° 300r B; Richard de Mediavilla, *In I Sent.* d. 36 a. 2 q. 3 *in corp.*, Brixiae, 1591, t. I, f° 314b; Gilles de Rome, *In I Sent.* d. 36 pr. 2 q. 2 ad 2, Venetiis, 1521, f° 188rb E; Godefroid de Fontaines, *Quodl.* IV q. 1 (*brevis*) *in corp.*, éd. M. De Wulf, A. Pelzer, Louvain, Institut Supérieur de Philosophie, 1904, (Les philosophes belges : textes et études 2), p. 229; *Quodl.* IV q. 1 (*longa*) *in corp.*, *loc. cit.*, p. 321; Jacques de Viterbe, *Quodl.* I q. 5 princ. 2, éd. E. Ypma, t. 1, Würzburg, Augustinus-Verlag, 1968, p. 64.

4. L. M. de Rijk, « Un tournant important dans l'usage du mot *idea* chez Henri de Gand », *in* M. Fattori, M. L. Bianchi (éd.), *Idea*, VI Colloquio Internazionale, *op. cit.*, p. 89-98, p. 95.

5. J. Paulus, *Henri de Gand. Essai sur les tendances de sa métaphysique*, Paris, Vrin, 1938 (Études de Philosophie Médiévale 25), p. 82-103.

perfection de connaître toute chose directement, c'est-à-dire sans réflexion sur sa propre nature comme imitable. Pour Scot, l'idée est la créature en tant que connue par Dieu : *creatura intellecta*[1]. Comme objet de la connaissance divine, la créature n'a pas d'être d'essence (comme chez Henri de Gand), mais seulement un « être connu », c'est-à-dire un être objectif. Scot décrit cet être connu de la créature comme un être diminué, à l'opposé d'un *ens simpliciter*.

Si les idées ont déjà perdu de l'importance chez Scot, car elles ne sont plus en Dieu les principes de connaissance pour connaître les créatures, elles en perdront encore plus dans la suite. Vers 1310, Robert Cowton, un élève de Duns Scot à Oxford, pense que l'on pourrait se passer des idées. Il choisit néanmoins de les maintenir en raison de l'autorité de saint Augustin[2].

Chez François de Meyronnes, nous observons la même tendance à renoncer aux idées divines. Il ne considère comme contraignantes aucune des raisons que l'*opinio communis* avance pour poser des idées en Dieu. Par exemple, il suit Duns Scot dans l'opinion que Dieu connaît toute chose au moyen de son essence, sans avoir besoin d'idées. Comme Robert Cowton, François va les maintenir « *propter dicta Augustini* »[3].

Dans la mesure où François de Meyronnes parle des idées divines, par égard pour l'autorité de saint Augustin, il les confie à la compétence des théologiens. Mais plus importantes pour lui sont les idées qui sont l'objet de la réflexion des métaphysiciens. Ces idées s'identifient aux essences

1. *Ordinatio* [= *Ord.*] I, d. 35 q. un. n. 40, *Opera omnia*, Vatican, 1950 *sq.* [= Vat. suivi du numéro de tome et de page], t. VI, p. 261 : « ...videtur quod "lapis intellectus" possit dici idea » ; *ibid.*, n. 42, p. 263 : « obiectum cognitum est idea » ; *ibid.*, n. 43, p. 263 : « ...creatura "ut intellecta ab ipso" est idea » ; *Lectura* [= *Lect.*] I, d. 35 q. un. n. 30, Vat. XVII, 455 ; *ibid.*, n. 33, 456 ; *Reportatio* IA d. 36 q. 1-2 n. 57, éd. T. Noone, *Medioevo* 24 (1998), p. 359-453.

2. Robert Cowton, *In I Sent.* d. 35, ms. Berlin theol. lat. 2° 114, f° 156ra : « ex quo enim penitus distincte perfecte cognitum esset ratio cognoscendi omnia cognoscibilia distincte nec non et virtus potens ad illa in esse producenda, videtur quod superfluit ponere multitudinem idearum. ... Sed quia dictum Augustini, ex quo habemus ideas, non ab Aristotele vel Commentatore, est expresse in contrarium..., oportet ponere in deo distinctas ideas... ». Texte transcrit dans : W. Hübener, « Idea extra artificem. Zur Revisionsbedürftigkeit von Erwin Panofskys Deutung der mittelalterlichen Kunsttheorie », *in* L. Grisebach, K. Renger (éd.), *Festschrift für Otto von Simson zum 65. Geburtstag,* Francfort-sur-le-Main, Berlin, Propyläen, 1977, p. 27-52, p. 50 ; cf. *ibid.*, p. 39.

3. *In I Sent.* d. 47 q. 1 a. 1, f° 133va I : « Ideo videtur aliquibus quod nulla necessitas sit ponendi illas ideas evidens : nobis tamen propter dicta Augustini ponende sunt formaliter in deo, ut patet ex priori deductione ».

créables[1]. Dans cette acception, « idée », « essence » et « quiddité » sont synonymes[2], et l'adjectif « créable » est équivalent à « possible »[3].

Pourquoi le métaphysicien devrait-il s'intéresser aux essences créables plutôt qu'à l'existence des essences ? Parce que l'étude des essences créables manifeste précisément ce que sont les essences en tant que telles. Il est de la nature de l'essence créable que de faire abstraction de l'existence. Une enquête sur les essences créables revient donc à examiner ce qui appartient à l'essence en tant que telle, et non pas en tant qu'existante dans telle nature singulière, à tel moment et en tel lieu.

Par l'emploi du terme d'idée pour désigner les essences créables, François de Meyronnes s'inscrit consciemment dans la tradition platonicienne. Il semble se sentir obligé de justifier cela, car on trouve chez lui une apologie de Platon et une polémique contre Aristote. « Ceux qui ont un intellect grossier, dit-il, ont de la peine à comprendre, car ils sont

1. *In I Sent.* d. 47 q. 1 a. 2, f° 133vb N-O : « Sed hic est difficultas, utrum idee secundum quod accepit Plato sint idem cum istis quas nunc ponimus. Dico quod aliquando Plato fuit locutus sicut theologus de ideis, sicut ponit Augustinus, quia ponit exemplaria esse principium. Aliquando autem locutus fuit ut metaphysicus, et ut sic idea non est aliud nisi ratio quidditativa, et in illo intellectu persequitur eum Aristoteles ». Cf. *In I Sent.* d. 47 q. 3 a. 2, f° 134vb N : « Intelligendum tamen quod huiusmodi quidditates, licet possint dici idee, non tamen vocantur a theologis idee, sed tantum <ille> [éd. Venetiis : illa] que sunt in mente divina ». Cf. P. Vignaux, « L'être comme perfection selon François de Meyronnes », dans : *Id.*, *De S. Anselme à Luther. Études de Philosophie médiévale,* Paris, Vrin, 1976, p. 253-312, p. 277 ; E. P. Bos, « The Theory of Ideas according to Francis of Meyronnes. Commentary on the Sentences (Conflatus), I, dist. 47 », *in* L. G. Benakis (éd.), *Néoplatonisme et Philosophie médiévale.* Actes du Colloque international de Corfou, 6-8 octobre 1995, organisé par la Société Internationale pour l'Étude de la Philosophie Médiévale, Turnhout, Brepols, 1997 (SIEPM Rencontres de Philosophie Médiévale 6), p. 211-227, p. 219.

2. Cf. p. 121, note 4 et *Quodl.* q. 8 a. 1, f° 241rb H : « ...in rebus habentibus essentiam, quidditas et essentia idem sunt » ; *In I Sent.* d. 42 q. 6, f° 123rb G : « Esse essentie non est aliud a ratione diffinitiva et a quidditate ».

3. François préfère l'expression « quiddité créable » à « quiddité possible ». On peut tout de même identifier la quiddité créable à la quiddité possible. En effet, toutes les essences créables sont possibles (*Quodl.* q. 8 a. 2, f° 241va L-M : « ...quidditates creabiles ante suam creationem fuerunt in potentia obiectiva » ; *In I Sent.* d. 42 q. 1 a. 1, f° 117va I : « Creabilia autem sunt que sunt apta nata a deo creari. Potentia autem obiectiva est illa in qua esse intelliguntur res antequam creentur »). De même, tous les possibles sont créables, car ce qui n'est pas créable est un *ens prohibitum*, à savoir quelque chose d'impossible (*Quodl.* q. 8 a. 5, f° 242ra C : « Si autem non fuit creabile, tunc fuit ens prohibitum, et sic nunquam potuit in esse produci »). En revanche, tout ce qui n'est pas un *ens prohibitum* est possible (*Quodl.* q. 8 a. 9, f° 242vb N : « ...ens non prohibitum distinguitur vere ab ente prohibito, cum illud sit factibile simpliciter, et non istud » ; *In I Sent.* d. 42 q. 4 a. 2, f° 121vb Q : « Omne ens non prohibitum et non necessarium est in potentia obiectiva »).

incapables d'abstraction »[1]. « Aristote était le meilleur philosophe naturel, mais il était le pire des métaphysiciens, car il était incapable d'abstraction, et par conséquent, il a développé une mauvaise métaphysique »[2]. Pourquoi a-t-il critiqué Platon? François de Meyronnes suppose qu'« il était jaloux »[3].

François va donc se rallier à Platon. Comme chez Platon, les idées doivent satisfaire plusieurs exigences. Entre autres, elles sont le fondement de la définition des choses[4] et de la stabilité des sciences[5]. Mais est-ce qu'il est nécessaire de suivre Platon dans l'opinion que les idées sont séparées? François nous prévient qu'il ne faut certainement pas les considérer comme séparées à la manière dont Aristote a insinué que Platon le faisait, comme « des sortes de "monstres", qui subsistent, singuliers, en l'air »[6]. Par contre, il faut les poser séparées formellement, non pas localement, et cela

1. « Qui autem grossi sunt intellectus, difficulter intelligunt, et solum est quia nesciunt abstrahere » (*In I Sent.* d. 47 q. 3 a. 2, f° 34rb E).

2. « Aliter dicitur quod Aristoteles fuit optimus physicus, sed pessimus metaphysicus, quia nescivit abstrahere, et ideo pessimam metaphysicam fecit » (*In I Sent.* d. 47 q. 3 a. 2, f° 134rb F). On retrouve ici un thème récurrent de la critique néoplatonicienne adressée à Aristote, formulé pour la première fois par Syrianus. À ses yeux, Aristote, tout en étant un grand bienfaiteur de l'humanité par sa science, aurait mal interprété les intentions de Platon et se serait livré pour cette raison à une critique acharnée de la métaphysique platonicienne. Sur l'attitude de Syrianus envers Aristote, voir H. D. Saffrey, « Comment Syrianus, le maître de l'école néoplatonicienne d'Athènes, considérait-il Aristote? », *in* J. Wiesner (éd.), *Aristoteles – Werk und Wirkung, Festschrift für Paul Moraux*, t. II, Berlin, New York, Walter de Gruyter, 1987, p. 205-214. Pour la critique à Aristote au XIIIe siècle et dans la suite, voir E. Mahoney, « Aristotle as "The Worst Natural Philosopher" (*pessimus naturalis*) and "The Worst Metaphysician" (*pessimus metaphysicus*) : His Reputation among Some Franciscan Philosophers (Bonaventure, Francis of Meyronnes, Antonius Andreas, and Joannes Canonicus) and Later Reactions », *in* O. Pluta (éd.), *Die Philosophie im 14. und 15. Jahrhundert. In memoriam Konstanty Michalski (1879-1947)*, Amsterdam, Grüner, 1988, p. 261-273; L. Bianchi, « "Aristotele fu un uomo e poté errare". Sulle origini medievali della critica al "principio di autorità" », dans : *Id.* (éd.), *Filosofia e teologia nel trecento. Studi in ricordo di Eugenio Randi*, Louvain-la-Neuve, Fédération internationale des Instituts d'études médiévales, 1994 (Textes et études du Moyen Âge 1), p. 509-533.

3. « Sed quare Aristoteles voluit sic facere, una assignatur voluntas: quia habuit invidiam contra eum, sicut apparet in aliis » (*In I Sent.* d. 47 q. 3 a. 2, f° 134rb E-F).

4. *In I Sent.* d. 47 q. 3 a. 2, f° 134rb F-G.

5. *In I Sent.* d. 47 q. 3 a. 2, f° 134rb H.

6. *In I Sent.* d. 47 q. 3 a. 2, f° 134rb H : « ...idee non sunt imponende Platoni sicut eas imponit sibi Aristoteles, quod scilicet essent quedam monstra in aere subsistentia singularia, quia Plato eas ponit universalia, et non singularia ». Le terme « monstre » se trouve dans la traduction latine des *Seconds Analytiques* de Gérard de Crémone : « Super formarum autem narrationem est monstrum, cum sint species uana cui non est comprehensio; et, si existant, non est introitus eis in eo in cuius uia sumus, propterea quod demonstrationes non sunt nisi huiusmodi » (*An. Post.* A 22; éd. L. Minio-Paluello, Aristoteles Latinus, IV, 3, Bruges-Paris, Desclée de Brouwer, 1954, p. 43. Cf. éd. Bekker, 83a32-35).

veut dire qu'on les considère dans leurs propres raisons formelles, en faisant abstraction des conditions de la singularité et de l'existence, du lieu et du temps[1].

Ce que Platon entend en posant les idées comme séparées, Avicenne le dit lorsqu'il considère les essences en elles-mêmes : « l'équinité n'est que l'équinité ». Selon Avicenne, l'idée ou la quiddité en tant que telle fait abstraction de toute détermination accidentelle, comme la singularité ou l'universalité, l'être réel ou l'être de raison[2].

Cette manière de considérer les essences dans leur pure abstraction, telle que Platon et Avicenne l'avaient théorisée et qu'Aristote s'est révélé incapable de faire, est le leitmotiv de la doctrine des idées comme essences créables que propose François de Meyronnes. Regardons de plus près comment il va réaliser ce programme.

L'ÊTRE D'ESSENCE

Avant de continuer notre exposé sur la manière dont François de Meyronnes conçoit les idées comme des essences absolues, nous devons nous demander ce qui motive sa prise de position. Pourquoi a-t-il choisi Platon et Avicenne comme modèles, d'où vient son intérêt pour les essences en tant que telles ? Nous ne pouvons ici que supposer son motif principal. François de Meyronnes divise l'être en des composantes déterminables, c'est-à-dire les essences ou les quiddités, et en des composantes déterminantes, à savoir les modes de la quiddité[3]. L'essence est ce qui est

1. *In I Sent.* d. 47 q. 3 a. 2, f° 134rb H-va I : « Quarta conclusio est quod necesse est ponere ideas separatas, non quidem localiter, licet formaliter, sicut Plato eas ponit secundum suum intellectum, quia ubicumque est abstractio, ibi est formalis distinctio et separatio, cum illud quod abstrahit ab aliquo sit ab eo absolutum et seiunctum ; sed ille rationes formales abstrahunt ab hic et nunc, quia per accidens eis conveniunt, et eodem modo conditiones omnes consequentes individuum et existentiam ».

2. *In I Sent.* d. 47 q. 3 a. 2, f° 134rb H : « Secunda conclusio est quod suppositis ideis necesse est ponere eas precisas, sicut ponit Avicenna quando dixit quod equinitas est tantum equinitas. Et hoc probatur, quia omne prius prescindit a posteriori ; sed ratio idealis vel quidditativa quod per eodem habeo in unoquoque est prior omnibus aliis sibi convenientibus, sive per se, sive per accidens ; ergo etc. ». Cf. *Quodl.* q. 14, f° 260rb F : « Sed oritur difficultas, quid intelligimus per illud esse quidditativum. Dicitur autem quod esse abstractum, quod non est fabricatum ab animo, nec est in rerum natura, sicut dicit quidam quod equinitas est tantum equinitas : nec universalis, nec particularis ».

3. *In I Sent.* d. 42 q. 4 a. 1 p. 8, f° 121va K-L : « ...quicquid est, aut est res, accipiendo rem pro quidditate, aut modus rei ». *In I Sent.* d. 42 q. 5 a. 2, f° 122vb N : « ...omne quod est, vel est quidditas vel modus ». Cf. *In I Sent.* d. 42 q. 4 a. 1 p. 1, f° 120va L : « ...modus intrinsecus est ille qui de se nullam rationem formalem dicit. Nam ex opposito distinguuntur quidditas et modus quidditatis. Unum igitur illorum secundum ultimatam precisionem suam

exprimé dans la définition d'une chose[1]. Le mode de la quiddité est une détermination qui laisse intacte le contenu propre de l'essence qu'il détermine[2]. L'existence, la nécessité, la singularité, etc. sont de tels modes. Par exemple, la quiddité d'un homme est la même pour un homme existant que pour un homme possible. Pour la distinction entre les essences et les modes de l'essence, François se réclame de Duns Scot[3]. Dans une telle doctrine, il est évident que les essences en tant que telles jouent un rôle éminent, car elles sont les constituants principaux de l'être.

Mais contrairement à Scot, François attribue aux essences un être propre de l'essence (*esse essentiae*) avant même que les essences soient existantes. Pour lui, le terme « être d'essence » désigne ce qui appartient à la quiddité en tant que telle[4]. Si l'on niait l'être d'essence, dit-il, on serait porté à nier les essences elles-mêmes, et par conséquent on devrait nier toute chose[5].

Si l'être d'essence n'exprime rien davantage que l'essence elle-même, il n'est pas étonnant que François de Meyronnes défende un tel être de l'essence. Ce qui est surprenant, c'est qu'il qualifie cet être d'essence comme un *ens simpliciter*[6]. Pour comprendre ce pas, nous pouvons

non includitur in alio, et sic quidditas non includit modum secundum ultimatam precisionem suam, nec modus quidditatem ».

1. *In I Sent.* d. 42 q. 1 a. 1, f° 117va I : « ...esse essentie non est aliud a quidditate, quia esse essentie est illud de quo dicitur diffinitio, quia diffinitio indicat esse, non autem nisi quidditative ».

2. *In I Sent.* d. 42 q. 4 a. 1 p. 1, f° 120vb O-P : « Dico ergo quod modus intrinsecus est ille qui adveniens alicui non variat quidditatem, eo quod de se nullam quidditatem vel rationem formalem dicit ». Cf. *Tractatus de transcendentibus* a. 8, éd. H. Möhle (édition en préparation) : « Modus autem intrinsecus est, qui non variat rationem formalem rei alicuius et pertinet ad idem genus ».

3. *In I Sent.* d. 42 q. 4 a. 1 p. 1, f° 120va L (continuation de la citation, p. 124, note 3) :« Et si quis diligenter videat doctrinam Doctoris nostri, inveniet quod omnia resolvit in istos terminos incomplexos, scilicet in rationem formalem et modum intrinsecum eius ». Pour la résolution de concepts chez Duns Scot, *Ord.* I, d. 3 p. 1 q. 3 n. 133, Vat. III, 82-83. Cf. L. Honnefelder, *Ens inquantum ens. Der Begriff des Seienden als solchen als Gegenstand der Metaphysik nach der Lehre des Johannes Duns Scotus,* Münster, Aschendorff, 1989[2] (BGPhMA NF 16), p. 151-160, 365-395.

4. *Quodl.* q. 8 a. 1, f° 241rb H : « Et dicitur quod illud est esse essentie quod pertinet ad cuiuslibet entis quidditatem, quia in rebus habentibus essentiam, quidditas et essentia idem sunt, sicut cum dicimus hominem esse animal, illud pertinet ad esse essentie, quia animal est de hominis quidditate, et in hoc differt illud esse ab esse existentie, quia illud non pertinet communiter ad quidditatem, sicut cum dicitur : "homo existit in rerum natura", quia illud est contingens ».

5. *Quodl.* q. 8 a. 1, f° 241va K : « Isti autem negant omnem diffinitionem, et per consequens omnem demonstrationem propter quid, cum istud esse essentie non sit nisi esse quidditativum, et qui negat quidditates habet omnia negare ».

6. Cf. p. 126, note 1.

considérer les alternatives à l'*ens simpliciter* et procéder par élimination. On pourrait d'abord dire que les essences, dépourvues d'existence, ne sont rien. Deuxièmement, elles pourraient avoir un être de raison. Une troisième solution serait de leur attribuer, avec Duns Scot, un *ens secundum quid*, c'est-à-dire un être diminué. La quatrième possibilité serait d'interpréter l'être d'essence comme une pure dénomination extrinsèque qui fait référence à la puissance divine, comme le faisaient notamment les thomistes et les occamistes. Dans ce cas, l'essence créable n'est rien d'elle-même, mais on peut tout de même parler de l'essence, car elle est quelque chose que la toute-puissance divine peut réaliser. En lui-même, l'être d'essence ne serait qu'une façon de parler.

François de Meyronnes n'accepte aucune de ces alternatives. On ne peut pas dire que les essences créables ne sont rien, car seul ce qui est impossible est à proprement parler rien[1]. Elles ne sont pas un être de raison, car autrement tant l'être possible ou en puissance que l'être en acte seraient des êtres de raison, ce qui est absurde. En effet, l'être se dit de manière univoque de l'être en puissance et de l'être en acte : il n'est donc pas concevable que l'être en puissance soit un être de raison sans que l'être en acte le soit aussi[2]. Troisièmement, François n'admet pas qu'il s'agisse d'un *ens secundum quid*, car il réserve l'*ens secundum quid* aux choses impossibles[3]. Enfin, la solution de ne voir dans l'essence créable qu'une

1. *Quodl.* q. 8 a. 9, f° 242vb M-N : « …illud quod distinguitur a vere nihilo, in quantum recedit ab eo, oportet ut sit vere ens, cum illa sint sicut contradictionis extrema immediata, scilicet ens et nihil; set ens non prohibitum distinguitur vere ab ente prohibito, cum illud sit factibile simpliciter, et non istud; ergo cum simpliciter distinguatur ab eo, simpliciter cadet sub illo, et sic <est> [éd. Venetiis : esse] ens simpliciter ».

2. *In I Sent.* d. 42 q. 2 a. 3, f° 119va I : « Secundum dubium, utrum iste quidditates in tali esse sint entia rationis. Dico quod non, nam ens dicitur univoce de ente in actu et de ente in potentia cuius sunt iste quidditates. Si ergo ens quod predicatur de istis esset ens rationis, ens quod predicatur de ente reali esset ens rationis. Dico igitur quod iste quidditates non sunt entia rationis, nec etiam realia, ita quod divisio illa non est per immediata, scilicet ens rationis et ens reale ». Cf. *Quodl.* q. 7 a. 1, f° 239va I : « Secunda conclusio, quod istud ens quod sic dividitur in potentiam et actum non potest esse ens rationis, quia tunc entia tam in actu quam in potentia essent entia rationis, cum superius de suo inferiori quidditative dicatur ». Cf. *Quodl.* q. 8 a. 5, f° 242*ra*D-rb E. L'être se dit de manière univoque de l'être en puissance et de l'être en acte, mais non pas de l'être de raison et de l'être réel, *In I Sent.* d. 42 q. 1 a. 1, f° 117vb P : « Quandocumque aliquod divisum dividitur per duo dividentia, illud invenitur eiusdem rationis in utroque ; sed in ente in actu invenitur ens non fabricatum ab anima ; ergo in ente in potentia invenitur ens non fabricatum ab anima, cum ens fabricatum ab anima et ens non fabricatum ab anima non sint eiusdem rationis, ut patet in prohemio ».

3. *Quodl.* q. 8 a. 9, f° 242vb M : « … illud quod est tale secundum determinationem non diminuentem, est tale simpliciter, sicut solet argui per locum a parte in modo ; ens autem non prohibitum est tale secundum determinationem non diminuentem, quod probatur, quia ens prohibitum est tale secundum determinationem diminuentem, et ideo nullus dubitat quin sit ens

dénomination extrinsèque n'est pas valable pour François, car dans la mesure où Dieu peut produire quelque chose, il y a quelque chose qui peut être produit (*productibile*). Cela exprime un état de fait réel et ne peut pas être le résultat d'une dénomination extrinsèque qui n'est rien d'autre qu'une appellation par convention [1].

Les essences ont donc un *ens simpliciter*, et apparemment, ce terme n'indique rien de plus que le fait que le contenu de l'essence en tant qu'essence n'est pas diminué par le fait que l'essence n'a pas d'existence.

Le soupçon que l'on a ici affaire à une espèce d'ultra-réalisme s'impose. Néanmoins, en qualifiant cette doctrine de réalisme outrancier, on irait plus loin que François de Meyronnes ne veut aller. En effet, avec l'être d'essence, il ne dit pas qu'il s'agit d'essences qui seraient réelles ou même éternelles, comme le pense Henri de Gand. Pour ne pas tomber dans la même difficulté que le Docteur Solennel, qui semble contredire le dogme de la *creatio ex nihilo* [2], François de Meyronnes applique ce que Platon et Avicenne lui avaient enseigné sur l'importance de l'abstraction.

Pour François de Meyronnes, les essences comme telles font tout simplement abstraction des modes d'éternité, de nécessité, de réalité et de singularité. Cela veut-il dire qu'elles sont temporelles, contingentes, non-réelles et universelles ? Non, car d'une manière générale, les essences font abstraction de tout mode intrinsèque, comme François nous l'expose en détail.

Regardons les raisons pour lesquelles il exclut les modes des essences mentionnés ci-dessus, tout en leur attribuant un être propre.

Si les essences ont un être propre d'essence qui précède leur existence dans le temps, cela semble impliquer qu'elles sont éternelles. Mais le *Doctor illuminatus* remarque qu'il n'en est pas ainsi, car des termes comme

secundum quid, et si prohibitum diminuit, oportet ut non prohibitum addat vel saltem non diminuat ».

1. *Quodl.* q. 8 a. 6, f° 242rb G : « Istud tamen non valet, quia omnis denominatio est ad placitum, sicut et nominis impositio prima, et tamen nullo posito placito, divina virtus est alicuius productiva et non sui, ergo alterius a se in re ». Cf. *In I Sent.* d. 42 q. 1 a. 1, f° 117va M : « Dicit unus Doctor quod ab eterno fuit aliquod producibile, sed hoc est tantum denominatione extrinseca, quia scilicet creatura est creata. Sed contra. Sicut deus est creator sive extrinseca denominatione, sive alio modo, et non est creator sui, sed alterius, ita ab eterno fuit creativus ; non sui, ergo alicuius creabilis ab eterno ; sed creabile necessario habet aliquod esse ; non nisi esse essentie ; ergo etc. ». Cf. le *Quodl.* plus ancien, Cod. Troyes, Bibl. mun. 995, f° 175rb, transcrit *in* H. Rossmann, « Die Quodlibeta... », *loc. cit.*, p. 41.

2. Les critiques de Henri le lui reprochent, voir Richard de Mediavilla, *In Sent.* I d. 35 a. 1 q. 4 *in corp.*, Brixiae, 1591, t. I, p. 303a ; Godefroid de Fontaines, *Quodl.* VIII q. 3, éd. J. Hoffmans, Louvain, Institut Supérieur de Philosophie, 1924-1928 (Les philosophes belges : textes et études 4/1-2), p. 45 ; *Quodl.* IX q. 2, éd. J. Hoffmans, *ibid.*, p. 190-192, Duns Scot, *Lect.* I, d. 36 q. un. n. 13, Vat. XVII, 464 ; *Ord.* I, d. 36 q. un. n. 13, Vat. VI, 276.

« temporel » et « éternel » indiquent une durée. Or, la durée et l'existence s'impliquent mutuellement, car durée et existence sont deux perfections adéquates. Comme les choses n'ont pas d'existence éternelle, elles n'ont pas de durée avant leur réalisation dans le temps, et, par conséquent, leurs essences ne sont pas éternelles[1]. En effet, l'essence en tant que telle fait abstraction de la durée et de l'éternité[2]. On peut dire que les essences sont éternelles uniquement si l'on entend le terme « éternel » dans un sens négatif, indiquant que quelque chose n'est pas dans le temps[3].

François procède de la même façon en ce qui concerne le mode de la nécessité. Les essences font abstraction de la nécessité et de la contingence[4]. Néanmoins, elles sont nécessaires dans un autre sens : non pas au sens où le terme « nécessaire » signifierait un mode positif d'être, mais dans l'acception de ce qui ne peut pas être différemment (*pro non possibilibus aliter se habere*)[5].

1. *In I Sent.* d. 42 q. 2 a. 1, f° 118vb O : « Quandocumque sunt alique due perfectiones adequate, una sine alia non invenitur ; sed duratio et existentia sunt ita adequate perfectiones, ut res tamdiu durat, quamdiu existit, et e contrario ; ergo cum res ab eterno secundum omnes non sint existentes, non erunt durantes, et per consequens nec eterne, cum eternitas sit inferior duratione ; quicquid autem repugnat superiori, repugnat inferiori ». Cf. *Quodl.* q. 8 a. 17, f° 243vb Q-244*ra* A.

2. *Quodl.* q. 8 a. 17, f° 244ra A : « Ideo dico quod quidditates creaturarum in tali esse essentie non sunt eterne, quia quod quid est abstrahit ab omni duratione, sicut ab omni existentia ; istud autem esse est esse quod quid est, quia dicitur esse quidditativum, et esse essentie ». *In I Sent.* d. 42 q. 2 a. 1, f° 118vb Q : « ...dato quod ista regula in mente divina sit eterna, quia quodammodo habet esse voluntatis divine vel intellectionis ut est in ea ; non tamen sequitur quod ipsa formaliter accepta sit eterna, cum secundum suam rationem formalem abstrahat ab omni duratione, et per consequens ab eternitate ».

3. *In I Sent.* d. 42 q. 2 a. 1, f° 119ra A : « Aliter dico... quod eternum potest dupliciter accipi. Uno modo positive, quod habet scilicet durationem infinitam positive. Alio modo accipitur eternum solum negative, utpote quia non est ex tempore. Eternum autem primo modo et temporale sunt et habent esse circa existens. Et isto modo nullum non existens, quomodocumque vel qualecumque esse habeat, potest esse eternum. Sed secundo modo potest concedi quod quidditates sunt eterne ; isto modo scilicet quod non sunt ex tempore. Et isto modo loquendo solvuntur omnia alia argumenta que adducta sunt in oppositum ».

4. *In I Sent.* d. 42 q. 2 a. 2, f° 119ra C-D : « Ideo dico quod sicut quidditates rerum creabilium in se et secundum se considerate in suo esse essentie abstrahunt ab eternitate et tempore ; ita a necessitate et contingentia ; nec sunt per consequens necesse esse ». Cf. *Quodl.* q. 8 a. 18, f° 244ra D.

5. *Quodl.* q. 8 a. 18, f° 244rb E : « Ad primum dicitur quod accipiendo largo modo necessarium pro eo quod impossibile est aliter se habere, non potest hic negari necessitas ; tamen proprie accepta concernit existentiam, et tunc dividitur contra impossibile non esse, secundum existentiam ». *Ibid.*, f° 244rb E-F : « Dicitur quod sunt necessarie non accipiendo necessitatem pro modo positivo necessitatis, sed pro sola carentia contingentie ». Cf. *In I Sent.* d. 42 q. 2 a. 2, f° 119rb E : « ...scientia est de necessariis, non prout necessitas accipitur positive, sed prout accipitur negative pro "non possibilibus aliter se habere", sicut dictum fuit

Comme les autres modes intrinsèques, il faut aussi écarter des essences en tant que telles la réalité[1]. En tant que créables, les essences ne sont pas *realiter*, mais *essentialiter :* simplement comme essences[2]. Avoir affaire à des êtres qui ne sont pas réels, cela ne veut pourtant pas dire qu'il s'agit d'êtres irréels, comme des êtres de raison. Pour éviter le dilemme de choisir entre un être réel et un être de raison, François distingue, encore une fois, deux significations : au sens strict, « réel » signifie ce qui a de la réalité; dans un sens plus large, ce terme signifie ce qui *peut* avoir de la réalité. Dans la seconde acception de « réel », toute essence peut être dite réelle[3].

Enfin vient le mode de la singularité. Il ne pose pas beaucoup de difficulté. Il suffit de dire que François de Meyronnes distingue les quiddités de leur héccéité qui les individualise. En tant que principe d'individuation, l'héccéité est une détermination accidentelle qui n'appartient pas aux essences possibles[4].

Dieu et les essences

François de Meyronnes nous a montré que les essences jouissent d'un être propre, c'est-à-dire de l'être d'essence qui est soustrait aux modes d'éternité ou du temps, de la nécessité ou de la contingence, de la réalité et de la singularité. Cela doit susciter la question suivante : d'où tirent-elles cet être d'essence? On est peut-être tenté de penser qu'il est produit par Dieu, mais François écarte cette solution. Pour éclaircir le rapport des essences à Dieu, François analyse la production divine des essences sur

quod iste quidditates sunt eterne, et eternitas accipitur sine principio durationis, scilicet negative, non tamen positive ».

1. *In I Sent.* d. 42 q. 2 a. 3, f° 119rb G : « Sed istud non teneo. Realitas enim est quidam <modus> [éd. Venetiis : motus] intrinsecus a quo abstrahit quidditas ».

2. *Quodl.* q. 8 a. 8, f° 242va L : « Ideo dico quod quatuor sunt modi in creaturis totaliter adequati, sed tamen omnes sunt distincti, scilicet existentia, actualitas, contingentia et realitas. Et quia quidditates in tali esse sunt ab existentia sequestrate et ab actualitate, eodem modo dicitur de contingentia et realitate, et sic non sunt ibi realiter, sed tantum essentialiter ». Cf. *In I Sent.* d. 42 q. 2 a. 3, f° 119rb G : « Ideo dico quod sicut quidditates abstrahunt ab existentia, ita a realitate, quia quando aliqua sunt adequata et convertibilia, sicut et istis patuit, quicquid abstrahit ab uno et a reliquo ».

3. *Quodl.* q. 8 a. 8, f° 242va L : « Sed oritur difficultas, quia omne ens aut est reale aut rationis, et ista – ut patuit – non sunt entia rationis. Dicitur autem quod reale potest dici aliquid dupliciter, aut quia habens de facto realitatem, aut quia natum est recipere realitatem, et sic ille quidditates omnes sunt reales ».

4. *In I Sent.* d. 42 q. 2 a. 4, f° 119va I : « Dico quod hecceitas quidditati accidit, unde non oportet quod ponatur in potentia obiectiva, sed solum quidditas abstracta ab omnibus que per accidens insunt ».

quatre niveaux. Il se demande successivement si Dieu produit éternellement l'être d'essence, son être intelligible, l'être connu de l'essence et son être d'existence [1]. En résumé, la réponse de François est que Dieu ne produit que l'être connu des essences. Il rejette clairement un être éternel d'existence. L'être d'essence et l'être intelligible, en revanche, ne sont pas produits par Dieu, et pourtant ils conviennent aux essences. Pourquoi faut-il exclure que Dieu les produise ?

Cherchons la réponse d'abord à propos de l'être d'essence. Il y a deux raisons principales qui s'opposent à ce que Dieu produise un tel être. Comme nous l'avons vu, on considère l'essence en tant que telle si on fait abstraction de toute détermination accidentelle. François se sert de la terminologie aristotélicienne [2] et il n'attribue à l'essence que ce qui lui appartient *per se primo modo*, c'est-à-dire ce qui est inclus dans sa quiddité (qui répond à la question : qu'est-ce que c'est ?). Or, le fait d'être produit n'appartient pas à la quiddité *per se primo modo* [3]. Un deuxième motif pour exclure la production de l'essence repose sur une application rigoureuse du principe suivant : la relation présuppose ses termes [4]. Or, comme la production des créatures dans un être quelconque est une relation, les créatures en tant que termes de cette relation doivent avoir un être avant leur production, du moins un être d'essence. D'après François, les essences ne sont donc pas produites [5]. Elles sont soustraites à la causalité, elles ne sont ni créées, ni incréées [6].

1. *Quodl.* q. 14, f° 260ra B : « …occurrunt quatuor puncta inquirenda. Quorum primum est si divinus intellectus producit quidditates creabilium per suum actum intelligendi ab eterno in esse essentie. Secundum est, si producit tales quidditates in esse intelligibili. Tertium est, si producit tales quidditates in esse intellecto. Quartum est, si per talem actum producit eas in esse existentie ».

2. Aristote, *An. post.* A 4, 73a34-73b5.

3. *In I Sent.* d. 42 q. 3 a. 3, f° 119vb Q-120ra A : « Omne quidditativum prius est non quidditativo. Patet, quia quod convenit alicui in primo <modo> [éd. Venetiis : *om.*] dicendi per se, prius sibi convenit quam illud quod sibi convenit in secundo vel per accidens. Cum ergo illud quod convenit in primo modo sit quidditativum, quod convenit in secundo vel qualitercumque aliter non est quidditativum. Omne quidditativum erit prius non quidditativo ; sed esse essentie convenit unicuique quidditati quidditative, quia in primo modo. Esse autem productum non convenit alicui quidditati quidditative, quia non in primo modo ».

4. *In I Sent.* d. 42 q. 3 a. 3, f° 120ra A : « Esse absolutum prius est quam respectivum ; sed secundum Augustinum omne quod est ad aliud, prius est ad se ». Cf. Augustin, *De Trinitate* VII, 1, 2, CCSL 50, p. 247-248. Dans le contexte des essences possibles, François fait souvent appel à ce principe. Cf. *In I Sent.* d. 42 q. 1 a. 2 p. 1, f° 118raB-C ; *In I Sent.* d. 42 q. 1 a. 2 p. 2, f° 118va I-K ; *In I Sent.* d. 42 q. 5 a. 1, f° 122rb E ; *In I Sent.*d. 42 q. 6, f° 123ra B-C ; *In I Sent.* d. 47 q. 1 a. 2, f° 133va L ; *Quodl.* q. 14, f° 260ra B ; *ibid.*, f° 260rb E.

5. *In I Sent.* d. 42 q. 3 a. 3, f° 120ra A : « sed esse productum est ad aliud ; ergo esse ad se erit prius. Istud autem non potest esse nihil nisi esse essentie ; ergo quidditati in illo priori non convenit esse productum ab alio ». *Quodl.* q. 14, f° 260ra B-C : « Primo, quia esse obiectivum

Non seulement les essences précèdent toute production de la part de Dieu, mais aussi le fait d'être connues par Dieu [1]. Elles seraient les essences qu'elles sont, même si Dieu ne les connaissait pas [2]. Toutefois, François évite de dire qu'elles sont indépendantes de Dieu. En effet, bien que la connaissance divine ne produise pas les essences, Dieu connaît avant qu'il n'y ait des essences. Ce n'est que la connaissance que Dieu a des essences qui présuppose qu'elles soient déjà [3]. De cette affirmation il faut déduire que, d'après François, il y a un ordre entre Dieu et les essences : d'abord Dieu est et il a de la connaissance, ensuite il y a des essences, et dans un troisième moment, Dieu connaît les essences.

Pourquoi la connaissance que Dieu a de l'essence créable suit-elle cette essence ? – Parce que Dieu ne pourrait pas la connaître si elle n'était pas d'abord intelligible. L'essence ne doit dès lors pas à Dieu son intelligibilité. Mais pour quelle raison Dieu ne peut-il pas attribuer à l'essence son intelligibilité en la connaissant, comme Duns Scot l'avait affirmé [4] ? François répond qu'il n'y a rien qui puisse devenir intelligible par une production, car avant de devenir intelligible, une telle chose aurait été un

quod habet talis quidditas per te est ad aliud, cum obiectum inquantum tale sit alicuius obiectum; omne autem esse ad aliud presupponit esse ad se; ergo cum esse essentie sit absolutum, prius habet quelibet quidditas esse essentie quam producatur in tali esse per divinum intellectum, quod dicitur esse obiectivum ».

6. *In I Sent.* d. 43-44 q. 2, f° 124va I : « ...ante omne creari in creatura <est> [éd. Venetiis : *om.*] esse, quia ante illud quod est ad aliud oportet preintelligere illud quod est ad se. Unde oportet "ad aliud" et rationem relativi in "ad se" et in rationem absoluti resolvere. Illud autem absolutum quod intelligitur prevenire omnem causalitatem intelligo esse quidditatem in qua omnis talis respectus fundatur. Ideo dico quod quidditas secundum quod abstrahit ab omni respectu, et ut est depurata ab omni eo quod non est quidditas, nec est creata nec non creata ».

1. *Quodl.* q. 14, f° 260ra C : « ...intelligi a deo non est de quidditate alicuius creabilis essentie, cum possit a nobis perfecte concipi absque eo quod concipiamus ipsas intelligi a deo; omne autem quod est in aliquo est posterius eius quidditate. Ergo prius est quidditas cuiuslibet creabilis in se quam a deo intelligatur secundum ordinem nature vel naturalis intelligentie ».

2. *Quodl.* q. 14, f° 260ra C-D : « ...circunscripto per impossibile divino intellecto quod non intelligeret creabilia, sicut posuerunt nonnulli philosophi, lapidis quidditas esset quidditas, et non e converso. Si enim quidditas "lapiditas" esset quidditas lapidis, deus non intelligeret; ergo prius secundum illum ordinem lapis est lapis quam intellectus divinus ipsum producat in aliquo esse ».

3. *Quodl.* q. 14, f° 260rb E : « ...intellectio divina sine dubio est prior quidditate creabili, sed non ut est intellectio huius, et secundum illam habitudinem illa quidditas est cognita ».

4. *Ord.* I, d. 35 q. un. n. 32, Vat. VI, 258 : « Hoc potest poni sic : Deus in primo instanti intelligit essentiam suam sub ratione mere absoluta; in secundo instanti producit lapidem in esse intelligibili et intelligit lapidem, ita quod ibi est relatio in lapide intellecto ad intellectionem divinam, sed nulla adhuc in intellectione divina ad lapidem, sed intellectio divina terminat relationem "lapidis ut intellecti" ad ipsam ».

« être interdit » (*ens prohibitum*), c'est-à-dire un être impossible, non intelligible[1].

Dieu ne produit donc ni l'être d'essence, ni l'être intelligible des essences. Dieu n'aurait-il alors aucune causalité par rapport aux essences ?

De fait, François de Meyronnes exclut que Dieu soit la cause efficiente des essences, car la cause efficiente a pour effet un être réel[2]. Toutefois, le *Doctor illuminatus* admet une causalité exemplaire ou formelle, en vertu du fait qu'il y a en Dieu les exemplaires[3] des essences[4]. Mais il souligne qu'une telle causalité ne leur confère pas l'être[5]. François admet aussi une causalité finale qui fait qu'il y a un ordre essentiel entre les essences elles-mêmes et vis-à-vis de Dieu[6].

1. *Quodl.* q. 14, f° 260rb H : « ...in illo signo quo intellectus divinus prevenit eius intellectionem sicut actus primus secundum, aut quidditas est intelligibile pro secundo signo, aut non. Si sic : habetur propositum, quod prius est intelligibilis quam intellecta. Si non est intelligibilis pro secundo signo actualiter intellectionis, tunc non poterit intelligi, cum omne impossibile pro aliquo signo sit pro illo ens prohibitum ». *In I Sent.* d. 46 q. 3, f° 132v N : « ...quod producitur in esse intelligibili in illo priori quo suam productionem precedit, aut fuit intelligibile vel non. Si non, impossibile est quod fiat intelligibile. Si sic, ergo impossibile est quod accipiat intelligibilitatem per illam productionem, eo quod ante illam productionem intelligitur habere eam ».

2. *Quodl.* q. 8 a. 10, f° 242vb O : « ...iste quidditates non sunt in tali esse causate per modum cause efficientis, quia omnis causatio effectiva deducit effectum ad actualem existentiam; quidditates autem in tali esse actualiter non existunt, ut patuit ». Cf. *In I Sent.* d. 42 q. 3 a. 2, f° 119vb N : « De prima causa, scilicet de causa efficiente, patet quid dicendum est. Nam quicquid convenit quidditati a deo ut a causa efficiente, convenit sibi contingenter, eo quod ipse deus per voluntatem causat, que contingenter se habet ad causatum. Nihil autem tale potest istis quidditatibus in tali esse convenire ».

3. Pense-t-il aux idées divines, concédées à cause de l'autorité de saint Augustin ?

4. *Quodl.* q. 8 a. 10, f° 242vb O-P : « ...ille quidditates in tali esse sunt causate a deo per modum cause formalis, eo modo quod ponitur exemplar causa formalis exemplati, quia in deo sunt ab eterno exemplaria omnium creabilium, secundum beatum Augustinum <83> [éd. Venetiis : 33] Questionum, et exemplaria ita sunt rerum in potentia, sicut existentium in actu ».

5. *In I Sent.* d. 42 q. 3 a. 2, f° 119vb O-P : « De tertia, scilicet de causa exemplari, non est magnum dubium. Deus enim est exemplar ipsarum quidditatum, et in deo sunt exemplaria talia; sed tamen non est imaginandum quod ideo tales quidditates habeant esse tale, quia a deo sunt exemplificate ».

6. *In I Sent.* d. 42 q. 3 a. 2, f° 119vb N : « Sed de secunda, scilicet de causa finali, est maius dubium; videtur tamen quod ad hoc posset dici quod sic, scilicet quod ab eterno deus fuit causa finalis creature vel istarum quidditatum... Hoc autem probo sic, nam essentialis ordo consequitur quidditates secundum se et in potentia obiectiva; ordo autem essentialis inter quidditates est talis, quod una ad aliam ordinatur, et una est propter aliam, et omnes propter primam. Ergo in potentia omnia erunt in ordine ad primam; sed ista est causalitas cause finalis, quod scilicet essentialiter hoc sit ordinatum ad illud ut propter quid. Cum ergo omnes quidditates ad deum ordinantur et in potentia, sequitur quod deus est causa finalis earum ». Cf. *In II Sent.* d. 35-42 q. 2, f° 158ra C-D.

D'où vient alors le contenu formel de la quiddité, si Dieu ne produit pas l'être intelligible des essences ? La réponse doit être cherchée en relation avec la question de savoir sur quoi se fonde la possibilité des essences. Pour Duns Scot, c'est aussi bien la raison formelle de la chose que l'intellect divin qui prennent part à la constitution de la possibilité d'une chose[1]. Mais pour François de Meyronnes, les essences précèdent la connaissance que Dieu a d'elles, comme nous l'avons vu[2]. D'après lui, la possibilité d'une chose se fonde donc uniquement sur sa raison formelle[3]. La seule raison de la possibilité, c'est la définition de la chose[4], et celle-ci ne peut être ni produite, ni anéantie[5]. Si la possibilité est due à la chose elle-même, d'où provient l'impossibilité de choses telles que la chimère ? Alors que la possibilité est enracinée dans le contenu formel d'une chose, l'impossibilité est due à une incompossibilité de différentes raisons formelles contenues dans une même chose[6]. La chimère est impossible, car elle est

1. *Ord.* I, d. 43 q. un. n. 7, Vat. VI, 354 : « possibile, secundum quod est terminus vel obiectum omnipotentiae, est illud cui non repugnat esse et quod non potest ex se esse necessario ; lapis, productus in esse intelligibili per intellectum divinum, habet ista ex se formaliter et per intellectum principiative ; ergo est ex se formaliter possibilis et quasi principiative per intellectum divinum ». Cf. *Ord.* I, d. 43 q. un. n. 14, Vat. VI, 358-359.

2. Cf. p. 131, note 1.

3. *In I Sent.* d. 43-44 q. 2, f° 124rb F : « Dico ergo quod res ex sua ratione formali habet quod sit producibilis, quia producibilitas est per se passio eius, scilicet rei producibilis, et ideo ex quidditate hominis, qui cognoscet eam, posset demonstrare quod esset creabilis ».

4. *In I Sent.* d. 43-44 q. 2, f° 124rb F-G : « Quantumcumque enim creatio sive productio sive actus ridendi homini accidant, tamen aptitudines naturales ad ista de eo possunt demonstrari. Quando ergo queritur causa passionis, non debet alia causa assignari nisi diffinitio rei formalis. Et ideo quare deus est productivus, cognoscens dei quidditatem, posset demonstrare. Similiter quare res est producibilis, ex quidditate ipsius rei ».

5. La possibilité ne peut pas être produite, *In I Sent.* d. 42 q. 4 a. 2, f° 121va M : « Deus enim non potest facere quod quidditates ille sint creabiles ». Elle ne peut pas être anéantie, *Quodl.* q. 8 a. 12, f° 243ra C-D : « ...nulla quidditas potest diffinitionem suam amittere per actum annihilationis, in quo reducitur ad illud esse, tum quia nulla quidditas potest eam acquirere, cum eadem sit diffinitio rose in hyeme et estate, et diffinitio pluvie quando est serenum et nebulosum ». Cf. *In I Sent.* d. 42 q. 5 a. 2, f° 122va M-vb N : « Confirmatur, quia deus potest facere essentiam non existere per annihilationem, et tamen non potest facere quin homo sit animal ; ideo etc. ».

6. *In I Sent.* d. 43-44 q. 1, f° 123vb P : « Quarta difficultas est, unde oritur prima radix impossibilitatis, et quid est illud quod omnia alia talia reducuntur. Dico quod radix impossibilitatis est incompossibilitas. Ideo enim creaturam infinitam deus facere non potest, quia creatura et infinitas sunt incompossibilia. Sed ulterius que est ratio incompossibilitatis et radix ? Dico quod nihil est nisi rationes formales incompossibilium, quia enim tales sunt, ideo incompossibiles sunt, et quia incompossibiles sunt, ideo aliquid ex eis fieri est impossibile ». Cf. Duns Scot, *Ord.* I d. 43 q. un. n. 18, Vat. VI, 360.

composée de divers membres de différents animaux, et par conséquent, elle ne peut pas recevoir d'âme qui soit une[1].

Conclusion

De manière remarquable, François de Meyronnes a utilisé l'instrument de l'abstraction pour isoler ce qui appartient à l'essence en tant que telle. Il lui attribue un être d'essence, mais il évite de concevoir cet être d'essence comme éternel, nécessaire et réel. Considérée de manière absolue, l'essence fait même abstraction de toute relation à Dieu. Ainsi, Dieu ne produit ni son être d'essence, ni son être intelligible. Le contenu de l'essence est uniquement dû à la définition qu'elle a, et celle-ci n'est conférée par rien d'autre. François ne dit pourtant pas *expressis verbis* que les essences sont totalement indépendantes de Dieu[2].

Quant aux idées, François de Meyronnes ne manifeste plus vraiment d'intérêt à leur égard du point de vue épistémologique. Il ne voit pas de nécessité d'attribuer à Dieu des idées comme principe de la connaissance des créatures. Mais, à mon avis, c'est précisément ici que cette nouvelle doctrine des essences créables pose des problèmes. En effet, comment est-il possible que Dieu puisse connaître les essences créables si elles ont un être

1. *In I Sent.* d. 43-44 q. 1, f° 123va M-vb N : « ...dico quod monstra non sunt entia prohibita, et ideo deus potest ea facere ; chimera est ens prohibitum, ideo illud non potest facere. Nam licet deus quodcumque ens per se posset producere, tamen non quodlibet in quolibet, sicut albedinem non potest producere in anima, nec animam in lapide, sed tantum in corpore organico. Chimera autem ut est ens prohibitum ponitur constare ex partibus multarum specierum que non possunt simul concordare ad recipiendum unam animam ». La manière dont un auteur décrit les caractéristiques principales de la chimère est révélatrice de sa conception de la possibilité et de l'impossibilité. Pour une histoire du concept de chimère, voir S. Ebbesen, « The Chimera's Diary », *in* S. Knuuttila, J. Hintikka (éd.), *The Logic of Being. Historical Studies,* Dordrecht, Boston, London, D. Reidel Publishing Company, 1986 (Synthese Historical Library 28), p. 115-143.

2. François semble vouloir dire que l'essence en tant que telle est une unité intelligible en dehors de toute relation à Dieu. On peut concevoir une essence en dehors de tout rapport à Dieu. Ce n'est que dans l'abstraction totale que les quiddités ont un être propre, à savoir l'être d'essence. C'est uniquement à ce niveau d'abstraction qu'on pourrait affirmer que les essences ont un être par elles-mêmes (*a se*) ; en dehors de cette abstraction, il faut admettre qu'elles ont l'être d'un autre (*ab alio*). Cf. *In I Sent.* d. 42 q. 3 a. 3, f° 120ra B : « Dico quod si pro illo signo pro quo nata est ab alio habere esse haberet esse, et non ab alio, tunc haberet esse a se ; pro primo autem signo nihil sibi convenit nisi quod sit quidditas tantum ; pro alio autem convenit sibi quod ab alio existat ». Cf. p. 131, note 3.

propre et une intelligibilité qui passe avant leur être connu par Dieu ? Sa connaissance des contenus formels des essences deviendrait-elle chez François de Meyronnes un pâtir de l'extérieur ? En un sens, François semble ramener le problème de la science divine des essences créables au point d'où les théologiens du XIIIe siècle avaient pris leur départ.

Tobias HOFFMANN

OMNISCIENCE, LIBERTÉ HUMAINE ET IMMUTABILITÉ DIVINE

REMARQUES À PARTIR DU *TRACTATUS* DE GUILLAUME D'OCKHAM

La théologie naturelle doit répondre à deux questions pour se justifier comme entreprise rationnelle : son objet existe-t-il ?, la conceptualisation que nous en avons est-elle cohérente ? Elle pourra alors, légitimement, approfondir cette conceptualisation et l'enrichir au gré de ses découvertes. Traditionnellement, la première question était effectivement considérée en premier, avec le chapitre des preuves de l'existence de Dieu, qui précédait celui de l'investigation de l'essence divine, ou des attributs divins. Toutefois, les arguments athéologiques procèdent à l'inverse. Réfuter les preuves de Dieu ne permettrait que d'atteindre une position agnostique. Pour établir une preuve de la non existence de Dieu, ou une *disproof* de son existence, mieux vaut partir de la conceptualisation et montrer qu'elle est incohérente[1]. Le défi contemporain de la théologie naturelle paraît ainsi davantage celui de présenter une conceptualisation cohérente de Dieu que d'en établir l'existence[2]. L'impératif aristotélicien demandant de régler d'abord l'existence du sujet de la science ne s'impose plus[3]. Et si l'enquête sur l'essence divine ne saurait alors être une recherche de la définition réelle, il paraît importer au plus haut point de trouver une définition nominale

1. Voir J. N. Findlay, « Can God's Existence be Disproved », *Mind*, LVII (1948), p. 176-183, et in A. Flew, A. MacIntyre, *New Essays in Philosophical Theology*, 1955.

2. C'est ainsi que R. Swinburne place en premier l'objectif d'établir la cohérence du théisme, avant celui d'établir sa vérité ou même sa probabilité. Voir *The Coherence of Theism*, Oxford University Press, Oxford, 1977 ; *The Existence of God*, Clarendon Press, Oxford, 1979.

3. Cet impératif d'origine aristotélicienne (*Sec. An.* I, 1, 71a1-b8) fut notamment martelé par Avicenne, et repris, par exemple, par Thomas d'Aquin, *Somme contre les Gentils* I, 9. Je suis ici la critique de N. Kretzmann, dans *The Metaphysics of Theism*, Oxford, Clarendon Press, 1997, p. 56.

acceptable, non seulement pour passer éventuellement à une ou des preuves d'existence de l'objet en question, mais peut-être plus encore, pour que l'objet de la foi des croyants soit un objet concevable, puisqu'on ne peut pas croire l'inintelligible, et moins encore donner son adhésion à une proposition que l'on sait par ailleurs être fausse.

L'argument, ou la famille d'arguments athéologiques les plus célèbres sont ceux qui procèdent à partir de l'existence du mal, incompatible avec celle d'un Dieu bon et tout-puissant[1]. Ce n'est pas une incohérence interne du ou des concepts de Dieu qui est alors visée, mais l'incompatibilité d'une telle conception et d'un fait communément reconnu : l'existence du mal. La réponse philosophique prend alors la forme d'une justification du mal ou de sa permission (c'est l'entreprise de toute théodicée), ou bien la forme plus faible d'une défense, cherchant seulement à établir la compatibilité de l'existence de Dieu et de celle du mal[2]. Mais il est également des arguments athéologiques fondés sur la seule conceptualisation de l'objet-Dieu, qui cherchent à établir l'impossibilité d'un être qui serait tout-puissant, par exemple, ou encore omniscient[3]. Les paradoxes engendrés par de tels concepts n'intéressent d'ailleurs pas seulement partisans de la théologie et de l'athéologie naturelles, mais tout logicien ou philosophe qui s'interroge sur les concepts ici mis en œuvre : de temps, de pouvoir, de possible, de science. Ainsi, la notion d'un être omniscient soulève-t-elle des objections dès lors qu'on envisage sa connaissance du futur. L'idée d'un super-mathématicien ou d'un super-logicien connaissant toutes les conséquences de tous les systèmes axiomatiques ne va pas sans difficultés. Mais on pourrait les relativiser à l'esprit humain. L'idée d'un super-physicien, connaissant toutes les lois de la nature, et tous les phénomènes qu'elles régissent, n'est pas immédiatement problématique, mais elle le devient si l'on prétend que tous les phénomènes, tout ce qui se produit dans le monde est connu par le super-physicien. La contingence, et donc la liberté humaine disparaissent.

1. Les discussions contemporaines sur la question sont extrêmement abondantes. Voir l'anthologie de M. McCord Adams et R. M. Adams, éd., *The Problem of Evil*, Oxford, Oxford University Press, 1991.

2. La distinction de la théodicée et de la défense a été exposée, avec des entreprises magistrales de défense, par A. Plantinga, notamment dans « The Free Will Defense », in *God and Other Minds*, Ithaca, Cornell University Pess, 1967, p. 131-155 ; « God, Evil, and the Metaphysics of Freedom », chap. 9 de *The Nature of Necessity*, Clarendon Press, Oxford, p. 164-93, repris dans Adams et Adams, 1991, p. 83-109 ; et « The Probabilistic Argument form Evil », *Philosophical Studies* 35, 1979, p. 1-53.

3. Voir en particulier J. L. Mackie, « Evil and Omnipotence », *Mind* 64 (1955), p. 200-212 ; A. J. P. Kenny, *The God of the Philosophers*, Oxford, Oxford University Press, 1979.

J'ignorerai ici les difficultés que soulève la super-logique, et je poserai en principe que la super-physique ne connaît pas nécessairement tout, car il n'est pas établi qu'il n'y ait pas dans le monde d'événements contingents, aux moins les actes dits libres des hommes. À s'en tenir à ceux-ci, l'idée d'un super-historien, connaissant tous ces actes passés ne paraît pas engendrer d'autre paradoxe que celui d'une mémoire à donner la migraine. Et il en va de même de l'idée d'un super-journaliste, connaissant tous les actes présents. En revanche celle d'un super-prophète (au sens, secondaire, de super-futurologue) peut être mise en cause, soit de façon interne soit de façon relative. De façon interne si l'on met en question la seule notion d'un *savoir* du futur comme futur, c'est-à-dire de ce qui n'est pas (encore). De façon relative, si l'on juge qu'une telle omniscience du futur est incompatible avec la contingence et la liberté des actes humains à venir. On considère alors que trois propositions, comme les suivantes, ne peuvent être vraies ensemble :

(1) Dieu est infaillible
(2) Dieu croit que X fera S à t
(3) X est libre de ne pas faire S à t

(2) est vraie si Dieu est omniscient. Et si (1) et (2) sont vraies, il semble que (3) ne puisse pas l'être. L'infaillibilité divine et la liberté paraissent ainsi incompatibles.

On peut arguer à partir de ces difficultés en faveur soit 1) d'une position athée, soit 2) d'une révision de nos conceptions de Dieu, et/ou 3) de nos conceptions de la liberté. La révision de nos conceptions de Dieu peut aller dans le sens d'une limitation de l'omniscience au passé, au présent, et éventuellement à quelques aspects du futur. C'est une position qui va souvent de pair avec le refus de l'éternité conçue comme atemporalité, mais aussi avec celui de la toute-puissance : Dieu ne sait pas tout, il apprend au fur et à mesure que le monde avance, c'est un Dieu ouvert – théologie du procès (process theology)[1]. Pour beaucoup, cette révision de la théologie n'est pas loin de l'athéologie : la conception traditionnelle de Dieu est jugée incohérente, *Dieu-tel-qu'il-est-conçu-traditionnellement* n'existe pas. Qui maintiendrait cette conception traditionnelle pourrait être tenté de revoir sa conception de la liberté, et soutenir que la science divine portant sur tous nos actes futurs, ceux-ci arrivent inévitablement. Le fatalisme théologique s'accorde au mieux avec une version compatibiliste de la liberté, parfois découverte dans le dernier Augustin, ou, plus consciemment,

1. Une telle conception qui rappelle Whitehead, *Process and Reality*, est aujoud'hui défendue, avec des nuances diverses, par de nombreux philosophes et théologiens. Je citerai seulement H. Jonas, *Le Concept de Dieu après Auschwitz*, Rivages, 1995 et R. Swinburne, *op. cit.*, qui adopte l'idée d'un Dieu dans le temps, découvrant le futur contingent.

chez ses héritiers de la Réforme (Calvin). La tentative de maintenir la conception d'un Dieu omniscient, y compris des futurs contingents, et d'une contingence et d'une liberté véritable (incompatibiliste), peut sembler aujourd'hui *héroïque.* Ce fut pourtant celle que crurent tenir les penseurs chrétiens de l'Antiquité, y compris Augustin, et celle des penseurs médiévaux. À tous, les deux révisions évoquées eussent semblé hérésie et folie, et ils se sont accusés les uns les autres de conduire à ce genre de révisions

Je voudrais proposer quelques remarques sur la réponse d'Ockham, convaincu que l'approche historique de ces débats ne doit pas masquer leur actualité qui est celle de la théologie naturelle. Je voudrais d'abord mettre en perspective la réponse ockhamiste, au regard des difficultés conceptuelles que pose la notion d'omniscience, puis donner les éléments principaux de la réponse et me concentrer enfin sur l'éventuelle innocuité de cette réponse pour l'attribut de l'immutabilité divine.

– I –

À première vue, l'omniscience fait peser sur la liberté la double menace d'un déterminisme *causal* et d'un fatalisme *logique*. La première demeure, même une fois éliminé le risque de déterminisme physique par les causes naturelles, car il est généralement admis que Dieu est cause de tout, voire que sa science est cause de tout. La seconde menace fait valoir que si la valeur de vérité des propositions portant sur le futur est fixée, il semble que ce que décrivent ces propositions ne peut pas ne pas arriver. Et si les propositions portant sur le futur sont sues, elles sont vraies, puisque *nihil scitum nisi verum*, ou encore

(4) Si X sait que p, alors p.

Je me limiterai à la seconde menace en ne prenant en compte que la science divine du futur, en tant qu'elle est une *connaissance*, et non en tant qu'elle est éventuellement *cause*, ou liée à la cause de ces futurs, par volonté, Providence, grâce, etc[1]. Je crois qu'il devrait être tenu pour acceptable que toute solution au problème de l'omniscience et de la liberté qui serait incompatible avec la doctrine de la Providence ou de la grâce devrait, *ipso facto*, conduire à une reconsidération de l'un ou l'autre terme de l'incompatibilité. Mais, *a priori*, on doit pouvoir morceler le problème,

1. Dans son étude de la question, Thomas d'Aquin fait remarquer que les deux problèmes peuvent être traités séparément. Voir l'examen très précis de Harm J. M. J. Goris, *Free Creatures of an Eternal God, Thomas Aquinas on God's Infallible Foreknowledge and Irresistible Will*, Thomas Instituut, Utrecht-Peeters, Leuven, 1997.

surtout si l'objectif est moins d'apporter une solution positive, en montrant *comment* omniscience et liberté sont compatibles, qu'une solution négative, montrant *que* les deux notions ne sont pas mutuellement exclusives[1]. Dès lors que tel est l'objectif visé, il n'est pas non plus nécessaire de se donner une conception positive de la science divine ou de la liberté humaine. Il nous suffit de retenir les conséquences nécessaires et pertinentes qui découlent de la thèse que Dieu sait tout ce qui arrivera et de celle que l'homme est libre à l'égard de certains actes futurs. En particulier, l'affirmation que Dieu ne sait pas si je prendrai du café demain est incompatible avec la première thèse. De même, on peut ne pas savoir expliquer ce qu'est la liberté, mais si tout est déterminé causalement, la notion de liberté au sens fort (incompatibiliste) est caduque[2].

La problématique médiévale des rapports entre omniscience et liberté prend généralement appui sur le célèbre chapitre d'Aristote consacré aux futurs contingents (*De Interpretatione* I, 9). Celui-ci est censé présenter, et récuser, un argument fataliste. Si toute proposition déclarative est dotée d'une valeur de vérité et que dire le vrai consiste à dire ce qui est, une proposition portant sur le passé doit dire ce qui a été, une proposition sur le présent, ce qui est, une proposition sur le futur, ce qui sera. Mais Aristote semble se refuser à admettre que les propositions sur le futur ayant une matière contingente aient une valeur de vérité, car cela entraînerait une détermination du futur où, notamment, la délibération et le choix n'auraient plus de raison d'être[3]. Compris en termes plus tardifs : cela compromet la liberté des actes humains. Pourquoi la vérité d'une proposition sur le futur entraînerait-elle, ou manifesterait-elle, la détermination du futur ? Autrement dit, pourquoi la vérité de

(5) X fera S à t

entraînerait-elle sa nécessité ? Une mauvaise réponse consiste à dire que de (5) et

(6) Nécessairement, si « X fera S à t » est vrai, alors X fera S à t

on peut inférer

(7) Nécessairement, X fera S à t

1. On verra que tel est bien l'objectif avoué d'Ockham.

2. Les philosophes contemporains distinguent volontiers deux familles de conceptions de la liberté : les conceptions compatibilistes, qui admettent qu'un acte soit à la fois causé de manière naturelle comme tout autre événement et libre, et les conceptions incompatibilistes ou libertariennes pour lesquelles si un acte est libre il n'est pas (entièrement) déterminé par des causes naturelles.

3. Par là même le hasard serait également éliminé.

On aura reconnu le sophisme qui infère la nécessité du conséquent (*necessitas consequentis*) à partir de celle de la conséquence ou de la conditionnelle (*necessitas consequentiae*), dénoncé par de nombreux médiévaux. La proposition (6) est certainement nécessaire, car tous accordent que la notion même de vérité impose la conséquence. Mais cela ne suffit pas à rendre le conséquent nécessaire sur la seule base de la vérité de l'antécédent. Pour cela il faudrait que l'antécédent soit aussi nécessaire[1]. Mais dire que l'antécédent de (6) est nécessaire, c'est dire que « X fera S à t » est nécessairement vrai, ou encore que (5) est nécessaire, qui était justement ce qu'il fallait établir.

On peut donner une version plus contraignante de l'argument, même s'il n'est pas clair que, dans sa présentation de l'argument fataliste, Aristote y ait consciemment recouru. S'il reconnaît une forme de nécessité aux propositions portant sur un état de choses contingent passé ou présent, c'est parce qu'il attribue une nécessité au passé et au présent (*omne quod est, quando est, necesse est esse*[2]), qu'on pourrait appeler *irrévocabilité*, et que les médiévaux appelleront *nécessité accidentelle*[3]. Si l'on ajoute au *De interpretatione* l'analyse donnée en *Métaphysique* VI, 3, on peut dire qu'une proposition est nécessaire s'il n'y a aucune puissance dans la nature qui puisse la rendre fausse. Ce peut être parce qu'elle énonce une vérité logique, parce qu'elle décrit un état de choses causalement déterminé, ou parce qu'elle décrit un état de chose contingent mais révolu : passé ou présent. Il semble que, par définition, les propositions portant sur le futur et dont la matière est contingente (sans détermination causale à partir du présent ou du passé) échappent à la nécessité accidentelle. Mais Aristote semble bien embarrassé par l'idée que des propositions portant sur un futur contingent soient vraies avant le temps où se réalisera l'état de choses décrit. Il semble dire que, si tel était le cas, les propositions seraient alors nécessaires (ou nécessairement vraies) et que le futur ne serait plus contingent. S'il ne commet pas le sophisme dénoncé plus haut, c'est qu'il doit considérer que l'attribution de la vérité à une proposition est elle-même un état de choses qui peut être soumis à la nécessité accidentelle :

> (8) Si « A » est vrai à t, alors « « A » est vrai » est nécessaire à t, c'est-à-dire, « A » est nécessaire à t

1. En vertu d'un théorème admis par tous les systèmes de logique modale : $(L(p \supset q) \& Lp) \supset Lq$, tandis que la seule nécessitation de la conditionnelle ne suffit pas.

2. *De Interpretatione* I, 9, 19a23.

3. L'expression *necessitas per accidens*, pour désigner l'irrévocabilité, apparaît chez Guillaume de Sherwood, *Introductiones in logicam*, chap. 1, sec. 23, Ockham l'utilise une fois, dans son *Commentaire des Sentences*, Prologue, q. 6 (*Opera Theologica*, Saint Bonaventure (N. Y.), 1967 *sq.*, t. I, p. 178).

Notamment, s'il est vrai maintenant, ou s'il été vrai hier, que X fera S demain, c'est nécessaire (irrévocable).

> (9) Si « X fera S à t_2 » est vrai à t_1, alors « X fera S à t_2 » est nécessaire à t_1

ou encore

> (9') Si « X fera S à t_2 » est vrai à t_1, alors il est nécessaire à t_1 que X fera S à t_2

L'attitude d'Aristote s'explique alors : pour sauver la contingence, il a préféré nier la bivalence des propositions portant sur un futur contingent (tout en maintenant la vérité présente et donc la nécessité de la disjonction « la bataille navale aura lieu ou n'aura pas lieu »)

S'il est clair qu'Aristote refuse la conclusion fataliste, les Médiévaux se sont partagés sur l'interprétation à donner à sa solution. Tous acceptent la thèse selon laquelle Dieu connaît les futurs contingents. Il n'y a donc pas, en fait, d'exception à la bivalence. Toute proposition portant sur un futur contingent porte sur quelque chose que Dieu sait, et est donc vraie (il en sera ainsi), en vertu de l'axiome *nihil scitum nisi verum*, ou sur quelque chose que Dieu ne sait pas, et est donc fausse (il n'en sera pas ainsi), en vertu de son omniscience. Mais, pour les uns, à la suite de Boèce (lui-même dépendant d'Ammonius), Aristote jugerait que seule la valeur de vérité *déterminée* d'une proposition est nécessaire, et que les propositions portant sur un futur contingent ont une valeur de vérité mais qu'elle n'est pas déterminée, ce qui accorderait sa position avec la doctrine de l'omniscience[1]. Pour d'autres, comme Guillaume d'Ockham, cette distinction est spécieuse, et Aristote refuse tout simplement que de telles propositions aient la moindre valeur de vérité (refus de la bivalence), ce qui interdit toute forme d'omniscience[2].

Mais, quelle que soit l'interprétation correcte d'Aristote, les uns comme les autres doivent faire face alors au retour de l'objection précédente. Si l'on admet l'omniscience divine, en ne considérant que sa dimension de prescience, il faut poser que Dieu sait *avant* ce qui se produira *après*. Cette situation-là (Dieu sait ce qui se produira) paraît elle-même irrévocable.

1. C'est notamment le cas de Thomas d'Aquin, voir *Expositio libri peryermeneias*, I, 13 (éd. Leonina I, 1, p. 65-69) et 15 *in fine* (*ibid.*, p. 82) et les notes du P. Gauthier.

2. Voir le commentaire d'Ockham sur le texte d'Aristote dans son *Expositio in librum Perihermeneias Aristotelis*, lib. I, cap. 6, § 15 (*Opera Philosophica* [= OP suivi du tome et des pages], St. Bonaventure (N. Y.), 1974 *sq.*, t. II, p. 421-424).

(10) Si Dieu sait à t_1 que X fera S à t_2, alors il est nécessaire à t_1 que Dieu sait à t_1 que X fera S à t_2

Donc, en vertu de l'axiome *nihil scitum nisi verum*,

(11) Si Dieu sait à t_1 que X fera S à t_2, alors il est nécessaire à t_1 que « X fera S à t_2 » est vrai à t_1

ou plus simplement

(11') Si Dieu sait à t_1 que X fera S à t_2, alors il est nécessaire à t_1 que X fera S à t_2

Peu importe alors qu'on distingue ou non entre valeurs de vérité indéterminées et déterminées, l'argument repose seulement sur le caractère irrévocable du fait présent (ou passé) de la science que Dieu a d'un fait futur. Si l'on se limitait à la considération de la vérité présente (ou passée) d'une proposition portant sur le futur, on pourrait encore objecter que l'attribution d'une valeur de vérité à une proposition n'est pas de l'ordre des faits, et n'est donc pas soumise à la nécessité accidentelle. Mais il ne semble pas qu'on puisse aussi facilement éliminer le fait que Dieu sait (ou savait) ce qui arrivera.

– II –

Une première attitude consiste à récuser l'idée même d'une science du *futur comme futur*. Ainsi P. Geach estime que la considération de notre manière de parler du futur, et notamment de notre connaissance du futur, est une étape préalable à toute compréhension de l'idée même de prescience[1]. Le savoir du futur, ou l'attribution d'une valeur de vérité à des phrases portant sur le futur, est en fait, toujours, un savoir portant sur le présent, énoncé au futur sans doute, mais à partir de la considération de tendances naturelles ou d'intentions présentes (ou passées). Parler de ce qui arrivera demain sans aucune considération de ce qui arrive aujourd'hui, ou de régularités déjà connues, ce ne peut être qu'un simple pari, et nous ne parlerions pas de savoir, ni de vérité, car il n'y a alors rien à savoir et rien qui rende la phrase vraie (ou fausse). Il n'y a rien de tel qu'un pays des futurs (futureland) qui serait le corrélat de ces phrases, l'objet de ce savoir. Le futur, comme futur, n'est ni l'objet de connaissances, ni la matière de phrases vraies ou fausses. Il n'y a donc pas non plus de science divine du futur comme futur : l'omniscience est la science de tout ce qui est susceptible de science, tel n'est pas le cas du futur contingent. Elle est

1. P. Geach, *Providence and Evil*, Cambridge, 1977, p. 40-66.

limitée au passé, au présent, et au futur déterminé. Cette conception paraît aller à l'encontre de la Révélation qui fait état d'une science divine d'actes libres futurs, et plus généralement, d'une science de tout ce qui arrivera. C'est bien ainsi que l'ont comprise les Médiévaux qui ont cherché à rendre compte de ce qui se présente comme une connaissance du futur.

Une des réponses traditionnelles, inaugurée par Boèce et poursuivie, notamment, par Thomas d'Aquin, accorde beaucoup à la considération précédente. Elle consiste à dire que le futur comme futur n'est effectivement pas déterminé, et est donc inconnaissable. S'il y a une science divine des futurs contingents, c'est qu'ils ne sont pas connus *comme futurs*. La doctrine de l'éternité atemporelle de Dieu permet de rendre compte du savoir divin des futurs, connus *comme présents*. La contingence n'est pas ôtée pour autant, mais de même que la vision d'un phénomène contingent présent est certaine sans retirer la contingence, la vision des futurs dans le présent de l'éternité ne leur retire aucune contingence [1]. Cette solution parle de contingence en un sens causal, et ne mentionne pas la nécessité temporelle. Thomas semble accepter la première thèse d'Aristote : ce qui est vrai (de manière déterminée) est nécessaire. Soit une proposition p énonçant un futur contingent (il y aura demain une bataille navale) : elle n'est ni vraie, ni fausse, n'étant pas déterminée, pour nous. Pour Dieu, elle décrit une situation qui lui est présente, elle est donc vraie (de manière déterminée), et elle est donc irrévocable, nécessaire. Thomas semble ainsi distinguer deux mondes, ou deux points de vue. Une même situation contingente est pour l'un, le monde T, future et indéterminée, pour l'autre, le monde E, présente et déterminée. La proposition décrivant cette situation dans le premier monde n'est ni vraie ni fausse, dans le second elle est vraie de manière déterminée et donc nécessaire.

Cette solution a deux inconvénients majeurs, à première vue. D'une part, tout en distinguant deux mondes hétérogènes, elle prétend établir un

1. *Somme contre les Gentils* I, 67, § 2 (trad. C. Michon) : « En effet, le contingent n'est incompatible avec la certitude de la connaissance que s'il est futur, mais non s'il est présent. Car, lorsqu'il est futur, le contingent peut ne pas être, et la connaissance de celui qui juge qu'il sera peut faillir ; ce sera le cas si ce qu'il a jugé devoir arriver n'arrive pas. Mais dès lors que le contingent est présent, en ce moment-là il ne peut pas ne pas être : que le contingent puisse ne pas être dans le futur, cela ne lui convient pas en tant que présent, mais en tant que futur. C'est pourquoi il ne manque rien à la certitude sensible quand on voit un homme courir, bien que cet énoncé soit contingent. Par conséquent, toute connaissance qui porte sur le contingent en tant qu'il est présent peut être certaine. Or, la perception de l'intellect divin se porte de toute éternité sur tout ce qui se passe dans le cours du temps en tant que cela est présent, comme on vient de le montrer [chap. 66]. Reste donc que rien n'empêche que Dieu ait de toute éternité une science infaillible des contingents ».

pont en parlant de ce qui dans le monde T est présent au monde E. On se heurte alors aux difficultés posées par la notion de simultanéité E-T[1]. La notion de simultanéité est transitive, or notre hier et notre demain sont simultanés au présent de l'éternité, et sont donc simultanés entre eux. Le temps est éliminé : c'est une illusion pour nous. Pour refuser cette conséquence, il faut refuser la transitivité de la simultanéité E-T, mais alors ce n'est plus une simultanéité en un sens immédiatement intelligible. Duns Scot utilisait un argument semblable, mais, comme toujours, plus subtil : si Dieu est présent à tout ce qui est créé, soit il est impossible qu'il crée quelque chose de nouveau demain, puisque cela n'est pas encore présent, soit, il créera quelque chose qui existe déjà (puisque cela lui est présent)[2]. D'autre part, quoiqu'il s'en défende, Thomas semble bien introduire la nécessité temporelle des futurs contingents, non pas dans le monde T, mais dans le monde E, où ils sont présents, et comme tels irrévocables. La proposition selon laquelle « CM boit du café le 1er janvier 2000 » n'est ni vraie ni fausse dans T le 31 décembre 1999, mais elle est vraie et donc nécessaire dans E. Nous avons ainsi un dédoublement donnant lieu à des affirmations contradictoires sur les situations contingentes de ce monde, selon qu'elles sont appréhendées en ce monde (T) ou dans l'autre (E). Si c'est le monde T, alors tout l'exposé sur la science divine s'écroule, si c'est le monde E, nous assistons à l'élimination du temps et de la liberté : ils ne sont que relatifs à nous.

Duns Scot ne renonce pas pour autant à la notion d'éternité atemporelle, mais seulement à celle de simultanéité E-T. À l'image du centre du cercle tracé sur une feuille présent à tous les points de la circonférence, il oppose celle du cercle tracé dans l'air par l'extrémité d'un bâton qui seule est en chaque instant présente au centre du cercle constitué par l'autre extrémité. Il propose quant à lui une solution plus compatible avec les considérations précédentes sur la connaissance du futur. Si Dieu connaît le futur, ce n'est pas *comme* présent, ce qui revient à nier le futur, mais bien *à partir du* présent. Cette position ne reviendrait à éliminer la contingence que si tous les évènements futurs étaient connus à partir de causes naturelles nécessaires. Mais Scot introduit au principe de la contingence la volonté divine,

1. Voir N. Kretzmann et E. Stump, « Eternity », *Journal of Philosophy* 78 (1981), p. 429-458.

2. *Lectura* I, d. 39, q. 1-5 (*Opera omnia*, Vatican, 1950 *sq.*, t. XVII, p. 487) : « Si omnia futura essent praesentia Deo secundum eorum actualem exsistentiam, impossibile esset Deo causare aliquid de novo : nam illud quod secundum suam actualem exsistentiam comparatur Deo ut praesens, comparatur ei ut causatum, non ut causandum (quia tunc non ut praesens) ; igitur, si futurum contingens secundum suam actualem exsistentiam comparatur Deo, non causabit futurum contingens nisi bis causet idem ».

cause contingente, qui choisit, parmi les possibles, ceux qui constitueront le monde réel. Pour sauver la contingence au sein d'un acte instantané, il doit soutenir que la volonté divine tout en choisissant A peut choisir B, que B est possible à l'instant où A est choisi, violant ainsi le principe de la nécessité du présent. C'est la distinction d'instants de nature au sein d'un seul instant temporel, qui permet de rendre compte de la création d'un monde où tout n'arrive pas de manière nécessaire. Dieu conçoit dans un premier instant de nature tous les possibles, puis il choisit librement dans un second instant de nature ceux qu'il réalisera, et qui sont donc contingents, et il connaît enfin, à nouveau par l'intellect, dans un troisième instant de nature, ces contingents librement produits, en connaissant l'acte contingent de sa volonté. Le futur n'est pas éliminé : l'événement contingent se produira, il n'est pas connu comme se produisant, il est seulement connu dans sa cause, et sa cause est contingente [1].

Outre qu'il critique la notion même d'instant de nature, Ockham oppose à Scot qu'il élimine par là même toute contingence introduite par une volonté créée. Bien que le modèle de l'analyse du choix libre divin soit décalqué sur celle du choix libre humain, Scot finit par expliquer la contingence dans les choses à partir de la seule volonté divine, dont la détermination suffit pour que l'intellect divin connaisse tous les futurs contingents. Par conséquent, ou bien la volonté créée est déterminée par le choix de la volonté divine, et elle n'est pas libre ; ou bien elle est elle-même principe de détermination du futur, et la connaissance du seul mouvement de la liberté divine ne permet pas de connaître ces futurs de la liberté créée [2].

1. Duns Scot, *Ordinatio* I, d. 39, q. 1-5 (Vat. VI, 429) : « Utrolibet istorum modorum ponatur intellectum divinum cognoscere exsistentiam rerum, patet – secundum utrumque – quod est determinatio intellectus divini ad illud exsistens ad quod determinatur voluntas divina, et certitudo infallibilitatis (quia non potest voluntas determinari quin intellectus determinate apprehendat illud quod voluntas determinat), et immutabilitas (quia tam voluntas quam intellectus sunt immutabiles, ex distinctione 8) ... Et tamen cum istis stat contingentia obiecti cogniti, quia voluntas determinate volens hoc, contingenter vult hoc, – ex primo articulo ».

Henri de Gand, *Quodlibet* VIII, q. 2 : « Deus autem, absque omni mutatione suae scientiae, cognoscit rem... fore quando erit... Quia intellectus divinus scit operanda "in quantum operanda" sciendo determinationem suae voluntatis, quae omnino est invariabilis, ...idcirco invariabiliter haec omnia cognoscit ».

2. Ockham, *Tractatus de praedestinatione...*, q. 1, Sexta suppositio (OP II, 516-517) : « Et dicit Doctor Subtilis quod intellectus divinus, prout quodammodo praecedit determinationem voluntatis, apprehendit illa complexa ut neutra, et voluntas determinat alteram partem esse veram pro aliquo instanti, volens alteram partem <falsam> pro eodem instanti. Posita autem determinatione voluntatis, intellectus divinus videt determinationem voluntatis suae quae est immutabilis : videt evidenter alteram partem esse veram, illam scilicet quam voluntas sua vult esse veram certitudinaliter.

Pour sauver la contingence, tout en affirmant la prescience, Ockham doit donc soutenir que Dieu connaît les futurs comme futurs, et que les propositions portant sur les futurs contingents (ceux de la liberté créée), ont une valeur de vérité : pour toute paire de propositions contradictoires, Dieu sait laquelle est vraie. Il doit donc abandonner les deux principes ou thèses d'Aristote énoncés en commençant. Et telle est effectivement sa position, bien distincte des stratégies de Thomas et de Scot.

– III –

Ockham refuse la solution de Boèce et Thomas d'Aquin et la conception d'une éternité atemporelle. Il situe Dieu dans le temps et admet qu'on puisse lui attribuer des connaissances futures et des connaissances passées. Il refuse également la solution de Scot, qui tendait à situer en Dieu seul la source de toute contingence, ce qui permettait encore une fois de connaître le futur, sinon comme présent, du moins comme déterminé par la volonté (divine) présente. Il admet que la volonté créée soit une source radicale de contingence, et soutient néanmoins que Dieu connaît tous les choix et tous les actes futurs qui en découlent. Avant d'envisager une des difficultés posées par cette conception de Dieu, considérons cette réponse d'Ockham au problème de la prescience et de la liberté. On aura compris qu'en situant Dieu dans le temps, et en lui attribuant l'omniscience, Ockham admet que Dieu sait avant ce qui arrivera après. Il doit donc répondre à l'objection de la nécessité temporelle, sans recourir, comme les solutions précédentes, à un refus d'une connaissance du futur comme futur ou d'une contingence ayant une autre origine que Dieu même[1].

Sed contra istam opinionem : quia non videtur salvare certitudinem scientiae Dei respectu futurorum quae simpliciter dependent a voluntate creata ; quia quaero utrum illam determinationem voluntatis divinae necessario determinatio voluntatis creatae aut non. Si sic, igitur voluntas necessario ageret sicut ignis, et ita tollitur meritum et demeritum. Si non, igitur ad sciendum determinate alteram partem contradictionis illorum requiritur determinatio voluntatis creatae, quia determinatio voluntatis increatae non sufficit, cum voluntas creata possit in oppositum illius determinationis. Igitur cum illa determinatio voluntatis non fuit ab aeterno, non habuit Deus certam notitiam illorum ».

1. La doctrine ockhamiste, et le principe de la solution ockhamiste ont fait l'objet de nombreuses études durant les trente dernières années. Voir notamment M. Adams « Introduction » à William Ockham, *Predestination, God's Foreknowledge, and Future Contingents*, New York, Appleton-Century-Crofts, 1969, et *William Ockham*, Notre Dame, University of Notre Dame Press, 1987, t. II, p. 1115-1150 ; W. Craig, *The Problem of Divine Foreknowledge and Future Contingents from Aristotle to Suárez*, Leiden, E. J. Brill, 1988, p. 146-167. L'une des meilleures systématisations logiques de la « solution ockhamiste » me semble être celle de A. J. Freddoso, « Accidental Necessity and Logical Determinism »,

Le principe de la solution ockhamiste a reçu, dans la littérature contemporaine, une formulation très simple, due à Marylin Adams, qui a forgé l'expression et la distinction des faits « durs » (*hard facts*) et des faits « souples » (*soft facts*)[1] : les premiers ne dépendent de rien qui leur soit ultérieur, tandis que les seconds dépendent, pour leur réalisation, de celle de faits ultérieurs. Seuls les faits durs sont soumis à la nécessité accidentelle et la science présente ou passée d'un fait futur n'est pas un fait dur mais un fait souple. Elle échappe donc à l'objection de la nécessité accidentelle. Si Dieu (ou quiconque) sait aujourd'hui ce qui arrivera demain (la bataille navale qui aura lieu), ce fait de la science actuelle d'un fait futur est un fait souple, car il n'y a une telle science que si ce qui est su arrive effectivement demain. En revanche ce qui s'est passé hier (la bataille navale qui a eu lieu) est un fait dur, irrévocable et donc nécessaire (accidentellement).

Ockham, qui n'utilise pas les expressions de « fait dur » et « fait souple », distingue les propositions qui sont *vocalement* au présent ou au passé et portent *réellement* sur le futur et celles qui sont vocalement et réellement au présent ou au passé. De nombreuses phrases portent seulement en apparence sur un certain temps (le présent, le passé), en raison de leur mode verbal ou d'une indication de date énoncée dans la phrase, qui portent en réalité sur le futur, car leurs conditions de vérité incluent des situations futures. Ainsi en est-il de « Pierre est prédestiné », ou de « Pierre était prédestiné », ou de « Pierre a été prédestiné de toute éternité ». Toutes ces phrases sont en fait équivalentes à des propositions au futur, qui remplacent « Pierre est/était/a été prédestiné » par « Dieu donnera la récompense éternelle à Pierre »[2]. Ockham ne dit pas expressément, mais on peut ajouter, que la date est celle du Jugement dernier (Jd), et on peut donc dire que la proposition est équivalente à « Dieu donnera la récompense éternelle à Pierre à Jd ». La vérité de la proposition dépend de celle d'une proposition portant sur Jd (et même dans la doctrine des conditions de vérité

Journal of Philosophy, 80, 1982, p. 257-278. Plus généralement, voir l'anthologie de textes contemporains de J. M. Fisher (éd.), *God, For Knowledge and Freedom*, Stanford University Press, 1989, et B. Gnassanou, « Omniscience et liberté », *in* R. Pouivet, B. Gnassanou, S. Bourgeois-Gironde, éd., *Analyse et Théologie*, Paris, Vrin, 2002.

1. Voir M. Adams, « Is the Existence of God a "Hard" Fact ? », *Philosophical Review*, 76 (1967), p. 492-503. L'idée revient à Nelson Pike.

2. Il semble bien que l'on perde quelque chose : Ockham élimine, dans cette traduction, l'élément d'un vouloir antérieur de Dieu de donner la récompense à Pierre. Mais, quand bien même on introduirait cet élément, la proposition aurait alors plusieurs temps de référence, parmi lesquels le temps futur du jugement dernier. Ou du moins, il faudrait compter cet temps parmi ses temps de référence.

d'Ockham, d'une proposition au présent portant sur Jd)[1]. Une proposition comme « Pierre est prédestiné » n'est donc pas nécessaire (accidentellement) avant Jd. Cette idée peut être exprimée en disant que certaines propositions au présent n'ont pas de propositions équivalentes au passé nécessaires, comme c'est le cas des propositions qui n'incluent pas de référence au futur[2]. En effet, « Pierre est prédestiné » a une proposition correspondante au passé : « Pierre a été prédestiné », mais comme les deux sont équivalentes à une proposition au futur, « Dieu donnera la récompense éternelle à Pierre », on ne voit pas comment donner à la première une proposition équivalente au passé nécessaire. Après Jd, il y aura bien une proposition au passé sans référence au futur, vraie, et donc nécessaire : « Dieu a donné la récompense éternelle à Pierre ». Mais on ne saurait dire qu'elle soit équivalente à « Pierre a été prédestiné » puisque celle-ci peut être vraie avant Jd, celle-là non. Mieux vaut donc dire que la proposition au présent (ou au passé), « Pierre est prédestiné » (ou « Pierre a été prédestiné »), équivalente à une proposition au futur, « Dieu donnera la récompense éternelle à Pierre (à Jd) », sera fausse après avoir été vraie (le changement de valeur de vérité ayant lieu à Jd).

La distinction des faits durs et des faits doux peut être introduite dès que l'on considère la vérité présente (ou passée) de propositions portant sur le futur, ou mieux encore, la science présente (ou passée) que Dieu en a. On utilisera alors des propositions au présent (ou au passé), qui porteront bien sur l'attribution présente (ou passée) de la vérité ou de la science. Mais ces propositions ne porteront qu'en partie sur le présent (ou le passé), car elles porteront également sur le futur : celui de la vérité ou de l'objet de science considérés. La proposition « il est (a été) vrai à t_1 que Pierre est prédestiné » est équivalente à « il est vrai à t_1 que Dieu donnera la récompense éternelle à Pierre à t_2 », et elle porte donc en partie sur le présent et en partie sur le futur, car ses conditions de vérités incluent les conditions de vérités d'une proposition portant sur t_2. De même, si Dieu sait ou si Dieu a su que p, ce sont là des faits présent et passé. Les propositions qui les énoncent sont au présent ou au passé, et semblent donc mériter la modalité de la nécessité

1. C'est ce que Freddoso appelle la « primauté métaphysique du pur présent ». Ce sont des propositions au présent qui donneront (en temps voulu) les conditions de vérité de la proposition au futur.

2. Voir *Tractatus*, q. 1, objection 2 et réponse, Tertia suppositio (OP II, 515) : « aliquae sunt propositiones de praesenti secundum vocem et secundum rem, et in talibus est universaliter verum quod omnis propositio de praesenti vera habet aliquam de praeterito necessariam, sicut tales : "Sortes sedet", "Sortes ambulat", "Sortes est iustus", et huiusmodi. Aliquae sunt propositiones de praesenti tantum secundum vocem et sunt aequivalenter de futuro, quia earum veritas dependet ex veritate propositionum de futuro; et in talibus non est ista regula vera quod omnis propositio vera de praesenti habet aliquam de praeterito necessariam ».

temporelle. Mais la distinction établie par Ockham permet de dire que, si p porte sur le futur, « Dieu sait que p » ou « Dieu a su que p » portent réellement (du moins en partie) sur le futur, puisqu'une des conditions de vérité de ces propositions est la vérité de p, qui est future. Le fait que la science divine des futurs contingents soit présente, ou passée, et même de toute éternité, ne rend pas ces futurs temporellement nécessaires.

À la différence d'un verbe d'état ou de disposition psychologique, comme « croire », le verbe « savoir » ne dit pas seulement quelque chose de celui auquel on l'attribue, il dit aussi quelque chose de son complément. « X croit à t que p » est une information sur X à t, qui ne nous dit rien sur p ; et toutes les conditions de vérité de cette proposition sont données à t ; mais « X sait à t que p » est partiellement une information sur X à t, et partiellement une information sur ce que dit « p » ; et les conditions de vérité sont situées partiellement à t et partiellement au temps sur lequel porte p.

Une conséquence de cette analyse, c'est qu'Ockham doit poser la *contingence de la science divine*[1]. Il faut entendre par là que, si Dieu sait que p, et que p n'est pas nécessaire, Dieu peut ne pas savoir que p. C'est le cas si p porte sur un futur contingent. Mais il faut ajouter que, si Dieu ne savait pas que p, p ne serait pas vrai. Tout tient à la nécessité de la conséquence exprimée par le *nihil scitur nisi verum*. La notion de science contingente n'est pas la notion d'une science qui pourrait être fausse, mais celle d'une science de propositions vraies qui pourraient être fausses, c'est-à-dire la notion d'une science qui pourrait ne pas exister. Ce qui n'est pas possible, c'est qu'une proposition portant sur le futur, même contingent, passe d'une valeur de vérité à l'autre avant ce temps futur. Dieu, qui sait que p, peut ne pas savoir que p, mais il ne peut pas savoir puis ne pas savoir que p, avant le temps sur lequel porte p.

Ockham se fait l'objection de la nécessité de tout ce qui est en Dieu, et qui est identique à l'essence divine, donc, entre autres, de la science divine. Il faut distinguer, dit-il, la science en tant que ce par quoi Dieu connaît et qui est son essence. En ce sens, la science divine est nécessaire, mais on ne signifie rien d'autre par « science » que l'essence divine. On peut aussi entendre « science » en un sens large, qui connote ou signifie secondairement les objets sus, qui sont des complexes, puisqu'il s'agit toujours de ce qui est vrai. Comme ces complexes ne sont pas tous nécessairement

1. Dans la question 2 du *Tractatus*, Ockham tire quatre conclusions : la science divine est déterminée, certaine et infaillible, immuable et contingente. Les deux premières sont traditionnelles et suffisamment établies par ce qui précède, la troisième est problématique au regard de ce qui précède, la dernière est originale. J'examine d'abord la question de la contingence et dans la section suivant celle de l'immutabilité.

vrais, la science divine n'est pas toujours nécessaire[1]. Mais la non-nécessité, ou la contingence de la science divine ne l'empêche pas d'être déterminée, certaine et infaillible[2].

– IV –

Après ce bref exposé de la solution ockhamiste, limitée à la compatibilité de la prescience et de la contingence des futurs de la liberté, je voudrais mettre en question l'innocuité de cette solution à l'égard de nos conceptions sur la nature divine[3]. Ockham soutient en effet que la connaissance de Dieu est immuable. En même temps il soutient qu'il y a des propositions que Dieu ne sait pas avant de les savoir, ou qu'il ne sait plus, après les avoir sues. Par exemple : « il pleut aujourd'hui à Paris », ou « Pierre reniera le Christ », ou « Pierre reçoit aujourd'hui la récompense éternelle »[4]. Ces changements, dit-il, ne sont pas des changements en Dieu, mais dans les choses[5]. Mais il y a lieu de s'interroger sur la compatibilité entre l'immuta-

1. *Tractatus*, q. 2, a. 4 (OP II, 529-530) : « Dico quod hoc <sc. quod quidquid est in Deo est in eo necessario> potest intelligi dupliciter : uno modo, quod scientia Dei qua sciuntur futura contingentia sit necessaria. Et hoc est verum, quia ipsa essentia divina est unica cognitio necessaria et immutabilis omnium tam complexorum quam incomplexorum, necessariorum et contingentium. Secundo modo, quod per illam scientiam sciantur necessario futura contigentia. Et sic non est necessaria, nec debet concedi quod Deus habeat scientiam necessariam de futuris contingentibus sed potius contingentem, quia sicut hoc futurum contingens contigenter erit, ita Deus scit ipsum contingenter fore, quia potest non scire ipsum fore, si ipsum scit ».

Voir aussi, q. 1, objection 5 et réponse sur la prédestination en Dieu, et Septima suppositio, qui distingue deux sens de « scire ».

2. *Tractatus*, q. 2, a. 1 et 2.

3. Il sera ici question de l'immutabilité divine et de la conception d'un Dieu dans le temps. Une autre difficulté que pose l'analyse ockhamiste est celle d'une source de la contingence indépendante de Dieu : la liberté humaine, ou du moins les choix humains échappent à la Providence. Dieu peut bien prévoir ce que je ferai demain, il n'est est pas la cause. Cette conception qui peut nous sembler indispensable pour concevoir une liberté véritable pose néanmoins le grave problème, théologique, d'une exception à la Providence universelle. Ockham est ici suspect de pélagianisme ou de semi-pélagianisme.

4. Les exemples d'Ockham, dans le texte consacré à l'immutabilité de la science divine, *Tractatus*, q. 2, art. 3, sont « ego sedebo », « ego sum Romae », « ego cras legam ».

5. *Tractatus*, q. 2, a. 3 (OP II, 524-525) : « Dico quod loquendo de propositionibus mere de praesenti, quae nullo modo dependent a futuro, sic dico quod sicut tales possunt mutari de veritate in falsitatem et e converso, ita potest Deus tales aliquando scire et aliquando non, et scire illas postquam non scivit, et non scire postquam scivit, et scire aliquam propositionem quam prius non scivit, sine omni mutatione sui, propter solam mutationem in creatura vel in propositionibus talibus scitis, sicut dicitur primo "non creans" et postea "creans" propter

bilité et une science dont les objets alternent du vrai au faux. Sans doute, si l'on entend pas "science" la connaissance par laquelle Dieu connaît toute chose, c'est-à-dire son essence, on peut bien dire qu'elle demeure identique à l'égard de ce qui est su, même si ce ne sont pas toujours les mêmes propositions qui nous servent à l'exprimer : on dit que Dieu sait que Socrate est assis à t (où Socrate est assis), puis qu'il savait que Socrate était assis[1]. Mais il faut aussi considérer le sens, plus courant, de "science" qui est celui de la science de ce qui est vrai, donc science des propositions, laquelle semble varier selon que les propositions vraies et fausses varient[2].

Si les propositions sues étaient toutes liées au temps par un ou des marqueurs de dates, indications rigides du temps sur lequel elles portent, on pourrait bien dire que toute proposition sue par Dieu est toujours vraie. Ainsi, « Pierre reçoit la récompense éternelle à Jd » est sue par Dieu avant, comme après le Jugement dernier. Il y a bien un changement : celui de la caractéristique modale de cette science – elle est d'abord contingente, puis nécessaire[3]. Mais ce mode n'appartient pas au contenu de la connaissance divine, c'en est une caractéristique extrinsèque : Dieu sait en tout temps que Pierre reçoit la récompense éternelle à Jd, et, en fonction du temps, ce savoir est contingent ou nécessaire. Le temps défile (c'est-à-dire, les choses et Dieu défilent dans le temps) et sa relation au savoir divin change, mais le savoir lui demeure immuable. Il ne faut pas dire que le savoir est intemporel, il est soumis au défilé du temps, ou plutôt il défile dans le temps avec le reste, mais sans changer.

Mais Dieu sait-il que son savoir est contingent puis nécessaire ? Si non, il n'est pas omniscient. Si oui, ce savoir là change. Dieu sait avant Jd que son savoir que Pierre reçoit la récompense éternelle à Jd est contingent, puis il sait, après Jd, que ce savoir est nécessaire. Mais on peut réitérer la même

mutationem et positionem creaturae, quia hoc potest intellectus noster sine omni mutatione sui ».

1. Sur la distinction des sens large et strict de *scire*, cf. *Tractatus*, q. 1, septima suppositio (OP II, 518) : « "scire" in ista materia accipitur large, scilicet pro cognitione cuiuscumque, et sic Deus cognoscit omnia tam incomplexa quam complexa, necessaria, contingentia, falsa et impossibilia ; vel stricte, et sic idem est quod cognoscere verum, sicut loquitur Philosophus, I Posteriorum, quod nihil scitur nisi verum », et pour l'application à l'objection, cf. q. 2, a. 3 (OP II, 527) : « Si dicatur quod quidquid Deus modo scit semper sciet illud, quia ex hoc quod Deus primo scit istam "Sortes sedet", et postea scit istam "Sortes sedit", non scit aliud sed idem, dico quo accipiendo scientiam vel scire pro notitia Dei qua cognoscit illas propositiones, illa est eadem respectu omnius scibilium ».

2. *Tractatus* q. 2, a. 3 (OP II, 527) : « Accipiendo tamen scire Dei prout importat ista complexa "Sortes sedet, Sortes sedit", sic non est idem, quia ista complexa nec sunt eadem, nec aequipollent, nec sunt convertibilia, quia una potest esse vera, altera existente falsa ».

3. Craig fait une remarque similaire, *op. cit.*, p. 264, n. 23.

opération de datation : Dieu sait, en tout temps, que le savoir que p est contingent avant t et nécessaire après. Et la question de savoir ce que Dieu sait à t de la modalité de son savoir que p reçoit alors toujours la même réponse.

Cela dit, Dieu sait-il quel est le temps présent ? Ou encore, Dieu sait-il quel jour nous sommes ou quelle heure il est ? Ce savoir, et son expression, est souvent appelé indexical. Son contenu est déterminé en fonction de la situation de celui qui sait ou qui exprime ce savoir. C'est le cas non seulement d'indexicaux de présence (aujourd'hui), mais aussi d'antériorité (hier) ou de postériorité (demain), dont la référence dépend de celle de l'indexical de présence. Si Dieu ne sait pas quel est l'instant correspondant à *maintenant*, il ne sait pas tout. Il sait peut-être tout ce qui arrive en tout temps, mais il ne sait pas quel est le temps présent, ni donc où il se trouve dans la succession du temps. L'objection que l'on pouvait adresser au Dieu atemporel de Thomas d'Aquin se profile aussi à l'encontre d'Ockham, en raison de l'immutabilité divine. Elle y prend même plus de force, car le Dieu de Thomas est hors du temps, et son savoir est indexé par l'éternel maintenant de l'éternité. Ce qu'il ne sait pas c'est quel jour il est maintenant sur Terre, ou plutôt les « maintenant » proférés à des moments différents n'ont pas de préséance les uns par rapport aux autres : ils indiquent simplement un point distinct du temps, chacun est un maintenant, présent au maintenant éternel de Dieu, ce qui compromet, nous l'avons vu, la réalité du temps. Mais le Dieu d'Ockham est dans le temps, Il était hier, Il est aujourd'hui, Il sera demain. Dire que la référence de « maintenant » change en fonction du monde, ou du temps, sans introduire de changement en Dieu, c'est dire que Dieu n'est pas affecté par le passage du temps, mais aussi qu'il ignore ce passage.

Il me semble indispensable, pour réintégrer cette connaissance du temps dans le Dieu temporel d'Ockham, d'altérer quelque peu l'immutabilité divine. Représentons-nous le tableau composé des paires de toutes les propositions contradictoires portant sur des événements contingents (à la façon de l'espace logique du *Tractatus* de Wittgenstein). C'est une image bien fondée dans le texte d'Ockham, comme nous le verrons dans un instant. Chaque proposition est attachée à un voyant lumineux (rouge). Ne considérons d'abord que les propositions dont le seul lien au temps est un marqueur rigide, une date. Le voyant lumineux de chaque proposition vraie est allumé, ceux des propositions fausses sont éteints. Ce tableau est immuable. Introduisons dans le tableau les propositions incluant un marqueur de temps indexical (temps grammatical, expression indexicale). Certaines de ces propositions clignotent : par exemple, « le monde n'existe pas » s'allume le jour de la création. « Il pleut aujourd'hui à Paris » s'allume certains jours, et si l'on préfère un futur de la liberté : « je résisterai à la tentation de prendre du café demain » clignote également. Une telle présentation me semble implicite dans la réponse donnée par Ockham à l'objection de la variation de la science divine, en plus ou en moins selon l'évolution du monde. Ockham explique que, bien que certaines propositions changent de valeur de vérité, il y a toujours le même nombre de propositions allumées, puisqu'il y a toujours le même nombre de paires de propositions contradictoires, et qu'il y en a toujours une allumée et une éteinte[1].

Mais il est clair que si la réponse suffit à l'objection, elle ne suffit pas pour éliminer le changement en Dieu. Soit, en effet, un observateur du tableau. Observant des clignotements, il en est affecté, et bien que le changement du tableau ne dépende pas de lui, et n'introduise pas en lui de changements du fait de clignoter, il en introduit un du fait d'être en plus regardé. Une solution pourrait consister à dire que Dieu ne regarde pas le tableau, mais qu'il est dans la pièce à côté et sait, immuablement, que toutes les propositions attachées aux voyants éclairés sont vraies, toutes les autres fausses. Les changements du monde le laissent alors effectivement de marbre, mais Dieu sait seulement que ce qui est vrai est vrai, il ne sait pas ce qui est vrai à t. Une autre solution pourrait consister à identifier Dieu, ou l'intellect divin, et le tableau. Elle est plus conforme à la pensée d'Ockham, pour qui les propositions ne sont pas des intermédiaires entre l'intellect et les choses, mais les actes mêmes de connaissance complexe. Le clignotement des propositions devient alors un clignotement de Dieu lui-même. Ockham soutient que ce clignotement est en fait extrinsèque, car c'est seulement les changements dans le monde qui modifient la valeur de vérité de ces propositions. Il ne peut vouloir, ou il ne devrait pas, dire que Dieu croit une certaine proposition, et qu'en fonction de ce qui se passe dans le monde, cette croyance est vraie ou fausse. L'illustration peut montrer tout au plus que *nous* pouvons avoir une croyance qui change de valeur de vérité, en fonction seulement de changements dans le monde, et sans changements en nous-mêmes. Mais ce ne peut-être le cas pour Dieu, car croire ce qui n'est pas le cas, c'est se tromper et Dieu ne peut pas se

1. *Tractatus*, q. 2, a. 3 (OP II, 526-527) : « non est possibile quod sint plura vera in uno tempore quam in alio, quia semper altera pars contradictionis est vera, et nihil est verum nisi sit altera pars contradictionis ; nec est possibile quod utraque pars contradictionis sit vera, et per consequens tot sunt vera in uno tempore sicut in alio et nec plura nec pauciora, quamvis aliquid sit verum in uno tempore quod non est verum in alio tempore, et universaliter, ita quod si aliquid fit falsum quod prius erat verum, aliquid fit verum quod prius fuit falsum ».

tromper[1]. Il peut vouloir dire que Dieu considère toutes les propositions, et qu'en fonction de ce qui se passe dans le monde, et qui rend ces propositions vraies ou fausses, il les sait ou ne les sait pas et sait alors leurs contradictoires. Dieu peut donc savoir alternativement que p et que non-p, mais l'alternance est due à ce qui se passe dans le monde, et reste extrinsèque à Dieu. Mais faire du savoir une détermination extrinsèque revient à retirer à Dieu le savoir véritable : il ne sait pas s'il sait ou s'il ne sait telle proposition ; et s'il le sait, ce savoir est lui aussi limité dans le temps.

Ici, on voudrait un modèle comparable au modèle scotiste d'une connaissance du réel fondée sur le choix de la volonté divine (dans un instant de nature postérieur à celui de la connaissance des possibles). Nous avons vu qu'Ockham le récusait. Il lui substitue un autre modèle, à titre hypothétique : celui d'une intuition divine de tout ce qui arrive, passé, présent et futur. Cette intuition, ou acte intuitif de connaissance, est identique à l'essence divine, et donc immuable[2]. Mais il est intuition des réalités singulières existant dans le monde, et de ce qui leur arrive, nécessairement ou non. On peut dire que ce qui arrive fait clignoter le tableau des propositions, mais c'est par un seul acte que sont saisis tous ces clignotements, de sorte que Dieu sait tout ce qui est arrivé, arrive et arrivera, sans changer, sans passer d'un acte à un autre.

Il me semble que cette illustration condense les difficultés que je viens d'évoquer. Tout d'abord, l'intuition est définie par Ockham comme la connaissance incomplexe qui cause un jugement d'existence évident en matière contingente. Mais l'impassibilité divine n'admet pas une telle relation de causalité. Ensuite, le jugement causé est un jugement au présent (ou au passé pour l'intuition imparfaite), et nous cherchons à expliquer la connaissance du futur[3]. Enfin, une intuition unique de réalités successives,

1. C'est là un argument égarant du *Tractatus*, q. 2, a. 3 (OP II, 525), pour montrer que le changement exprimé par Dieu sait que *p* puis ne sait pas que *p* est extrinsèque : « Probatio : ponatur quod ego opiner istam propositionem esse veram "Sortes sedet", quae tamen est falsa, quia Sortes stat. Remanente illo actu in intellectu meo fiat illa propositio vera ; iam scio eam quam prius nescivi, sine omni mutatione in intellectu meo sed tantum in re. Et sic intelligitur illud VII Physicorum : quod in "ad aliquid" non est motus, ita quod sit propositio particularis, non universalis, quia Philosophus intendit ibi loqui de scientia quae cum sit ad aliquid, quod aliquis potest de novo scire aliquid sine omni mutatione in eo, sicut dictum est ; vel etiam sicut dicit Commentator : illa propositio dicitur secundum opinionem Platonis ».

2. *Tractatus*, q. 1, sexta suppositio (OP II, 518) : « Potest tamen talis modus assignari, nam sicut ex eadem notitia intuitiva aliquorum incomplexorum potest intellectus evidenter cognoscere propositiones contingentes contradictorias, puta quod *a* est, *a* non est, eodem modo potest concedi quod essentia divina est notitia intuitiva quae est tam perfecta, tam clara quod ipsa est notitia evidens omnium praeteritorum et futurorum, ita quod ipsa scit quae pars contradictionis erit vera et quae pars falsa ».

3. Sur ces objections, voir Adams, « Introduction », p. 18-19.

elle-même soumise à la succession, et pourtant immuable, me paraît inintelligible. Je crois qu'il faut s'en tenir à l'analyse d'Ockham et prendre son exemple comme une illustration de sa déclaration de principe selon laquelle le mode de la prescience nous est totalement inconnu[1]. Du coup, l'expression de la science divine en termes de *propositions connues par Dieu* reste le seul qui nous soit intelligible, sans pour autant que l'on doive prétendre qu'il décrive effectivement la manière dont Dieu connaît. Il nous permet seulement d'en parler en termes pour nous intelligibles.

Je propose alors de considérer que le savoir divin indexical évolue ou clignote, mais que la restriction de l'immutabilité divine est très réduite. En effet, à toute proposition indexicale correspond une proposition non indexicale et datée, qui garde la même valeur de vérité. Cette partie de la science divine permet donc de décrire tout ce qui se passe de contingent dans le monde. Le seul ajout des propositions indexicales est celui de la référence à telle partie du temps en fonction de celle où Dieu se trouve. Ou encore, les multiples descriptions indexicales sont obtenues en composant à chaque fois une proposition non indexicale (Pierre reçoit la récompense éternelle à Jd) avec un index temporel reliant Dieu au temps sur lequel porte la proposition (nous sommes à Jd – n). Ou même, il suffit des descriptions non indexicales, de la chronologie universelle, et d'un index reliant Dieu et cette chronologie : « maintenant ». Le seul clignotement nécessaire est celui du maintenant divin. Cette différence avec le maintenant intemporel de Thomas d'Aquin (et de Duns Scot), me semble inévitable. Son altération de l'immutabilité divine est minimale.

Cyrille MICHON

1. *Tractatus*, q. 1, sexta suppositio (OP II, 516) : « difficile est videre quomodo haec scit, cum una pars non plus determinetur ad veritatem quam alia » ; et (OP II, 517) : « Ideo dico quod impossibile est clare exprimere modum quo Deus scit futura contingentia ». Ockham ne prétend pas expliquer *comment* Dieu connaît les futurs contingents, cela nous est impossible. *Qu'*Il les connaisse, c'est une thèse qui ne nous est accessible que par la foi, car la raison seule conduit à la réponse aristotélicienne. Mais, ce faisant, Ockham établit néanmoins, et par une argumentation rationnelle, que omniscience et liberté sont *compatibles*, et donc que la position d'Aristote n'est pas nécessaire. À défaut de démontrer qu'il y a un Dieu omniscient, ou de décrire le fonctionnement de la science divine, il donne les moyens de penser la possibilité de l'omniscience.

L'ASSIMILATION DU CONNU AU CONNAISSANT DANS LA TRADITION ARISTOTÉLICIENNE ET SA CRITIQUE PAR GUILLAUME D'OCKHAM

En s'attaquant à la thèse aristotélicienne d'une science divine caractérisée par l'identité du connu et du connaissant, Guillaume d'Ockham se livre à une remise en question fondamentale pour l'histoire de la philosophie. Ce qu'elle met en jeu, ce n'est pas seulement la science divine, mais la connaissance en général, et sa relation à l'objet connu. La critique occamienne marque une étape décisive dans le renoncement à une noétique issue de l'Antiquité, adoptée très largement par les médiévaux à partir du XIIIe siècle, et l'apparition d'une noétique qui sera celle des philosophes modernes, en particulier celle de Descartes, noétique dont Ockham, tout particulièrement, pose les fondements. Pour le dire rapidement, ce qu'ouvre le remaniement occamien c'est la perspective d'une théorie de la connaissance où la conformité de notre connaissance à la réalité n'est pas d'emblée garantie, parce que l'objet n'y a plus le rôle de cause formelle de l'intellection, et où se pose par conséquent la question de savoir comment l'on peut être assuré de la conformité de notre connaissance à l'objet qu'elle nous fait connaître. La rupture occamienne avec la théorie aristotélicienne de la connaissance ôte en effet au réalisme médiéval un de ses fondements les plus fermes, et ouvre ainsi la voie aux interrogations modernes. Et cela même si Ockham lui-même, on y insistera, ne fait nullement ce remaniement dans une perspective anti-réaliste.

L'IMPACT HISTORIQUE DE LA CONCEPTION ARISTOTÉLICIENNE DE LA SCIENCE DIVINE

La portée de la critique occamienne de la conception aristotélicienne de la science divine se mesure à l'ample diffusion, dans l'Antiquité puis au Moyen Âge, de la thèse qu'elle dénonce.

Selon Aristote, la connaissance que Dieu possède est connaissance de Dieu lui-même, parce que la perfection dans l'ordre de la connaissance requiert l'identité du connu et du connaissant. Cette thèse est exposée au livre *lambda* chapitre 9 de la *Métaphysique*, où le philosophe affirme que « l'intelligence divine se pense elle-même »[1]. L'idée que la perfection de la connaissance intellectuelle réside dans l'auto-connaissance, passe d'abord d'Aristote à Plotin. Selon Plotin, la pensée parfaite (l'Intelligence, seconde hypostase), bien qu'elle ne soit plus le principe premier parce qu'elle n'est pas l'unité parfaite[2], se caractérise par l'identité de l'Intelligence et de l'intelligible[3], alors que les formes imparfaites de connaissance comme celle qui revient à la raison humaine, se caractérisent au contraire par la séparation de la pensée et de son objet[4], l'intelligible. Notons que, chez Plotin, cette thèse aristotélicienne se combine une première fois avec la conception platonicienne des idées comme exemplaires des choses[5]. Ainsi, l'Intelligence se pensant elle-même est pourtant connaissance des essences des choses inférieures parce qu'elle en est le modèle.

Cette conception de la perfection de la connaissance se propage ensuite au Moyen Âge aussi bien par la traduction de la *Métaphysique*, que par la diffusion des écrits d'Averroès. Elle s'illustre en particulier chez Thomas d'Aquin, qui l'harmonise avec la perspective chrétienne de la création. Le Dieu chrétien doit connaître les choses autres que lui, dans la mesure où il est non seulement omniscient, mais encore créateur de tout ce qui n'est pas lui, et parce que l'œuvre de création est sage, autrement dit, fondée sur la connaissance que Dieu a des natures qu'il crée. Il faut donc concilier la

1. Aristote, *Métaphysique*, 1074 b 33-34.

2. Plotin, *Ennéades* V, 9, 2, trad. É. Bréhier, Paris, Les Belles Lettres, 1967 (1e éd. 1931), p. 163 : l'intelligence « est comme une empreinte du Bien dans le multiple, tandis que le Bien reste absolument dans l'unité ».

3. *Ennéades* V, 6, 1, trad. Bréhier, p. 112 : « l'être qui se voit lui-même n'est pas séparé de son essence et parce qu'il est uni à lui-même, il se voit lui-même, lui et son objet font un seul être. Il pense au sens fort parce qu'il possède ce qu'il pense (...) s'il n'était pas un, l'être pensant serait différent de l'être pensé; il ne serait pas l'être pensant de premier rang, puisqu'il tiendrait sa pensée d'un autre être et puisque l'être qu'il pense ne lui appartiendrait pas et ne serait pas lui-même ».

4. *Ennéades* V, 3, 13, trad. Bréhier, p. 67 : « la pensée, si elle porte sur un objet extérieur à elle, est déficiente et n'est plus pensée au sens propre ». C'est le cas de la pensée de la raison discursive, en l'homme, laquelle « examine les choses extérieures et est occupée d'elles » ; *ibid.* V, 3, 3, trad. Bréhier, p. 51-52.

5. *Ennéades* V, 9, 9, trad. Bréhier, p. 169 : l'Intelligence « contient l'archétype du monde ». Ainsi l'Intelligence est-elle la « pensée de toutes les choses » ; *ibid.* III, 8, 8, trad. Bréhier, p. 162-164.

perfection de la connaissance divine, qui requiert que Dieu se pense lui-même, et la sagesse de l'action divine, qui recommande que Dieu connaisse les créatures afin que la création ne soit pas un acte aveugle. Il faut donc trouver un moyen de rendre compatible la connaissance divine des créatures et l'identité du connu et du connaissant qui fait la perfection de la connaissance de Dieu. La solution apportée par Thomas d'Aquin consiste à concevoir les créatures comme des imitations imparfaites de la nature divine, de sorte que Dieu peut les connaître par la connaissance même qu'il a de son essence. Sans connaître autre chose que sa propre essence, Dieu connaît les créatures, parce qu'elles ne sont que des imitations imparfaites de cette essence. À la suite d'Augustin[1], Thomas situe les idées platoniciennes, exemplaires des choses, dans l'intellect divin, mais il les identifie, pour satisfaire à la conception aristotélicienne de la connaissance, à l'essence même de Dieu.

Cette solution va prendre diverses figures dans la pensée médiévale. On en rencontre notamment des versions chez Henri de Gand, puis chez Duns Scot : chez l'un comme chez l'autre, la connaissance que Dieu a de sa propre essence est la condition de la connaissance que Dieu a des autres choses, même si, selon Henri, il s'agit de l'essence divine en tant qu'elle est considérée par l'intellect divin comme imitable, alors que selon Duns Scot, il s'agit de l'essence divine considérée en elle-même, absolument[2].

1. Augustin, *De 83 quaestionibus*, q. 46, éd. A. Mutzenbecher (CCSL 44A, 70-73).

2. Ainsi, selon Henri de Gand, il faut distinguer entre l'objet premier de l'intellection divine et son objet second. L'objet premier est à la fois ce qui est principe de la connaissance et ce qui est connu, c'est Dieu. L'objet second est ce qui est connu outre l'objet premier, sans être lui-même principe de l'intellection, ce sont les créatures. L'objet second est donc l'objet qui est connu par un acte d'intellection dont lui-même n'est pas le principe, cela signifie qu'il n'est connu que dans la mesure où l'objet premier est connu. L'objet premier est en effet « obiectum informans ad actum intelligendi » (*Quodlibet IX*, q. 2, éd. R. Macken in *Henrici de Gandavo Opera Omnia*, XIII, Louvain, 1983, p. 27) et seule l'essence divine peut informer l'intellect divin, c'est-à-dire lui conférer sa perfection, selon le principe aristotélicien dont Henri emprunte l'énonciation à Averroès : « intellectum est perfectio intelligentis, scilicet inquantum movet ipsum ad suam perfectionem quae est intelligere ; et sic, si aliud a sua essentia esset per se obiectum informans divinum intellectum actu intelligendi, tunc substantia sua non esset nobilissima omnium » (*ibid.*). Les créatures ne sont donc connues qu'en tant qu'est connue l'essence divine et qu'elle est considérée comme imitable par d'autres : « illa autem ratio in divina essentia, secundum quam sua essentia est ratio qua cognoscit alia a se, nihil aliud est quam imitabilitas qua ab aliis imitetur, quam vocamus ideam » (*ibid.*, p. 28). Cf. aussi sur cette question le *Quodlibet VIII*, q. 1 et q. 8, Paris, 1518.

Selon Duns Scot, il n'est pas besoin de poser autre chose que l'essence divine, considérée absolument pour expliquer la connaissance que Dieu a des créatures : « est essentia sub ratione qua essentia, quae sub ratione absoluta est ratio cognoscendi, non tantum ipsammet, sed omne aliud » (*Ordinatio* [= *Ord.*] I, d. 35, q. un., n. 46, *Opera omnia*, Vatican, 1950 *sq.* [= Vat. suivi du numéro de tome et de page], t. VI, p. 264). La théorie des quatre

Ockham combat cette conception de la connaissance divine sous toutes ses formes, en critiquant tout particulièrement Averroès, Thomas d'Aquin et Henri de Gand. Le *Venerabilis Inceptor* s'oppose donc à une thèse qui provient de l'Antiquité, et autour de laquelle, dès lors qu'elle a été connue, s'étaient rassemblées quelques unes des plus grandes figures de la pensée médiévale.

La justification de la thèse d'inspiration aristotélicienne

Pour comprendre la critique occamienne et ses enjeux, il convient de se pencher un peu plus précisément sur les arguments mis en œuvre par les prédécesseurs d'Ockham en faveur de leur conception de la science divine. L'argument principal invoqué, notamment par Thomas d'Aquin et Henri de Gand, est directement issu d'Aristote. Il vise à établir que la perfection même de la connaissance exige l'identité du connu et du connaissant. Il consiste à affirmer que la connaissance que Dieu possède ne peut être une connaissance d'autre chose que de la nature divine elle même, sans quoi « il y aura quelque autre chose plus noble que l'Intelligence, à savoir l'objet même de la pensée » [1]. En effet, si Dieu connaît quelque chose de différent de soi, cette chose, parce que c'est elle qui fait passer l'intellect divin à l'acte, sera ce par quoi l'intellect divin est perfectionné, puisque l'acte est la perfection de la puissance. Dans ce cas, la chose connue sera plus parfaite que Dieu. Corrélativement, si l'intellect divin est en acte d'intellection grâce à une chose différente de Dieu, alors il faut admettre que l'intellect divin est en puissance à l'égard de cette chose. Dieu n'est donc pas acte pur, c'est-à-dire qu'il n'est pas souverainement parfait, puisque dans ce cas la nature divine comporte l'imperfection attachée à la potentialité. La souveraine perfection de Dieu n'autorise donc pas que la connaissance

instants de nature (*Ord.* I, d. 35, n. 32, Vat. VI, 258) a seulement pour objet de mettre en évidence ce que présuppose la conception des créatures et ce qu'elle ne présuppose pas : elle présuppose la connaissance de l'essence divine, elle ne présuppose aucune relation de raison, toute relation de raison n'intervenant qu'« après » la connaissance des créatures. Elle est dirigée contre la théorie d'Henri de Gand, suivant laquelle les créatures ne sont pas connues par la connaissance de l'essence divine considérée absolument (l'objet premier d'Henri), mais en tant que Dieu conçoit son essence comme imitable, c'est-à-dire en tant qu'il faut ajouter à l'essence divine une relation de raison, qui réfère à la considération que l'intellect divin a de l'essence divine en tant qu'imitable, par laquelle les créatures peuvent être connues dans leur nature distincte. Selon Duns Scot, l'essence divine considérée absolument demeure bien « ratio eminentior, continens perfecte similitudinem virtualem cogniti » (*ibid.*, n. 55, Vat. VI, 269).

1. 1074 b 30-31.

divine porte sur un objet distinct de la nature divine. Dieu doit se connaître lui-même pour être souverainement parfait, pour être acte pur. La souveraine perfection, l'actualité pure de l'être divin exigent l'identité du connu et du connaissant. C'est cet argument fondé sur la perfection de Dieu qui intervient chez Thomas d'Aquin :

> Comme en Dieu rien n'est potentiel, mais qu'il est acte pur, il faut qu'en lui l'intellect et l'objet de l'intellect soient identiques de toute manière, de telle sorte en effet que jamais il ne soit dépourvu d'espèce intelligible, comme notre intellect quand il connaît en puissance; et que l'espèce intelligible ne soit pas non plus autre que la substance même de l'intellect divin, comme il arrive pour notre intellect quand il est actuellement connaissant[1].

Ainsi, l'intellect divin ne peut pas être distinct de ce qu'il connaît, pas même de telle manière que ce qu'il connaît, bien que distinct de lui, lui soit cependant toujours uni, comme c'est le cas selon Thomas d'Aquin de la connaissance angélique. Il doit être identique à son objet, pas seulement identifié à lui.

Il reste que Dieu doit connaître les créatures, puisque l'acte créateur ne peut être aveugle, comme nous l'avons dit, ce qui contredirait la sagesse divine :

> [...] puisque ce monde n'est pas l'œuvre du hasard (...) il est nécessaire d'admettre dans l'esprit divin une forme à la ressemblance de laquelle soit fait le monde, et c'est en cela que consiste l'idée[2].

Il faut donc que les créatures soient conçues en tant que l'essence de Dieu est connue. D'où le recours à la distinction de deux manières de connaître :

> Il y a deux manières pour une chose d'être connue : en elle-même et en une autre. On connaît une chose en elle-même quand on la connaît par le moyen de sa propre forme intelligible...on connaît au contraire en un autre ce qu'on voit par la forme cognitive propre de ce qui le contient, comme lorsqu'on voit une partie d'un tout par la

1. Thomas d'Aquin, *Summa theologiae* [= *ST*] Ia, q. 14, a. 2, resp. (*Opera omnia iussu Leonis XIII P.M. edita* [= Leon. suivi du numéro de tome et de page], t. IV, p. 168b) : « Cum igitur Deus nihil potentialitatis habeat, sed sit actus purus, oportet quod in eo intellectus et intellectum sint idem omnibus modis : ita scilicet, ut neque careat specie intelligibili, sicut intellectus noster cum intelligit in potentia; neque species intelligibilis sit aliud a substantia intellectus divini, sicut accidit in intellectu nostro, cum est actu intelligens ».

2. *ST* Ia, q. 15, a. 1, resp. (Leon. IV, 199b).

> forme cognitive du tout, ou un homme dans un miroir par l'image que donne ce miroir ou de quelque autre manière dont une chose puisse être vue dans une autre[1].

Si Dieu connaît les autres choses, ce ne peut être qu'en tant qu'il connaît son essence, il ne les voit donc pas par elles-mêmes, mais par sa propre essence. Ainsi, c'est seulement si l'essence divine contient la similitude de toutes les créatures que celles-ci peuvent être connues par Dieu :

> Dieu se voit lui-même en lui-même, puisqu'il se voit par son essence; mais quant aux autres êtres, il ne les voit pas en eux-mêmes mais en lui-même en tant que son essence contient en elle la similitude des autres choses que lui[2].

L'essence divine est donc la forme qui est au principe de l'acte d'intellection qui porte sur les créatures. La perfection de la connaissance divine ne dépend donc que de l'essence divine elle-même. La perfection même de la nature divine requiert donc que les créatures ne soient que des imitations de l'essence divine :

> Quant aux réalités autres que Dieu, elles sont connues par Dieu en tant que son essence comprend leurs formes intelligibles[3].

Il s'ensuit une certaine conception de la relation de l'idée divine à la nature divine, qui commande la compréhension de l'acte créateur comme production de créatures dont la nature imite celle de Dieu :

> Dieu est selon son essence la similitude de toutes choses; ainsi l'idée en Dieu n'est pas autre chose que son essence[4].

Dieu est donc la cause exemplaire des choses[5]. Cette conception permet d'assigner à l'acte créateur sa fin : de même que les créatures ne sont connues que pour autant que l'essence divine est connue, les créatures ne sont voulues par Dieu que pour autant qu'il veut sa propre perfection. Ainsi, la création dans son ensemble se comprend comme la production d'une image de la perfection divine :

1. *ST* Ia, q. 14, a. 5, resp. (Leon. IV, 172b).

2. *ST* Ia, q. 14, a. 5, resp. (Leon. IV, 172b) : « Deus seipsum videt in seipso, quia seipsum videt per essentiam suam. Alia autem a se videt non in ipsis, sed in seipso, inquantum essentia sua continet similitudinem aliorum ab ipso ».

3. *ST* Ia, q. 14, a. 5, ad 2 (Leon. IV, 173a).

4. *ST* Ia, q. 15, a. 1, ad 3 (Leon. IV, 199b) : « Deus secundum essentiam suam est similitudo omnium rerum. Unde idea in Deo nihil est aliud quam Dei essentia ».

5. *ST* Ia, q. 44, a. 3 (Leon. IV, 460ab).

les autres choses que lui, Dieu les veut en tant qu'elles sont ordonnées à sa bonté comme à leur fin[1].

La critique occamienne

Ockham met fin à cette interprétation de la science divine issue de la rencontre entre la conception aristotélicienne et la perspective de la création. Selon lui, Dieu n'a pas besoin, pour que son intellection soit parfaite, de connaître tout ce qu'il connaît par sa propre essence, parce qu'il n'y a pour lui aucune imperfection à connaître quelque chose sans relation à son essence. Dieu connaît donc les choses par elles-mêmes et non par sa propre essence. La connaissance de la nature divine n'a donc aucun privilège au sein de l'omniscience divine, et il n'y a plus de lien nécessaire entre la nature des créatures et l'essence de Dieu[2]. Autrement dit, Dieu n'a pas besoin, pour être parfait, de connaître les créatures en tant que participations imparfaites de sa propre essence.

La théorie d'origine aristotélicienne de la connaissance divine repose sur une certaine coïncidence entre ce par quoi une chose est connue, autrement dit, le *principe* de l'intellection, et ce qui est connu, c'est-à-dire l'*objet* de l'intellection. Selon la théorie d'origine aristotélicienne, la forme qui est au principe de l'acte d'intellection n'est autre que la forme de la chose qui est connue. Autrement dit, le principe efficient est tout en même temps le principe formel de l'intellection, c'est-à-dire le principe qui explique qu'un acte d'intellection ait tel ou tel objet. Ainsi, dans le cas de l'intellection humaine, c'est parce que l'intellect est informé par une espèce intelligible conformément à la forme de la chose que 1) il passe de la puissance à l'acte; 2) il produit l'acte d'intellection de la chose dont la forme l'a fait passer à l'acte. La forme qui est cause de l'acte d'intellection est aussi la forme qui spécifie l'acte de connaissance.

C'est cette coïncidence entre le principe et l'objet de l'intellection qui interdit à Dieu de connaître autre chose que lui si cette chose n'est pas connaissable par lui-même. En effet, si pour connaître une chose Dieu ne peut se fonder sur sa propre essence, alors le principe efficient de son acte de

1. *ST* Ia, q. 19, a. 3, resp. (Leon. IV, 235a).

2. Guillaume d'Ockham, *Scriptum in librum primum Sententiarum (Ordinatio)* [= *Ord.*], d. 35, q. 3, éd. G. Etzkorn, Fr. Kelley, St. Bonaventure, N.Y., 1979 (*Opera theologica* [= OTh. suivi du numéro de tome et de page], t. IV, p. 456) : « et si dicatur quod creatura non intelligitur nisi virtute essentiae, dico quod si intelligatur quod quocumque modo prius intelligatur divina essentia, et quod virtute illius intellectionis postea intelligatur creatura, non est verum ; si tamen intelligatur quod intellectus divinus nihil recipiendo a creatura et ita non virtute creaturae intelligat creaturam, sic est concedendum ».

connaissance est nécessairement différent de lui. Dans ce cas, la perfection même qu'est l'actualité de la connaissance exige une information de l'intellect divin par la forme d'une autre chose et dépend donc d'autre chose que de Dieu-même. Pour garantir la perfection de Dieu, il faut que son essence soit le seul principe de son intellection. Il s'ensuit que tout ce que Dieu connaît de différent de lui doit avoir une relation de similitude à l'égard de l'essence divine, parce que c'est ainsi seulement que l'essence divine peut être la forme qui fait connaître tout le reste, de sorte que Dieu n'ait pas besoin, pour connaître les autres choses que lui, de recevoir la forme d'un autre, et d'en être ainsi perfectionné.

Pour remettre en question une telle conception de la connaissance, Ockham n'a qu'à dissocier ce qui relève de la production de l'acte d'intellection de ce qui relève du contenu de l'intellection. On ne saurait nier selon lui que l'essence divine soit le principe sur lequel se fonde la connaissance que Dieu a des créatures [1], autrement dit, c'est bien en vertu de son essence que Dieu a la connaissance de toutes choses. Il n'est pas compatible avec la perfection divine que la connaissance de Dieu ait un autre principe que l'essence divine elle-même. Mais cela ne concerne que l'acte d'intellection et cela n'a pas de conséquences sur l'objet même de l'intellection, ni sur la manière dont cet objet est connu. Autrement dit, que l'essence divine soit le *principe* de l'acte d'intellection par lequel Dieu connaît les créatures ne signifie pas que l'essence divine soit aussi le *modèle* d'après lequel sont conçues les créatures, ni que les créatures ne soient pas connues en elles-mêmes, mais par l'essence divine : l'essence divine est bien la forme qui est au principe de l'acte d'intellection, elle n'est pas nécessairement de ce fait la forme connue. Reprenant une formule d'Henri de Gand, qui avait donné une explication de la science divine relevant de la même inspiration que celle de Thomas d'Aquin, avec quelques modifications, Ockham refuse l'inférence sur laquelle elle se fonde :

> … et quand on indique que s'il n'intelligeait pas les autres choses que lui selon qu'elles sont identiques à lui, l'intellect intelligerait en recevant sa connaissance de ces choses, cette conséquence ne vaut pas [2].

Autrement dit, l'acte de connaissance d'une chose peut très bien se passer de la similitude de cette chose, c'est-à-dire d'une causalité formelle

1. Bien que cette terminologie soit impropre, puisque l'essence de Dieu est tout simplement identique à l'intellection divine. L'essence n'est donc pas la cause ni le principe de la connaissance, à proprement parler.

2. *Ord.* I, d. 35, q. 5 (OTh IV, 467) : « quando innuitur quod si non intelligeret alia a se secundum quod sunt idem sibi, intellectus intelligeret recipiendo ab eis cognitionem, ista consequentia non valet ».

de la chose sur le sujet connaissant. C'est cette disjonction que l'on observe à propos de la connaissance divine, lorsque Ockham écrit :

> on ne parle pas de manière appropriée en disant que l'essence divine représente toutes les autres choses qu'elle, mais il est meilleur de dire que l'essence divine connaît toutes les autres choses qu'elles [1].

Cela signifie que les créatures peuvent être pensées en elles-mêmes, selon la distinction des deux modes de connaissance opérée par Thomas d'Aquin. Dieu n'est pas dans l'obligation de les penser par sa propre essence, c'est-à-dire du point de vue de la relation qu'elles auraient avec cette essence, parce qu'il n'est pas nécessaire, pour qu'une chose soit connue par sa forme propre, qu'elle soit aussi le principe efficient de l'intellection : « pour que quelque chose soit appréhendée *par soi* par une puissance, il n'importe pas qu'elle meuve ou ne meuve pas la puissance » [2]. La nature de la créature n'est donc pas prédéterminée par la nature du Dieu qui la pense. Comme le dit explicitement Ockham :

> autant que Dieu connaîtrait son essence, s'il ne connaissait pas ce qu'il peut produire, il le produirait de manière ignorante et non rationnelle [3].

Cette distance entre l'essence divine et les créatures, Ockham l'exprime d'une manière très nette quand il donne son interprétation de la manière dont « les perfections des créatures sont contenues en Dieu » [4]. Selon lui, les créatures ne sont contenues en Dieu qu'objectivement, c'est-à-dire en tant qu'elles sont connues par Dieu, de telle sorte que la proposition « *omnia sunt in Deo* » signifie simplement « *omnia sunt cognita a Deo* » [5]. Les créatures ne sont en Dieu qu'à titre d'objets de sa connaissance, et non à titre de participations de son essence.

Un des motifs occamiens de ce remaniement de la conception de la science divine semble être le souci de garantir la toute-puissance de Dieu, en la soustrayant en particulier à l'emprise de la lumière naturelle. Un des inconvénients de la conception traditionnelle devait en effet être, aux yeux

1. *Ord.* I, d. 35, q. 4 (OTh IV, 477) : « non est proprie dictum quod essentia divina repraesentat omnia alia a se ; sed est melius dictum quod essentia divina intelligit omnia alia a se ».

2. *Ord.* I, d. 35, q. 3 (OTh IV, 458) : « ad hoc quod aliquid *per se* apprehendatur a potentia, nihil refert quod moveat potentiam vel non moveat », nous soulignons.

3. *Ord.* I, d. 35, q. 5 (OTh IV, 488) : « quantumcumque Deus cognosceret essentiam suam, si non cognosceret suum producibile, ignoranter produceret et non rationaliter ».

4. *Ord.* I, d. 36, q. un. (OTh IV, 533).

5. *Ord.* I, d. 36, q. un. (OTh IV, 535). Cf. *Ibid.* (OTh IV, 533-534) : « creaturae non continentur in Deo formaliter et subiective sed tantum obiective ».

d'Ockham, qu'elle était liée à une certaine conception de la création, qui semblait autoriser un certain nombre d'affirmations sur les fins de Dieu dans l'acte créateur. L'affirmation selon laquelle Dieu ne connaît les créatures qu'en tant qu'elles sont des imitations de sa propre essence était en effet liée à la thèse selon laquelle Dieu aurait voulu, par la création, produire une image de sa propre perfection. Or, selon Ockham, la connaissance des fins de Dieu échappe à la raison humaine, comme d'ailleurs toute finalité dans la nature[1]. La conception d'origine aristotélicienne de la science divine compromettrait donc la toute-puissance de Dieu, et la radicale liberté de son action créatrice. De ce point de vue, il faut sans doute lier la conception que Ockham se fait de la science divine à sa conception de l'indétermination de la volonté. Ainsi, là où les prédécesseurs d'Ockham fondaient leur conception de la science divine sur le souci de concilier la perfection de la nature divine et la sagesse divine, on peut dire que Ockham remanie la conception précédente au nom de la toute-puissance divine, et de l'excès de cette toute-puissance sur la raison humaine, autrement dit, au nom de la transcendance divine.

Ce n'est pourtant pas la seule perspective de ce remaniement. La preuve en est que, pour Ockham, cette distance prise à l'égard de la tradition aristotélicienne concerne aussi la connaissance humaine et la connaissance angélique. C'est l'idée que l'intellection se fonderait sur une information de l'intellect par une espèce impresse que Ockham récuse. Selon lui, la connaissance intellectuelle d'une chose n'exige pas une information préalable de l'intellect conformément à cette chose[2]. L'objet joue certes un rôle dans le surgissement de la connaissance, mais c'est celui d'une cause purement efficiente, et non plus celui d'une cause formelle. Ce n'est donc plus la forme qui est au principe de l'intellection qui rend raison de la chose qui est connue par cette intellection.

De la noétique de l'information à la noétique de la présence objective de la chose à l'intellect

La critique occamienne joue un rôle de premier plan dans le passage d'une noétique de l'assimilation, issue d'Aristote à une noétique de l'être

1. *Quodlibet* IV, q. 1, éd. J. C. Wey, Saint Bonaventure N.Y., 1980 (OTh IX, 295) : « non potest probari sufficienter quod quilibet effectus habet causam finalem ».

2. *Quaestiones in librum secundum Sententiarum (Reportatio)*, q. XIII, éd. G. Gál, R. Wood, St. Bonaventure N.Y., 1981 (OTh V, 295) : « dico quod non requiritur ante actum intelligendi aliqua assimilatio praevia quae sit per speciem ». *Ibid.* (OTh V, 296) : « dico quod nulla forma est intra intellectum quae est principium quo intellectus intelligit ».

objectif, qui se développera dans la pensée moderne en particulier sous l'impulsion de Descartes. Pour le dire avec plus de précision, on passe d'une noétique qui exige que la forme de l'objet soit au principe de l'acte même qui le connaît, à une noétique selon laquelle la chose n'est qu'objectivement dans la connaissance, c'est-à-dire n'est que le terme même de cette connaissance, l'objet connu, sans exercer de causalité formelle sur l'intellect. À la présence informante, ou formelle, de la chose à l'intellect se substitue la présence objective de l'objet à l'intellect.

Ockham n'est certes pas le premier à renoncer à fonder la connaissance sur une information de l'intellect par la forme de l'objet. La manière dont Duns Scot tend à donner à l'espèce un rôle de représentant de la chose manifeste déjà une prise de distance à l'égard de la noétique de l'information [1], liée à la thèse selon laquelle, *pro statu isto*, l'intellect humain ne peut pas connaître immédiatement le singulier sensible, mais le conçoit par l'intermédiaire d'une espèce représentative, et sous la raison d'universalité. Mais ce passage d'une noétique de l'assimilation à une noétique de la présence objective de la chose à l'intellect est plus net chez Ockham, parce que 1) la conception scotiste de la *species* demeure ambiguë, sans doute parce qu'elle ne s'émancipe pas tout à fait de son interprétation dans la tradition aristotélicienne [2]; 2) parce que, du point de vue de la science divine, Duns Scot concède encore à l'essence divine le statut de similitude des créatures. Ockham rompt donc plus décisivement que Duns Scot avec la perspective de l'information du connaissant par l'objet connu.

Ce renoncement à toute information de l'intellect par la forme de son objet a pour conséquence une fragilisation du réalisme. Non pas que ce soit l'intention d'Ockham, ni même l'effet de ce remaniement sur la pensée occamienne. En effet, Ockham ne prétend par là que substituer une forme de réalisme à une autre. Selon lui, la présence objective de la chose connue à l'intellect ne doit pas s'entendre au sens scotiste d'une représentation qui serait intermédiaire entre l'intellect et la chose [3].

1. Jean Duns Scot, *Ord.* I, d. 3, p. 3, q. 2, n. 529 (Vat. III, 315) : l'espèce « est aliquid tenens vicem obiecti vel repraesentum ipsum ».

2. Jean Duns Scot, *Ord.* I, d. 3, p. 3, q. 1, Appendix A (Vat. III, 367) : « dico igitur quod "praesentia realis" obiecti est causa realis speciei, et in illa est obiectum praesens ; unde in prima praesentia obiectum est causa efficiens, sed in secunda praesentia "speciei praesentia" formalis : species enim est talis naturae quod in ea est praesens "obiectum cognoscibile" non effective vel realiter, sed per modum relucentis ». Comme si l'espèce informait l'intellect et lui rendait par là présent l'objet qu'elle représente.

3. Bien qu'Ockham ait un temps adopté une telle conception de la connaissance, il a finalement éliminé toute entité représentative interne à l'esprit du processus de connaissance.

Ce qu'on appelle « l'être objectif » c'est seulement la chose même, en tant qu'on la considère comme étant connue, ce n'est nullement une entité distincte de la chose. Ainsi, à propos de la science divine, Ockham affirme que l'idée divine n'est autre que la créature elle-même, pour autant qu'elle est connue par Dieu : « ipsa creatura est idea »[1]. Ce remaniement exclut précisément toute idée de connaissance représentative. Quand on dit connaître par des idées, cela ne signifie pas autre chose que connaître la créature par elle-même. Le remaniement occamien, dans la question de la science divine n'est donc aucunement une remise en cause du réalisme.

Il n'en reste pas moins que ce renoncement à l'information de l'intellect par son objet ôte à la connaissance sa garantie en quelque sorte *a priori* de conformité à la chose connue. C'est ainsi que surgira, une fois l'être objectif fermement établi dans sa teneur de représentation, l'interrogation sur la conformité de la représentation à son objet. C'est parce que l'objet n'a plus qu'un rôle efficient dans la connaissance, et que l'idée n'est qu'une représentation de la chose même que l'on peut se demander, comme le fera Descartes, si l'idée nous donne à connaître la chose telle qu'elle est. Notamment, est-ce que la représentation que nous avons des choses matérielles a bien pour cause, du côté de l'objet, une nature matérielle, ou bien n'est-elle pas causée par un être de nature pensante, en l'occurrence Dieu[2]. Bien que la dimension représentative de l'idée (sa réalité objective) réclame une cause, cette cause n'ayant pas de rôle formel, la question de sa nature et de la conformité de l'idée à cette nature est posée. Et l'existence du monde matériel ne peut être établie que par un recours à la véracité divine[3].

La critique occamienne de la conception d'origine aristotélicienne de la science divine constitue donc un des principaux jalons dans le passage de la noétique aristotélicienne de l'assimilation à la noétique de l'être objectif, autrement dit dans l'émergence de la noétique moderne, et du problème de

Cf. à propos des idées divines, *Ord.* I, d. 35, q. 5 (OTh IV, 494) : « ideae nec movent intellectum divinum, nec sunt intellectus ipse, nec obiectum medium inter Deum et alia a se cognita ». C'est bien pourquoi la conception occamienne pourra être opposée à la théorie cartésienne de l'être objectif et à ses conséquences, comme le fait Caterus, l'auteur des *Premières Objections aux Méditations métaphysiques.* Sur ce point, nous nous permettons de renvoyer à notre article : « La réalité objective dans les *Premières objections aux Méditations métaphysiques* : Ockham contre Descartes », *Revue de Métaphysique et de Morale* 1 (2000), p. 29-38.

1. Guillaume d'Ockham, *Ord.* I, d. 35, q. 5 (OTh IV, 489).

2. Cf. *Méditations métaphysiques* VI (*Œuvres*, éd. Adam-Tannery, réimpr., Paris, Vrin, 1995, t. VII, p. 79, l. 6-22).

3. *Ibid.* (*éd. cit.*, t. VII, p. 79, l. 22-p. 80, l. 4).

l'adéquation de l'idée à la réalité. S'il en est ainsi, ce n'est pas parce que Ockham serait le premier à parler d'être objectif, ni non plus parce que l'être objectif aurait chez lui une particulière consistance, tout au contraire il est réduit au simple fait, pour une chose, d'être connue par un intellect, mais c'est en raison de son très net refus d'accorder une causalité formelle à l'objet dans la connaissance.

Laurence RENAULT

UN DIEU INDIFFÉRENT

LA CRISE DE LA SCIENCE DIVINE DURANT LA SCOLASTIQUE MODERNE

Les auteurs abordés dans cette étude sont en quelque sorte les théologiens de la fin de la théologie médiévale. Non pas tant pour des raisons historiques et institutionnelles, puisque la tradition scolastique continua à fleurir jusqu'à la fin du XVIIIe siècle, mais bien pour des raisons proprement doctrinales et philosophiques, dans la mesure où leurs œuvres et les controverses nombreuses qu'elles ont suscitées témoignent de la mise en cause définitive d'une série de principes fondamentaux qui avaient gouverné la rationalité scolastique médiévale. La question de la science et des idées divines n'échappe pas à cette crise générale. L'axiome le plus fondamental de toute la problématique, à savoir que Dieu par sa *science* est la *cause* des choses, va être progressivement battu en brèche. La manière dont ces scolastiques, qui méritent à ce titre le qualificatif de « modernes »[1], traitent les questions traditionnelles – comment Dieu voit-il le monde qu'il a créé ? à quoi se rapportent ses idées ? – témoigne en effet d'un renversement de perspective troublant : alors que les différents systèmes des grands docteurs médiévaux avaient toujours tenté de concilier à la fois la distinction entre l'ordre de l'essence divine et l'ordre de la création tout en maintenant la dépendance du second à l'égard du premier, la scolastique moderne voit apparaître une antinomie là où le Moyen Âge était difficilement parvenu à établir un équilibre.

De ce point de vue, le débat du XVIIe siècle est à comprendre dans le prolongement de la mutation considérable qui a affecté la notion d'idée au XIIIe siècle, lorsque le terme abandonne le sens traditionnel de « forme

1. Sur la délimitation historique, les caractéristiques générales et l'appellation de scolastique moderne, nous nous permettons de renvoyer à notre « Bulletin de scolastique moderne (I) », *Revue thomiste* 100/2 (2000), p. 270-341 (p. 271-282 en particulier).

subsistante » pour recouvrir progressivement celui qu'il aura encore à l'âge classique, à savoir celui d'instrument et de terme de la connaissance[1]. De modèle ou d'archétype, l'idée devient progressivement objet de connaissance. L'enjeu central du traitement médiéval de la question était en effet le suivant : d'une part il s'agissait de penser les idées comme *distinctes* de Dieu en tant qu'elles sont ses objets possibles de connaissance, mais d'autre part il convient absolument d'éviter de les penser comme *indépendantes* de Dieu dans la constitution de leur être, pour éviter de tomber dans les écueils du platonisme, dont les essences nécessaires et immuables ne peuvent s'imposer au Dieu créateur et libre de la théologie. Deux témoignages patristiques étaient à ce titre aussi omniprésents dans les débats que leur interprétation allait poser un problème croissant lors de la scolastique moderne : d'une part la parole d'Augustin qui affirme que *Deus nihil extra se intuetur*[2], et d'autre part celle du Pseudo-Denys, qui affirme que « Dieu ne connaît point les êtres en les connaissant, mais en se connaissant »[3].

1. Sur ce point, parmi l'abondante littérature, cf. J. P. Beckmann, « Der ideentheoretische Grundansatz bei Thomas von Aquin, Johannes Duns Scotus und Wilhelm von Ockham », *Franziskanische Studien* 57 (1975), p. 366-377 ; W. Kluxen *et alii*, s.v. « Idee », *Historisches Wörterbuch der Philosophie*, éd. J. Ritter, t. IV, Bâle-Stuttgart, 1976, col. 86-102 ; H. Rüssmann, *Zur Ideenlehre der Hochscholastik unter besonderer Berücksichtigung des Heinrich von Gent, Gottfried von Fontaines und Jakob von Viterbo*, Fribourg-en-Brisgau, Herder, 1938 ; L. M. de Rijk, « Un tournant important dans l'usage du mot *idea* chez Henri de Gand », in *Idea. VI. Colloquio internazionale del lessico intellettuale europeo*, éd. M. Fattori, M. L. Bianchi, Rome, Ed. dell'Ateneo, 1989, p. 89-98 ; O. Boulnois, *Être et Représentation. Une Généalogie de la Métaphysique moderne à l'époque de Duns Scot*, Paris, PUF, 1999, p. 405-432.

2. Augustin, *De diversis quaestionibus 83*, q. 46, éd. A. Mutzenbecher (CCSL 44A, 70 ; BA 10, 126). Sur la signification de cette doctrine des idées pour le Moyen Âge, voir l'étude classique de M. Grabmann, « Des heiligen Augustinus *Quaestio De Ideis* in ihrer inhaltlichen Bedeutung und mittelalterlicher Weiterwirkung », repris dans *Id.*, *Mittelalterliches Geistesleben*, Munich, Hueber, 1936, vol. 2, p. 25-34 ; A. Uña Juárez, « Hermenéutica de las Ideas. De Platón a Ockham, pasando por Filón y San Agustín », *La Ciudad de Dios* 202 (1989), p. 173-230 ; M. J. F. M. Hoenen, « *Propter Dicta Augustini.* Die metaphysische Bedeutung der Mittelalterlichen Ideenlehre », *Recherches de Théologie et de Philosophie médiévales*, 64/2 (1997), p. 245-262.

3. Pseudo-Denys l'Aréopagite, *De divinis nominibus*, VII, 2, PG 3, col. 870. Ce texte du Pseudo-Denys a fait l'objet de nombreux commentaires tout au long de la période médiévale. Les auteurs de la scolastique moderne se réfèrent quant à eux principalement aux scolies et annotations que le jésuite espagnol Francisco Torres (†1584) avait apportées à sa traduction latine de l'*Expositio materiarum quae de Deo a Theologis dicuntur in decem decades partita* (Rome, 1581), rédigée au XIVe siècle par le théologien d'origine byzantine Jean Cyparissiote (ce texte et sa traduction sont reproduits en PG 152, col. 737-991). Vers la fin de la première moitié du XVIIe s'est alors imposé le travail philologique réalisé par le jésuite anversois Balthasar Cordier (†1650), *Opera omnia S. Dionysii Areopagitae cum scholiis Maximi et paraphrasi Pachymerae, latine interpretata et notis theologicis illustrata*, Anvers, 1634.

Dans les deux cas, si les idées ont un être propre, elles ne le possèdent que dans la mesure où elles peuvent être des objets de la connaissance de Dieu et dépendent donc de celle-ci. Cette dépendance est garantie par trois critères qui expriment les caractéristiques du modèle médiéval « classique » : (i) D'abord, il y a un rapport d'antériorité entre la connaissance que Dieu a de lui-même et la connaissance qu'il a des autres. C'est en se connaissant d'abord lui-même que Dieu peut acquérir une connaissance des autres, au même titre, dit Thomas d'Aquin, que la connaissance de la cause permet d'arriver à la connaissance des effets[1]. Tout en contestant la nécessité pour Dieu de passer par une connaissance de soi-même pour arriver à une connaissance des autres, Henri de Gand comme Jean Duns Scot maintiennent néanmoins ce rapport d'antériorité entre ce qu'ils appellent le premier et le second objet de l'intellect divin[2]. (ii) Ensuite, le rapport entre l'essence simple et unique et les différentes manières dont Dieu se sait imitable découle de ce premier trait. En connaissant son essence, il connaît l'essence de toutes les choses, et en les connaissant, il connaît toutes les propositions possibles qui peuvent en être véridiquement énoncées. Les choses sont donc d'abord connues en lui avant d'être connues en elles-mêmes[3]. C'est

1. Thomas d'Aquin, *Scriptum super libros Sententiarum*, I, d. 35, q. 1, a. 2, éd. P. Mandonnet, Paris, 1929, p. 815 : « Si ergo consideretur intellectum primum, nihil aliud intelligit Deus nisi se ; qui non recipit species rerum, per quas cognoscat ; sed per essentiam suam cognoscit, quae est similitudo omnium rerum. Sed si accipiatur intellectum secundum, sic non tantum se intelligit, sed etiam alia ». *Summa contra Gentiles* I, c. 49 (*Opera omnia iussu Leonis XII P.M. edita* [= Leon. suivi du numéro de tome et de page], t. XIII, p. 142a) : « Ex hoc autem quod Deus seipsum cognoscit primo et per se, quod alia a se in seipso cognoscat ponere oportet. Effectus enim cognitio sufficienter habetur per cognitionem suae causae ».

2. Henri de Gand, *Quodlibet* IX, q. 2 [utrum Deus potuisset plures creaturas secundum species produxisse, si non esset in ipso pluralitas idearum], éd. R. Macken in *Henrici de Gandavo Opera Omnia*, XIII, Louvain, 1983, p. 27 : « ... contingit aliquid esse obiectum intellectus dupliciter : uno modo primarium, alio modo secundarium. Obiectum primarium non est nisi obiectum informans ad actum intelligendi, et non est nisi ipsa divina essentia, quae per se intelligitur a Deo, et nihil aliud ab ipso (...). Obiectum vero secundarium est aliud a se. Si enim ullo modo aliud a se esset obiectum cognitum ab ipso, tunc esset insipientissimus » ; Jean Duns Scot, *Ordinatio* [= *Ord.*] II, d. 1, q. 1, n. 18 (*Opera omnia*, Vatican, 1950 *sq.* [Vat. suivi du numéro de tome et de page], t. VII, p. 10) : « ...primum obiectum intellectus divini (...) est sola essentia divina, et omnia alia sunt tantum secundaria obiecta et producta aliquo modo in tali esse per intellectum divinum ; ergo prius naturaliter est essentia divina praesens intellectui suo ut primum obiectum quam aliquid aliud ».

3. Thomas d'Aquin, *Summa theologiae* Ia, q. 14, a. 5 (Leon. IV, 172b) : « Sic igitur dicendum est quod Deus se ipsum videt in seipso, quia seipsum videt per essentiam suam. Alia autem a se videt non in ipsis, sed in seipso, inquantum essentia sua continet similitudinem aliorum ab ipso ».

ainsi que la science de Dieu est à proprement parler *causa rerum*[1] : comme son être est identique à son acte de connaissance, en connaissant les possibles, il leur confère une forme d'être minimale, qu'il peut rendre actuelle par un acte de sa volonté, seule la *scientia approbationis* étant la cause directe des choses. (iii) Enfin, il y une disparité épistémique entre l'intelligence divine et l'intelligence humaine, dans le rapport à la causalité. Thomas d'Aquin l'exprime de manière paradigmatique, en écrivant que si la science de l'intellect humain est causée par les choses et que celles-ci sont la mesure de la science humaine, il en va inversement pour Dieu, dont la science est à la fois la cause et la mesure des choses[2]. Pour l'homme, un jugement est donc vrai s'il se conforme à la réalité préexistante. En revanche pour Dieu, c'est sa pensée qui est la cause des choses et donc de la vérité des propositions. En dépit de leurs différences, cette structure épistémique reste inchangée chez les grands maîtres du Moyen Âge : Jean Duns Scot la souligne en rappelant également – allusion à une formule qu'utilisait déjà Aristote pour parler de la première intelligence[3] – que ce serait « avilir » (*vilescere*) l'intellect divin que de le faire dépendre d'un objet autre que sa propre essence[4].

C'est cette harmonie entre distinction et dépendance qui se trouve complètement désaccordée au moment de la scolastique moderne. Si le débat tel qu'il se concrétise dans les années 1580-1620 semble bien dans le prolongement des grandes controverses parisiennes du XIIIe siècle, la source de la contestation n'est en revanche plus la même. Alors que dans les querelles parisiennes, la subversion semblait venir d'une forme de platonisme ou d'un certain arabisme lui-même volontiers néo-platonisant, la scolastique moderne trouve la source du danger dans le discours qu'elle a hérité de ses maîtres les plus illustres : Thomas d'Aquin, Henri de Gand, Jean Duns Scot, mais interprétés à la lumière de quelques décisions des

1. Cf. Thomas d'Aquin, *Summa theologiae* Ia, q. 14, a. 8 (Leon. IV, 179) ; *De veritate*, q. 2, a. 14 (Leon. XXII/1, 91).

2. Thomas d'Aquin, *Summa contra Gentiles* I, c. 61 (Leon. XIII, 175ab) : « Scientia intellectus humani a rebus quodammodo causatur : unde provenit quod scibilia sunt mensura scientiae humanae ; ex hoc enim verum est quod intellectu diiudicatur, quia res ita se habet, et non e converso. Intellectus autem divinus per suam scientiam est causa rerum, inde oportet quod scientia eius sit mensura rerum » ; *Summa theologiae* Ia, q. 14, a. 8, ad 3 (Leon. IV, 180b). Cette disparité épistémique est bien entendu un argument classique : cf. Averroès, *Grand Commentaire de la Métaphysique d'Aristote, livre lam-lambda*, com. 51, éd. A. Martin, Liège-Paris, Bibliothèque de la Faculté de philosophie et lettres de l'Université de Liège-Belles Lettres, 1984, p. 270-271.

3. Aristote, *Métaphysique*, Λ, 9, 1074b15-27.

4. Jean Duns Scot, *Ord.* I, d. 38-39, n. 10 (Vat. VI, 411) : « ... quia intellectus divinus nullam certitudinem accipit ab aliquo obiecto, alio ab essentia sua ; tunc enim vilesceret ».

nominales du Moyen Âge tardif, dont les *neoterici* de la scolastique moderne se feront d'habiles utilisateurs. Le platonisme et sa doctrine des essences séparées qui avait fait si peur au XIIIe siècle n'est donc plus l'ennemi au XVIIe. De fait, la redécouverte de Platon tout au long de l'héritage de la Renaissance a même été perçue comme une étonnante « rechristianisation » des doctrines de celui-ci. Ainsi, lorsque le scotiste padouan Filippo Fabri (†1630) se met à discuter la doctrine platonicienne, il évoque toute une liste de « platoniciens modernes » qui « soutiennent avec beaucoup de vivacité que Platon n'a jamais conçu les idées comme des essences universelles subsistantes par soi séparées de Dieu et en dehors de Dieu, mais qu'il s'agit des idées et des notions éternelles dans l'esprit divin d'après lesquelles Dieu produit les choses au dehors »[1]. Et au secours de cette thèse conforme à Augustin, Fabri cite une série de passages de Marsile Ficin, Francesco Patrizi, Agostino Steuco, Jean Pic de la Mirandole, Francesco Piccolomini et d'autres encore comme autant de néoplatoniciens qui n'auraient pas voulu faire de l'enseignement de Platon quelque chose de contraire à la foi catholique. Le danger de concevoir les objets de pensée de Dieu comme *per se existentes*, indépendamment de l'esprit divin, vient désormais des héritiers les plus flamboyants de la grande tradition scolastique elle-même. Et le témoignage du scotiste Fabri est également précieux sur ce point, puisque ce n'est autre que le jésuite Francisco Suárez (†1617) lui-même qu'il incrimine, pour avoir défendu que l'existence des créatures précédait leur être connu (*esse cognitum*) dans l'esprit divin[2].

1. Filippo Fabri [Philippus Faber], *Expositiones et disputationes in libros metaphysicorum*, VII, disp. 14, Venise, 1637, p. 677 : « alii vero ex adverso et quidem maior pars Platonicorum sustinent acriter Platonem nunquam existimasse ideas esse essentias universales per se subsistentes separatas a Deo et extra Deum, sed esse ideas et rationes aeternas in mente divina secundum quas Deus produxerit ad extra ».

2. Filippo Fabri, *ibid.*, V, disp. 1, p. 252 : « per hoc patet ad confirmationem, quia non sequitur quod Deus sumat a rebus rationem operandi, et quod per se non possit operari, quia creaturae inesse realis existentiae non praecedunt eorum esse cognitum in mente divina, ut Adversarii [scil. Suárez, J.S.] falso putant, sed esse cognitum creaturum praecedit et ad instar illius producit res ad extra et cum rationes illae sint ipse Deus, Deus non pendet a creatura, sed a se ipso, et a rationibus ipsis ab illo absolute formatis et non per relationem ad creaturas praecedentem sed solum subsequenter esse cognitum illarum ». Suárez n'était certainement pas le plus audacieux de ces « adversaires » potentiels, comme on le verra plus loin, mais il pouvait néanmoins affirmer : « creaturae consideratae tantum secundum esse essentiae non habent veritatem essentiae ex conformitate ad divinam mentem, seu ideam ; non enim homo est talis essentiae quia talis cognoscitur a Deo, sed potius ideo talis essentiae cognoscitur quia talis est essentialiter ». Cf. Francisco Suárez, *Disputationes metaphysicae*, disp. 8, s. 7, n. 13 (BHF II, 134). Toutes les références aux *Disputationes* sont conformes au texte tel qu'il est établi dans : Francisco Suárez, *Disputaciones metafísicas*, éd. et traduction espagnole par S. Rábade Romeo, S. Caballero Sánchez et A. Puigcerver Zanón, Madrid, Gredos [Biblio-

Il semble donc que ce soit la rationalité scolastique elle-même qui mette en péril ses propres fondements théologiques. Cette étude cherchera à montrer comment cela a été possible, en procédant en deux temps. D'abord, on analysera la manière dont les théologiens jésuites du XVIIe ont réinterprété les textes des grands docteurs médiévaux sur la science divine pour finalement ôter à celle-ci sa dimension constitutive. Dans un second temps, on cherchera alors à expliquer le lien qui existe entre cette évolution doctrinale au sein de la théologie avec la noétique et la théorie de la représentation héritée du Moyen Âge tardif.

La remise en question du modèle classique

Dans sa forme la plus générale, le rapport entre Dieu et le monde était pensé comme le rapport entre sa science et l'infinité des possibles qu'il peut créer en vertu de sa toute-puissance[1]. Traditionnellement, la connaissance des *possibilia* en dehors de Dieu passait par une production préalable de ces *possibilia* en soi sous forme d'idées. L'idée est donc détachée d'un fondement qui serait uniquement causal, mais conserve un fondement idéel intrinsèquement dépendant de l'essence divine tout en se distinguant de celle-ci. Les possibles ne dépendent de Dieu en tant que cause exemplaire qu'après avoir été constitués comme autant de *rationes quasi excogitatae* au sein de son intellect et comme autant d'imitations possibles de son essence. C'est cette déduction des idées à partir de l'essence divine qui permet de penser à la fois la distinction et la dépendance, et c'est la voie

teca Hispanica de Filosofía], 1960-66, 7 vol. (= BHF); pour tous les autres textes, nous renvoyons aux *Opera Omnia R. P. Francisci Suárez*, Paris, Vivès, 1856-77 (= éd. Vivès).

1. Nous ne nous intéresserons donc dans cette étude qu'à cette forme générale de la science divine dans son rapport avec les possibles, et n'aborderons pas la question de la science divine du *futur* – question qui en raison de son lien avec les questions de libre-arbitre, de prédestination ou de réprobation donna lieu à un nombre encore plus considérable de controverses tout au long du XVIIe s. (autour de la *scientia media* de Luis de Molina) et qui occupe dès lors souvent la majeure partie des *Tractatus de scientia Dei* de l'époque. Pourtant, les traits distinctifs de la controverse sur les futurs (absolus ou contingents) peuvent déjà partiellement s'expliquer à partir de la forme générale qu'est la science divine des possibles et en écho à cette critique de l'exemplarisme. Pour une présentation sommaire, voir M. Skarica, « The Problem of God's Foreknowledge and Human Free Action in Spanish Philosophy », in *Hispanic Philosophy in the Age of Discovery*, éd. K. White, Washington, D.C., The Catholic University of America Press, 1997, p. 181-198, et pour une présentation plus générale des enjeux philosophiques de la *scientia media*, voir le livre-somme de S. K. Knebel, *Wille, Würfel und Wahrscheinlichkeit. Das System der moralischen Notwendigkeit in der Jesuitenscholastik 1550-1700*, Hambourg, Meiner, 2000 (avec une abondante bibliographie).

qu'avaient observée, à la suite du cardinal Cajetan, la plupart des thomistes « orthodoxes » de la scolastique moderne comme la *verissima sententia*[1]. Pourtant, un doute bien singulier semble s'être insinué dans l'équilibre de cette doctrine angélique. Un doute qui commence déjà dans une de ces querelles interprétatives au sujet de l'autorité des Pères de l'Église comme elles étaient devenues courantes dans l'Espagne du Siècle d'Or[2] : il est ici question des paroles d'Augustin et du Pseudo-Denys rapportées ci-dessus, dans la mesure où Dieu peut certes, comme l'affirme l'Aréopagite, *cognoscere creaturas in seipso*, mais cela peut également signifier qu'il peut les connaître *in seipsis*. Le jésuite salmantain Valentín de Herice (†1623), une figure audacieuse et influente dans le paysage académique de l'époque, en donne un premier témoignage, en soulignant l'équivoque qui règne entre une connaissance des possibles *in seipso*, c'est-à-dire tels qu'ils sont en Dieu, et une connaissance des possibles *in seipsis*, c'est-à-dire tels qu'ils sont en eux-mêmes. Il affirme ainsi que

> ... si les paroles d'Augustin, du Pseudo-Denys et de Thomas pouvaient me persuader, je leur souscrirais volontiers. Mais comme l'idée était différente, et comme les arguments de l'opinion affirma-

1. Comme le dominicain salmantain Domingo Báñez (†1604), *Scholastica commentaria in primam partem Summae theologicae S. Thomae Aquinatis*, éd. L. Urbano, I, q. 14, a. 6, Madrid-Valence, 1934, p. 339 ; mais aussi chez certains jésuites restés plus fidèles à l'enseignement thomiste sur ce point, comme Gregorio de Valencia (†1603), *Commentariorum theologicorum*, I, disp. 1, q. 14, Paris, 1608, col. 340 : « verissima est illa sententia, quam ex mente divi Augustini D. Thomas hic explicat. Nempe ideam rei esse ipsammet essentiam divinam ut cognitam a Deo, tanquam id, ad cuius imitationem seu similitudinem quandam res ipsa producitur et in quo etiam res tanquam in sui quodam exemplari eminenti cognoscitur a Deo... » ; Adam Tanner (†1632), *Universa theologia scholastica*, Ingolstadt, 1626, t. 1, disp. 2, q. 7, dub. 3, col. 430. Luis de Molina, si innovateur sur la question des futurs contingents, reste pour sa part également assez classique sur la question de la science des possibles. Cf. Luis de Molina (†1600), *Commentaria in primam D. Thomae partem*, q. 14, a. 5-6, disp. unica, Lyon, 1622, p. 154a : « Deus cognoscit alia a se, non in rebus ipsis, sed in seipso, hoc est, intuitus divini intellectus non fertur aeque primo in suam essentiam, ut in rem cognitam, et in naturas, quas aliae res in se ipsis habent, sed primo fertur in suam essentiam... ».

2. Cette liberté croissante à l'égard de l'autorité est la conséquence des nouvelles pratiques interprétatives promues par le dominicain Melchor Cano (†1560) dans son célèbre traité des *Lieux théologiques* : il vaut mieux s'écarter des autorités que de s'y cramponner dogmatiquement, la dissension elle-même pouvant être un signe de révérence. Cf. Melchor Cano, *Locorum theologicorum libri duodecim*, Cologne, 1585 (*editio princeps* : Salamanque, 1563), XII [De locorum usu in scholastica disputatione], c. 1, p. 343 : « Maioremque, meo iudicio, laudem dissentiendo, quam consentiendo assequebatur : tanta erat in dissentiendo reverentia ».

tive sont d'un poids plus lourd et que celle-ci peut s'autoriser de nobles théologiens, je n'hésite pas à la défendre moi aussi[1].

Un autre témoignage précieux est celui de Diego Alarcón (†1634), un jésuite d'Alcalá, qui se dit regretter que certains théologiens de la Compagnie se rangent à l'avis de Domingo Báñez et d'autres thomistes en affirmant que la science de Dieu ne se porte pas directement *in creaturas in seipsis*, mais qu'elle se porte d'abord *in essentiam suam ut medium prius cognitum*. Il leur rappelle qu'ils ont pourtant tort de nier une telle science des possibles *in seipsis*, puisqu'ils concèdent par ailleurs à Dieu une *scientia visionis* sur les possibles futurs qui se porte immédiatement sur eux *absque ulla dependentia et connexione intrinseca cum illis*[2]. Le mot d'ordre paraît ici bien lancé : si l'on conserve la distinction, il s'agit désormais de penser le rapport entre les possibles et la science divine en dehors de toute relation de dépendance, et en dehors de tout recours à l'essence divine comme fondement ou comme médiation.

Quels sont donc ces « nobles théologiens » qui défendent une telle interprétation d'Augustin et de Denys ? En tout premier lieu, il s'agit de Gabriel Vázquez (†1604), professeur à Alcalá et véritable « Phénix des Esprits » s'il faut en croire ses admirateurs[3]. Sa position était bien plus tranchée et a été perçue comme bien plus audacieuse que celle de Francisco

1. Valentín de Herice, *Tractatus de scientia Dei*, disp. 5, c. 4, n. 36, in *Id.*, *Quatuor tractatus in primam partem S. Thomae*, Pampelune, 1623, p. 72b-73a : « Si mihi persuaderem Divum Dionisium, Thomam atque Augustinum adstipulatos praefatae sententiae, ei subscriberem. At cum horum Patrum alia fuerit mens, (...) et cum graviora sint rationum momenta pro affirmante sententia, denique cum nobiles etiam Theologi sint eius patroni, eam ego etiam defendendam suspicio... ». Le cistercien Juan Caramuel y Lobkowitz (†1682), aussi brillant philosophe que philologue, donne une excellente présentation de ce débat interprétatif sur le texte de Denys dans son *Leptotatos latine subtilissimus*, Vigevano, 1681, diss. Theologica, a. 3, n. 453-461, reprenant également les possibles erreurs de traduction latines « car il arrive que ce saint Docteur soit cité pour des opinions qu'il n'a jamais défendues » (n. 453). Et il propose une traduction personnelle *de verbo ad verbum* (n. 458) du chapitre VII, 2 du traité des *Noms divins*.

2. Diego Alarcón, *Prima pars theologiae scholasticae*, Lyon, 1633, II, disp. 2, c. 5, p. 102b. Cette comparaison avec la *scientia visionis* est un argument que l'on retrouvera fréquemment.

3. Valentín de Herice, *loc. cit.*, p. 73a : « ... ac primum in ea est P. Vazquez... ». L'appellation de « Phénix des esprits » vient du théatin sicilien Antonino Diana (†1663), d'après Blaise Pascal, *Provinciales*, 5e lettre, in *Œuvres*, Paris, Gallimard, Pléiade, 1954, p. 714. Le rôle central de Gabriel Vázquez dans ces controverses a également bien été perçu par J.-L. Marion, *La Théologie blanche de Descartes*, Paris, PUF, 1981, p. 53-59, ainsi que par J.-Fr. Courtine, *Suárez et le Système de la Métaphysique*, Paris, PUF, 1990, p. 309-318.

Suárez, qui se dit tantôt favorable à la doctrine thomiste[1], tantôt se réfugie dans l'affirmation invraisemblable, mais si commune chez lui, que la doctrine de saint Thomas et cette doctrine opposée ne se distinguent « que par les mots » mais non sur le fond[2]. Vázquez rejette d'emblée comme improbable la doctrine affirmant que Dieu connaisse les choses *in seipso* en tant qu'il est leur cause. C'est pourtant encore bien plus loin que porte sa critique, dans la mesure où l'essence divine elle-même en tant que premier objet connu ne peut également pas servir de fondement :

> … telle que nous la concevons, la science que Dieu a des créatures ne présuppose pas la toute-puissance, pas plus qu'elle ne présuppose son essence comme connue en tant que cause de celles-ci. Elle ne présuppose donc également pas que l'essence soit un objet primaire qui serait préalablement connu et par l'intermédiaire duquel Dieu penserait les créatures[3].

Ce qui faisait la base même du traitement thomiste de la question, à savoir l'essence divine en tant que médium de toute connaissance des possibles, est donc ici disqualifié et vidé de toute signification pour la connaissance du monde. Vázquez ne prétend pourtant que tirer ses propres conclusions à partir d'un enseignement bien plus généralement admis dans d'autres écoles que celle des héritiers du Docteur Angélique, à savoir chez les *nominales* Guillaume d'Ockham, Durand de Saint-Pourçain, Pierre Auriol et Gabriel Biel, mais dont le cœur de la doctrine, nous dit-il, « peut

1. Francisco Suárez, *De divina substantia*, III, c. 2, n. 3 (Vivès I, 197a) : « Mihique videtur verissima haec sententia, quatenus affirmat, Deum hoc modo cognoscere creaturas in se, non tractando modo de exclusione aliorum modorum. Et sine dubio est clara sententia Dionysii, c. 7, docet enim aperte Deum cognoscendo se, ut supremam causam omnium, unico complexu causae, id est, comprehensione ejus, cognoscere omnia ».

2. Francisco Suárez, *De divina substantia*, III, c. 2, n. 14 (Vivès I, 200a) : « … et controversia quoad hoc inter hos auctores et Thomistas est de nomine ». Les oscillations de Suárez sur cette question expliquent aussi que les commentateurs aient pu apprécier très diversement sa doctrine des essences et des possibles, les uns en le tirant dans le sens d'un essentialisme moderne, pour lequel les vérités éternelles et les essences sont indépendantes de Dieu (cf. notamment J. P. Doyle, « Suárez on the Reality of the Possibles », *The Modern Schoolman* 45 (1967/8), p. 29-48 ; N. J. Wells, « Suárez on the Eternal Truths », *The Modern Schoolman* 58 (1981), p. 73-104, p. 159-174), et d'autres au contraire soulignant sa fidelité à la position augustinienne et médiévale (cf. par exemple J. Hellín, « Las verdades esenciales se fundan en Dios según Suárez », *Revista de filosofía* 22 (1963), p. 19-42).

3. Gabriel Vázquez, *Commentaria ac disputationes in primam partem Summae S. Thomae*, Lyon, 1620, I, disp. 60, c. 2, n. 7, p. 236b : « cum nostro modo intelligendi scientia quam Deus de creaturis habet non supponat omnipotentiam, non supponet etiam essentiam suam cognitam, tanquam causam earum, ac proinde, neque ut primarium obiectum, quo prius cognito creaturas intelligat… ».

être tiré de Duns Scot… »[1]. Cette référence à Scot est précieuse, Vázquez se révélant à cet égard bon historien de la philosophie médiévale. C'est en effet à partir du Docteur Subtil que se fait jour la possibilité d'une connaissance divine qui part bien de l'essence de Dieu, mais qui paraît cette fois-ci se porter *directement* sur les idées des objets tels qu'ils sont en eux-mêmes, et non en lui : *in seipsis, et non in seipso*. Voici bien déjà une « transgression de l'interdit dionysien »[2], niant que l'essence précontienne formellement tous les objets finis sur un mode d'éminence, une transgression dont la scolastique moderne allait accomplir une nouvelle étape. On trouvait chez Scot un emploi paradigmatique de la théorie de la relation : pour qu'il y ait relation d'imitabilité, il faut que les termes de la relation précèdent l'acte de connaissance de cette imitabilité[3]. Alors que chez Thomas, il devait toujours y avoir une médiation par l'essence, chez Scot, les idées peuvent alors être désignées comme des « quiddités immédiatement connues »[4]. Il n'y a plus de relation entre l'essence et ce qui est connu : les idées sont simplement identiques aux choses que Dieu connaît. Au-delà de Scot, c'est alors pour toute la tradition des *nominales* que les idées divines perdent leur fonction médiatrice, pour ne laisser subsister

1. Gabriel Vázquez, *Commentaria*, I, disp. 60, c. 1, n. 1, p. 235b : « … affirmant creaturas a Deo ita proxime in seipsis videri, ut eas non videat in sua essentia, tanquam in obiecto primario prius viso. (…) quae opinio colligi videtur ex Scoto in primo dist. 35… ». La doctrine scotiste des idées peut effectivement être considérée comme une véritable rupture paradigmatique en confrontation de laquelle les autres théories vont s'élaborer, en particulier celles de Guillaume d'Ockham et Pierre Auriol, mais aussi Grégoire de Rimini et Marsile d'Inghen. La noétique ockhamiste en particulier était bien connue des théologiens de la scolastique moderne à travers les invocations rituelles de son commentateur Gabriel Biel. Sur cette tradition nominaliste dans son traitement de la science divine, voir l'étude très documentée de M. J. F. M. Hoenen, *Marsilius of Inghen. Divine Knowledge in Late Medieval Thought*, Leyde-New York-Cologne, Brill, 1993, *passim*. Par ailleurs, on ne saurait sous-estimer l'importance des pensées de Pierre Auriol ou de Durand de Saint-Pourçain, qui ont également transformé le principe de la connaissance thomiste en prétendant le simplifier : l'intellection tend désormais *directement* à la chose même, sans passer par une quelconque relation de ressemblance ou espèce intermédiaire qu'ils considèrent comme des détours inutiles. Sur cette évolution, et sur le débat Auriol-Capréolus au XIVe siècle qui préfigure en quelque sorte le débat Vázquez-Cajetan, voir J.-L. Solère, « Capréolus et la théorie des idées divines », in *Jean Capréolus et son Temps 1380-1444. Colloque de Rodez*, éd. G. Bedouelle, R. Cessario, K. White, Paris, Cerf, 1997, p. 87-108.

2. O. Boulnois, *Être et Représentation, op. cit.*, p. 415.

3. Jean Duns Scot, *Ord.* I, d. 35, q. un., n. 25 (Vat. VI, 254) : « Deus prius naturaliter est imitabilis a creatura quam intelligatur imitabilis : quia enim est imitabilis, ideo vere comparatur ut imitabilis a creaturis, ut videatur, et non e converso ; ergo ante illam comparationem factam per intellectum, essentiae ut imitabilis, est in essentia imitabilitas ».

4. Jean Duns Scot, *Ord.* I, d. 35, q. un., n. 42 (Vat. VI, 263) : « immo ipsum obiectum cognitum est idea ». *Ibid.*, n. 44 : « ideae ponantur esse quiditates ut cognitae ».

plus que le face-à-face de l'essence divine et des objets dans le monde. C'est ainsi que pour Guillaume d'Ockham, les idées ne désignent que les créatures elles-mêmes en connotant leur éternelle intelligibilité[1]. Dieu conçoit proprement et directement les créatures, les connaît distinctement, donc aussi dans leur singularité. Il en va de même pour Grégoire de Rimini, fréquemment invoqué par ces auteurs de la scolastique moderne, qui rejette la fonction médiatrice des idées et affirme que *nullum talem medium sit ponendum*[2].

Pourtant, il y a une limite que tous ces auteurs n'ont pas franchie, et c'est précisément celle-ci que Vázquez s'apprête à transgresser : retirer à Dieu toute forme d'antériorité face au monde, et soumettre au contraire sa connaissance à la vérité intrinsèque des possibles et des créatures. Dieu ne contient plus formellement en lui-même la raison des créatures, et par conséquent la connaissance de sa première vérité ne peut plus être le moyen de la connaissance des vérités secondes[3]. Pour connaître les créatures, Dieu doit donc les saisir dans leur être propre formel, qui est à la fois distinct et indépendant de cet être éminent qu'elles peuvent avoir en Dieu. Aussi, Vázquez entend s'opposer sur ce point non seulement à la tradition thomiste, mais il cherche également à liquider toute forme de dépendance *principiative* des possibles face à l'intellect divin qui reste maintenue dans la conception scotiste[4] – même si cette dernière ne faisait plus l'unanimité dans l'école scotiste elle-même à ce moment là, comme en témoignent une série de controverses[5]. Tel est le sens de la critique qu'il oppose au Docteur

1. Guillaume d'Ockham, *Scriptum in librum primum Sententiarum (Ordinatio)*, d. 35, q. 5, éd. G. Etzkorn, Fr. Kelley, St. Bonaventure, N.Y., 1979 (*Opera theologica* [= Oth. suivi du numéro de tome et de page], t. IV, p. 488).

2. Grégoire de Rimini, *Lectura super primum et secundum Sententiarum*, I, d. 35-36, q. 1, éd. A. Trapp, V. Marcolino, Berlin, 1984, t. III, p. 234 : « … quia [Deus] quodlibet novit immediate et non per aliquod medium cognitum medians inter cognitionem et rem cognitam ; igitur quodlibet novit intuitive » ; cf. *ibid.*, d. 38, q. 2, p. 280 *sq.*

3. Gabriel Vázquez, *Commentaria*, I, disp. 60, c. 1, n. 8, p. 236b : « Deus autem non continet in se formaliter rationem creaturarum ; imo in se omnino dissimilis est. Ergo cognitus prius non potest esse medium cognoscendi creaturas ».

4. Cf. Jean Duns Scot, *Ord.* I, d. 43, q. un., n. 6 (Vat. VI, 354) : « reducendo quasi ad primum extrinsecum principium, intellectus divinus erit illud a quo est primo ratio possibilitatis in lapide. Non ergo illa potentia activa a qua Deus dicitur omnipotens, est prima ratio ratio possibilitatis in lapide ». *Ibid.*, n. 7 : « possibile, secundum quod est terminus vel obiectum omnipotentiae, est illud cui non repugnat esse et quod non potest ex se esse necessario ; lapis, productus in esse intelligibili per intellectum divinum, habet ista ex se formaliter et per intellectum principiative ».

5. On trouve un premier grand débat sur cette question à la chaire de scotisme de l'université de Salamanque, comme nous en informe une très instructive *relectio* de l'augustin Basilio Ponce de León (†1627), *Variarum disputationum ex utraque theologia*

Subtil, après l'avoir défendu contre les « fausses » accusations que portaient contre lui les thomistes [1] :

> C'est pour une autre raison que j'estime que cette théorie de Duns Scot n'est pas probante dans la controverse qui nous occupe ici : parce qu'il ne convient pas de dire que les choses seront ou sont de telle nature parce qu'elles sont connues de Dieu, mais plutôt qu'elles sont connues comme futures ou de telle nature parce qu'elles sont futures ou de telle nature [2]. De même, les choses ne

scholastica et expositiva, Salamanque, 1611, rel. 5, p. 568-585 : « Quae fuit in petitione cathedrae Scoti tertia ex tempore, circa id, quod disputat Scotus in lib. I Sententiarum, d. 43 », une première tendance insistant sur l'indépendance *formelle* des possibles et une seconde maintenant leur dépendance *principiative* par rapport à la pensée divine. Cette question a divisé les scotistes tout au long du XVIIe siècle, et l'une des plus célèbres controverses est celle qui opposa à Rome le conventuel Bartolomeo Mastri da Meldola (†1673) et l'observant irlandais John Punch (Poncius, †1660), ce dernier ayant défendu une « possibilité logique » indépendante de tout intellect divin, et dont Mastri suggérait d'ailleurs qu'elle lui venait en réalité de Vázquez. Cf. e.a. Bartolomeo Mastri da Meldola, *Disputationes theologicae in primum librum Sententiarum quibus Scoti theologia vindicatur... editio novissima*, Venise, 1731, disp. 3, q. 2, a. 2, p. 105a-109b. Cette controverse est désormais bien connue grâce aux contributions de J. Coombs, « The Possibility of Created Entities in Seventeenth-Century Scotism », *The Philosophical Quarterly* 43 (1993), p. 447-457 et de St. Sousedík, « Der Streit um den Wahren Sinn der Scotistischen Possibilienlehre », in *John Duns Scotus : Metaphysics and Ethics*, éd. L. Honnefelder, R. Wood, M. Dreyer, Leyde-New York-Cologne, Brill, 1996, p. 191-204 ; T. Hoffmann, *Creatura intellecta. Die Ideen und Possibilien bei Duns Scotus mit Ausblick auf Franz von Mayronis, Poncius und Mastrius*, Münster, Aschendorff, 2002. Des passages de Leibniz et de Pierre Bayle témoignent également encore de l'écho de ces controverses, comme le rappellent dans ce volume les contributions de V. Carraud, « Connaître comme Dieu connaît. Omniscience et principe de raison suffisante » et de J.-L. Solère, « Bayle et les apories de la science divine ».

1. Gabriel Vázquez, *Commentaria,* I, disp. 70, c. 2, p. 276b-277a. L'accusation classique était celle du « wyclifianisme », à savoir de convertir, à l'instar de Jean Wyclif, l'*esse intelligibile* des créatures, c'est-à-dire cette forme d'être diminué qui leur revient à partir de la connaissance divine, en un *esse simpliciter.* Cf. Tommaso de Vio (Cajetan), *Commentaria in Summam*, I, q. 14, a. 5 (Leon. IV, 175) : « ... dicitur quod fundamentum illud Scoticum supponit hoc falsum, scilicet quod esse cognitum sit quoddam esse absolutum, etc. extra intellectum. (...) Quoniam patet, nihil aliud est quam esse relativum, denominatio extrinseca. (...) Sed cum ulterius infertur, ergo talia producta habent esse in seipsis, negatur ; quoniam nihil aliud tali productione fit nisi denominatio extrinseca ». Cf. également Domingo Báñez, *Scholastica commentaria*, I, q. 14, a. 6, col. 431 : « ... parum et consentanea fidei » ; *ibid.*, I, q. 15, a. 1, col. 476 ; Francisco Zumel, *Commentaria in Primam D. Thomae partem*, Venise, 1597, q. 14, a. 5, concl. 5, p. 290a. Sur la réalité de l'enseignement de Wyclif, voir V. Herold, « Neuplatonismus in der Ideenlehre bei Johann Wyclif und an der Prager Universität », in *Néoplatonisme et Philosophie médiévale. Actes du colloque international de Corfou 6-8 octobre 1995*, éd. L. Benakis, Turnhout, Brepols, 1997, p. 253-271.

2. Il convient de noter ici le parallélisme entre la solution de Vázquez à la connaissance divine des essences possibles et celle qu'il avait proposée précédemment pour la connais-

sont pas possibles parce qu'elles sont connues, mais elles sont connues parce qu'elles sont possibles : ce qui revient à dire que c'est parce qu'elles peuvent réellement être qu'elles sont connues comme pouvant être et n'impliquant aucune contradiction (*sic etiam res non sunt possibiles, quia cognoscuntur, sed ideo cognoscuntur, quia sunt possibiles, hoc est, ideo cognoscuntur posse esse et nullam implicare contradictionem, quia revera posse esse*). C'est de la même manière que nous dirons plus loin que des péchés ne sont pas mauvais parce que nous savons qu'ils sont mauvais ou parce qu'ils sont interdits par Dieu, mais bien plutôt l'inverse[1]. En effet, l'intellect spéculatif ne fait pas les choses, mais suppose l'être et l'objet qu'il connaît. C'est pourquoi, si Dieu était autrement, au point qu'il serait incapable de connaissance, les créatures seraient néanmoins possibles par un lieu intrinsèque, comme on dit, c'est-à-dire que par elles-mêmes (*ex se*) il n'y aurait pas de contradiction à ce qu'elles soient de telle ou de telle nature et puissent être produites dans le temps, si Dieu était tout-puissant autrement que par la connaissance et la volonté. Par conséquent, d'après notre manière de comprendre, une chose est d'abord possible, c'est-à-dire qu'elle n'implique pas contradiction par elle-même (*ex se*), avant qu'elle ne soit connue par l'intellect divin[2].

Pour Vázquez, l'erreur de Scot n'est dès lors pas d'avoir été trop loin, comme le lui reprochent la plupart des thomistes, mais *pas assez*, ou de n'avoir pas mesuré toutes les virtualités que recèle sa théorie de l'*esse obiectivum* ou de l'*esse cognitum* comme production des essences dans un être intelligible. Pour Vázquez et ceux qui allaient le suivre dans cette voie, l'objet de l'intellect divin n'est pas seulement défini extrinsèquement comme un *esse cognitum*, mais bien comme un être formel antérieur à la pensée divine, et on voit s'accomplir une nouvelle étape par rapport à ce qu'avait rendu possible initialement la théologie de Jean Duns Scot[3]. Dans

sance divine des futurs contingents : bien que lui-même réfractaire à la doctrine de la *scientia media* qui s'imposait en ces mêmes années au sein de la Compagnie et proche de la solution scotiste d'une connaissance divine par le décret volontaire de Dieu, Vázquez réfutait également la ligne d'argumentation thomiste classique et estime que Dieu connaît les futurs *en tant que futurs* et parce qu'ils sont futurs, et non en tant que présent à l'éternité divine. Cf. à ce propos les développements disp. 68, c. 6 [« La chose est connue avec certitude de Dieu parce qu'elle est future, non inversément »], n. 35, I, p. 269a.

1. Cf. *Commentaria ac disputationes in Iam-IIae*, q. 71, a. 6, disp. 97, c. 3, n. 6, III, p. 454b.

2. Gabriel Vázquez, *Commentaria*, I, disp. 104, c. 3, p. 510a. Cf. également disp. 78, c. 2 : « … dicemus enim contra Scotum, non ideo res esse possibiles et non implicare contradictionem, quia intelliguntur a Deo ».

3. Une deuxième étape certes déjà préfigurée par certains auteurs antérieurs, en particulier par le franciscain François de Meyronnes, qui pensait également les « essences

un premier temps, le Docteur Subtil avait en effet permis de penser une essence propre et formelle des possibles indépendamment de toute puissance causale en les posant comme les objets directs de l'intellection divine, ce qu'exprimait sa fameuse formule d'une possibilité *formaliter ex se* et *principiative ab intellectu* : pour qu'une chose soit possible, il suffit qu'elle ne contienne pas formellement de contradiction, mais pour qu'elle soit intelligibile, il faut néanmoins que cette non-contradiction soit soutenue par la pensée divine [1]. Or, si la première fondation « formelle » est maintenue chez ces auteurs de la scolastique moderne, l'intellect divin perd quant à lui son pouvoir « principiatif » pour se voir en quelque sorte soumis à l'intelligibilité propre de ses objets et perdre ainsi toute fonction constitutive.

Le monde s'éloigne ainsi jusqu'au point de se séparer complètement de la source de son être qu'est la pensée du Dieu de la théologie. L'idéal d'une connaissance de l'autre à partir d'une connaissance de soi, hérité du néo-platonisme de Plotin à Denys, est ici définitivement transgressé [2]. Le recours à la connaissance de soi-même n'est plus le fondement pour la connaissance de l'autre, Dieu n'est plus l'objet premier de son intellection, mais seulement un objet *partiel*, face à ce monde qu'il doit désormais saisir selon une nouvelle forme de connaissance, sans passer par sa propre vérité. Le jésuite Diego Alarcón lui-même paraît effrayé d'avoir suivi son maître Vázquez sur ce point, et conclut son chapitre par une forme de rétractation, en affirmant que « ceux-là se méprennent gravement, lorsqu'ils affirment

créables » indépendamment de toute pensée divine. Plusieurs auteurs de la scolastique moderne avaient bien vu l'originalité de François de Meyronnes sur ce point, voyant en sa théorie des abstraction la continuation de l'essentialisme d'Henri de Gand, comme c'est le cas du capucin italien Giovanni Maria Zamoro (†1649), *Disputationes theologicae de Deo uno et trino*, tr. III, q. 7, a. 1, n. 8, Venise, 1626, p. 265b-266a. Sur la position de François, voir dans ce volume l'étude de T. Hoffmann, « Les idées comme essences créables chez François de Meyronnes », p. 117-135. Cette position avait toutefois toujours été marginale dans l'école scotiste et franciscaine médiévale, qui maintenait toujours la primauté de l'intellection divine. Voir par exemple la discussion du scotiste Petrus de Atarrabia (†1347), *Scriptum in primum Sententiarum*, éd. P. Sagües Azcona, Madrid, 1974, d. 36, q. 1 [Utrum creatura possit esse per se obiectum intellectus divini], n. 23 : « et ideo dico quod creatura nullum esse repraesentatum vel expressum habet formaliter nisi per ipsam intellectionem ».

1. Cf. Jean Duns Scot, *Ord.* I, d. 43, q. un., n. 7 (Vat. VI, 354).

2. Sur la mise en place de ce modèle, voir dans ce volume la contribution de C. D'Ancona Costa, « Proclus, Denys, le *Liber de Causis* et la science divine ». Les scolastiques du XVIIe s. ne lisaient guère les écrits néoplatoniciens : une exception notable en est ici le jésuite français Théophile Raynaud (†1663), qui défend pour sa part vindicativement la thèse dionysienne d'une connaissance des possibles par Dieu *in seipso*, contre la tendance dominante au sein de la Compagnie, en s'appuyant précisément sur des écrits des néoplatoniciens de la Renaissance et sur Proclus et Plotin eux-mêmes, notamment *Ennéades* V, 9, 5. Cf. Théophile Raynaud, *Theologia naturalis, sive entis increati et creati intra supremam abstractionem ex naturae lumine investigatio*, dist. 8, q. 1 [« de divino intellectu »], Lyon, 1622, p. 784b.

qu'il y a en Dieu une *autre* forme de connaissance adéquatement distincte qui se porte sur les seules créatures prises en elles-mêmes, et non pas sur la première vérité »[1]. De même, une remarque de Francisco Suárez, lorsqu'il expose la doctrine en question, permet de mesurer l'ampleur du doute qui avait gagné les esprits au début du XVIIe siècle : « et bien que Dieu soit premier au niveau de la connaissance, de l'actualité et même de la nécessité, il n'est pas pour autant à proprement parler son premier objet de connaissance, de telle sorte qu'il serait comme le principe de la connaissance d'un autre objet partiel ; mais il se situe de ce point de vue quasiment à égalité ou de manière concomitante »[2]. Il semble donc y avoir une « quasi » égalité entre deux formes de connaissance, celle que Dieu prend des créatures *in seipso* et celle qu'il prend des créatures *in seipsis*, ce qui paraît littéralement détruire la sentence acceptée par toute la théologie médiévale selon laquelle Dieu se porte toujours sur son essence à titre d'objet premier et sur le monde seulement à titre d'objet secondaire[3]. Une doctrine de l'égalité entre la connaissance que Dieu a de soi et celle qu'il peut prendre du monde que Jean Duns Scot lui-même n'aurait jamais osé enseigner, comme en témoigne la défiance des scotistes à l'égard de ceux qui voudraient interpréter la parole du Docteur Subtil dans ce sens. Ainsi, c'est en rappelant toute l'autorité du Prologue de l'*Ordinatio*, où Scot affirme que les créatures ne sont pas connues *in seipsis* mais toujours seulement par le

1. Diego Alarcón, *Prima pars theologiae scholasticae*, II, disp. 2, c. 5, p. 102b : « … et multo peius errant qui docent dari in Deo aliam cognitionem adaequate distinctam, qua feratur in solas creaturas secundum se et nullo modo in primam veritatem : cui sententia favere putant Scotum et Nominales ; sed decipiuntur (…) quia nulla potest esse in Deo cognitio, quae non sit infinitae perfectionis secundum essentiam ex parte obiecti ; atque adeo nulla esse potest, quae intrinsece specificetur, et adaequate a creaturis ipsis cognitis ».

2. Francisco Suárez, *De divina substantia*, III, c. 2, n. 14 (Vivès I, 200a) : « … et licet Deus sit prius cognitione et actualitate et fortasse etiam necessitate, tamen non est proprie objectum primarium, ita ut sit alteri obiecto partiali ratio cognoscendi, sed sub ea ratione quasi ad aequalitatem, seu concomitanter se habet ».

3. C'est bien là une thèse qui remonte à la tradition des *Nominales*, qui affirment qu'en dépit de son éminence, c'est par une seule et même intellection que Dieu et les créatures sont atteints par la science divine. Cf. Guillaume d'Ockham, *Ord.* I, d. 35, q. 3 (OTh IV, 456) : « Unde dico quod quamvis obiectum unum sit prius alio obiecto, tam natura quam perfectione quam origine, tamen intellectio unius obiecti nulla prioritate imaginabili est prior intellectione alterius obiecti, quia est eadem omnino sine omni distinctione imaginabili ». Certains jésuites tentaient néanmoins d'interpréter Ockham de manière plus classique, rappelant que lui aussi maintenait la disparité entre les deux objets, par exemple le jésuite napolitain Girolamo Fasulo (Fasolus), *Commentariorum in primam partem Summae D. Thomae*, q. 14, a. 5, dub. 1, n. 6, Lyon, 1629, t. II, p. 19b-20a : « … quod neipsi Nominales negant, quamvis in contrarium referri solant ».

biais de l'éminente faculté divine qu'est la *scientia theologica divina*[1], qu'Alonso Briceño (†1669), lui-même pourtant un scotiste plus qu'audacieux, réfute la doctrine – comme en écho direct à la remarque de Suárez – selon laquelle il y aurait une forme d'égalité entre les deux en concluant que Scot « n'a jamais ni légèrement laissé entendre que la créature puisse immédiatement ou de manière *également première* faire l'objet de la science de Dieu »[2].

Un survol des innombrables traités portant sur la science divine produits au cours du XVIIe révèle bien que Gabriel Vázquez a introduit sur ce point un véritable schisme parmi les grands docteurs de la Compagnie de Jésus. Dans sa radicalité, la position de Vázquez était à l'origine bien solitaire, *sententia cuius ipse solus est author*, peut-on lire partout[3], et il faudra attendre au moins une génération pour voir quelques autres jésuites suivre sa pensée jusqu'au bout et en développer toutes les conséquences pour l'ontologie[4]. La thèse de Vázquez connut également du succès en

1. Jean Duns Scot, *Ord.*, prologus, pa. 3 [de obiecto theologiae], q. 3, n. 201 (Vat. I, 136) : « Ideo dico aliter, quod theologia divina est de omnibus cognoscibilibus, quia obiectum primum theologiae suae facit omnia alia actu cognita in intellectu eius, ita quod si in primo signo naturae est essentia sua primo cognita intellectui suo, et in secundo signo naturae quiditates continentes virtualiter veritates proprias, in tertio signo sunt istae veritates, virtualiter contentae in illis quiditatibus, sibi notae (...). Sic ergo Deus de omnibus cognoscibilibus solum habet cognitionem theologicam, quia tantum virtute primi obiecti theologici actuantis intellectum eius, ita quod theologia Dei non tantum est de omnibus, sed etiam est omnis cognitio possibilis Deo de eis (...) ».

2. Alonso Briceño, *Celebriorum controversiarum in primum Sententiarum Ioannis Duns Scoti*, Madrid, 1638, t. II, contr. 11, a. 2, p. 19a : « ... Scotum nunquam vel leviter insinuasse, creaturam immediate seu aeque primo attingi a scientia Dei ».

3. Cf. le jugement du carme Pedro Cornejo de Pedrosa, *Tractatus primus de scientia Dei*, in *Reverendi P.M.F. Petri Cornejo Carmelitae theologi praestantissimi, ac publici Salmanticensis Academiae Cathedrarii diversarum materiarum quas in eodem gymnasio dictavit*, Valladolid, 1628, p. 79ab; mais aussi des jésuites Girolamo Fasulo, *Commentaria in primam*, q. 14, a. 5, dub. 2, t. II, p. 23b; Pedro Hurtado de Mendoza, *Tractatus de scientia Dei*, BU Salamanque, Ms. 62, f. 70r.

4. Outre Valentín de Herice déjà cité, on peut compter parmi ses partisans le jésuite d'origine flamande, enseignant à Vienne, Martin Becanus, *Summa theologiae scolasticae*, Paris, 1625, tr. 1, c. 10, q. 4, n. 4-6; à Valladolid, Francisco de Lugo, *Theologia scholastica in primam partem S.* Thomae, Lyon, 1647, I, disp. 27, n. 25, concède également son argumentation, suivie également par l'ex-jésuite Martín de Albiz, *De altissima scientia, inscrutabili voluntate, ininvestigabili praedestinatione ac ineffabili Trinitate Dei*, Alcalá, 1632, tr. 1, disp. 5, s. 2, n. 18. Enfin, à Salamanque, il n'est pas surprenant qu'un philosophe fortement influencé par la noétique nominaliste comme Pedro Hurtado de Mendoza (†1651) lui emboîte le pas, dans son remarquable traité sur la science divine resté manuscrit. Cf. Pedro Hurtado de Mendoza, *Tractatus de scientia Dei*, BU Salamanque, Ms. 62, f. 69v-70r; Rodrigo de Arriaga, *Tractatus de scientia Dei*, in *Disputationes theologicae in primam partem D. Thomae*, t. I, Anvers, 1643, disp. 19, s. 4, n. 22, p. 197ab. Sur la théorie des possibles et

milieu protestant[1], et dans le monde de la scolastique catholique, deux écoles commencent ainsi à se distinguer : une première école que l'on qualifiera ici d'« essentialiste », qui cherchait à développer une ontologie des possibles tout à fait indépendante de la science divine, et une école « anti-essentialiste », tentant au contraire de réintégrer l'origine des possibles, des vérités et des créatures dans la pensée divine, notamment à la faveur d'une réinterprétation de l'œuvre d'Augustin. De fait, les condamnations verbales de la position essentialiste qui prend appui sur les écrits de Vázquez et met en question le principe augustinien du *Deus auctor essentiarum* furent nombreuses et passionnées, bien que l'affaire ne fut jamais portée devant les autorités inquisitoriales : le thomiste louvaniste Jean Wiggers (†1639) juge « sans fondement » et « folle » cette tentative de détourner le sens des paroles de Thomas d'Aquin[2]. Le jésuite français Louis Le Mairat (†1664) juge son interprétation *violenta*[3], et le jésuite sévillan Diego Ruiz de Montoya (†1632), auteur du traité peut-être le mieux documenté sur la question, estime cette doctrine tout à fait *temeraria*[4]. Au cours de la seconde moitié du XVIIe, l'opposition à l'essentialisme vazquezien suscita également les critiques de plusieurs grands métaphysiciens de la Compagnie, comme Gaspar de Ribadeneira (†1675) à Alcalá, ou Antonio Pérez[5], Martín de Esparza y Artieda (†1689) et puis Tirso González de Santalla (†1701) à Rome. Enfin, il n'est bien entendu pas étonnant que l'orthodoxie dominicaine ait réagi de la même manière, en

l'ontologie de Hurtado de Mendoza et d'Arriaga, voir T. Saxlová, « Das seiende als solches in Arriagas Metaphysik », in *Rodrigo de Arriaga. Philosoph und Theologe*, éd. T. Saxlová, St. Sousedík, Prague, Karolinum, 1998, p. 141-168.

1. Comme en atteste par exemple à Iéna le professeur de métaphysique, successeur de Daniel Stahl, Friedemann Bechmann (†1702), *Dissertatio academica de scientia Dei, partim Photinianis, partim vero Calvinianis opposita*, Iéna, 1667, c. 7 : « Deum cognoscere creaturas possibiles secundum esse proprium et particulare quod in seipsis habere possunt extra Deum : et conclusio I : Deus per naturalem scientiam cognoscit omnes creaturas possibiles immediate in seipsis ».

2. Jean Wiggers, *Commentaria in primam partem D. Thomae Aquinatis*, Louvain, 1651, q. 14, a. 6, p. 110b : « Unde sine fundamento vult Vasquez ad alium sensum verba Divi Thomae trahere (...) quare mirum est quod etiam hanc authoritatem conetur Vasquez ad alium sensum detorquere ».

3. Louis Le Mairat (Maeratius), *Tractatus de Deo,* in *Disputationes in Summam theologicam S. Thomae*, Paris, 1633, disp. 23, s. 2, p. 101a.

4. Diego Ruiz de Montoya, *Commentarii ac disputationes de scientia Dei, de Ideis, de Veritate ac de vita Dei*, Paris, 1629, disp. 5, s. 4, n. 14, p. 40b.

5. Antonio Pérez, *In primam partem D. Thomae tractatus V. Opus posthumum*, Rome, 1656, p. 173a ; p. 322a, qui critique fortement l'essentialisme vazquezien. Sur la critique de Pérez à l'égard de l'essentialisme vazquezien, voir T. Ramelow, *Gott, Freiheit und Weltenwahl. Die Metaphysik der Willensfreiheit zwischen A. Pérez und Leibniz*, Leyde-New York-Cologne, Brill, 1997, p. 249 et *passim*.

soulignant le danger d'ainsi percevoir les créatures comme mouvant l'intellect, comme en atteste la longue critique des thèses de Vázquez et de Herice dans les grands *Cours théologiques* de João Poinsot (Jean de Saint Thomas, †1644) ou de Pedro de Godoy (†1677)[1]. En dépit de cette opposition généralisée, Gabriel Vázquez devint néanmoins la figure de proue théologique d'un nouvel essentialisme philosophique qui connut quelques disciples fidèles et originaux, au point que naquit un authentique parti de *Vazquistas*, comme Diego Alarcón ou Gaspar Hurtado à l'université d'Alcalá[2]. Cette école essentialiste proposa peut-être pour la première fois dans l'histoire des métaphysiques médiévales, une ontologie entièrement indépendante de la *scientia Dei*, en concevant les possibles et les essences comme distincts *a parte rei* de l'intellect divin. Dans cette école essentialiste figurent certains des représentants les plus originaux de la rénovation de la métaphysique au XVIIe siècle, comme par exemple le jésuite napolitain Francesco Albertini (†1619)[3] et le jésuite madrilène Sebastián Izquierdo (†1681) : les possibles, les essences et les créatures actuelles ne sont plus constitués par l'intellection, mais ils lui font littéralement face, elles

1. Cf. João Poinsot [Joannes a Sancto Thoma], *Cursus theologicus*, opera et studia monachorum quorumdam Solesmensium O.S.B. editus, 5 vols., Paris-Tournai-Rome, 1931-1964 (= éd. Solesmes), I, disp. 15, a. 3, n. 4, t. II, p. 264 et *passim*. Conformément à l'usage qui s'est imposé ces dernières années suite aux travaux de John Deely, nous utilisons ici le nom « civil » du grand dominicain.

2. Cf. Felipe Aranda, *In primam partem de Deo sciente, praedestinante et auxiliante, seu Schola Scientiae Mediae*, Saragosse, 1693, p. 374.

3. Francesco Albertini, *Corollaria seu quaestiones theologicae*, Lyon, 1629 (*editio princeps* 1606), disp. 1, q. 1, t. II, p. 7a : « hoc esse essentiae, seu quidditativum, absolutum intrinsecum, quod, ut probatum est, habeat creatura ante existentiam, est a parte rei extra intellectum divinum ». Dans ses *Corollaria*, Albertini s'était proposé de déduire et traiter les « corollaires » théologiques de propositions philosophiques elles-mêmes axiomatisées – une innovation pédagogique audacieuse malheureusement peu suivie. Souvent discutée, cette thèse d'Albertini a provoqué bien des perplexités parmi les théologiens de la Compagnie de Jésus : nombreux furent ceux qui tentèrent de prendre leurs distances par rapport à cette thèse essentialiste extrême (par exemple Francisco de Oviedo, *Controversiae metaphysicae*, contr. 2, in *Id.*, *Cursus philosophicus*, 2e éd., Lyon, 1663, p. 226b-227a), alors que d'autres s'efforcèrent de minimiser l'enjeu en n'y voyant qu'une simple méprise sur les mots (par exemple Nicolás Martínez (†1676), *Deus sciens sive de scientia Dei*, Munich, 1678, contr. 2 [Deus sciens possibilia], s. 1, p. 82 : « Unde ego credo, quod sententia Albertini discrepet a sententia communi Theologorum omnium in solo abusu terminorum, qui in hac materia frequentissime accidit, ut experiuntur, qui in Scholis assidue versantur »). Sur les débats concernant le statut ontologique (simplement négatif ou véritablement positif) de ces essences possibles définies par la non-contradiction et le rôle important d'Albertini dans la controverse, voir notre étude : « Les paradoxes métaphysiques d'Henri de Gand durant la seconde scolastique », *Medioevo. Rivista di Storia della filosofia medievale* 24 (1998), p. 89-149, p. 113-127 en particulier.

forment une sorte de règne doté d'une vérité objective qui leur est propre et intrinsèque, comme l'exprime Izquierdo dans une des propositions de son grand-œuvre théologique :

> Dieu connaît tant les créatures existantes que possibles en elles-mêmes par un acte de science (*per actum scientiae*). Seules [les créatures] qui ont en elles-mêmes une cognoscibilité ou une vérité objective meuvent et déterminent l'intellect divin à un tel acte, et par conséquent celles-ci seules sont l'objet formel ou moteur (*motivum*) d'un tel acte. La raison en est évidente : puisque toutes les créatures ont par elles-mêmes et en raison d'elles-mêmes *(per se et ratione sui)* une entité ou une essence propre actuelle ou possible distincte de Dieu (*distinctam a Deo*), elles ont donc également une cognoscibilité qui leur est propre, ou une vérité objective qui leur est attribuée inséparablement de leur essence ou de leur entité. C'est donc également par elles-mêmes qu'elles ont la force (*vim habent*) de mouvoir et de déterminer l'intellect divin à sa connaissance, dans la mesure où il ne peut ignorer aucune vérité. Ce qui revient à dire qu'elles sont en elles-mêmes connaissables par Dieu [1].

Le monde n'*est* plus parce que Dieu l'a su et connu de toute éternité. Au contraire, c'est parce que le monde *est* et que Dieu doit connaître tout ce qui est, que Dieu le connaît. Izquierdo ne se contente pas ici de dire que Dieu connaît les possibles et les créatures *in seipsis* : il ajoute que l'entité des créatures est première, et que c'est en raison de leur cognoscibilité intrinsèque que Dieu peut les connaître. Il pose ainsi une vérité et une entité *a parte rei* indépendante de l'intellect divin. En détruisant ainsi la dimension constitutive de la pensée divine, Izquierdo concluait à une autonomisation totale du *status possibilitatis* et en fit la base d'une véritable ontologie des états de chose, rénovant ainsi profondément la méta-

1. Sebastián Izquierdo, *Opus theologicum iuxta atque philosophicum de Deo uno, ubi de essentia et attributis divinis ubertim disseritur*, tr. IX, disp. 25, q. 1, prop. 1, n. 4, t. II, Rome, 1670, p. 47b-48a. Cet *Opus theologicum*, qui fait suite à son *Pharus Scientiarum*, Lyon, 1659, peut être considéré comme la première tentative de donner une présentation déductive complète de la théologie jésuite du XVIIe siècle, sous forme de propositions démontrées. Son influence fut considérable jusqu'à Leibniz, et nombre des métaphysiciens espagnols les plus originaux du tournant du XVIIe et XVIIIe étaient ses élèves. Sur l'originalité de la métaphysique et de la théologie d'Izquierdo, sur laquelle nous reviendrons dans des travaux ultérieurs, voir R. Ceñal, « El P. Sebastián Izquierdo y su *Pharus Scientiarium* », *Revista de filosofía* (Madrid), 1 (1942), p. 127-154 ; J. L. Fuertes Herreros, *La lógica como fundamentación del arte general del saber en Sebastián Izquierdo : Estudio del "Pharus Scientiarum"*, Salamanque, Ediciones Universidad de Salamanca, 1981.

physique [1]. À partir du moment où la pensée de Dieu n'est plus constitutive des essences et des vérités, elle est alors devenue seulement « indifférente », comme le concluait Agustín de Herrera († 1684), un autre jésuite d'Alcalá : Dieu est de lui-même indifférent tant à la possibilité qu'à l'impossibilité de n'importe quelle créature, et on peut donc déduire légitimement de cette supposition que Dieu n'est pas plus le médium permettant d'établir la possibilité que l'impossibilité de celle-ci [2].

Science divine et noétique

La remise en question des modèles classiques de la science divine – causalité exemplaire, connaissance dans l'essence ou production dans l'être intelligible – n'était pourtant qu'une première étape de l'argumentation de ces nouveaux théologiens. Leur propos n'est en effet pas d'ôter à Dieu toute connaissance, mais seulement de dire que celle-ci n'est plus proprement constitutive. Afin d'expliquer comment Dieu, dans ces conditions, connaît le monde, Vázquez introduit alors de nouveaux outils méthodologiques :

> J'estime pour ma part que Dieu aperçoit (*intueri*) toutes les choses créées dans sa propre essence, mais d'une autre manière que Cajetan ne le pensait. J'estime en effet que Dieu les connaît en lui-même non pas en vertu du fait qu'il se pense préalablement lui-même comme cause et objet primaire, mais qu'il les pense en lui-même comme dans un verbe ou une espèce expresse [3].

L'essence divine opère donc comme une *species* expresse ou exprimée – et non impresse ou imprimée, puisque résultant de l'activité spirituelle du connaissant. Parler de *species* pour la connaissance divine n'est en soi

1. Sebastián Izquierdo, *Pharus Scientiarum*, disp. 11, q. 1 [Quid sit possibile in universum; quid possibilitas; et quotuplex ?], prop. 2, n. 22, p. 271a : « Esse possibiles creaturas possibilitate primaria seu radicali non est denominatio extrinsece illis proveniens a scientia Dei », une affirmation qu'Izquierdo comprend d'ailleurs également comme dirigée contre la doctrine de Duns Scot et la théorie de l'*esse diminutum*, car celui-ci reste toujours lié à l'intellection divine. Cf. *ibid.*, n. 11, p. 270a.

2. Agustín de Herrera, *Tractatus de scientia Dei*, Alcalá, 1672, q. 5, s. 1, n. 14, p. 85 : « Hi enim Authores cum sentiant Deum ex se indifferentem esse, tam ad possibilitatem, quam ad impossibilitatem cuiuslibet creaturae, recte utique ex hac suppositione inferunt Deum non esse medium potius possibilitatem, quam impossibilitatem creaturae suadens : nec in Deo, potius ut possibilem, quam ut impossibilem et repugnantem creaturarum apparere ».

3. Gabriel Vázquez, *Commentaria*, I, disp. 60, c. 2, n. 5, p. 236a : « ego quidem arbitror, Deum in sua ipsius essentia res omnes creatas intueri, diverso tamen modo quam Caietanus putavit, nempe Deus in seipso eas cognoscere, non ex eo quod seipsum tanquam causa et primarium obiectum prius intelligat, sed in seipso tanquam in verbo et specie expressa ».

pas un argument nouveau : Thomas d'Aquin lui-même concédait que l'essence de Dieu agissait comme une telle forme intelligible [1]. Toutefois, cette mobilisation d'une doctrine de la *species* pour décrire la connaissance opérée à partir de l'essence divine, au même titre que l'on utilisera communément une doctrine du *concept* pour expliquer la fonction représentative des idées divines, est profondément tributaire de la compréhension du rôle représentatif que l'on estime devoir faire jouer à ces intermédiaires dans le processus de la connaissance. La *species* et le concept agissent-ils comme des formes préalablement connues, faisant en quelque sorte écran entre le connaissant et la chose connue, ou bien sont-ils simplement les *media* par lesquels les formes créées se dématérialisent et sont directement connues ? De ce point de vue, le débat sur la science et les idées divines durant la scolastique moderne engage la théorie médiévale de la connaissance dans son ensemble : c'est le débat *noétique* sur les intermédiaires mentaux qui fait irruption au milieu d'un problème *théologique*, avec pour conséquence, et ceci sera la deuxième partie de notre argument, de fixer en quelque sorte des règles et finalement des limites à celui-ci. Deux éléments se trouvent ici en conflit : le dogme de la théologie (*scientia Dei sit causa rerum*) et les règles de la noétique (comment l'objet informe-t-il le sujet connaissant ?). Telle est bien la *magna concertatio* de ce début du XVIIe siècle, comme l'avait bien vu Tommaso Campanella lui-même, dans ses écrits de théologie : dans quelle mesure Dieu lui-même a-t-il besoin d'intermédiaires pour connaître le monde ? [2] Le jésuite Francesco Amico (†1651), professeur à Vienne, résume quant à lui les enjeux noétiques de ce débat de manière très précise :

> Le fait que la connaissance divine exprime les créatures peut se comprendre de deux manières : d'une part comme la forme par laquelle (*ratio ut qua*) les créatures sont exprimées, d'autre part comme la forme dans laquelle (*ratio in qua*) elles sont exprimées, et

1. Cf. Thomas d'Aquin, *Summa theologiae* Ia, q. 14, a. 2 (Leon. IV, 168b) : « sed ipsa species intelligibilis est ipse intellectus divinus. Et sic seipsum per seipsum intelligit » ; *Summa contra Gentiles*, I, c. 47 (Leon. XIII, 138a) : « Ipsa autem divina essentia, quae est species intelligibilis qua intellectus divinus intelligit ».

2. Tommaso Campanella dévoile son savoir de dominicain sur la question au livre I de sa *Théologie* (composé sans doute vers 1614), et fait écho à ce débat qui agite ses contemporains : « Sed hic magna suboritur concertatio, quomodo Deus intuetur res in se, immediatene an per medium. Dicunt enim aliqui quod suam essentiam immediate cognoscit, res vero in ea relucentes secundario et per illam, tanquam per speciem, et in speculo, et non in seipsis. Alii putant quod res etiam in seipsis cognoscit, sed per unicam cognitionem qua cognoscit se et res in se, ita quod eas mediate, hoc est per suam essentiam, et immediate in seipsis, et quidem per eandem suae essentiae cognitionem, intelligit ». Cf. Tommaso Campanella, *Teologia. Libro primo*, éd. R. Amerio, Milan, 1936, c. 11, a. 2, p. 204.

ceci en fonction des différentes manières que nous avons de comprendre le verbe mental ou la *species* expresse[1].

Voici une information précieuse : il y a donc conflit sur les manières de comprendre ces formes qui véhiculent les choses à connaître dans le connaissant, et celles-ci influencent notre manière de concevoir la science divine. Cela signifie plus généralement que des discussions nées dans le contexte de l'élucidation de la connaissance *humaine* en général, principalement dans la lignée des commentaires médiévaux et renaissants du *De Anima* d'Aristote, sont appelées à expliquer la science *divine*. Différents registres de vocabulaire sont ici disponibles. D'abord, il y a celui déjà mentionné de la *species*[2], mais qui dès le XIVe siècle était entré en concurrence croissante avec celui du *conceptus*. Pour la connaissance divine, on dira alors souvent que si l'essence agit comme une *species*, les idées divines agissent quant à elles non plus comme des archétypes, mais bien comme des concepts. Enfin, on trouve également fréquemment mobilisé le vocabulaire du *verbum mentis*, ce verbe mental dans lequel s'expriment les choses que nous percevons et qui est le modèle de celles que nous proférons oralement. Dans l'école jésuite, les notions de *species expressa* et de verbe mental étaient de fait devenues largement synonymes[3]. Dans tous les cas, il

1. Francesco Amico, *Cursus theologicus iuxta scholasticam huius temporis Societatis Iesu methodum*, disp. 12, s. 2, n. 19, Douai, 1640, p. 196a : « Dupliciter intelligi potest, quod divina cognitio exprimat creaturas, uno modo ut ratio *Qua*; alio modo ut ratio *in Qua*, iuxta varias sententias de verbo mentis et specie expressa ». On trouve un témoignage similaire chez le jésuite Adam Tanner qui concède que tous s'accordent pour dire que la connaissance divine procède sur le mode du verbe de la *species expressa*, mais qu'il s'agit encore de déterminer si cette connaissance est *directe* (comme l'entend Vázquez) ou bien si elle est *réflexive* (comme l'enseigne la doctrine traditionnelle, que lui-même suit). Cf. *Universa theologia scholastica*, t. 1, disp. 2, q. 7, n. 6-7, col. 431 : « Deus cognoscit quidem creaturas in seipso, ut in verbo mentis, seu specie expressa creaturarum : sed cognitione quasi reflexa, non directa. Prima pars est extra controversiam. (…) Secunda pars est contra quosdam recentiores, quibus nonnihil favet Vázquez… »

2. Pour un historique de la notion à l'époque qui nous intéresse, voir la synthèse de L. Spruit, *Species intelligibilis. From Perception to Knowledge*, t. II, *Renaissance Controversies, Later Scholasticism and the Elimination of Sensible Species in Modern Philosophy*, Leyde-New York-Cologne, Brill, 1995.

3. Cf. par exemple le jugement d'un commentateur jésuite bien informé d'Alcalá, Francisco Alonso (Alphonsus), *Disputationes in tres libros de Anima*, Alcalá, 1640, disp. 13, s. 5, n. 53, p. 325b-326a : « Rogas : an verbum mentis in creatis sit idem, quod species expressa producta per intellectionem? Respondeo affirmative cum Suárez, Molina, Vazquez, Hurtado (…) Et ratio a priori est, quia species expressa est manifestatio obiecti, cum illud formaliter repraesentet, deinde producitur ab intellectu ; ergo est idem cum verbo mentis, ut constat ex illius definitione. Et quidem non video, quod munus obiret in intellectu verbum mentis, si ab specie expressa distingueretur, quia sufficienter manifestatur obiectum per speciem expressam, tam intellectui, quem informaret, quam qui illam obiective nosceret :

est question des intermédiaires dans ce que l'on pourrait décrire comme un processus de représentation. Alors qu'Ockham avait par exemple émis des réserves à parler de représentation pour expliquer la science divine[1], le terme paraissant suggérer la nécessité d'intermédiaires mentaux que sa théorie de la connaissance était soucieuce d'éviter, les auteurs de la scolastique moderne emploient quant à eux le mot sans réticence, affirmant de manière tout à fait commune que Dieu se « représente » les créatures[2]. Pourtant, il ne faut pas conclure hâtivement de cet usage terminologique qu'ils auraient largement embrassé un mode « spéculaire » de connaissance, dans lequel l'esprit ne contemplerait que ses propres créations. Les scolastiques étaient bien conscients que la représentation, au sens le plus général de « rendre présent à l'esprit » peut se faire de multiples manières : elle peut être médiate, tout comme elle peut être immédiate[3]. Les

ad quid ergo deserviret postea verbum mentis ? » Nous ne disposons pour l'instant d'aucun travail de synthèse sur la question du *verbum mentis* dans la scolastique moderne, en dehors de la thèse de H. J. Müller, *Die Lehre vom* verbum mentis *in der spanischen Scholastik. Untersuchungen zur historischen Entwicklung und zum Verständnis dieser Lehre bei Toletus, den Conimbricensern und Suárez*, Phil. Diss., Münster (Westf.), 1968.

1. Guillaume d'Ockham, *Ord.* I, d. 35, q. 4 (OTh IV, 477) : « Non est proprie dictum quod essentia divina repraesentat omnia alia a se. Sed est melius dictum quod essentia divina intelligit omnia alia a se » ; *ibid.*, q. 5 (OTh IV, 492). Dans son *Quodlibet* IV, q. 3, éd. J. C. Wey (OTh IX, 310-314), Guillaume précise les différentes acceptions de « représenter », et en quel sens on peut dire que Dieu représente les créatures. Sur ceci, voir J. Biard, *Guillaume d'Ockham et la théologie*, Paris, Cerf, 1999, p. 78. Certains auteurs de la scolastique moderne suivaient cette position, comme par exemple Martín de Albiz, *De altissima scientia*, I, disp. 5, s. 8 [utrum Deus ad cognoscendum egeat aliquo repraesentativo], n. 68 : « Et quidem Deus ut cognoscat, sive se ipsum, sive alia a se, nullo indiget repraesentativo tenente se ex parte obiecti, nam neque indiget specie impressa propria, vel impropria, ut vidimus supra, et videbimus infra, neque indiget aliquo obiecto prius cognito, sine quo cognito nequeat caetera cognoscere ; nam Deus se in se ipso directe et immediate et possibilia in se ipsis cognoscit, ut vidimus, et idem est de futuris, ut dicemus ».

2. Ainsi clairement Gabriel Vázquez, *Commentaria*, I, disp. 60, c. 3, n. 9-10, p. 237a : « Praeterea repraesentat creaturas actu et est earum cognitio ; quare illis comparantur ut verbum earum. Hac igitur ratione Deus creaturas cognoscit in se ipso prius cognito : non quidem prius cognito solum tanquam obiecto primario et causa, sed tanquam verbo, quod est etiam creaturarum verbum, eas repraesentans ». On parle également fréquemment de *repraesentatio intentionalis*.

3. Un double mode de représentation déjà signalé par Thomas d'Aquin, *Summa theologiae* Ia, q. 14, a. 5, resp. (Leon. IV, 172b) : « … considerandum est quod dupliciter aliquid cognoscitur : uno modo, in seipso ; alio modo, in altero » ; puis surtout Jean Duns Scot, *Quaestiones quodlibetales*, q. 14, n. 1 (Wadding XII, 349) : « Cognitio distincta vel est mediata, vel immediata. Dico immediatam, quando obiectum non mediante aliquo alio obiecto intelligitur per quod, vel in quo intelligatur : ita quod hic excluditur medium cognitum, non autem medium, quod esset praecise ratio cognoscendi, vel intelligendi » ; Grégoire de Rimini, *Lectura super primum Sententiarum*, d. 3, q. 1, a. 2 (Trapp, Marcolino I, 353) : « Pro

intermédiaires mentaux peuvent être vus comme ce qui est connu, mais aussi simplement comme ce par quoi la pensée s'abstrait directement du réel, comme en témoigne l'utilisation omniprésente du couple *id quod /quo* pour désigner tantôt ce que voit l'esprit, tantôt ce par quoi l'esprit voit[1]. Dire que la science divine est représentative, que l'essence agit comme une *species* ou que les idées sont des concepts ne nous dit donc encore rien de précis. Ce sont des manières communes de parler, qui ne se différencient qu'à partir du moment où l'on expliquera les modalités concrètes de la représentation, le caractère entitatif ou non de la *species* ou encore du type de concept.

Cette ambiguïté peut se démontrer de manière exemplaire à partir de ce dernier, dans la mesure où le vocabulaire du concept a été très généralement utilisé pour expliquer les deux « versants » des idées divines, à savoir d'une part la manière dont Dieu est la cause exemplaire des choses et d'autre part la manière dont la connaissance divine se rapporte au monde qu'il a créé. C'est en quoi la science divine peut bien tomber sous le coup de la noétique : le fondement des idées est-il à l'extérieur ou à l'intérieur de celui qui connaît, sont-elles à confondre avec l'objet ou avec l'acte intellectif lui-même ? L'ambiguïté du terme d'idée est à ce titre remarquable, déjà dans sa définition la plus traditionnelle de *forma imitabilis ad quam artifex respiciens operatur*, héritée de Sénèque[2] : d'une part elle désigne la forme et semble se situer du côté de l'intellect qu'elle informe, d'autre part elle doit être imitable et être ce qui est reçu par l'action d'un artiste, auquel cas elle est à situer du côté de l'objet connu et non du côté du concept informant[3]. Il en sera dès lors de même pour le concept : le concept est-il l'acte même de connaître, ou bien le produit de cet acte, ce qui a été feint ou forgé par lui pour en être l'objet ? En des termes rappelant les formules de la

quarto dubio, scilicet qualiter intelligimus sensibilia quae nec actualiter sentimus nec sensimus umquam, praemitto quod aliquam rem intelligi a nobis potest dupliciter contingere : uno modo quod intelligatur immediate in se ipsa, alio modo quod intelligatur in aliquo medio cognito. Et hoc potest esse dupliciter, quia vel illud medium est species illius rei recepta in intellectu ab illa re, vel est aliqua forma seu conceptus fictus vel formatus ab intellectu ipso » ; Pierre d'Ailly, *Tractatus de Anima*, c. 12, tertia pars, éd. O. Pluta, *Die Philosophische Psychologie des Peter von Ailly. Ein Beitrag zur Geschichte der Philosophie des späten Mittelalters*, Amsterdam, B. R. Grüner, 1987, p. 76. Cette distinction sera fréquemment reprise dans les commentaires sur le *De Anima* au cours de la scolastique moderne.

1. Cf. Thomas d'Aquin, *Summa theologiae* Ia, q. 85, a. 2 (Leon. V, 334a).

2. Sénèque, *Lettres à Lucullius,* 65e lettre, 7. Sur le destin de cette doctrine, voir W. Hübener, « *Idea extra artificem.* Zur Revisionsbedürftigkeit von Erwin Panofskys Deutung der mittalterlichen Kunsttheorie », in *Festschrift für Otto von Simson zum 65. Geburtstag*, éd. L. Grisebach, K. Renger, Berlin, Propyläen Verlag, 1977, p. 27-52, une étude remarquable qui va bien au-delà d'une simple critique des thèses d'Erwin Panofsky.

3. João Poinsot, *Cursus theologicus*, I, disp. 21, a. 1, n. 5 (Solesmes II, 535).

philosophie moderne et contemporaine : que voit sujet connaissant ? La chose même, ou bien une « forme peinte » ou un « tableau intérieur » ?

C'est pour rendre compte de cette ambiguïté que la scolastique moderne a mobilisé le couplet canonique du concept formel et du concept objectif, dont il s'agit de bien percevoir la portée explicative. La distinction entre un ordre formel et un ordre objectif était déjà commune dès la fin du XIVe. En tant que tel, l'usage systématique du doublet apparaît pourtant seulement au tournant des XVe et XVIe, dans le contexte des controverses qui opposaient à Paris nominalistes (comme le cercle de Jean Mair) et réalistes thomistes ou scotistes : les premiers situant le *conceptus* du côté de l'acte de connaissance, et les seconds du côté de la chose connue [1]. Le fait que ces deux traditions noétiques médiévales aient chacune privilégié un terme de la relation de connaissance (les nominalistes « l'acte de pensée » et les réalistes « l'objet connu ») a ainsi induit ces auteurs du début du XVIe, formés dans un climat comparatiste et un enseignement *secundum triplicem viam* (scotiste, nominaliste, thomiste) à décrire la relation de connaissance en empruntant aux deux registres d'argumentation, pour ainsi lever les ambiguïtés qui affectaient traditionnellement des termes comme la notion aristotélicienne d'*intelligibile* (notion elle-même double au même titre que la notion d'idée, puisque pouvant d'une part renvoyer au connu et d'autre part au connaissant), ou encore le terme souvent utilisé par Thomas d'Aquin d'*intentio intellecta*, lui-même emprunté aux traductions latines d'Averroès [2]. C'est de cette manière qu'on retrouve alors le couple dans les commentaires logiques espagnols tout au long de la rénovation de la scolastique du XVIe : le concept formel désigne l'acte de la connaissance et ne s'en distinguera pas, et le concept objectif désigne la chose en tant que connue, en tant qu'elle est l'objet de cet acte [3].

1. Cf. par exemple la manière dont Juan de Oria, un logicien espagnol qui enseignait encore *ad modum parisiensem* à Salamanque au début du XVIe siècle, expliquait l'origine de la distinction : « Et hinc patet diversitas in modo loquendi, *realium et nominalium*, de conceptu et intentione. Nam primi accipiunt *obiectivaliter* conceptum et intentionem, scilicet, pro re cognita vel concepta, que est obiectum potentie cognitive, sed nominales accipiunt *formaliter*, scilicet pro similitudine rei que est forma existens in potentia cognitiva ». Cf. Juan de Oria, *Tractatus Elementorum Dialectice* (éd. originale : Salamanque, 1518), in *Johannis de Oria Opera Logica*, t. I, *Summularum volumen primum*, éd. V. Muñoz Delgado, Madrid, CSIC, 1985, p. 136. L'histoire doctrinale de cette distinction entre les deux types de concepts reste encore à écrire. Pour une mise au point provisoire mais insuffisante, voir F. Riva, « La dottrina suareziana del concetto e le sue fonti storiche », *Rivista di filosofia neo-scolastica* 71 (1979), p. 686-699.

2. Thomas d'Aquin, *Summa contra Gentiles*, IV, c. 11 (Leon. XV, 32a).

3. Cf. par exemple Francisco de Toledo, *In libr. Porphyrii de quinque universalibus. De primis et secundis intentionibus*, Cologne, 1579, I, p. 32 : « Intellectus (...) Intentio, quae ad nostrum attinet institutum, nihil est aliud quam conceptus seu cognitio ipsa intellectus, qua rem

Ce couple noétique peut alors servir à ordonner les deux grandes conceptions qui se sont opposées sur les idées et la science divine, puisque tant le concept formel que l'artisan a de l'œuvre que l'objet de ce concept peuvent ainsi être appelés « idée »[1]. D'une part on trouvera ceux pour qui les créatures immédiatement connues sont les idées divines (*creaturas ipsas possibiles a Deo cognitas esse ideas divinas*), les idées étant donc ici un concept objectif. On retrouve ici la définition déjà préfigurée chez Jean Duns Scot, mais surtout celle des *nominales*. Dire que l'idée est un concept objectif désigne les choses sous la dénomination de la connaissance. Elle se situe clairement du côté de l'objet, en tant qu'il s'agit de l'objet vu. L'argumentation est la suivante : l'idée est ce que l'artisan veut imiter lorsqu'il opère. Or, Dieu, lorsqu'il produit un homme (à savoir qu'il veut le faire tel qu'il le sait possible) doit donc avoir une connaissance de celui-ci : aussi, cet homme immédiatement connu par Dieu dans sa science de simple intelligence sera l'idée. Ensuite, comme pour les artisans humains, l'idée n'est rien d'autre que la chose elle-même telle qu'elle est perçue par l'artisan avant d'opérer, il en sera de même pour Dieu[2]. D'autre part, on trouvera l'alternative, à savoir la thèse originairement critiquée par les nominalistes et commune au XIIIe siècle, en particulier celle de Thomas d'Aquin, c'est-à-dire la thèse qui enseigne que c'est l'essence divine elle-même qui est l'idée des créatures. On dira alors que l'idée divine est un concept formel, en tant que l'essence divine exprime les créatures. Cette expression n'est pourtant pas directe : le concept lui-même est l'idée, non pas en tant qu'il fait office d'informer l'intellect lui-même et d'y opérer une représentation formelle, mais en tant qu'il exerce une fonction de « vicaire » à l'égard de l'objet, en tant qu'il présente celui-ci comme une forme expresse, comme ce qui est formé et connu intrinsèquement, ou comme ce sur quoi porte l'intellection (*ut quod*). De la sorte, l'objet rendu immatériel et intelligible dans le concept lui-même est le principe d'origination et le

sibi obiectam cognoscit (...) ac ita prima intentio formalis ipse actus, secunda intentio obiectiva dicitur ipsum obiectum cognitum : haec etiam (quod idem omnino recidit) vocantur et vocari consuerverunt conceptus formalis et conceptus obiectivus » ; Francisco Suárez, *Disputationes metaphysicae*, disp. 2, s. 1, n. 1 (BHF I, 360-361). On pourrait multiplier les témoignages.

1. Cf. les diverses positions que distingue sur ce point João Poinsot, *Cursus theologicus*, I, disp. 21, a. 1, n. 6-7 (Solesmes II, 535-536) : « Hic orta est varietas opinionum... ». Un catalogue similaire se trouve chez la plupart des auteurs, par exemple chez Gabriel Vázquez, *Commentariorum ac disputationum*, I, disp. 71, c. 1. Voir également le catalogue très complet établi par le thomiste Pedro de Godoy, *Disputationes theologicae in primam partem Divi Thomae*, tr. 3, disp. 26 [« qua ratione Deus cognoscat creaturas »], Venise, 1686, t. I, p. 301a.

2. Cf. Guillaume d'Ockham, *Ord.* I, d. 35, q. 5 (OTh IV, 490).

modèle (*ratio originandi et exemplandi*) de la chose au dehors dans l'être entitatif et matériel. Telle est la position commune des thomistes, que maintiennent tant Cajetan que Francisco Suárez[1]. Si Dieu connaît les choses par son essence, comme l'enseigne Thomas, le concept formel que sont les idées peut alors bien être vu comme un *quod* et non seulement comme un *quo*. C'est l'interprétation que devait également valider João Poinsot de toute son autorité de *rigidus thomista :* il ne s'agit pas du concept *ut quod*, mais de la chose pensée et formée par ce concept connue comme un *quod*, et ainsi comparée à la chose réelle au dehors[2]. Cette doctrine de Poinsot honore à la fois l'impératif théologique (l'essence reste un premier connu) et un principe gnoséologique, qui est celui d'un besoin de médiation pour expliquer l'être propre du connu dans le connaissant. Il faut donc une médiation dans le processus de la connaissance divine : Poinsot formule ainsi de manière plus moderne la doctrine thomiste selon laquelle les idées sont l'essence divine non en tant qu'essence, mais en tant que ressemblance ou raison de telle ou telle chose[3]. Il faut précisément un statut propre au sein de l'intelligible comme un *quod* pour éviter d'une part que Dieu tire sa connaissance des choses extérieures, et d'autre part pour éviter que la chose soit simplement en lui sans autre forme de procès[4]. Seul

1. Tommaso de Vio (Caietanus), *Commentaria*, I, q. 15, a. 1-2 (Leon. IV, 199-205); Francisco Suárez, *Disputationes metaphysicae*, disp. 25, s. 1, n. 26 (BHF IV, 51) : « Dico (…) exemplar inest formaliter intellectui tanquam conceptus formalis eius. (…) Sic igitur conclusio posita est valde consentanea locutionibus D. Thomae et Sanctorum supra adductis ».

2. João Poinsot, *Cursus theologicus*, I, disp. 21, a. 1, n. 11 (Solesmes II, 537) : « Et si quando D. Thomas docet verbum seu conceptum non solum esse medium cognoscendi ut *quo*, sed etiam esse cognitum ut *quod*, loquitur ratione sui repraesentati, quatenus in ipso conceptu habet objectum reddi intellectivum et immaterializatum seu denudatum condicionibus materialibus ; et sic non intelligitur ipse conceptus ut *quod*, in quantum est qualitas quaedam informans intellectum ; sed res excogitata et formata per illum conceptum cognoscitur ut *quod*, et sic comparatur ad rem extra, et induere potest rationem ideae ». Cf. Thomas d'Aquin, *De veritate*, q. 4, a. 2 (Leon. XII/2, 123b) : « Verbum intellectus nostri (…) est id ad quod operatio intellectus nostri terminatur, quod est ipsum intellectum, quod dicitur conceptio intellectus… ». D'une manière générale, sur la noétique de Poinsot, voir l'étude très complète de M. Forlivesi, *Conoscenza e affettività. L'incontro con l'essere secondo Giovanni di san Tommaso*, Bologne, Ed. Studio Domenicano, 1993, p. 200-217 en particulier.

3. Thomas d'Aquin, *Summa theologiae* Ia, q. 15, a. 2, ad 1 (Leon. IV, 202b) : « … idea non nominat divinam essentiam inquantum est essentia, sed inquantum est similitudo vel ratio huius vel illius rei ».

4. João Poinsot, *Cursus theologicus*, I, disp. 21, a. 2, n. 29 (Solesmes II, 553) : « … necesse est quod [essentia divina] comparetur seu intelligatur ut comparata ad talem vel talem creaturam. Hoc autem non habet essentia divina per hoc praecise quod sit ratio cognoscendi plura ut *quo*, sed ex eo quod intelligatur ipsa essentia ut *quod* comparative ad plures creaturas ». Cf. également ce que confirme en bon thomiste le bénédictin Augustinus

cet être idéal au sein de l'essence divine peut également garder à distance tout risque d'introduire de la composition en Dieu.

Face à cette position thomiste traditionnelle, c'est à nouveau la position de Vázquez et des vazqueziens qui tranche par sa singularité, dans la mesure où elle met en cause un élément que conservaient les deux registres d'argumentation cités ci-dessus : à savoir celui de l'antériorité du connaissant sur le connu, que les ockhamistes maintiennent en disant que ce qui est connu est l'idée, celle-ci étant donc une pure dénomination extrinsèque à partir du connaissant, et que les thomistes maintiennent en disant que c'est l'essence qui fait office de médiation. Maintenir cette antériorité dans les disputes sur les idées divines est bien un impératif théologique : celui pour Dieu – antérieur au monde – de concevoir le monde selon la motion de ses idées, et non selon la motion que lui impose le monde. L'argumentation de Vázquez est différente : il avait d'abord, comme vu au point précédent, argumenté à partir des *nominales* pour fonder une forme directe de connaissance des créatures. Ici, il propose une interprétation personnelle de Bonaventure et de Thomas pour établir que l'idée est bien un concept formel, mais de manière tout à fait différente de la manière commune. D'après son interprétation, le concept formel ou l'essence divine est comprise comme représentant *directement et sans médiation* les créatures. *Vazquez contra communem sensum loquitur* : le jésuite Rodrigo de Arriaga avait bien perçu ce qui différencie sur ce point la thèse de Vázquez de l'interprétation thomiste courante :

> Il y a contre cette doctrine une objection grave : car selon les auteurs [scil. les thomistes traditionnels, J.S.], l'idée n'est jamais prise pour la connaissance elle-même, mais bien pour un certain objet distinct qui est connu (*quod cognoscitur*) et à l'imitation duquel est la chose extérieure. (...) Il apparaît donc clairement que cette acception du terme idée [telle qu'elle est utilisée par Vázquez, J.S.] est contraire à l'opinion commune et véritable, et que cette ressemblance ou cette expression intentionnelle ne peut pas à proprement parler être appelée idée[1].

Reding (†1692), *Theologiae scholasticae in primam partem Divi Thomae*, Einsiedeln, 1667, q. 5, a. 1, contr. 3, n. 5, p. 152b : « Deus per suam duntaxat essentiam cognoscit creaturas, quatenus haec habet rationem tum *medii quo*, per modum eminentialis impressae, ac expressae speciei, repraesentando obiecta creata : tum *medii quod*, tanquam obiectum prius natura cognitum, quodammodo ducendo in cognitionem creaturarum, seu obiectum secundarium divinae intellectionis ».

1. Rodrigo de Arriaga, *Tractatus de scientia Dei*, disp. 23, s. 3, n. 17-18, p. 230b-231a : « contra hanc sententiam est gravis obiectio : nam apud auctores, nunquam idea accepta est pro cognitione ipsa, sed pro obiecto aliquo distincto, quod cognoscitur et ad cuius imitationem

Vázquez ne réfute donc pas seulement la thèse scotiste et nominaliste de l'idée comme la chose vue sous son concept objectif, mais exclut également la notion d'une médiation au sein même de l'essence divine comme concept formel représentatif. Par conséquent, il fait de la science divine une *immediate in seipsis per exclusionem medii prius terminantis cognitio*[1]. L'idée divine est donc le résultat d'un simple acte cognitif qui se porte sur le monde qui lui est opposé selon son *esse proprium*, de sorte que l'essence divine peut être comprise comme un simple « reflet » représentatif du monde.

Cette représentation, pour les vazqueziens, n'est donc pas la simple dénotation d'un objet présent (Ockham), ni la contemplation d'un objet intérieur préalablement connu dans l'essence divine (thomistes) : c'est une connaissance directe de la chose, même si Vásquez maintient qu'elle se réalise *tamquam in verbo mentis seu specie expressa repraesentante*. Verbe mental et *species* ne sont donc pas perçus ici comme des intermédiaires qui seraient préalablement connus : ils représentent *directement*, et non *réflexivement*, et c'est pourquoi le jésuite d'Ingolstadt Adam Tanner (†1632) pouvait juger « ambiguë » la manière de parler de Vázquez, car utilisant une notion qui pouvait à la fois désigner une connaissance directe et une connaissance réflexive[2]. C'est bien l'objet dans le monde qui termine ici directement la pensée divine, non une représentation intérieure. S'il en conserve le vocabulaire, Vázquez retrouve ici le sens des critiques qui avaient déjà été adressées par Pierre de Jean Olivi ou Guillaume d'Ockham contre toute la doctrine des *species*[3], et qui les avaient menés à concevoir

res sit exterius. (...) Ut autem clare constet, hunc acceptionem vocis ideae esse contra communem sententiam, et probem simul, similitudinem illam, seu expressionem intentionalem, non dici proprie ideam ». Pour sa part, Arriaga embrasse la thèse scotiste : « ipsas creaturas obiective existentes in mente divina esse ideas, quas Deus exprimit perfectissime, dum illas producit, prout Scotus et alii docuerunt ». Cf. *ibid.*, disp. 23, s. 4, n. 21, p. 231b.

1. Cf. la description de la thèse vazquezienne faite par le dominicain salmantain Juan de Bolivar, *Salmanticae lecturae*, Salamanque, 1701, tr. 2, dub. 3, n. 19, p. 121b : « ... apud authores huius sententiae, species expressa et intellectio nullatenus distinguuntur, vel etiam si virtualiter distinguantur in Deo, species expressa utrumque repraesentat immediate, Deum et creaturas, inter quas et cognitionem nihil media terminans *ut quod* talem cognitionem... ».

2. Adam Tanner, *Universa theologia scholastica*, t. 1, disp. 2, q. 7, dub. 3, n. 12, col. 433 : « [Vazquez]... qui tamen hac de re obscure et ambigue locutus est ».; cf. *supra* p. 194, note 1.

3. Cf. parmi l'abondante littérature K. H. Tachau, « The Problem of the "species in medio" at Oxford in the Generation after Ockham », *Mediaeval Studies* 44 (1982), p. 394-443 ; R. Pasnau, *Theories of Cognition in the Late Middle Ages*, Cambridge, Cambridge University Press, 1996, chap. 5 ; Cl. Panaccio, *Le Discours intérieur. De Platon à Guillaume d'Ockham*, Paris, Seuil, 1999, chap. 6. Cette « simplification » du processus de connaissance divine par Vázquez a suscité bien des critiques, y compris dans la Compagnie. C'est ce que

également la pensée divine comme un seul acte indistinct. Or, une telle conception du verbe mental identifié à l'acte cognitif allait devenir une position commune que l'on trouve chez une série d'auteurs jésuites, en particulier chez les représentants d'une tendance « nominalisante » comme Pedro Hurtado de Mendoza et son élève Rodrigo de Arriaga [1], ainsi que chez Sebastián Izquierdo [2] : le verbe mental correspond à l'acte même et non à un objet de la connaissance intériorisé. Dans les commentaires qu'ils proposent des textes classiques de Thomas et du *De Anima* d'Aristote, la tendance dominante était dès le XVIe siècle d'identifier totalement l'acte intellectif avec le verbe, ce dernier n'étant dès lors jamais conçu comme un quelconque intermédiaire qui serait d'abord connu avant d'atteindre la chose elle-même [3].

confirme la critique très claire que lui adresse sur ce point Francesco Amico, à savoir de considérer l'essence divine comme la forme *qua* et non la forme *in qua* : « sed in hoc sensu non soluitur difficultas. Nam quaero, quid sit illud quod ex parte creaturarum possibilium terminat intuitum Dei ? Non ipsae creaturae possibiles secundum esse naturale, quia non sunt ; non secundum aliquod esse reale obiectivum distinctum a Deo, ut impugnatum est : Igitur intelligenda est in secundo sensu, ut non modo divina cognitio sit ratio *Qua* sed etiam *in Qua* Deus distincte videat creaturas ». Et plus loin, il confirme ce qu'il faudrait selon lui entendre par verbe mental, à savoir non pas un synonyme d'acte de connaissance, mais bien la forme dans laquelle les choses sont vues : « quod cognoscere obiectum hoc modo, non est cognitionem terminari ad aliquod esse, quod obiectum ipsum habeat extra cognoscentem, sed formaliter est terminari ad intrinsecum verbum mentis, ut est expressivum creaturarum intelligibiliter ». Cf. Francesco Amico, *Cursus theologicus*, I, disp. 12, s. 2, n. 19-20, p. 196a.

1. Rodrigo de Arriaga, *Disputationes de anima*, in *Cursus philosophicus*, Anvers, 1632, disp. 6, s. 2, ss. 5, n. 50, p. 732a : « Dico primo : intellectus, ut percipiat obiecta quaecumque, sive absentia sive praesentia, non intuetur aliquam qualitatem in se, in qua, ut in medio, cognoscat obiecta. Haec est omnium fere ex nostra societate, de qua fuse Hurtadus, disp. 6, a sectione 5 et seqq. probans, Verbum nihil aliud esse, quam ipsam formalem cognitionem seu expressionem obiecti, quae in qualitate consistit, et immediate ad obiectum terminatur. Ubi bene ostendit, eam sententiam esse D. Thomae ». Cf. Pedro Hurtado de Mendoza, *Disputationes de substantia corporea animata*, disp. 6, s. 5, n. 47-50, in *Id.*, *Disputationes de universa philosophia*, Lyon, 1617, p. 791-793.

2. Sebastián Izquierdo, *Pharus Scientiarum*, tr. 1, disp. 2, q. 1, n. 19, p. 51b : « Verbum mentis non est aliquid ab intellectu nostro productum, in quo tanquam in medio prius cognito cognoscatur obiectum. Ita omnes communiter contra paucos Thomistas nuper commemoratos. Probatur autem primo, quia verbum mentale nostrum ipsissima est obiecti cognitio. (...) Ergo verbum mentale nostrum non est aliquid, in quo prius cognito cognoscatur obiectum ».

3. C'est bien là une ligne d'argumentation qui remonte au nominalisme. Cf. par exemple Gabriel Biel, *Collectorium circa quattuor libros Sententiarum*, éd. W. Werbeck *et alii*, Tübingen, 1973, Prol., q. 1, a. 4, p. 23 : « Sed secundum opinionem propriam dico, quod notitia apprehensiva nihil aliud est quam actus intelligendi, qui et conceptus dicitur, extendendo nomen "conceptus" ad syncategoremata. Et ille actus intelligendi est naturalis similitudo, non in essendo, sed in representando, cuius obiectum non est aliquid fictum in anima, sed res significata extra animam, nisi forte conceptus significaret actum vel habitum potentiae cognitivae ». Francisco Suárez se distingue sur ce point de la plupart des autres jésuites en

C'est un modèle similaire qui est mobilisé par Vázquez lorsqu'il parle des idées divines, et qui sera repris par ses sectateurs. La représentation divine est ici entendue comme une connaissance actuelle, par laquelle Dieu se représente intellectuellement et directement toutes les choses de lui connues[1], et Vázquez illustre son propos en parlant de l'essence divine comme d'un miroir[2]. Il s'agit certes d'une formule ancienne, qui fut surtout utilisée dans le contexte des débats sur la vision béatifique, mais qui en soi n'avait jamais été mobilisée de manière aussi directe pour décrire la science divine : pour Vázquez, Dieu ne voit pas les créatures « dans » un miroir, mais l'esprit de Dieu est devenu lui-même un miroir qui réfléchit directement le monde. Se représenter des choses ne revient donc pas ici à regarder dans un « miroir » ou un « tableau » intérieur, mais à faire refléter directement dans son esprit les formes des choses extérieures[3]. L'antique relation de dépendance est ici totalement inversée : c'est la science divine qui devient dépendante pour son existence du caractère créé du monde. Toute la métaphore de l'essence divine comme *miroir* représentant immédiatement le monde proposée par Vázquez a dès lors fait l'objet de nombreuses critiques, précisément en raison de la dépendance et de l'immédiateté qu'elle suppose entre l'objet et sa représentation[4]. C'est pourquoi cette manière de parler est inadmissible, et ne l'utilisent que ceux qui ont l'esprit vulgaire et rude, affirme le grand scotiste Bartolomeo Mastri, bien conscient de la manière dont Vázquez a détourné cette métaphore de l'Épître aux Corinthiens : en effet, le propre d'un miroir est de représenter les objets de manière naturelle et nécessaire, et donc de

maintenant pour sa part une distinction modale entre le concept et l'acte d'intellection. Cf. Francisco Suárez, *Disputationes metaphysicae*, disp. 8, s. 4, n. 2 (BHF II, 111).

1. Cf. Martin Becanus, *Summa theologicae scholasticae*, I, c. 10, q. 4, n. 8 : « … quatenus est ipsa actualis cognitio, quae intellectualiter repraesentat res omnes ab ipso cognitas ».

2. Gabriel Vázquez, *Disputationes ac commentariorum*, I, disp. 60, c. 3, n. 9, p. 237a : « Deum in seipso, tanquam in specie expressa et verbo intueri creaturas, quod est eas videre in seipso, tanquam in speculo, quia in eo repraesentantur veluti in verbo ».

3. Il faut donc se garder de toute interprétation univoque de cette métaphore du miroir : cette opposition entre deux modèles de connaissance spéculaire chez les aristotéliciens jésuites (l'esprit voit *dans* un miroir ou l'esprit *est* un miroir) avait été bien relevée naguère par G. Picard, *Essai sur la connaissance sensible d'après les scolastiques*, Paris, Beauchesne, 1926, p. 43-53.

4. Diego Ruiz de Montoya, *Commentarii ac disputationes de scientia Dei,* disp. 10, s. 7, n. 3, p. 96b « Dico igitur primo, proprie loquendo, non tanquam in speculo, Deus in seipso videt creaturas. Ratio est, quia quando tuam, aut alterius hominis faciem intueris in speculo, non vides aliquam imaginem, aut similitudinem, per quam prius cognitam venias in cognitionem faciei : sed immediate vides ipsam faciem perinde, ac si ante oculos posita cerneretur absque ullo speculo ».

supposer la préexistence des objets à représenter dans un *esse proprium* face à lui, ce que l'on ne saurait de toute évidence pas accepter en parlant de Dieu[1]. Il rappelle ainsi que Scot lui-même avait explicitement refusé de parler de l'essence divine comme d'un miroir qui représenterait directement les choses, mais qu'il fallait toujours passer par la médiation de l'objet premier constitué par l'essence pour se terminer sur l'objet secondaire[2]. Il en va de même au sein de la Compagnie : le jésuite napolitain Girolamo Fasulo ne peut que lui rappeler les paroles de Thomas d'Aquin lui-même, qui affirmait dans le *De veritate* : « puisqu'il y a en Dieu des *species* ou des *rationes* des choses, on ne trouvera jamais affirmé par les Saints que Dieu est le miroir des choses, mais bien que les choses créées elles-mêmes sont le miroir de Dieu… »[3] Comme Dieu ne reçoit justement rien des créatures, il ne peut pas être dit leur miroir, ce qui rend la formule hautement impropre, confirme encore Fasulo[4], puisque cela risquerait d'introduire une forme de passivité en son essence.

L'interprétation de Vázquez a donc pour conséquence de transformer Dieu en une sorte de spectateur passif, soumis à la nécessité de prendre lui-même une connaissance d'un monde dont l'Écriture enseigne toujours qu'il est le créateur, mais que la philosophie semble avoir de plus en plus éloigné de lui. C'est ce dont témoigne encore un dernier déplacement terminologique, qu'illustrent les nombreuses disputes consacrées à la relation de dépendance entre la pensée divine et ses objets, en particulier à partir des années 1650. Traditionnellement, on distinguait toujours entre un « objet

1. Bartolomeo Mastri da Meldola, *Disputationes theologicae in primum librum Sententiarum*, disp. 3, q. 1, n. 20, *éd. cit.*, p. 94b : « Verum neque iste dicendi modus est admittendus, nam in primo sensu vulgari et rudiori, est omnino improprius, speculum enim repraesentat obiecta naturaliter et necessario, non sic divina essentia respectu intellectus creati ; speculum et repraesentatum in speculo videtur diversis actibus, non sic essentia, et obiecta per ipsam repraesentata ; speculum supponit obiecta in esse proprio, quae sibi obiiciantur, alioquin ea non repraesentaret, creaturae vero in divina essentia non prius habent esse intelligibile et repraesentabile, quam actu intelligantur ». Vázquez continue encore à être critiqué pour les mêmes raisons au XVIIIe siècle, par exemple par le scotiste allemand Crescentius Krisper, *Theologia scholae scotisticae… seu solida expositio quatuor librorum Sententiarum Scoti Doctoris Subtilis*, tr. 1, disp. 10, Augsbourg-Innsbruck, 1748, p. 146.

2. Jean Duns Scot, *Quaestiones quodlibetales*, q. 14, n. 20 (Wadding XII, 383) : « lapis videtur in essentia divina, non ut in speculo, in quo reluceat ut obiectum praesens ; sed ipsa essentia se solum, et soli suo intellectui se repraesentat ante actum intelligendi ; sed lapis videtur in essentia divina, ut obiectum secundarium in primo obiecto, non quidem motivo ad intellectionem secundi, sicut movet intellectum proprium, et sicut intellectum nostrum movet principium ad conclusionem ; sed ordine primi obiecti et secundi terminantis, quodam alio scilicet voluntate, movente ad ista duo obiecta ordine quodam actum intellectus terminantia ».

3. Thomas d'Aquin, *De veritate*, q. 12, a. 6 (Leon. XXII, 388a).

4. Girolamo Fasulo, *Commentaria in primam*, q. 14, a. 5, dub. 2, n. 30, t. II, p. 27a.

terminatif » et un « objet moteur » (*obiectum terminativum/motivum*) : on peut ainsi dire que les créatures *sont le terme* de l'acte de connaissance divine, mais non qu'il le meuvent. En effet, c'est l'essence divine elle-même qui meut l'intellect divin à connaître son objet secondaire[1]. Vers le milieu du XVIIe, deux positions extrêmes s'affrontent : alors que l'orthodoxie thomiste maintient que les créatures en elles-mêmes ne sont l'objet de la science divine ni en tant que moteur, ni même en tant que terme[2] et qu'une position similaire (quoique sur d'autres bases) est également défendue par certains théologiens néo-augustiniens de la Compagnie de Jésus, comme Antonio Pérez[3], la tendance essentialiste radicale de l'école jésuite n'hésite pas quant à elle à affirmer que les créatures « meuvent » littéralement la science divine, comme on l'a déjà vu plus haut chez Sebastián Izquierdo. L'hypothèse selon laquelle on pourrait parler des créatures comme d'un *obiectum movens* de l'intellect divin, y compris en des termes proprement physiques, est alors amplement discutée[4]. C'est bien là une conséquence implicite de la position de Vázquez, comme l'a bien remarqué Martín de Esparza y Artieda (†1689), professeur au Collège Romain, qui juge qu'il s'agit à proprement parler d'une « pensée indigne » que de faire ainsi des créatures les « moteurs partiels de la science divine »[5].

1. Cf. de manière classique : Jean Duns Scot, *Ord.* I, d. 35, q. un., n. 45 (Vat. IV, 264) ; ou pour une défense thomiste, João Poinsot, *Cursus theologicus*, I, disp. 17, a. 2, n. 4 (Solesmes II, 361b) : « Non tamen ullo modo Deus utitur creaturis tanquam obiecto motivo et ratione formali cognoscendi se ipsum ; nec ex parte cognoscentis imbuit illum modum cognoscendi se in creaturis ea limitatione et modo quo in ipsis continetur ».

2. C'est ainsi que le dominicain salmantain Pedro de Godoy interprète la *vera sententia* thomiste : « Deum cognoscere creaturas in se ipso ut obiecta et causa prius cognita, non autem immediate in seipsis, nec motive, nec etiam terminative ». Cf. Pedro de Godoy, *Disputationes theologicae in primam partem Divi Thomae*, tr. 3, disp. 26, n. 4, p. 301a ; *ibid.*, n. 203, p. 319b.

3. Cf. Antonio Pérez, *Disputationes de scientia Dei* [in *Opus posthumum*], disp. 2, a. 2, n. 26, p. 150b : « divinam essentiam esse unicum intellectionis motivum » ; *ibid.*, n. 43, p. 154a : « Nihil distinctum a Deitate est obiectum formale specificativum intellectionis divinae ; neque tanquam ratio formalis assentiendi, aut penetrandi obiectum ».

4. Agustín de Herrera, *Tractatus de scientia Dei*, q. 4 [De obiecto formali physice motivo, et intentionaliter determinativo divinae intellectionis], p. 57-58 : « Quod sit obiectum formale Divinae intellectionis gravissima in hoc tractatu controversia est. Verum cum eius difficultas ex diversa terminorum acceptione inconstantique usu huius vocis *motio* et *motivum* plerumque oriatur, sensum quaestionis, qua maxima potuero perspicuitate aperiam, ut facilius in hac quaestione tenendum sit, decernere valeam ».

5. Martín de Esparza Artieda, *Cursus theologicus*, I, q. 15, Lyon, 1666, p. 50b : « quapropter opponuntur Dionysio e diametro, non solum Erice et pauci alii tribuentes creaturis rationem motivi formalis partialis scientiae Dei, quae sane est indigna opinatio, et paradoxa, sed etiam Montoya et aliqui adscribentes eandem rationem motivi relationibus divinis prout distinctis virtualiter ab essentia Dei. Eo namque ipso adstruunt in motivo

À partir du moment où l'on concède une vérité objective et un être propre aux créatures, indépendamment de toute *scientia Dei causa rerum*, le pas est en effet vite franchi pour introduire en Dieu ce que l'on est bien forcé d'appeler une forme de passivité. Si l'idée d'une motion proprement physique des créatures sur Dieu reste clairement rejetée, bien que certains auteurs de la Compagnie semblent s'en approcher, comme en témoigne une indication d'Agustín de Herrera[1], la conception selon laquelle les créatures sont simplement le terme de l'intellection divine est toutefois largement abandonnée, et on parlera communément des créatures en termes « d'objet formel mouvant et déterminant intentionnellement » la pensée divine[2].

CONCLUSION

Pour conclure, tentons de résumer les conséquences philosophiques de ce débat qui a passionnément opposé les théologiens tout au long du XVIIe siècle. Nous avons vu que la théologie et la noétique se sont livrées à un singulier « conflit des facultés », tout en se nourrissant l'une de l'autre. D'une part, la noétique paraît être sortie de son rôle simplement ancillaire et a soumis les propositions de la théologie à ses propres règles. D'autre part,

scientiae Dei divisionem, et multiplicitatem, qualem non agnoscunt, et nefas est agnoscere in ipsa scientia : ideoque contradicunt clare intentioni, et sententiae Dionysii. Dicendum itaque est, Deum essentialiter esse scientiam comprehensivam sui, et aliorum omnium in se, inque sola sua essentia ».

1. Agustín de Herrera, *Tractatus de scientia Dei*, q. 4, s. 1, n. 9, p. 60 : « cum ergo plures ex authoribus huius distinctionis motionis intentionalis non meminerint : hinc forsam [*sic*] ortum duxit, tum sententiarum diversitas, tum in explicatione obscuritas. Nam plures, qui absolute asserunt Deum plusquam intentionaliter moveri ex aliquibus obiectis ad eorum cognitionem, non id dicunt, quia asserere audeant obiectum physice movere Deum ad sui cognitionem ; sed quia in assensu Divino praeter modum assentiendi sistendo in ipsa veritate, ulterius reperiunt aliquem influxum obiectivum ab obiecto praestitum ».

2. Cf. Agustín de Herrera, *Tractatus de scientia Dei*, q. 4, s. 5, n. 60, p. 76 : « Sit nostra conclusio. Creaturae non sunt ulla ratione obiectum formale physice motivum Divinae intellectionis, obiectum nihilominus sunt formale motivum intentionaliter determinative ». Sebastián Izquierdo, *Opus theologicum*, tr. IX, disp. 23, prop. 2, n. 177, t. II, p. 36b : « Respectu scientiae, qua Deus cognoscit creaturas in ipsismet, creaturae ipsae sunt obiectum formale et motivum ». Toujours à Alcalá, au tout début du XVIIIe s., c'est encore la position de Juan Marín, *Tractatus de scientia Dei*, Alcalá, 1710, disp. 3, s. 5, n. 44-45, p. 203 : « Ideo datur cognitio, seu ideo Deus cognoscit creaturas esse, et tales esse : quia sunt, et tales sunt ; potius quam e contra. (...). Actus nostri liberi sunt motivum intentionaliter determinativum cognitionis contingentis Dei, qua cognoscuntur : ergo creaturae sunt obiectum formale motivum intentionaliter determinativum cognitionis divinae ».

la théologie a indéniablement marqué l'évolution des théories de la connaissance en imposant certains de ses impératifs. Les conséquences de ce débat sont donc à chercher dans ces deux directions, aucune des deux disciplines ne paraissant en être sortie indemne.

1) La conséquence de ce débat pour la théologie est aussi simple que brutale : c'est la pierre de touche de toute la théologie ancienne et médiévale des idées divines qui se trouve fortement mise en cause, à savoir l'axiome de la *scientia Dei causa rerum*, l'idée *a priori* inouïe que le monde dans son caractère entitatif est surgi de la pensée de Dieu, c'est-à-dire d'un ordre purement spéculatif. Le lien de dépendance qui unissait le monde à son créateur paraît désormais rompu. Conçu traditionnellement comme le metteur en scène du monde par sa sagesse, Dieu est soudainement devenu un simple spectateur « indifférent » de ce *Gran Teatro del Mundo* décrit par les dramaturges du Siècle d'Or espagnol, eux-mêmes si souvent fidèles élèves des Jésuites, contraint de tirer, au même titre que les hommes, sa science d'un monde qui lui échappe sans arrêt. On pourra mesurer les effets de cette mutation en de multiples lieux, comme en témoignent de nombreux autres débats qui opposaient ces mêmes théologiens : le débat sur les vérités éternelles, qui ne sont plus soutenues par la pensée divine mais qui peuvent se déduire à partir de leur consistance interne ; ou encore le débat sur la prescience divine et la liberté des hommes, illustré par la querelle du molinisme, où de déterminantes, la volonté et la science de Dieu sont devenues conséquentes et qui a donné lieu, tout à long du XVIIe siècle, à de nouvelles réflexions sur la vieille hypothèse médiévale du *Deus fallens*.

2) Pour la noétique, la fin des spéculations sur les idées divines a pour conséquence le déplacement de ces problématiques vers l'ordre de la connaissance en général[1]. De ce point de vue, on peut comprendre pourquoi le XVIIe siècle a si souvent affirmé l'univocité des modes de la connaissance divine et humaine, les mêmes règles paraissant gouverner tant l'intellect

1. Un déplacement illustré de manière presque paradigmatique dans la fameuse remarque de Descartes, qui choisit de préférence le mot *idea* (qui en strict vocabulaire scolastique était réservé aux idées opératives et créatrices) pour désigner le concept par lequel notre pensée d'hommes connaît les choses, parce que ce terme d'idée était déjà employé par les philosophes « pour signifier les formes des perceptions de l'esprit divin ». Cf. Descartes, *Réponses aux troisièmes objections* (AT VII, 181). Dans la scolastique post-cartésienne, l'équivalence entre les deux types de concepts et la double réalité de l'idée est devenue scolaire, ce dont témoigne par exemple remarquablement le scotisto-cartésien Antoine Le Grand, *Dissertatio de ratione cognoscendi*, Londres, 1698, p. 20 : « In omni *Idea* duplex realitas, seu perfectio consideratur, una *formalis*, sive propria, quatenus est mentis operatio : altera *obiectiva*, sive vicaria, quatenus est Rei cogitatae repraesentatio : quas Metaphysici vocant conceptum Formalem et Obiectivum ».

divin que l'intellect humain [1]. Or, il nous semble que ce débat permettrait également de mieux qualifier la vaste équivoque qui règne au sujet du « mentalisme » qui affecterait la philosophie moderne, à savoir ce fameux « cheval de Troie » philosophique ridiculisé par Thomas Reid et repris en chœur par bon nombre de philosophes du XXe siècle, selon lequel l'objet de notre pensée ne serait pas le monde extérieur, mais toujours seulement une représentation intérieure de celui-ci sous forme d'images mentales ou d'idées [2]. Le mythe de l'intériorité, du dédoublement intérieur du monde, que l'on attribue souvent à la philosophie du XVIIe et à certains de ses représentants les plus illustres, s'il doit bien se comprendre en référence aux problématiques scolastiques de l'*esse obiectivum*, c'est-à-dire en rapport avec l'émergence d'une doctrine de l'*obiectum* à partir de la pensée divine, peut ici trouver non pas tant une justification ou infirmation qu'une simple explication de certains de ses traits distinctifs. C'est en effet la primauté de la connaissance divine avec ses réquisits propres (antériorité sur l'objet, présentation à soi de celui-ci sous forme d'image mentale) qui se trouve reprise dans le vocabulaire de la connaissance en général. C'est ici au tour de la théologie à avoir influencé la noétique. En revanche, cela ne permet nullement de conclure à la domination absolue d'un tel modèle « mentaliste » ou « objectiviste » de la connaissance au XVIIe siècle, dans lequel l'esprit n'atteindrait que ses idées. Car, comme cette étude aura tenté de le montrer, la noétique des jésuites modernes n'envisageait aucun intermédiaire entre notre acte de connaissance et les choses, ce qui a conduit certains théologiens particulièrement audacieux à imaginer un rapport de Dieu au monde aussi direct que celui que les hommes rêveraient d'avoir aux choses – avec pour conséquence cette fois-ci non pas de diviniser l'intellect humain, mais d'humaniser l'intellect divin. La persistance d'une position réaliste dans l'œuvre de nombreux scolastiques jusqu'au début du XVIIIe,

1. C'est par exemple clairement la conclusion que tire Sebastián Izquierdo, en affirmant que les « états de choses » sont connus de la même manière par Dieu et par l'homme, et qu'aucune de ces intellections ne les constitue. Cf. Sebastián Izquierdo, *Pharus Scientiarum*, disp. 10, q. 1, n. 63, p. 232a : « Nec status quiditativus absolutus, nec ullus status conditionatus rerum, per aliquam apprehensionem, aut divinam, aut creatam intrinsece ulla ratione constitui potest. (…) Probatur (…) primo : quia huiusmodi status quiditativus rerum nihil est aliud ab illo modo essendi earum, ratione cuius ipsis competunt, de ipsisque subinde sunt enunciabiles veritates quiditativae, ac prorsus necessariae earum ; sed totus hic modus essendi se habet ex parte obiecti cuiusvis cognitionis Dei et creaturae, quin cognitio ipsa intret illum : Ergo ». Sur l'univocité des modes de connaître au XVIIe siècle, voir dans ce volume la contribution de V. Carraud, « Connaître comme Dieu connaît. Omniscience et principe de raison suffisante ».

2. Cf. Thomas Reid, *An Inquiry into the Human Mind on the Principles of Common Sense*, c. 5, § 8, éd. W. Hamilton, Londres, 1895, I, p. 132.

défendant de manière particulièrement vindicative l'exigence du réalisme et le refus des images mentales[1], prouve que le mentalisme n'est nullement un trait époqual, mais peut-être seulement la marque de l'aveuglement de certains philosophes modernes qui voulurent « connaître comme Dieu connaît » : c'est-à-dire sans sortir de soi-même, avec l'intime conviction de toujours trouver le monde conforme à ses idées. *

Jacob SCHMUTZ

1. Cf. par exemple le jésuite salmantain Luis de Losada (†1748), *Animastica*, in *Cursus philosophicus, tertia pars*, Salamanque, 1750, disp. 8, n. 33, p. 262a : « Rejicitur haec doctrina : quia si verbum est medium *in quo*, seu *imago in qua*, erit prius et immediatius cognitum, quam obiectum aliud. Sequela repugnat experientiae ; cum nemo experiatur in se talem imaginem a cognitione distinctam… ».

* Nous tenons à remercier Olivier Boulnois, Jean-Luc Solère et Leen Spruit pour leurs commentaires sur une première version de cette étude.

SCIENCE DIVINE ET PHILOSOPHIE SELON MALEBRANCHE

CONTRIBUTION À L'HISTOIRE DES SOURCES DU MALEBRANCHISME

Malebranche ne traite pas *ex professo* de la science divine. Rien chez lui ne rappelle les spéculations subtiles à l'excès des contemporains de ses jeunes années que furent les derniers Docteurs scolastiques. Il demeure néanmoins possible de glaner des indications au fil de ses ouvrages et de souligner les traits les plus significatifs de la conception qu'il s'en fait[1].

Il convient de souligner d'emblée l'importance du contexte dans lequel est abordée cette question. Paradoxalement, l'oratorien évoque le problème de la science de Dieu lorsqu'il s'intéresse à la nature et aux modalités de la connaissance humaine. Tout se passe comme si la logique interne de sa thèse principale en matière de philosophie de la connaissance, traditionnellement désignée sous le nom de « vision en Dieu des idées », impliquait qu'on ne pût faire l'économie d'une doctrine de la science divine pour rendre raison du savoir humain, entendu comme vision des idées auxquelles Dieu lui-même a recours pour connaître. Or il se pourrait que cet arrimage de la question de la science divine à l'élucidation du savoir humain, déterminât un infléchissement de la nature même de la science divine, du moins au regard de la pertinence originairement théologique de la question. Cette intrication des problèmes, paradoxale mais constitutive de la philosophie malebranchiste, suggère les deux hypothèses initiales que ce propos voudrait approfondir.

Tout d'abord, Malebranche est l'un des acteurs principaux d'une mutation déterminante dans le traitement de la science divine. De proprement

1. Remarquons que l'oratorien ne parle pas tant de « science divine » que de la Sagesse de Dieu, vraisemblablement pour signifier que le savoir divin est immédiat par opposition à la science qui procède, ordinairement du moins, par déduction à partir de principes premiers. Les remarques que nous présentons ici développent les hypothèses que nous formulons dans notre ouvrage *Malebranche et la Métaphysique*, Paris, PUF, 1999, p. 153-158.

théologique qu'elle était au Moyen Âge, cette question fait, à l'époque moderne, son entrée en philosophie. Le problème de la nature, de l'étendue et des modalités du savoir divin importe au plus haut point à la philosophie, parce que de la description de la science divine dépendra plus que jamais la réponse que l'on apporte à la question éternellement philosophique du fondement du savoir. La philosophie requiert, pour s'assurer en sa propre pertinence, de s'adosser au savoir que Dieu prend de lui-même et du monde. Tel est, semble-t-il, l'implicite de la thèse de la vision en Dieu comprise par Malebranche comme le premier opérateur de la philosophie. Or, expliquer comment l'on « voit en Dieu » requiert de comprendre comment Dieu lui-même connaît et accède à ses idées, objets de notre intelligence.

Si la question de la science divine se pose désormais en et à partir de la philosophie, cette première hypothèse appellerait une seconde suggestion, plus proprement malebranchiste. La mutation de la science divine contribue à la radicale mise en question du concept de théologie chez l'oratorien. Ce qui valait comme fondement d'une théologie, l'auto-connaissance de Dieu, s'impose désormais comme le principe de la philosophie. Pour que la question de la science divine importe à la connaissance humaine, il convient que l'écart entre connaissance finie et intelligence infinie se laisse, au moins partiellement, réduire au profit d'une plus originaire et compréhensive détermination du rapport de l'entendement (fini ou non), à ce qu'il connaît. En d'autres termes, il importe peut-être que la connaissance humaine se fasse un peu plus qu'humaine, ou que la science divine ne le soit plus vraiment pour que devienne tolérable et légitime une comparaison. L'affirmation de cette élémentaire et principielle convenance des deux savoirs prend la forme d'un leitmotiv malebranchiste : nous voyons en Dieu comme Dieu voit en lui-même [1].

Enfin, nous voudrions suggérer que Malebranche, contraint de penser la science divine en raison d'impératifs philosophiques, assume pleinement les transformations qui affectent les conceptions de la science divine à l'époque moderne [2].

1. « Dieu voit aussi bien que moi que 2 et 2 font 4 », *Traité de Morale* (*TM*) I, I, V, *OC* XI 19. « Dieu voit comme nous mais en lui-même et nous en lui (...) », *Réflexions sur la prémotion physique (RPP)*, *OC* XVI 103. Le savoir qui préside à la Création est identiquement au principe du savoir humain : « Celui qui a créé les êtres sur ses propres idées nous éclaire par ses mêmes idées », *Lettre à Dortous de Mairan*, 6 septembre 1714, *OC* XIX, 910. Nous citons les œuvres de Malebranche d'après l'édition des *Œuvres complètes* [= *OC* suivi du numéro de tome et de page], Paris, Vrin-CNRS, 1958-1968, sous la direction d'André Robinet.

2. Concernant ces évolutions, voir dans ce même volume l'étude de Jacob Schmutz. Là encore, des problèmes généraux d'épistémologie vont brouiller le questionnement théolo-

Comme on sait, l'oratorien se réapproprie l'antique notion d'archétype. Dieu connaît les créatures par des archétypes ou des idées auxquelles la vision en Dieu nous donne directement accès. Mais précisément, cet impératif noétique impose des contraintes inédites au traitement de la question du savoir divin. Malebranche va donc repenser la notion d'archétype en une direction nouvelle. Pour que puisse s'instaurer une description concourante des savoirs divin et humain, il importe que l'objet de la science divine ne soit plus déterminé à partir de la causalité de Dieu, afin qu'un même type de relation gouverne les rapports des entendements finis et infinis à leur objet. Or, si Malebranche affirme qu'en Dieu « rien n'est plus sacré, rien n'est plus divin que la puissance » [1], c'est peut-être parce qu'il veut nous donner à penser qu'en Dieu, l'instance connaissante, le Verbe ou ce qui deviendra bientôt la « Sagesse », serait moins proprement divine que la toute-puissance, précisément inaccessible à l'entendement fini [2]. Pour nous frayer un chemin jusqu'à l'intellection de l'archétype divin, il importe de délier celui-ci de tout rapport constitutif à l'efficience créatrice. Le Dieu de Malebranche ne va plus connaître le monde parce qu'il peut le créer, mais pourra le créer puisque antérieurement, et pour ainsi dire en un autre lieu, les idées de ce monde, et de tout autre monde possible, s'organisent en système de vérités et de relations essentielles au sein de son entendement [3].

Il s'agit donc de comprendre comment l'archétype, tout en demeurant un modèle essentiel pour la créature (ce qui règle l'agir divin lorsqu'il crée), n'est plus pour autant une *cause exemplaire*, une similitude de l'essence divine, à l'imitation de laquelle la chose sera produite. Nous suggérons que l'archétype, débarrassé de tout rapport à une éventuelle causalité devient un objet identiquement atteint par les intellections finies et infinies.

L'archétype s'entend comme raison et non plus comme cause. Si tel est le cas, Malebranche, à la suite de ses contemporains scolastiques, met en

gique et contribuer à faire de la science divine un chapitre préliminaire de la philosophie. De ce point de vue, l'intrication de la question de la nature de la science divine et de l'intellection humaine des idées dans le chapitre VI de la seconde partie du Livre III de *La Recherche de la vérité* est significative.

1. *TM* II, II, § XV ; *Entretiens sur la métaphysique et sur la religion* (*EMR*) VII, § XIV, *OC* XII, 174.

2. Voir sur ce point, *Méditations chrétiennes et métaphysiques*, (*MCM*) IX, § 2, *OC* X, 96.

3. Tel est notamment le sens de la célèbre thèse d'une impuissance de la puissance, dès lors que son exercice n'est pas soumis à la sagesse divine : *Traité de la Nature et de la Grâce*, (*TNG*) I, art. I, add. ; « Afin que le dessein que Dieu a pris librement de faire le monde soit sage et éclairé, il faut que Dieu ait connu ce qu'il a voulu, et qu'ainsi le modèle du monde et d'une infinité de mondes possibles soit préalable à la volonté et au décret de la création », *Réponse à Régis*, II § 23, *OC* XVII-1, 308.

crise l'axiome traditionnel qui gouvernait les définitions médiévales de la science divine : la science de Dieu n'est plus, et en aucun sens, la cause des choses. L'archétype malebranchiste n'est plus seulement un modèle à imiter, mais un objet de connaissance ; il n'est plus exclusivement une forme, mais un concept faisant apparaître à l'esprit une essence. Du même coup, se trouve mise en question la dépendance des objets connus par Dieu envers son propre entendement. Si connaître n'équivaut en aucun cas ni d'aucune manière à causer, les objets connus par Dieu, vont progressivement prendre leur indépendance. Or n'est-ce pas là la logique interne de la position de Malebranche, qui aboutira précisément à proclamer l'« indépendance » de la rationalité, au regard de Dieu lui-même ? La position de l'oratorien nous apparaîtra toutefois plus complexe. Si, en effet, il réassume certaines des thèses les plus audacieuses de ses contemporains, nous verrons qu'il cherche aussi à maintenir les apparences. Une relative prudence le conduira ainsi à affirmer simultanément, et non sans risque de contradiction, que Dieu connaît les autres choses en lui-même, (il se veut alors disciple fidèle de saint Thomas), mais aussi que la Raison est « en un sens plus indépendante que Dieu-même » [1], ce qui l'amènera à reprendre, au moins implicitement, la thèse (cette fois beaucoup plus récente), selon laquelle l'intellect de Dieu se règle directement sur les essences connues en elles-mêmes.

Les relations des entendements divin et humain à leur commun objet deviennent dès lors comparables d'autant plus que l'entendement de l'homme ne connaît pas à partir d'un travail sur le sensible, mais directement par l'action illuminatrice de l'idée divine.

Nous pouvons prendre la mesure de cette mutation de la notion d'archétype à partir de trois questions qui, à leur manière, engagent le rapport de la connaissance divine à ce qu'elle connaît. Que Dieu connaît-il précisément lorsqu'il « découvre » en lui les essences ? Quel est au juste la nature des possibles qui règle l'opération divine dans l'agir créateur ? Quelle conception de la rationalité soutient l'affirmation, propre à Malebranche, que le savoir humain participe immédiatement au savoir de Dieu ?

Science divine et vision en Dieu

Indiquons tout d'abord que trois classes d'objets connaissables doivent être distinguées. En premier lieu, Dieu se connaît lui-même, puis les essences des créatures en sa propre essence, et enfin leur existence actuelle par la connaissance de ses volontés créatrices. Or si l'appréhension divine de l'existence échappe totalement à la connaissance par idée, il importe de

1. Xe *Éclaircissement* (*Écl.*), *OC* III, 131.

souligner qu'il n'en va pas de même pour la connaissance divine de soi et des essences créables. Pour connaître les créatures, ou plus exactement leurs essences en sa propre essence, l'intellection divine est manifestement déterminée par la médiation d'une idée représentative ou « présentative »[1]. C'est paradoxalement à partir de la mise au point de la doctrine de la connaissance humaine que l'on peut accéder à ce premier constat. Fondons-nous sur la déclaration explicite de *la Recherche de la vérité* (livre V chapitre v) au terme de laquelle « nous connaissons les choses en quelque manière comme Dieu les connaît »[2]. Le *comme* de l'expression « connaître *comme* Dieu connaît » suggère que notre rapport cognitif aux choses, ou plus exactement à leurs essences soit manifestement analogue, sinon identique, à celui que l'intellect divin entretient à ces mêmes essences. L'oratorien ne se contente pas d'affirmer banalement que nous connaissons les mêmes choses que Dieu, mais encore que nous connaissons par le même moyen que Dieu, c'est-à-dire par l'idée archétype. De prime abord, Malebranche s'inscrit donc dans un mouvement philosophique qui, tout au long du siècle, a sous la plume de divers auteurs, professé ce qu'il est convenu d'appeler l'univocité de la connaissance. Mais une thèse originale opère un déplacement significatif du point d'application précis de cette univocité. Celle-ci en effet ne concerne pas seulement les objets de la connaissance divine et humaine, comme les vérités mathématiques et morales, mais elle s'étend par vision en Dieu au moyen même de la connaissance, l'idée archétype, objet unique de tous les intellects, quel que soit leur statut. « Mais de plus je suis si certain que les hommes, les anges et Dieu-même voient les mêmes vérités que je vois, qu'il ne m'est pas possible de douter que c'est la même lumière qui éclaire tous les esprits »[3]. Il s'agit donc de penser une structure cognitive unifiante qui s'avère ultimement indifférente à la césure entre l'infini et le fini. La transcendance du savoir divin semble ici se résorber dans l'univocité des objets connus par l'office d'une sagesse universelle qui se donne à tout intellect[4].

1. L'on peut ainsi faire droit à une distinction, toutefois peu fréquente, entre représentation au sens strict, et présentation, concept qui désigne plus spécialement la présence de l'idée à l'esprit qu'elle illumine : voir sur ce point *Lettre à X du 14 janvier (?)*, *OC* XVIII, 280. Cette distinction révèle toutefois que « représentation » devra s'entendre au double sens de ce qui tient la place de la chose, mais aussi ce qui la rend présente à l'esprit. Ce dernier sens devra sans doute l'emporter dans le cas de la science divine.

2. *Recherche de la vérité* (*RV*) V, V, *OC* II, 174.

3. *EMR* VIII, § XI, *OC* XII, 189. L'univocité porte donc simultanément sur les vérités et sur la lumière, *medium* cognitif de ces mêmes vérités.

4. Voir *MCM* II, § XV, *OC* X, 24. La différence des savoirs divin et humain est donc purement extensive.

Or cette indistinction semble favorisée par la structure de la noétique divine elle-même. Malebranche distingue soigneusement en Dieu l'intellection des essences et l'appréhension des existences. Alors que Dieu connaît les essences en son propre entendement, par les mêmes idées qui les représentent à l'homme, il ne connaît les existences qu'en sa volonté qui les cause et les maintient dans l'être[1]. Cette distinction a, de notre point de vue, deux conséquences.

1) Tout d'abord, l'essence que Dieu connaît dans et par l'idée est déliée de tout rapport à sa causalité créatrice. Puissance et volonté divine semblent radicalement étrangères à l'immutabilité de l'idée essence contenue dans le Verbe. Remarquons que l'intellect de Dieu ne connaît plus directement et proprement les étant existants, mais appréhende seulement des essences. Se trouve alors posé le problème d'une véritable rationalité de la Création : comment Dieu peut-il connaître le monde alors que sa science, celle de son entendement du moins, semble se borner à des types d'êtres, sans pouvoir descendre jusqu'aux individus existants ? Ne faut-il pas aller jusqu'à suggérer que Dieu ne connaît pas en elles-mêmes les créatures qui composent le monde ? Cette première restriction au savoir divin proprement dit, c'est-à-dire à la science des étants eidétiquement contenus dans le Verbe, en entraîne donc une seconde : Dieu ne *connaît* plus à proprement parler les singularités, mais des essences universellement représentatives d'une catégorie d'étants, d'un « genre d'être » déterminé. L'entendement divin se trouve alors dans une situation identique au nôtre : il n'accède qu'à des essences, jamais aux singularités existantes. Or l'homme ne peut de même connaître les singuliers par une connaissance intellectuelle, mais ne se peut appuyer que sur la sensation confuse, seule révélatrice de l'existence des étants créés[2]. Structurellement pourrait-on dire, les entendements finis et infinis souffrent paradoxalement d'une même « limitation » à leur pouvoir. Dès lors, le savoir humain, avec les limites qui le constituent, ne sert-il pas de modèle à la conception de la science divine elle-même ?

2) L'essence de la créature n'est plus définie comme une imitation, ou une participation à l'essence divine. Bien que résidant dans l'essence

1. Voir Xe *Écl.*, *OC* III, 136 ; *RV* IV, XI, III ; *Réponse aux vraies et fausses idées (RVFI)*, *OC* VI, 136 ; *Réponse à Régis*, II § XI, *OC* XVII-1, 287 ; *EMR* VIII § X. « Ainsi Dieu voit dans son essence infinie l'essence de tous les êtres finis, je veux dire l'idée ou l'archétype de tous ces êtres. Il voit aussi leur existence et toutes leurs manières d'exister par la connaissance qu'il a de ses propres volontés puisque ce sont ses volontés qui leur donnent l'être », *Entretien d'un philosophe chrétien et d'un philosophe chinois (EPC)*, *OC* XV, 22.

2. Nous nous permettons de renvoyer ici à notre étude « Malebranche ou l'individuation perdue », *Les Études philosophiques*, Paris, PUF, 1996, 4, p. 489-506.

divine, l'essence de la chose devient un objet, une entité offerte à l'intelligence divine tout comme elle est proposée à l'intellection humaine. « Il est certain que Dieu renferme en lui-même d'une manière intelligible les perfections de tous les êtres qu'il a créés ou qu'il peut créer, et que c'est par ces perfections intelligibles qu'il connaît l'essence de toutes choses (...). Or ces perfections sont aussi l'objet immédiat de l'esprit de l'homme (...). Donc les idées intelligibles, ou les perfections qui sont en Dieu, lesquelles nous représentent ce qui est hors de Dieu, sont absolument nécessaires et immuables » [1]. L'idée se voit donc investie d'une mission unique : représenter intelligiblement à l'entendement qui s'en saisit une essence immuable, éternelle et étrangère à toute création. Il apparaît donc que les savoirs humains et divins peuvent au moins partiellement s'identifier pour deux motifs.

Tout d'abord, le modèle cognitif de la représentation, quel que soit ce que l'on entend par là, investit indifféremment la structure du savoir humain et divin [2]. En second lieu, l'essence perçue dans et par l'idée qui la représente précède toute causalité. L'intellection humaine, tout comme l'intelligence de Dieu ne doivent plus rien à la position dans l'être ou à l'actualisation de l'essence : « tel être quoique connu peut n'exister pas, on peut voir son essence sans son existence, son idée sans lui » [3]. L'intellect divin ne l'emporte donc pas sur ses objets. Si les idées de Dieu continuent de dépendre de son essence, cette dépendance ne peut se penser sous la catégorie de la causalité. Ce n'est plus tant le modèle de l'expression ou de la ressemblance que celui, tout différent, de la partie au regard d'un tout qui prévaut désormais : une essence finie est une partie constitutive de l'essence divine. En dépit de ses multiples recours à l'autorité de Thomas, Malebranche, à la suite de l'École, ne cherchera donc pas à ressusciter l'exemplarisme médiéval.

Une enquête lexicale confirmera cette homogénéisation tangentielle des savoirs finis et infinis. Le vocabulaire tout comme les structures conceptuelles utilisées pour décrire la science divine sont manifestement, – vision en Dieu oblige –, identiques à ceux qui prévalent en matière de théorie de la connaissance humaine. Tout comme l'homme, « Dieu pense » [4], mais plus significativement encore, l'intellection divine semble elle-même assujettie

1. Xe *Écl.*, *OC* III, 136.

2. L'idée représente ainsi à tout entendement; le connaissable n'est plus déterminé à partir de ce que Dieu connaît, mais bien plutôt, Dieu connaît ce qui est de soi intelligible. « C'est l'idée qui représente l'essence de la créature », *MCM* IX, § 12.

3. *EMR* II, § V, *OC* XII, 53-54; cf. *ibid.* V, § II.

4. *TNG* II, art. LVI, *OC* V, 113; *MCM*, VIII, § XVII, *OC* X, 89; *EMR*, IX, § VI, *OC* XII, 205; *TM* II, V, X, *OC* XI, 191, *Conversations chrétiennes (CC)*, VI, *OC* IV, 135.

au concept. Ainsi, « Dieu conçoit »[1]. Enfin, et tout comme nous, « Dieu voit son ouvrage comme possible dans les idées qu'il en a »[2].

Évoquant la nature du « sentiment intérieur » par lequel l'homme prend conscience de son âme, Malebranche indique qu'on ne peut découvrir la nature de ce sentiment « en contemplant l'idée qui représente à Dieu que l'âme est capable d'en être touchée »[3]. L'idée devient donc pour Dieu lui-même un objet qui représente. La connaissance divine va alors se trouver pensée au moyen de la représentation, et gouvernée par un « vis à vis » objectif. Malebranche veut par là déférer à un impératif théologique traditionnel, et éviter de soumettre la connaissance divine à l'*esse* des créatures dans le monde. Dieu ne pourra donc saisir les essences en elles-mêmes, mais par la seule médiation de ses idées : « Certainement Dieu voit qu'il y a des espaces entre les corps qu'il a créés; mais il ne voit pas ces corps ou ces espaces par eux-mêmes. Il ne les peut voir que par les idées qu'il en a, que par des corps, et par des espaces intelligibles. Dieu ne tire sa lumière que de lui-même, il ne voit le monde matériel que dans le monde intelligible qu'il renferme »[4]. Dieu ne peut ainsi saisir l'autre que lui qu'à partir de lui-même[5].

On trouverait confirmation de ce point en considérant cette fois la manière dont Dieu se connaît lui-même. En apparence, Malebranche réassume l'orthodoxie de la position thomiste. Dieu connaît les « autres que lui » (*alia a se*) en se connaissant tout d'abord. Les essences créables ne semblent alors qu'être des participations de l'essence divine. Mais sous la

1. *MCM* IV, § XI, *OC* X, 41.

2. *RVFI, OC* VI, 136. Dieu voit en lui toutes choses comme nous en lui, *Trois Lettres touchant la Défense de Monsieur Arnauld, OC* VI, 251.

3. *RVFI, OC* VI, 159; *cf. OC* IX, 1060; « Je suis persuadé qu'il ne faut point juger des ouvrages de Dieu par les divers sentiments qu'on en a, mais par les idées immuables, nécessaires et éternelles qu'ils représentent, par l'archétype sur lequel ils ont tous été formés », *EMR* IV, § III, *OC* XII, 88; « (...) on ne voit en Dieu que leurs essences qui sont immuables, on ne voit en Dieu que ce qui représente à l'esprit cet objet, que ce qui les rend intelligible, que ce qui les fait connaître », *Trois Lettres touchant la Défense*, *OC* VI, 200.

4. VIe *Écl, OC* III, 61; « (...) les essences des choses matérielles, ou ce qui est en Dieu qui les représentent éternellement comme possibles »; *Trois Lettres touchant la Défense*, *OC* VI, 201. Si toutes les perfections divines sont égales en tant que constituants formels de l'essence divine, elles tolèrent une certaine « inégalité » lorsqu'elles sont entendues comme l'instance de représentation des étants créables. Voir Xe *Écl., OC* III, 137. On peut voir en ce texte un écho de la distinction cartésienne entre réalité formelle et objective de l'idée.

5. Malebranche transfèrera ce dispositif, d'ailleurs parfaitement conforme à la tradition thomiste, à la détermination egologique d'autrui. En dépit de sa finitude et de son opacité à soi, l'âme ne peut « envisager » autrui qu'en le réduisant conjecturalement à soi. Ce point permettrait de réévaluer l'hypothèse d'une structure théologique du concept malebranchiste d'altérité.

lettre des formules thomistes dont la reprise n'est ici pas dénuée d'intentions tactiques, on sent poindre un esprit déjà différent. En un texte au moins, cette structure d'objectivité investit le rapport cognitif de Dieu à lui-même : « Dieu connaît aussi bien que les esprits mais il ne pense pas comme eux. Il est à lui-même l'objet immédiat de ses connaissances »[1]. L'affirmation d'une différence des modalités de la pensée divine et humaine recouvre en fait une plus élémentaire unité : nous ne pensons pas comme Dieu parce que Dieu est précisément *à lui-même* l'objet de ses connaissances. Alors que notre âme, finie et limitée, ne peut découvrir « en elle-même » ses propres idées, Dieu connaît en lui-même. Quoi qu'il en soit de cette distinction, les entendements finis ou non ne s'en trouvent pas moins gouvernés dans leur activité cognitive par le concept d'objet immédiat. La doctrine de l'idée comme « objet immédiat » de l'entendement, mise au point dès le IIIe *Éclaircissement*, vaut donc simultanément et indifféremment pour Dieu et pour l'homme qui voit en Dieu. Or dans le IIIe *Éclaircissement*, le concept d'objet immédiat implique précisément la distance entre l'esprit connaissant et son vis à vis, l'idée qui se présente à lui pour représenter son contenu. « Ce mot *idée* est équivoque ; je l'ai pris quelquefois pour tout ce qui représente à l'esprit quelque objet soit clairement soit confusément, je l'ai pris même encore plus généralement pour tout ce qui est objet immédiat de l'esprit »[2]. Le transfert de ce dispositif à la connaissance divine elle-même est donc d'autant plus révélateur qu'en Dieu précisément, l'idée n'est pas réellement distincte de l'intellect qui s'en saisit. L'essence divine se situe ainsi comme à distance d'elle-même pour s'objectiver en sa propre intellection. La théorie du Verbe confirme cet acquis, puisque l'oratorien ne définit plus tant le Verbe comme l'expression du Père que comme « l'idée de Dieu »[3]. Cette évolution est elle-même rendue possible par la stricte distinction et la superposition d'une doctrine de la représentation à la traditionnelle théorie de la participation pour rendre compte de la relation des créatures à Dieu. En tant qu'il les pense et en saisit l'essence, Dieu connaît les créatures possibles par représentation de ses idées. Il faut alors demeurer attentif au fait qu'en cette perspective, Dieu ne connaît pas les essences en tant qu'il se connaît comme leur cause

1. *EMR* VIII, §VII, *OC* XII, 183.

2. IIIe *Écl.*, *OC* III, 44.

3. « (...) car il n'y a point d'autre idée de Dieu que son Verbe, le Fils de Dieu est l'expression et la ressemblance parfaite de son Père. Je veux bien qu'on voit Dieu ou l'infini par une idée, mais une idée qui lui soit consubstantielle, une idée qui renferme toute sa substance, une idée qui ne représente point l'être divin en tant qu'il peut être participé imparfaitement par ses créatures », *RVFI*, *OC* VI, 166-167. On remarquera qu'en ce texte, la problématique de la vision en Dieu et de la science divine sont inextricablement mêlées.

universelle. La créature n'est plus connue comme productible par la toute-puissance, mais comme une possibilité éternellement inscrite dans l'essence divine [1]. La participation n'investit que le rapport causal de Dieu à la créature en tant qu'elle existe. L'essence n'est, quant à elle plus tant le constituant formel immanent à l'étant créé que sa représentation dans l'idée divine. L'essence du créé est comme délocalisée en Dieu, ainsi de l'étendue intelligible, idée qui représente et constitue tout ensemble l'essence de la nature corporelle [2]. Avant d'être un principe ontologique de participation, l'archétype est un principe de connaissance, une représentation à l'esprit (divin ou non), de l'essence de la chose créable. *L'Entretien d'un philosophe chrétien et d'un philosophe chinois* pourra ainsi affirmer que Dieu découvre dans son essence infinie les idées ou les essences des êtres finis : « Or se connaître soi-même est une perfection. Donc l'être infiniment parfait se connaît parfaitement. Et par conséquent il connaît aussi toutes les manières dont son essence infinie peut être imparfaitement participée, ou imitée par tous les êtres particuliers et finis, soit créés, soit possibles ; c'est-à-dire qu'il voit dans son essence les idées ou les archétypes de tous ces êtres » [3].

Il peut sembler que ces décisions relatives à la noétique divine soient rendues possibles par la mutation du concept d'archétype qui, moins qu'une forme devient comme on le voit un objet cogitable par tout intellect. Or les transformations que Malebranche impose ainsi aux concepts classiques de la topique médiévale ne relèvent pas d'une démarche solitaire. Mais pour autant, pourquoi chercher des antécédents scolastiques à ces mutations alors que l'oratorien ne cite jamais, en ce contexte du moins, des auteurs scolastiques postérieurs à Thomas d'Aquin ?

Indiquons à titre préliminaire qu'il convient peut-être de remettre en cause une trop exclusive dépendance de Malebranche envers saint Augustin, et plus spécialement la quarante-sixième des quatre-vingt-trois *Questions diverses* [4]. Il n'est pas inutile de remarquer que les citations

1. La science divine perd donc tout caractère immédiatement pratique pour devenir le paradigme du savoir spéculatif.

2. « Mais Dieu ne nous découvre pas seulement par l'idée de l'étendue le monde qu'il a créé, il nous représente encore une infinité de mondes qu'il n'a pas faits, car l'étendue intelligible est l'archétype d'une infinité de mondes possibles », *Entretiens sur la mort*, II, *OC* XIII, 409. L'essence divine devient donc pour elle-même l'instance de représentation ; ainsi, elle « représente l'étendue », *EPC OC* XV, 9.

3. *EPC*, *OC* XV, 22 ; cf. *OC* VI, 250. On note que Dieu ne connaît pas les essences *par* son essence, mais *en* elle, ce qui atténue la primauté épistémique de l'essence divine sur les objets secondaires connus par Dieu.

4. Malebranche cite néanmoins ce texte bien connu. Voir notamment *EMR*, préface, *OC* XII, 11-12. N'oublions pas que cette préface et les références augustiniennes qu'elle

augustiniennes viennent surtout sous sa plume pour défendre et autoriser une position qu'il croit néanmoins pouvoir exposer sans recours direct à des autorités. Le patronage augustinien a, chez Malebranche, autant valeur stratégique que théorique, surtout dans le contexte de la polémique qui l'oppose à Antoine Arnauld à partir de 1683. En second lieu, lorsque Malebranche traite de la science divine, il invoque aussi l'autorité de saint Thomas, plus spécialement les questions 14 et 15 de la *Prima pars* de la *Somme théologique*[1]. Ce recours thomiste semble toutefois dicté par les besoins de la polémique contre Arnauld puisque, dans la majorité des recours à Thomas, Malebranche reprend et réutilise des textes que lui avait d'abord opposé son adversaire. Or nous suggérons que les influences augustiniennes ou thomistes sont en partie médiatisées (ou relayées) par les relectures et les infléchissements que la pensée contemporaine fait subir à la lettre du thomisme.

Certes, Malebranche demeure en apparence thomiste lorsqu'il affirme que Dieu connaît en son essence les essences de toutes les créatures. Mais contrairement à ce qu'enseigne le Docteur Angélique le Dieu de Malebranche ne va plus connaître les possibles en se saisissant comme leur cause universelle, ou en les pensant comme des similitudes de son essence[2]. Il s'agirait au contraire d'avancer une hypothèse en forme de paradoxe. Dans l'élaboration de la vision en Dieu comme en sa conception de la science divine, Malebranche ne dépendrait pas tant – ou pas seulement – des auteurs qu'il cite, que de philosophes plus récents, les philosophes scolastiques dont il a suivi l'enseignement lors de ses années de formation à la Sorbonne, puis à l'Oratoire à partir de 1660. Nous pouvons ici recourir à Suárez, sans prétendre qu'il s'impose comme une source certaine et matériellement assignable dans les textes. Il nous paraît plutôt fonctionner comme l'acteur et le témoin d'une évolution conceptuelle plus large, à laquelle, sans peut-être pouvoir ni vouloir s'y soustraire totalement, l'oratorien apporterait sa propre contribution.

De prime abord Suárez maintient la thèse d'une connaissance divine des possibles en sa propre essence. Mais retravaillant les matériaux conceptuels dont elle hérite, la section XV de la XXXe *Disputatio Metaphysica* tente de penser la science divine elle-même au moyen de la structure des idées

mobilise furent ajoutées à la troisième édition afin de répondre à des objections d'Arnauld et de Faydit.

1. Voir *RVFI*, *OC* VI, 62, 115, 135-136; *EMR*, préface, *OC* XII, 12; Lettre posthume à Arnauld du 19 mars 1699, *OC* IX, 950.

2. Voir *Somme théologique*, Ia q. 14 art. 5, resp. L'essence divine n'est pas davantage envisagée par l'oratorien comme cause universelle, *virtus productiva omnium rerum*; voir *ibid.* q. 25 art. 3 *resp*.

représentatives. Les créatures possibles ne sont plus des expressions de l'essence divine, mais des essences intangibles qui se pensent comme les objets (*objecta scibilia*) de la science divine. Évoquant tout d'abord la science que Dieu a de lui-même, Suárez introduit déjà le vocabulaire de l'objet. Bien qu'absolument simple, l'essence divine se trouve, au moins métaphoriquement prise, lorsqu'elle s'appréhende elle-même, dans une relation de sujet connaissant face à un objet connu : « Item primarium objectum illius scientiae est infinite perfectum et supremum objectum intelligibile, nam est ipsamet essentia divina, et illa scientia est adaequata tali objecto nam est comprehensiva illius »[1]. Ainsi l'essence divine devient-elle « l'objet adéquat » de la science divine. Suárez produit ensuite une tripartition des objets connaissables par Dieu :

– La première classe comprend Dieu lui-même et les constituants internes de son essence (*quae intra ipsum sunt*).

– La seconde classe d'objets est précisément constituée par les possibles (*creaturae possibiles seu factibiles ab ipso Deo*).

– La troisième par l'ensemble des existants et par les futurs contingents.

Avant de poursuivre, remarquons que cette tripartition distingue soigneusement la science des composants de l'essence et la science des possibles comme si, en un sens, ces derniers se trouvaient pris dans une relation de quasi-extériorité au regard de l'essence divine elle-même. Cette distinction sera lourde de conséquence dans l'évolution des doctrines de la science divine, et trouvera chez Malebranche un écho singulier. Or, dans la mesure où Suárez refuse énergiquement l'extériorité des archétypes[2], on peut conjecturer que cette relative extériorité des possibles s'explique par le fait qu'ils deviennent des objets doués d'une consistance interne, d'une indépendance qui les soustrait à la causalité formelle comme à l'efficience divine. Reprenant la première classe d'objets connus, Suárez souligne que la science divine, bien qu'appréhendant immédiatement ses contenus, s'explicite néanmoins par le recours à l'objectité, pour décrire sa relation à ses propres contenus[3].

Avant d'en revenir à l'examen de la science divine des possibles, il importe d'effectuer un bref détour par la section I de la *Disputatio* XXV de *causa exemplari*. La mutation dans la détermination du rapport de

1. *Disputationes Metaphysicae (Disp. Met.)* XXX, XV, n. 16. Nous citons les *Œuvres* de Suárez d'après l'édition Berton, Paris, Vivès, 1856 *sq.*

2. Ce refus vise principalement ce qu'il croit être la doctrine d'Henri de Gand et de Wyclif, voir sur ce point *Disp. Met.* XXXI, II, *passim*.

3. « [...] seipsam tanquam proprium et primarium objectum intuetur » (*Disp. Met.* XXX, XV, n. 21).

l'intellect divin à ce qu'il connaît nous semble favorisée par la réinterprétation de l'*exemplar* par la *Dispute* XXV.

Au numéro 3 de la section I, Suárez tente une première définition de l'*exemplar* assez traditionnelle : l'*exemplar* divin est la forme qu'un effet va imiter par une intention de l'agent qui s'assigne une certaine fin. « Exemplar est forma quam effectus imitatur ex intentione agentis qui determinat sibi finem »[1]. De prime abord, l'exemplaire a encore vocation causale puisqu'il préside extrinsèquement à la création de la chose. Il n'est pas en effet une forme constituante de celle-ci, mais une forme intelligible présidant à son imitation par la créature : « per formam autem intelligenda est non intrinseca forma informans et constituens rem, sed forma concepta et extrinseca effectui cujus imitationem fit effectus ex propria intentione agentis ». L'exemplaire conserve rang de cause formelle, il est aussi une « raison » en tant que sa fonction est essentiellement pratique[2]. Il convient toutefois de rester attentif à la manière dont Suárez envisage la question de l'*exemplar* dans cette première section. La notion traditionnelle va se voir infléchie en un sens manifestement très éloigné du concept thomiste de *similitudo*. La façon-même de poser la question est ici significative. En effet, l'interrogation qui gouverne l'enquête de la section I est la suivante : l'*exemplar* est-il un concept formel ou un concept objectif ? Suárez rapporte cette dichotomie, proférée à propos de la science divine, à la célèbre distinction opérée antérieurement, dans la section I de la *Dispute* II entre le concept formel et le concept objectif d'étant[3]. Tout se passe donc comme si le statut conceptuel (et non plus véritablement formel) de l'exemplaire ne faisait pas même question, et constituait déjà un acquis implicite. Greffant ainsi la problématique traditionnelle de l'*exemplar* en ce nouvel horizon, le Docteur de Coïmbre va se demander si l'*exemplar* constitue un objet conceptuel, plus exactement s'il est la chose-même existant objectivement dans l'esprit (concept objectif), ou plutôt s'il constitue l'acte même par lequel l'intellect engendre cette conception (concept formel). Quoi qu'il en soit, il est acquis que l'*exemplar* divin est désormais un concept. Il restera simplement à se demander de quel type de concept il s'agit. En faveur d'une interprétation en termes de concept objectif, Suárez allègue entre autre l'analogie entre la forme et la fin. Dans la connaissance de la fin, ce n'est pas l'être formel de la connaissance (le fait de connaître), qui meut à agir, mais bien l'objet proposé à l'intellect. « Deinde sicut in fine non movet esse formale cognitionis sed bonum ipsum objective cognitum; ita in

1. *Disp. Met.* XXV, I, n. 3.

2. *Ibid.* n. 2.

3. Voir notamment *Disp. Met.* II, II, n. 1. Sur ce point, voir la contribution de J. Schmutz dans le présent volume, p. 209-211.

exemplari non dirigit actionem agentis esse formale cognitionis, sed forma ipsa cognitioni objecta[1] ». Aux limites du jeu de mot, Suárez écrit que la forme est objectée, ou pro-posée à la connaissance, « cognitioni proponitur ». Ce n'est pas par la forme que l'ouvrier produit un objet, mais plus exactement en dirigeant son esprit sur cette forme qui s'impose dès lors à lui à titre d'objet.

Suárez va toutefois montrer que l'exemplaire ne peut être un concept objectif, parce qu'alors serait présupposée dans l'exemplaire la chose même en tant qu'elle existe, ce qui, dans le cas de la connaissance divine poserait un problème d'antériorité. « Exemplar est vera causa effectionis rei ; sed creatura possibilis ut objecta menti Dei non est vera causa sui ipsius ut factae »[2]. Il va donc trancher en montrant que l'*exemplar* est un concept formel ; celui-ci constitue l'acte même par lequel Dieu se représente la créature possible. « De ratione exemplaris est ut forma intrinseca ad quae adeo ut formaliter contineat exemplatam per convenientiam formalem et similitudinem vel per repraesentationem intentionalem seu intellectualem »[3]. L'exemplaire est donc ce par quoi est produit l'objet, tout d'abord dans la connaissance divine, puis et par conséquent en son être créé : Dieu est intelligent en tant qu'il se représente toutes choses intellectuellement, ce qui lui convient en raison de son acte d'intelligence[4]. Le rôle directeur de l'exemplaire ne peut désormais se concevoir qu'à partir d'une conception de l'intellect de Dieu, elle-même entendue comme représentation de la chose à produire : « haec autem directio non fit nisi per actualem mentis repraesentationem quae est veluti quoddam lumen, hoc autem totum fit formaliter per ipsummet conceptum formalem mentis »[5]. L'*exemplar* n'est pas tant l'image de l'objet que la *cogitatio* dans et par laquelle l'intellect divin se donne le concept de la chose à produire.

Reprenant à son compte le concept augustinien de *ratio*, comme raison éternelle des choses en Dieu, Suárez écrit : « nam ratio proprie non dicitur nisi de conceptu formali expresse repraesentante intellectui rem in eo ideatam »[6]. Suárez peut alors élucider le véritable mode d'appréhension de l'exemplaire par Dieu ; celui-ci va connaître en son essence les essences des créatures par les concepts qui les représentent : « nam Deus cognoscendo in

1. *Ibid.*
2. *Ibid.*, I, n. 13.
3. *Ibid.*, n. 14. Voir aussi *ibid.*, n. 30.
4. « Deus est intellectualiter reparesentans omnia quod convenit illi ratione sui conceptus seu actus intelligendi », *ibid.*, n. 26.
5. *Ibid.*, n. 28.
6. *Ibid.*, n. 13 ; « Ergo est propriissimum exemplar si sit conceptus rei efficiendae », *ibid.*, n. 30.

sua essentia format, ut more nostro loquamur, rationes seu conceptus earum per quos illas directe cognoscit, licet ut secundaria objecta suae scientiae. Quia vero ejus scientia est perfectissima, cognoscendo et formando exemplaria creaturarum, cognoscit in seipso conceptum illum qui intellectualiter repraesentat creaturas quod est cognoscere in se exemplaria creaturarum »[1]. La créature possible n'est donc plus atteinte au moyen d'une similitude de l'essence participable par elle, mais par le biais d'un concept représentatif et normatif pour la science divine elle-même. Ce dispositif annonce ainsi une relative indépendance des possibles interprétés comme des « objets », mais surtout, se trouve ici suggéré que Dieu ne connaît plus seulement les choses en lui-même (*in seipso*), mais aussi en elles-même (*in seipsis*).

Or Suárez, voulant montrer que l'*exemplar* est un concept formel, invoque expressément l'autorité de Thomas d'Aquin. Au numéro 9 de la section I, il cite plus précisément la solution au *ad secundum* de l'article 1 de la question 15 : « et solutione ad secundum ait [Thomas] Deus per essentiam suam habere ideas quia per essentiam suam cognoscit res a se operabiles. Non cognoscit autem Deus creaturas per eas in esse cognito, sed per conceptum formalem earum ». L'impossibilité de connaître les choses « en elles-mêmes », c'est-à-dire en tant qu'existant dans un concept objectif, ne laisse ouverte qu'une possibilité : Dieu connaîtra les étants créables par des concepts formels. On le voit, Suárez réinterprète purement et simplement la notion thomiste de *similitudo* en termes de représentation. « Et solutione ad tertium ait intantum divinam essentiam esse ideam inquantum ipsa est similitudo rerum omnium quod non potest intelligi de similitudine naturali sed de similitudine seu repraesentatione intentionali quae habetur per formalem conceptum ». Il est ici utile de se reporter à l'original et de relire l'« ad tertium » thomasien un peu vite convoqué par Suárez à l'appui de sa thèse. Il apparaît immédiatement que Thomas ne parle pas de représentation intentionnelle, encore moins de concept formel. Les créatures sont appréhendées par Dieu immédiatement en son essence comprise comme similitude de toutes choses : « Dicendum quod Deus secundum essentiam suam est similitudo omnium rerum unde idea in Deo nihil est aliud quam Dei essentia ».

Évitant fort à propos de mettre entre guillemets le texte thomasien qu'il invoque, Suárez réinterprète donc la doctrine à partir des catégories de son propre questionnement et dans l'horizon problématique de la dichotomie des concepts formel et objectif.

1. *Ibid.*, n. 34.

Or Malebranche, voulant à son tour expliquer la façon dont Dieu connaît par idées va aussi invoquer la même question 15 de la *Prima pars*, et va lui aussi réassumer le télescopage suárézien du vocabulaire de la ressemblance (*similitudo*) et de la représentation[1]. Parlant des idées des créatures connues par Dieu, il écrit : « et leurs idées ne sont que l'être divin en tant qu'il est la ressemblance ou la représentation des créatures qui y participent, voyez la quinzième question de la première partie de la *Somme de théologie* de saint Thomas »[2]. La lecture malebranchiste du texte thomasien est peut-être ici médiatisée par la lecture déjà suárezienne de la *similitudo* thomiste en termes de représentation. Il est de même éclairant de voir Suárez relire saint Augustin en interprétant la doctrine augustinienne des idées-formes, là encore en termes d'objets pour l'entendement divin. Parlant d'Augustin, il écrit : « nam ideas collocat in ipsamet arte quatenus per eam formatur ratio vel conceptus rei efficiendae, in quo conceptu dicitur contineri effectus quia illum repraesentat et ita ex illius sententia, idea in Deo non est nisi essentia intellectualiter repraesentans rem faciendam ». Avec ces textes de Suárez illustrant des positions assez répandues, on est ici sans doute à l'origine de la doctrine malebranchiste de l'essence ou idée représentative, et l'on comprend d'autant mieux que l'oratorien ait pu sans sourciller interpréter la doctrine augustinienne dans les termes et les catégories mentales qui prévalaient désormais.

Fort de ces acquis, Suárez peut donc décider en faveur d'une doctrine de la connaissance divine des possibles par concepts formel représentatifs : « alias docent Deum habere proprias ideas omnium creaturarum quae nihil aliud sunt quam ipsa intellectio seu conceptus Dei repraesentans proprias naturas singularum creaturarum »[3].

La *Disputatio* XXX dégage une double structure d'objectivité en produisant la distinction de *l'objectum primarium* et de *l'objectum secundarium*. L'objet primaire de l'intellection divine reste l'essence de Dieu, alors que les *objecta secundaria* sont les possibles appréhendés par Dieu au travers de sa propre essence : « scientiam Dei non respicere creaturas nisi ut objectum secundarium, nam primarium solum versatur circa ipsum Deum »[4]. Se trouve ainsi préservée l'infinie simplicité de l'intellection divine et la nécessaire prévalence de sa connaissance sur des étants qui ne sont pas encore. On verra Malebranche soutenir de même la distinction

1. Nous ne discutons pas ici la question de savoir ce qu'il en est d'une doctrine de la représentation chez Thomas, mais voulons uniquement attirer l'attention sur l'interprétation de la *similitudo* de la question 15, commune à Suárez et Malebranche.

2. *RVFI*, *OC* VI, 135.

3. *Disp. Met.* XXX, XV, n. 25.

4. *Disp. Met.* XXX, XV, n. 25.

entre deux types d'objets et distinguer l'idée comme objet immédiat de l'esprit et la créature comprise comme objet de l'idée.

Sur notre première question on voit donc Malebranche penser le rapport de la science divine à ce qu'elle connaît au moyen de la catégorie métaphysique de l'objet, catégorie qui sera précisément réutilisée pour penser le rapport de la science humaine à des créatures qu'elle ne peut (pas plus que Dieu) connaître en elle-même. En un mot, l'évolution que la scolastique opère à propos de l'exemplaire met au jour une commune structure noétique que l'on peut caractériser par l'opérativité du concept de représentation. Cette première confrontation de Malebranche à certaines décisions de la pensée scolastique, assez bien représentée par Suárez, pourrait s'autoriser d'un second point de contact. Ainsi se confirmerait en outre que l'objet de l'intellection divine est désormais formellement identique au contenu même du savoir humain, et donc à l'objet de la philosophie.

Réalité des essences et indépendance des possibles

Cette nouvelle relation de la science divine à ses objets aboutit, chez certains scolastiques à un traitement nouveau de la possibilité, particulièrement repérable dans ce que nous pourrions nommer une dépotentialisation du possible. Le possible n'est plus entendu à partir d'une relation unilatérale à la toute-puissance. Ainsi le Dieu de Suárez ne connaît-il pas les possibles à partir de ce qu'il peut créer, mais à l'inverse ne crée que ce qui s'avère de soi et essentiellement possible. Autrement dit, le possible ne se définit plus tant comme l'effet de la puissance que comme l'objet de la pensée divine[1]. Or il peut sembler que là encore, Malebranche est plus directement dépendant des spéculations contemporaines sur le possible que des textes thomistes qu'il cite pourtant explicitement. Rappelons que pour lui le possible est un objet connu par l'idée vue en Dieu; il en est même l'objet adéquat et unique[2]. Le possible définit la modalité fondamentale de la connaissance intellectuelle, puisque les idées vues en Dieu ne représentent pas les créatures « comme existantes ». La saisie ou la « révélation naturelle » de l'existence est confiée à la sensation produite en nous par Dieu à l'occasion de l'invisible présence des corps extérieurs[3]. De même en Dieu, le Verbe ne représente-t-il jamais l'existence des créatures, sise en la

1. Sur ce point, voir J.-F. Courtine, *Suárez et le Système de la Métaphysique*, Paris, PUF, 1990, p. 311 *sq*.

2. « Dieu voit sans doute son ouvrage comme possible lorsqu'il voit l'idée qu'il en a », *RVFI, OC* VI, 136.

3. *RV* III, II, VI, *OC* I, 445-446.

seule volonté divine[1]. Deux caractères du possible peuvent ainsi se laisser repérer :

1) Le possible malebranchiste se définit par sa non-contradiction interne. Est possible tout ce qui est intrinsèquement pensable sans contradiction. La possibilité ne se réfère plus prioritairement à un exemplaire, à un modèle effectuable par la puissance divine, mais s'identifie au pur intelligible[2].

2) Par conséquent, le possible équivaut à l'essence éternelle, à l'objet des idées. En ce sens, il est déjà un étant, une essence réelle et immuable[3]. La représentation du possible, ou de l'essence créable dans et par l'idée nous donne donc accès au point de vue-même de Dieu sur le monde. Ainsi, quand nous pensons à l'étendue intelligible, « nous ne voyons que ce que Dieu voyait lui-même lorsqu'il a voulu créer le monde »[4]. Une double antériorité du possible gouverne donc sa relation à la puissance divine.

En dépit des difficultés que cette thèse soulève en site malebranchiste, Dieu ne peut créer qu'à partir d'une combinaison antérieurement ordonnée des possibles en son entendement. Le principe dit de la « simplicité des voies » de Dieu dans la création implique que Dieu conçoive le monde avant de le créer.

En second lieu, la puissance n'intervient nullement pour déterminer l'ordre intrinsèque de la possibilité ; le possible est tel de soi, sans que la puissance divine puisse invalider sa possibilité propre. En un mot, le possible n'est ce qu'il est ni parce que Dieu le pense, ni parce qu'il peut le porter à l'être[5]. « Dieu a vu le monde comme possible avant ses décrets ou

1. Nous avons ailleurs souligné les conséquences de cette « irrationalité » foncière de l'existant. Voir sur ce point, J.-C. Bardout, « Toute-puissance et singularités », in *La Légèreté de l'Être, études sur Malebranche,* éditées par B. Pinchard, Paris, Vrin, 1998, p. 95-119.

2. Malebranche écrase précisément la « faisabilité » sur la cogitabilité : le possible peut modéliser l'agir parce qu'il le rend pensable : il évoque ainsi « (...) les idées intelligibles ou les exemplaires possibles », *Réponse aux Réflexions*, *OC* VIII, 838-839.

3. Voir sur ce point, *Trois Lettres touchant la Défense*, *OC* VI, 206, 209. Le possible ne se définit plus en fonction d'une référence à la puissance active ; il n'est pas même une puissance passive attendant son actualisation : XIIe *Écl.*, *OC* III, 174-175.

4. Lettre à Dortous de Mairan, 12 juin 1714, *OC* XIX, 883. Possibilité et création se séparent au point que « on peut bien de l'idée d'étendue tirer les propriétés qui appartiennent aux corps puisque cette idée représente leur nature comme étant l'archétype sur lequel Dieu les a créés, et qu'on doit juger des choses selon leurs idées. Mais la création de la matière étant arbitraire et dépendante de la volonté du Créateur, puisque l'idée qui la représente est infinie, nécessaire, éternelle, il est évident qu'on pourrait absolument avoir la perception de cette idée sans qu'il y eût de monde créé », *Réponse à Régis*, II, § 11, *OC* XVII-1, 287. Voir encore *EMR* I, § VIII, *OC* XII, 46.

5. La connaissance divine ne constitue pas la possibilité du possible ; ainsi dit-on que Dieu « découvre » les possibles en son essence : *TM* I, I, § X ; *TNG* I, art. XIII.

indépendamment de ses décrets » écrit Malebranche dans sa *Réponse à Régis*. En pensant le possible comme un objet de la sagesse divine, l'oratorien se refuse à le considérer comme l'effet virtuel de sa puissance. La nette distinction entre puissance et sagesse divine contribue à cette autonomisation de la possibilité dont le critère est désormais purement intrinsèque. Le possible n'est plus le potentiellement créable, mais le réellement pensable comme l'essentiellement vrai, et l'objectivement stable. Dans le même temps, il apparaît que le critère de la non-répugnance interne devient insuffisant. Le possible, représenté dans l'étendue intelligible n'est pas seulement le non contradictoire, mais indique une essence inscrite dans un monde virtuellement créable ; les possibles se différencient ainsi intrinsèquement les uns des autres, même si le principe de leur différenciation semble nous échapper[1]. La possibilité acquiert donc sa consistance et sa positivité propre et suffit à fonder les vérités premières de la science. Face à l'absolue et radicale contingence de l'univers créé par une toute-puissance qui nous est inconnue, les essences, de soi nécessaires et immuables, préservent les fondements du savoir scientifique et de la rationalité philosophique. L'être du possible se fonde dans l'éternité et la nécessité des essences. Ainsi l'étendue intelligible est-elle l'essence immuable et non encore actualisé du monde matériel[2].

Or une telle entente du possible nous semble déjà globalement acquise dans l'horizon de ce qu'il est convenu d'appeler la « seconde scolastique ». Suárez conjugue déjà le caractère représentatif de l'exemplar avec la définition du possible comme objet de la pensée divine. Le *Doctor Eximius* rompt manifestement avec la doctrine thomiste d'un Dieu qui connaîtrait les possibles en se connaissant comme leur cause. Les possibles sont des essences représentées à l'entendement divin ; l'intelligibilité suffit à mesurer la possibilité en assurant au possible une consistance ontique et une quasi-indépendance. Parlant de Dieu Suárez écrit : « ergo habet vim

1. Cette différenciation des possibles semble exigée par le principe de la simplicité des voies, même si l'on ne conçoit pas comment Dieu peut penser des possibles différenciés à partir de l'intellection d'un archétype universel tel que l'étendue intelligible.

2. Nous avons tenté ailleurs de montrer que cette définition du possible était liée à la conception malebranchiste de l'essence comme une entité jouissant d'un être propre, indépendant de son existence actuelle. Voir *Malebranche et la Métàphysique,* chap. II, p. 111-118. Il conviendrait, afin de prolonger ces indications, d'évaluer ici l'influence précise de la pensée d'Henri de Gand, plus spécialement sa conception de *l'esse essentiae* et de la possibilité objective (*potentia objectiva),* relue par les Docteurs scolastiques contemporains, sur la doctrine malebranchiste de l'essence. Concernant l'influence du Docteur Solennel sur la pensée du XVIIe siècle, voir J. Schmutz, « Les paradoxes métaphysiques d'Henri de Gand durant la seconde scolastique », *Medioevo*, 24, 1998, p. 89-149.

cognoscendi omne intelligibile, sed hujus modi res [les possibles] sunt intelligibiles quia sunt entia saltem possibilia, et unumquodque sicut est ens est intelligibile, ergo divina scientia ob infinitatem suam omnia haec complectitur »[1]. La trente et unième *Disputatio* dégagera une double acception du possible. Après avoir brièvement écarté une définition à partir de la toute-puissance, la seconde acception mesure le possible par sa non-répugnance interne. « Ergo imne illud quod repugnantiam non involvit est possibile respectu omnipotentiae Dei »[2]. Ce faisant, le rapport de la science divine au possible ne diffère plus véritablement de la relation que l'intellect créé entretient à ces mêmes possibles. Avant Malebranche, Suárez emprunte à la science des Bienheureux (donc au cas d'une connaissance finie) un exemple illustrant le rapport de Dieu aux possibles : « et in universum scientia non accipit speciem a secundario objecto, neque ab illo per se pendet sed a primario. Exemplum theologicum est in visione Dei creata qua fruuntur Beati ; nam licet per illam videant Deum et creaturas in eo, non accipit speciem et rationem suam a creaturis sed a Deo, ita Deus est primarium objectum illius, creaturae autem secundarium »[3]. Or cet exemple est significatif puisque la science des Bienheureux selon Suárez est déjà pensée comme vision en Dieu, vision par laquelle les créatures ne sont atteintes que médiatement par les concepts que produisent la vue de l'essence divine. Suárez décrit en ces termes la vision en Dieu des Bienheureux : « Addo praeterea Beatum videndo Deum et creaturam in Deo etiam videre ideam quam Deus habet de creaturis, et ideo ipsumet conceptum formalem Dei posse quoddam modo subire rationem ideae etiam respectu alterius intellectus cui per se et immediate objicitur »[4]. Malebranche n'aura plus qu'à transposer ce dispositif à la connaissance de l'homme sur la terre, en réinvestissant du même coup au profit de la philosophie (et donc de la connaissance « naturelle ») l'*exemplum theologicum* suárezien.

Les thèses suáreziennes concernant la possibilité ont donc pu favoriser la définition malebranchiste du possible comme l'objet univoque et adéquat à tous les intellects. Malebranche, à son tour, constitue le possible en son être propre. Ces remarques nous amènent enfin à formuler une hypothèse sur la genèse du concept malebranchiste de « raison universelle », en

1. *Disp. Met.* XXX, XV, n. 22 ; « Dicitur tamen illa natura creabilis vel possibilis quatenus secundum se realis est et apta ad existendum et eodem modo potest habere in Deo reale exemplar ; hoc enim non semper repraesentat actuale ens sed etiam possibile », *ibid.,* XXXI, II, n. 10.

2. XXXI, XVII, n. 10.

3. *Disp. Met.* XXX, XV, n. 26.

4. *Disp. Met.* XXV, I, n. 43.

liaison avec l'identification de la science divine au savoir commun à Dieu et à l'homme.

DE LA SCIENCE DIVINE À LA « RAISON UNIVERSELLE »

Le concept malebranchiste de raison fait l'objet d'un traitement puissamment original, et lié aux réaménagements de la science divine désormais conçue comme savoir commun et modèle de toute science. L'ensemble des idées et des vérités, précisément constituées par des « rapports entre les idées », se trouve situé dans le Verbe divin, sans que Dieu puisse déterminer librement le contenu intrinsèque de ces archétypes ou de ces essences éternelles. En soustrayant les vérités à la puissance divine, l'oratorien se donne les moyens d'absolutiser la raison, définie comme l'ensemble des vérités universelles et éternellement vraies pour tout entendement. Dès le Xe *Éclaircissement*, cette absolutisation se décline comme « indépendance » des vérités rationnelles à l'égard de Dieu. L'indépendance de la raison se conquiert à partir de la réfutation explicite de tous les modèles possibles de réelle dépendance envers Dieu, qu'il s'agisse de la causalité efficiente (Descartes), de la causalité exemplaire (Thomas d'Aquin), ou de la production des essences dans leur *esse intelligibile* (Duns Scot). La réduction de la causalité à l'unique figure de l'efficience rend l'opération d'autant plus aisée. L'intellect divin ne jouit désormais d'aucune primauté envers ses objets. « Quand on pense à l'Ordre, aux lois et aux vérités éternelles, on n'en cherche point naturellement de cause car elles n'en ont point. On aperçoit d'une simple vue et avec évidence que la nature des nombres et des idées intelligibles est immuable, nécessaire, indépendante »[1]. L'entendement divin lui-même « découvre » des relations eidétiques immuables et s'avère impuissant à en modifier les contenus : « l'ordre et les lois éternelles sont immuables par la nécessité de leur nature »[2]. On remarquera que Malebranche n'écrit pas « par la nécessité de la nature divine », assurant ainsi l'universalité de la raison sur son propre fondement, et, pour ainsi dire indépendamment de Dieu. La science divine elle-même suppose des essences que l'intellection divine ne produit pas. Il ne convient donc pas de donner à la notion de représentation un sens hérité de définitions ultérieures : certes l'intellection par l'idée, corrélat nécessaire de tout acte mental, médiatise et rend présent ses objets, mais pour autant, la conception de l'idée ne produit pas l'être, le monde intelligible, de par sa

1. Xe *Écl.*, *OC* III, 133.
2. *Ibid.*, 134.

densité propre, ne résulte nullement de l'activité constituante d'une *mens,* fût-elle infinie. Certes l'objet ne se donne que dans sa représentation, mais celui-ci n'est pas pour autant produit par l'acte de se représenter. Cette proclamation d'une « indépendance de la raison » devient difficilement conciliable avec les affirmations de style thomiste concernant le statut des idées. Si la raison est « en un sens indépendante », il s'ensuit que l'essence divine, pensée comme cause exemplaire, n'est plus l'unique médiateur vers la saisie des autres choses. Malebranche s'achemine alors vers la thèse plus « moderne » d'une connaissance des essences et des vérités « en elles-mêmes » et non plus à partir de Dieu seul[1]. Le même Xe *Éclaircissement* sera fort logiquement amené à professer la doctrine d'une raison « en un sens plus indépendante que Dieu-même »[2].

Loin d'émaner de Dieu les vérités éternelles s'imposent à lui avec la même autorité qu'à un entendement fini[3]. Ainsi la loi morale contraindra-t-elle Dieu avec la même nécessité que les essences, désormais définies comme les objets éternels et immuables de l'intellect divin qui les contemple, bien plutôt qu'il ne les crée en les pensant[4]. La divinité de la raison s'exténue pour se résorber finalement en son universalité. La raison qui constitue l'entendement de Dieu est donc aussi bien, et dans les mêmes conditions celle qui se révèle à la créature raisonnable dans l'exercice de la philosophie, de la morale ou des mathématiques[5]. En faisant « la raison coéternelle et consubstantielle à Dieu », le Xe *Éclaircissement* n'entend plus Dieu comme la source, mais bien plutôt comme la caution d'une rationalité désormais absolue.

1. Il importerait alors de songer à la distinction malebranchiste entre « voir en Dieu », et « voir Dieu ». Si l'on peut voir en Dieu sans se saisir par là-même de l'essence divine, c'est précisément que ce qui est vu en Dieu, jouit d'une forme d'autonomie par rapport à l'essence divine.

2. *Ibid.*, 131.

3. La thèse de l'indépendance de la raison suggère que le vrai et le bien sont tels indépendamment de tout processus cognitif ou volontaire de la part de Dieu. Sur ce point, voir déjà Suárez, *Disp. Met.* I, IV, n. 21.

4. Concernant l'univocité de la loi morale et des vérités qui régissent l'action divine et humaine, voir plus spécialement, *TM* I, I, *passim*, *TNG*, *Écl.* I, art. XIX, *OC* V, 170; *MCM* III, § 21, *OC* X, 33; IV § 8-9, 39; VIII, § 10, 86. Voir notre ouvrage, *La Vertu de la Philosophie, Essai sur la morale de Malebranche,* Hildesheim-New York, G. Olms Verlag, 2000, chap. I, § 2.

5. Il convient donc de donner à cette « indépendance » de la Raison un sens ontologique précis : cette thèse n'implique pas simplement une décision relative à la priorité théologique d'un nom divin (la sagesse) sur un autre (la toute-puissance). Plusieurs options métaphysiques rendent la thèse de l'indépendance soutenable : l'autonomie de l'ordre du possible, l'éternité intrinsèque des essences.

Or là encore, il se pourrait que Malebranche, d'un anticartésianisme radical[1], recueillît bien plutôt le fruit des spéculations des scolastiques contemporains concernant l'immutabilité et l'intangibilité des vérités éternelles. Pour ne plus provenir de Dieu, les vérités s'imposent à lui, et déjà pour Suárez, et Vázquez, sont plus indépendantes que lui. La doctrine de la douzième section de la *Dispute* XXXI de Suárez est assez connue pour qu'il soit nécessaire d'y insister longuement. Un texte du numéro 46 permet d'opérer comme une synthèse de nos différentes remarques en liant très explicitement la mutation de l'*exemplar* en concept, la détermination de la science divine comme savoir d'un objet et la nécessité intrinsèque et donc l'indépendance des vérités envers Dieu; c'est parce que l'*exemplar* a désormais rang d'objet qu'il s'impose à l'intellect divin comme une essence intangible. Ainsi les connexions logiques des termes des propositions valent-elles pour Dieu comme pour n'importe quel esprit: « nam ipsummet divinum exemplar habuit hanc necessitatem repraesentandi hominem animal rationale; nec potuit illum alterius essentiae repraesentare quod non aliunde provenit nisi quia non potest homo esse alterius essentiae. Nam hoc ipso quod sit res alterius essentiae jam non est homo; ergo ex objecto ipso et non ex exemplari divino provenit haec necessitas »[2]. La nécessité ne provient plus de l'aspect formel de l'exemplaire mais de l'objet même qui se laisse voir en lui. Vázquez de même, délie la possibilité de toute dépendance envers Dieu. « Cum nostro modo intelligendi scientia quam Deus de creaturis habet non supponat omnipotentiam, non supponet etiam essentiam suam cognitam, tamquam causam earum, ac proinde, neque ut primarium objectum, quo prius cognito creaturas intelligat »[3]. En forgeant le concept d'une raison « indépendante », Malebranche s'inscrit donc dans l'horizon de ces doctrines qui assurent au possible et aux vérités essentielles une autonomie sans cesse plus affirmée au regard de Dieu[4]. Certes l'on pourra objecter que Dieu connaît toujours en lui-même, et que cette « indépendance » de la raison n'implique pas une réelle distinction entre l'intelligence divine et les vérités essentielles qui régissent la possibilité et la structure du monde. Il convient néanmoins de noter ici que la science divine ne porte jamais, pas plus que le savoir humain, sur les

1. Voir notamment J.-L. Marion, « De la Création des vérités éternelles au principe de raison. Spinoza, Malebranche et Leibniz », in *Questions cartésiennes* II, Paris, PUF, 1996, p. 183-219.

2. *Disp. Met.* XXXI, XII, n. 46; voir aussi n. 41 : « quod vero Petrus sit homo, aut homo animal non habere causam efficientem, quia illa connexio de se est omnino necessaria ».

3. *Commentariorum ac Disputationum*, I, disp. 60, c. 2, § 7.

4. « Intellectus speculativus non facit, sed supponit ens et objectum, quod cognoscit ». Voir *ibid.*, I, disp. 104, c. 3.

créatures « en elles-mêmes ». L'acte cognitif de Dieu se termine aux archétypes représentant les objets du monde. Mais n'est-ce pas là affirmer que la science de Dieu fait désormais face à un monde qu'elle ne produit plus ? Remarquons en effet que l'existence du monde extérieur demeure à jamais invisible aux archétypes qui prétendent néanmoins en normer la Création. L'univers, en sa dimension créaturelle, reflue aux confins de la connaissance divine et humaine. Dieu ne connaîtra pas la Création en son entendement. Mais dans le même temps son essence ne se sépare pas du monde à jamais, mais au contraire se dilate jusqu'à contenir en elle-même le « monde, ou ce qui du monde est le plus "réel", le monde intelligible ». C'est si l'on veut en lui-même que Dieu « découvre » les structures objectives intangibles qui constituent l'essence de la nature matérielle, mais aussi les archétypes des âmes humaines. La science divine et l'humaine vision en Dieu se tiennent donc au même rang face à leurs objets.

La science divine perd donc sa spécificité théologique pour devenir Raison universelle. En d'autres termes, la raison divine n'est plus seulement la science infinie, d'un Dieu reclus en son insondable transcendance, mais devient par son universalité la science totale et commune, intégrant en elle l'ensemble du connaissable et la totalité des savoirs possibles. Une dernière remarque, liée à la structure que l'occasionalisme impose nécessairement à la théorie de la connaissance humaine, suffirait à l'établir.

La doctrine des causes occasionnelles, en proclamant l'impuissance causale des étants finis, et donc l'inaptitude d'un étant à se manifester par soi-même, implique en effet que Dieu affecte par ses propres idées, ou par des sensations correspondant à la présence invisible des objets extérieurs, les entendements finis et impuissants à produire leurs propres connaissances. Avant de s'incarner dans le Christ, Dieu s'abaisse déjà jusqu'à ma finitude en me donnant chacune de mes sensations. La doctrine du jugement naturel confirmerait ici ce point[1]. Afin de produire en moi une perception pertinente et une information correspondant réellement à ma situation dans le monde, Dieu doit « calculer » la positions de mes organes sensoriels pour m'affecter en conséquence. Chaque sensation requiert donc le savoir divin des circonstances actuelles de mon existence physique. Ce calcul providentiel implique que la science de Dieu se contracte jusqu'au point de vue fini ; le savoir fini devient donc un moment du savoir infini, la science humaine, sous toutes ses formes, une simple extension de la science divine. Par l'exercice de la raison, l'homme se trouve élevé

1. Voir *RV* I, VII, § IV. La passivité ontique de l'âme appelle la doctrine correspondante d'une activité judicative de Dieu : la perception finie résulte du point de vue que Dieu prend en tenant compte de la situation de mon corps, et de l'idée qu'il a de mon âme.

au-dessus de lui-même et la philosophie le constitue pleinement à la ressemblance de Dieu.

Ces différentes mutations du concept de science divine sont manifestement décisives pour l'élucidation des rapports entre philosophie et théologie à l'âge classique. Elles nous permettent en effet de comprendre comment et pourquoi la science divine peut entrer de plein droit dans le champ de la spéculation philosophique. La science de Dieu fixe en effet l'idéal d'une expérience paradigmatique de la rationalité humaine. De ce point de vue, la philosophie malebranchiste accomplit jusqu'à son terme le processus d'identification auquel tendaient déjà les Scolastiques contemporains. Avec la vision en Dieu, le savoir humain devient une simple fonction du savoir de Dieu. La science humaine n'est plus un savoir dégradé mais plus audacieusement, une science restreinte et limitée qui se détermine et se pense comme déjà immergée dans l'infini. La science divine à son tour ne domine plus ses propres objets en saisissant le monde comme une expression de l'essence divine, mais se mesure à un monde d'essences et de vérités logiques qui exhausse jusqu'en Dieu l'idéal de la rationalité scientifique moderne. Concernant la triple question du rapport du savoir divin à ce qui devient ses objets, du statut des possibles, ou enfin de la nature de la rationalité, science divine et connaissance humaine deviennent commensurables puisque l'homme se fait participant à l'universelle sagesse. La science divine devient donc un objet philosophique. Il est à cet égard remarquable qu'un traité philosophique, comme la *Démonstration de l'existence de Dieu* de Fénelon se close précisément sur des chapitres consacrés à la science divine [1]. Adossant la philosophie au savoir divin, Malebranche ouvre la voie d'un approfondissement de la métaphysique en direction d'un fondement absolu : l'identité partielle mais parfaite des procédures cognitives humaines et divines.

Avant d'ouvrir son cœur à Dieu par la foi, le philosophe malebranchiste découvre, en une méditation indissolublement chrétienne et métaphysique, que la sagesse du Père est aussi bien la nôtre [2] et s'ouvre à la vie divine en pensant comme Dieu pense. Mais cette avancée, qui prétend faire du philosophe un membre du conseil de Dieu, pourrait bien se retourner contre son intention première en ouvrant précisément une crise du concept de science divine. Avec Malebranche, la science divine perd sa divinité en gagnant son universelle validité. L'intellect divin devient le lieu du savoir à la fois total et commun. Ce faisant, Dieu se nommera en premier lieu

1. Voir Fénelon, *Démonstration de l'existence de Dieu*, in *Œuvres*, édition J. Le Brun, Paris, Gallimard « La Pléiade », tome I, p. 674 *sq*.

2. *MCM* II, § XV, *OC* X 24.

Raison infinie. Fondant immédiatement la philosophie en la science de Dieu, en faisant de tout acte cognitif une espèce de « révélation », l'oratorien nous laisse peut-être, ainsi qu'Arnauld le pressentait, orphelins d'une théologie spéculative désormais improbable. Savoir comment Dieu se connaît pour participer très imparfaitement à ce savoir parfait par Révélation, n'est plus l'acte inaugural d'une théologie, mais « connaître comme Dieu connaît », par des concepts universels, devient un commencement pour la métaphysique[1]. La philosophie se saisit de Dieu comme pensée infinie, et voit en lui l'objet naturel et nécessaire de toutes ses pensées. Ce faisant, voir en Dieu consiste ultimement à reprendre au compte de l'homme une part du savoir que Dieu prend de lui-même. En pensant Dieu comme l'unique intelligible ne risque-t-on pas de confondre le suprême et l'universel ?

Jean-Christophe Bardout

1. Remarquons en outre que cette conception de la science divine fondée sur l'indépendance de la raison et l'objectivité intangible d'essences coéternelles à Dieu, confirmerait notre hypothèse concernant l'ontologie de Malebranche : loin d'amarrer l'enquête ontologique à l'être de Dieu, la vision en Dieu et les thèses qui la rendent formulable contribuent à séparer ontologie et théologie spéculative.

CONNAÎTRE COMME DIEU CONNAÎT : OMNISCIENCE ET PRINCIPE DE RAISON SUFFISANTE

LES AVATARS MÉTAPHYSIQUES DE L'ATTRIBUT *SUMME INTELLIGENS* AU XVIIe SIÈCLE

Ce sous-titre ne prétend qu'à annoncer une histoire de l'attribut divin positif d'omniscience au XVII e siècle [1], spécialement en métaphysique, dans les grandes philosophies de l'âge classique. Pourquoi en métaphysique ? Parce que tel est désormais le lieu naturel du déploiement conceptuel des noms divins, ne fût-ce que pour le motif négatif de l'incapacité de la théologie spéculative post-bérullienne à répéter des positions déjà acquises en les élaborant à nouveaux frais. Si les théologiens écrivent toujours des *De Deo Deique proprietatibus* dont un chapitre est consacré à la science divine, ils le font selon la méthode fondamentalement scolaire des dossiers de la théologie positive, qui se prive d'une interrogation nouvelle sur le système des noms divins [2]. C'est ainsi qu'Henri Gouhier a pu justement parler de « la crise de la théologie au temps de Descartes » [3]. Cette crise est celle de la théologie spéculative, enserrée entre théologie positive et théologie mystique, qui conduit à une véritable mutation de la topique

1. Les limites de cette contribution ne nous permettent pas d'esquisser cette histoire, même à gros traits ; elles n'autorisent que l'essai d'en dégager, à partir de l'exemple leibnizien, un axe selon nous fondamental, celui qui articule les doctrines modernes de la causalité à la primauté de la science divine parmi les autres attributs divins.

2. Comme toujours, une œuvre de Francisco Suárez, le *De divina substantia ejusque attributis* (éd. Vivès, I, Paris, 1856, texte très médiocrement établi) fournira un point de départ utile pour écrire l'histoire de l'omniscience au XVII e siècle ; les chapitres ultérieurs des traités de théologie positive y ont en effet abondamment puisé.

3. Étude publiée en 1954 dans la *Revue de théologie et de philosophie* de Lausanne (n°4, p. 19-54), reprise en appendice de la seconde édition de *La Pensée religieuse de Descartes*, Paris, Vrin, 1972, p. 279-309.

théologique[1] au cours du XVIIe siècle. Ainsi, selon Henri Gouhier, Descartes est celui qui proposerait les services d'une nouvelle philosophie aux théologiens qui ont appris à se passer de théologie spéculative[2]. Peut-être pourrait-on soutenir au contraire que Descartes continue de penser selon l'ancienne tripartition de la théologie (symbolique, spéculative, mystique), et qu'il est le dernier à pouvoir être lu comme un théologien spéculatif[3] – du moins le dernier à rédiger, en philosophie première, avec les *Meditationes* et les *Responsiones,* un véritable traité des noms divins[4]. Si cette hypothèse était valide, Descartes ne serait pas tant celui qui, ruinant la philosophie scolastique, ruinerait aussi la théologie spéculative et en appellerait à une théologie « simple et efficace », qu'il ne serait un des derniers grands théoriciens des noms divins, parce qu'il a pris acte du défaut de spéculative de son temps et s'est mis en devoir de pallier objectivement cette défaillance des théologiens[5].

1. C'est pourquoi des précautions s'imposent avant d'employer des catégories théologiques qui sont pour l'essentiel postérieures et qui ne doivent plus rien à leur origine ; tel est le cas par exemple de celle de « théologie naturelle » (malgré Alsted ou Yves de Paris) déliée de ses occurrences dans le corpus augustinien (*De civitate Dei*, VI, V, 1). Car aux XVIe et XVIIe siècles *theologia naturalis (speculativa)*, assez rare, signifie strictement *metaphysica*. Sur la topique théologique mise en place à la fin de la première moitié du XVIIe siècle, voir la *Préface*, par Bourgoing, à la première édition des *Œuvres* de Bérulle (1644) : « Il y a trois sortes de théologie, la positive, la scolastique et la mystique. La positive a pour objet l'interprétation des saintes Écritures [...]. La scolastique éclaircit les vérités de la foi par méthode, y mêlant quelque raisonnement humain ; et la mystique applique ces vérités et s'en sert pour élever l'âme à Dieu » (PL, col. 83-84, *Œuvres*, éd. de 1644, VII).

2. H. Gouhier, *La Pensée religieuse de Descartes*, p. 308 : « La théologie positive et la théologie mystique ont permis de congédier la vieille servante sans la remplacer : Descartes propose les services d'une plus jeune ».

3. C'est l'hypothèse que nous avons essayé de présenter dans « Histoire de la philosophie et théologie au XVIIe siècle », in *Le Regard d'Henri Gouhier*, éd. D. Leduc-Fayette, Paris, Vrin, 1999, p. 41-62.

4. Voir J.-L. Marion, *Sur le prisme métaphysique de Descartes*, Paris, PUF, 1986, p. 221, qui relève la coïncidence que constitue la publication (posthume) en 1640 à Bruxelles du *Quinquaginta nomina Dei* de Lessius, dernier traité des noms divins « officiel », avec celle, quelques mois plus tard, des *Meditationes*.

5. Pour un tableau des noms divins dans les philosophies du XVIIe siècle, voir J.-L. Marion, *Questions cartésiennes II*, Paris, PUF, 1996, « Esquisse d'une histoire des définitions de Dieu à l'époque cartésienne », p. 221-279. L'A. conclut à un « crépuscule irrémédiable » de l'idée d'infini parmi les trois noms de la donne cartésienne (p. 275) en raison de « l'exigence de compréhensibilité sans reste » de la métaphysique classique : « La rationalité accomplie de la métaphysique classique interdit de séjour l'infini de Dieu » (p. 277).

Quoi qu'il en soit, c'est une théologie réduite aux oripeaux de la métaphysique qui lègue au XVIIe siècle sa problématique dominante, celle de la compatibilité de l'omniscience divine (spécialement la prescience) et de la liberté humaine. De ce point de vue, on peut considérer que l'état de la question théologique, ou plutôt des questions, est livré au XVIIe siècle par l'ensemble des querelles au fond métaphysiques *de auxiliis*. Ici encore, c'est Suárez, avec le *De vera intelligentia auxilii efficacis* (qui porte sur la grâce efficace et le libre arbitre, publié pour la première fois à Lyon en 1655), qui constitue pour nous la meilleure introduction au dossier et à ses apories. On ne saurait surestimer l'influence problématique imposée par les querelles *de auxiliis* à l'ensemble du siècle[1], querelles auxquelles la *Théodicée* de Leibniz est la dernière grande tentative de réponse, la plus visible – ou la plus sensible, car en site luthérien. Car le déplacement des problématiques qu'elles imposent nous paraît rendre compte de l'abandon de questions souvent rencontrées depuis le début de ce colloque, telles celles qui se demandent ce que Dieu ne peut savoir, ce dont il n'a pas l'idée, etc. Au point que la question de la connaissance que Dieu a de lui-même (selon la difficulté antique) ne se pose plus, cessant proprement d'être discutable, puisque, pour le dire de façon très sommaire, c'est désormais la question de la connaissance de soi de l'homme qui la supplante (le *cogito*).

C'est ainsi que faire une histoire de l'attribut *summe intelligens* au XVIIe siècle, reviendrait à faire l'histoire du concept moderne de liberté humaine. À cet égard, le texte le plus décisif – pointé comme tel par Heidegger[2] – est la *Meditatio* IV : la *Meditatio* la plus subtile, la moins élucidée[3], celle dont la recherche s'énonce en citant un des passages de l'Écriture qui fondent traditionnellement l'omniscience divine, *Colossiens* 2, 3 : « Jamque videre videor aliquam viam per quam ab ista contemplatione veri Dei, in quo nempe sunt omnes thesauri scientiarum et sapientiae absconditi, ad caeterarum rerum cognitionem deveniatur, Et déjà il me semble que je découvre un chemin qui nous conduira de cette contemplation du vrai Dieu (dans lequel tous les trésors de la science et de la sagesse sont renfermés) à la

1. Descartes est peut-être le seul à refuser, conformément à l'interdit pontifical, la position même du problème (voir les *Principia philosophiae*, I, a. 41).

2. *Nietzsche* II, GA 6.2, p. 174, tr. fr. P. Klossowski, Paris, Gallimard, 1971, p. 157 ; voir aussi *Einführung in die phänomenologische Forschung*, II, § 27 et 28, GA 17, p. 147-161.

3. Nous nous permettons d'annoncer ici un prochain cahier des *Études philosophiques* consacré à cette *Meditatio* (contributions de Didier Franck, Jean-Luc Marion, Emmanuel Martineau, Gilles Olivo, Dominik Perler et nous-même).

connaissance des autres choses de l'Univers » (AT VII, 53, 18-22). Cette citation comprend tous les éléments, et toutes les difficultés, cartésiens ou non cartésiens, de l'histoire moderne de l'omniscience. Énumérons-les brièvement : 1/ le passage (cartésien) de la contemplation du vrai Dieu à la connaissance de *toutes* les autres choses ; 2/ le passage (non cartésien) de la connaissance de Dieu (génitif objectif) à la connaissance de Dieu (génitif subjectif), et de celle-ci à la connaissance de toutes les autres choses, car connaître Dieu, c'est connaître ce que sa connaissance enveloppe : se trouve alors posée la thèse (anti-cartésienne) selon laquelle on peut connaître comme Dieu connaît ; d'où par avance la résistance cartésienne à cette thèse unanime chez les grands post-cartésiens : 3/ les trésors de la science sont cachés, *absconditi*, en Dieu. Entendons : je n'y ai pas accès, on ne passe pas de la connaissance de (l'existence de) Dieu à la connaissance de ce que Dieu connaît, et à la manière dont il connaît. Cet *absconditi* paulinien interdit pour Descartes l'accès à autre chose qu'à rappeler la factualité de principe de l'omniscience de Dieu, celle-ci nous restant à jamais inintelligible. Descartes maintient une différence de nature, absolument irréductible, entre ce que je connais, et la manière dont je connais, et ce que Dieu connaît et la manière dont il le connaît. Comme Arnauld, ici parfaitement cartésien, le dira à Leibniz, « j'ai de la peine à croire que ce soit bien philosopher, que de chercher dans la manière dont Dieu connaît les choses, ce que nous devons penser » (GPS [1] II, 31) [2].

1. Nous citons Leibniz en indiquant d'abord les références dans l'édition Gerhardt, *Die philosophischen Schriften*, Berlin, 1875-1890 (réimpression Hildesheim-New York, Olms, 1978 ; éd. abrégée GPS, suivi du numéro du volume et de la page), puis, quand le texte figure dans un volume paru, selon celle des *Sämtliche Schriften und Briefe,* herausgegeben von der Preussichen (puis Deutschen) Akademie der Wissenschaften, Darmstadt, puis Leipzig, puis Berlin, 1923 s. (éd. abrégée A, suivi du numéro de la série, du tome, de la page et des lignes).

2. L'étude de l'attribut *summe intelligens* (il précède *summe potens* dans la première définition de Dieu de la *Meditatio* III, *Œuvres*, éd. Adam-Tannery [= AT suivi du numéro de tome, de page et des lignes], réimpr. Paris, Vrin, 1995, t. VII, p. 45, l. 12 ; *omniscius* apparaissait en 40, 17 ; voir aussi *Principia* I, 14) chez Descartes lui-même n'est pas chose aisée, bien que l'on considère ordinairement que le nom divin de l'intelligence suprême présente peu d'intérêt chez lui, ou qu'on en réduise l'analyse à ses rapports avec la doctrine dite de la création des vérités éternelles. Voir par exemple A. Robinet, *Descartes. La Lumière naturelle. Intuition, Disposition, Complexion*, Paris, Vrin, 1999, III-2, 4, p. 214-217 ou J.-L. Marion, *Sur le prisme métaphysique de Descartes*, Paris, PUF, 1986, p. 248 : « l'attribut de l'intelligence suprême ne reçoit aucune élaboration remarquable », « discrétion », « Pourquoi l'intelligence suprême ne se développe-t-elle pas en une *cogitatio* suprême, qui

Ces trois brèves remarques nous ont déjà introduits à ce qui fera l'objet précis du présent propos : son souci ne peut être de décrire une histoire mais seulement de nommer une thèse, celle selon laquelle la connaissance que Dieu a et celle que j'ai, donc celles d'un entendement infini et celle d'un entendement fini, peuvent être univoques : science divine et science humaine seraient de droit homogènes. La distinction entre rationalité finie et rationalité infinie, réduite à une différence de degrés, resterait inessentielle eu égard à l'univocité principielle de la rationalité. C'est à partir de l'exemple de Leibniz, le *terminus ad quem* de cette position en ce qu'il achève un mouvement déjà amplement commencé par la seconde scolastique, que nous voulons poser cette thèse. La même démonstration aurait pu être menée à partir de Spinoza ou de Malebranche, à qui du reste la présente étude de Leibniz emprunte son titre, *connaître comme Dieu connaît*[1] : nous ne la faisons pas ici faute de temps d'abord, ensuite parce que Malebranche fait déjà l'objet d'une communication dans ce colloque[2],

répondrait à la toute-puissance [...] ? Une réponse paraît, à tout le moins, vraisemblable, bien que provisoire : Dieu ne se détermine pas essentiellement par l'intelligence, que Descartes ne mentionne donc que sommairement ». Mais ce peu d'intérêt supposé est lui-même paradoxal, au moins en ce qu'il marque une différence capitale d'avec tous les contemporains, majeurs ou même mineurs, qui font de l'intelligence divine le premier des noms divins. Même si en effet le Dieu cartésien ne se détermine pas essentiellement par l'intelligence, un certain nombre d'occurrences en rendent l'étude nécessaire, qui ne sera sans doute pas sans fruits, par exemple, outre les occurrences des *Meditationes* et des *Principia* : AT X, 218, 18 (« Intelligentia pura est Deus »), AT VI, 35, 2-5 (« l'être parfait [...] tout-connaissant »), AT IV, 291, 16-17 (« il n'y a que Dieu seul qui sache parfaitement toutes choses ») ou AT IX-2, 2, 29-3,1 (« Il n'y a véritablement que Dieu seul qui soit parfaitement sage, c'est-à-dire qui ait l'entière connaissance de la vérité de toutes choses [...] ». La *Lettre à Chanut* du 1er juillet 1647 fait mention d'un véritable péril de l'amour de l'omniscience (AT IV, 608, 10-609, 8). Nous ne pouvons qu'annoncer ici cette étude.

1. Cet emprunt est littéral, au « en quelque manière » près; voir *De la recherche de la vérité*, V, V : « [...] non seulement on peut dire que l'esprit qui connaît la vérité, connaît en quelque manière Dieu qui la renferme; on peut même dire qu'il connaît en quelque manière les choses comme Dieu les connaît », ce que Malebranche retranscrit aussitôt en termes de vision et d'amour : « [...] il voit aussi en un sens la vérité comme Dieu la voit. [...] non seulement c'est aimer Dieu, c'est encore aimer comme Dieu aime. [...] Nous aimons donc alors comme Dieu aime » (*Œuvres complètes*, t. II, Paris, Vrin, 2e éd., 1974, p. 168-170).

2. Voir l'étude dans ce volume, l'étude de J.-C. Bardout, ainsi que, du même auteur, *Malebranche et la Métaphysique*, Paris, PUF, 1999, p. 168-177 et « Toute-puissance et singularités », in *La Légèreté de l'être. Études sur Malebranche*, éd. B. Pinchard, Paris, Vrin, 1998, p. 95-119.

enfin parce que la chose est plus évidente pour Spinoza que pour tout autre : la célèbre connaissance du troisième genre, la *scientia intuitiva*, telle que le scolie 2 de la prop. 40 du *De Mente* la définit, consiste rigoureusement à penser comme Dieu pense (voir aussi les prop. 45-47)[1]. Ainsi trouve-t-on la définition de la sagesse, que développe le livre V de l'*Éthique*, dont le tout dernier scolie dit du sage que, « [...] sui et Dei, et rerum aeterna quadam necessitate conscius, nunquam esse disinit; sed semper vera animi acquiescentia potitur [...], ayant, par une certaine nécessité éternelle conscience de lui-même, de Dieu et des choses, il ne cesse jamais d'être et de posséder le vrai contentement » (G II, 308, 21-23)[2]. Pour toutes ces raisons, nous privilégions ici la lecture de Leibniz, qui porte à son achèvement un mouvement vers l'univocité de la rationalité dans lequel Malebranche ou Spinoza sont des moments marquants.

Cette thèse s'énonce simplement : *c'est la théorie de la causalité mise en place dans ce qu'on a appelé les grands rationalismes modernes qui gouverne leur doctrine des attributs divins*. En d'autres termes, la primauté d'un nom divin sur un autre, à savoir, pour les grands post-cartésiens unanimes, de l'omniscience sur la toute-puissance, ou pour le seul Descartes, de la toute-puissance sur la science (si l'on s'autorise toutefois à parler ainsi, en évoquant une priorité que Descartes se refuse explicitement à valider), est une conséquence directe de la doctrine de la causalité de ces post-cartésiens. C'est cette thèse dont nous voudrions esquisser brièvement la démonstration menée à partir de la philosophie leibnizienne[3]. Auparavant, une remarque de vocabulaire s'impose.

1. Voir F. Alquié, *Le Rationalisme de Spinoza*, Paris, PUF, 1981, chap. XIV en particulier; J.-L. Marion, « Apories et origines de la théorie spinoziste de l'idée adéquate », *Philosophique*, "Spinoza", éd. par L. Ucciani, Kimé, 1998, p. 207-240 ; P. Cristofolini, *La scienza intuitiva di Spinoza*, Naples, Morano, 1987.

2. Édition Gebhardt des *Opera*, Heidelberg, Carl Winters, Universitätsbuchhandlung, 1924-1925, rééd. 1972.

3. Ce point de vue nous évitera en outre d'avoir à entrer dans l'analyse leibnizienne de la conciliation de l'omniscience divine et de la liberté humaine (il faudrait exposer rien de moins que la *Théodicée* entière et mesurer exactement ce que Leibniz doit à la science moyenne), et de discuter l'excellent chapitre de Gaston Grua sur « L'intelligence divine » (in *Jurisprudence universelle et Théodicée selon Leibniz*, Paris, PUF, 1953, chap. VII, p. 262-296) ainsi que, selon une tout autre approche, les fortes remarques d'André Robinet (*Architectonique disjonctive, Automates systémiques et Idéalité transcendantale dans l'œuvre de G.W. Leibniz*, Paris, Vrin, 1986, chap. 8, p. 373-442). Il s'agit donc ici seulement de montrer comment les mutations qui assoient le primat de l'intelligence divine sur les autres attributs divins dépendent directement de la doctrine de la causalité leibnizienne.

De la science divine à l'omniscience

Omniscientia n'est pas fréquent en latin[1], qui fait souvent couple au XVIIe siècle avec *omnipotentia*[2], d'usage cependant beaucoup plus commun[3]. À l'époque moderne[4], il ne nous semble pas qu'il se trouve, par exemple, dans le *De divina substantia* de Suárez (c. II, *De scientia*,

1. Une recherche du vocable *omniscientia* et des formes apparentées (*omniscius, omnisciens*, etc.) dans les bases de données informatisées aujourd'hui disponibles (*Cetedoc Index of Latin Forms [Thesaurus formarum totius latinitatis], Lessico Intellettuale Europeo, Thomae Aquinatis opera omnia cum hypertextibus in CD-ROM auctore Roberto Busa*) donne seulement quelques très rares occurrences médiévales, à savoir seulement chez Helwicus Theutonicus (ou Magdeburgensis, †1300), *De dilectione Dei et proximi*, I, c. 14 (d'après l'édition de Parme des œuvres de Thomas d'Aquin : *Sancti Thomae Aquinatis Doctoris angelici ordinis praedicatorum Opera omnia ad fidem optimarum editionum accurate recognita*, 25 tomes, Parme, 1852-1873, t. XVII, 1864, p. 111) : « Sed quis ponderabit ea quae de Deo sunt propria ; omnipotentiam, *omniscientiam*, summam bonitatem et similia ? », Nicolas de Gorran (†1295), *In VII epistulas canonicas*, 1, c. 1 (*ibid.*, t. XXIII, 1869, p. 123) : « a Deo, a quo est omnis sapientia, eccl. 1, qui potest dare, quia omnipotens est ; et scit, quia *omnisciens* ; et vult dare, quia misericors est ». Chez Thomas d'Aquin, on peut signaler à titre d'exemple les occurrences suivantes : « Unde et animae Christi communicata est *omniscientia*, sed non omnipotentia : et etiam quantum ad circumstantiam » (*In III Sententiarium*, dist. 1, q. 1, a. 2, ad 2, éd. M. F. Moos, Paris, 1933, p. 15) ; « falsa dogmata converterunt, sicut cum dixerunt idola esse Deos, vel Deum non esse omnipotentem, vel omniscientem » (*De potentia*, q. 1, a. 7 ag 1) ; « ita dicitur omnisciens, sed dicitur omnisciens quia simpliciter omnia scit, ergo et omnipotens dicitur » (*De potentia*, q. 1, a. 7, ag 1 ; *ibid.* 1, 7 ag 4) ; « Deus est omnipotens, ergo eadem ratione debet dici omnisciens » (*De veritate*, q. 2, a. 3, Leon. XXII/1, 50).

2. Le ternaire médiéval puissance / science (sagesse)/ volonté (bonté) est souvent réduit, au XVIIe siècle, à la dualité de la science et de la puissance divines.

3. Ne fût-ce que parce que *omnipotens* est souvent biblique (dès *Genèse* 17, 1) et appartient au *Credo*, à la différence d'*omnisciens*.

4. Au XVIIe siècle, les termes *omniscientia* et *omnisciens* apparaissent régulièrement dans les cours scolastiques, en particulier dans les traités *De Deo Uno* au titre « science divine », mais sans usage véritablement systématique. Je dois à Jacob Schmutz l'indication des références qui suivent : le jésuite Rodrigo de Arriaga parle de Dieu comme *omnisciens* (*Disputationes de Anima*, in *Cursus philosophicus*, Anvers, 1632, disp. 6, s. 3, n. 73, p. 736a), et l'*omniscientia* est clairement affirmée par Juan Caramuel Lobkowitz (*Theologia moralis fundamentalis ... pars altera*, Francfort M., 1653, p. 2), chez un scotiste comme Bartolomeo Mastri da Meldola (*Disputationes theologicae in primum librum Sententiarum... editio novissima*, Venise, 1713 [Première édition, Venise, 1655], disp. 3, q. 1, n. 9, p. 92b) ou chez le jésuite polonais Tomasz Mlodzianowski : « Non ideo creaturae sunt possibiles, quia illas scit *omniscientia*, potest producere omnipotentia, sed potius ideo noscit *omniscientia*, potest producere omnipotentia, quia sunt possibiles ; Ergo per prius habent in se possibilitatem absolutam ; ergo et intelligibilitatem » (*Tractatus II de Deo sciente*, in *Praelectionum theologicarum. Tomus primus de Deo, angelis et actibus humanis*, Mayence-Danzig, 1682, p. 64b).

1600-1601, pub. 1606), ni, quarante ans plus tard, dans le *De Deo Deique proprietatibus* de Petau (l. IV, c. I, *De intelligentia Dei, sive scientia, sive sapientia*[1]), publié l'année même des *Principia philosophiae* (1644)[2], ni

1. Alors même que Petau insiste sur l'infinité de la science de Dieu, qu'il qualifie d'*omniscius* en soulignant le mot : « Ac profecto minime Deus *omniscius* haberetur, falsoque de eo scriptum est, *omnium* hunc *habere scientiam* [...] », *Opus de theologicis dogmatibus*, I, Bar-le-Duc, L. Guérin, 1864, p. 333. *Omniscius* est beaucoup plus fréquent que *omniscientia*, au Moyen Âge comme à l'époque moderne.

2. Chez les philosophes du XVIIe siècle, c'est surtout le qualificatif d'*omniscius* qui est régulièrement utilisé. Descartes mentionne le « summum aliquem Deum, aeternum, infinitum, *omniscium*, omnipotentem, rerumque omnium, quae praeter ipsum sunt, creatorem » (*Meditatio tertia*, AT VII, 40, 16-18 ; voir aussi *Meditatio sexta*, VI, 84, 5 et *Principia* I, AT VIII, 13, 17-20 ; 18, 20-22) ; Johannes Kepler avait évoqué l'« âme omnisciente » (*Harmonice mundi*, 1619, p. 55 : « Cum enim sit impossibilis ejus formalis descriptio ; neque igitur sciri potest a mente humana, cum scientiae possibilitatem praecedat descriptionis possibilitas : neque scitur a Mente *Omniscia* actu simplici aeterno : quia sua Natura ex inscibilibus est »), ainsi que Jan Amos Komensky (Comenius), *Prodomus pansophiae*, p. 432 : « Alia igitur aliqua prorsus universali norma opus erit, quam nobis inquirentibus forsan non dedignabitur ostendere misericors Deus noster : [...] I. Tria sunt quae humanam nostram scientiam, atque adeo quandam *omniscientiam* absolvunt, Dei, Naturae, Artis cognitio ». À la suite de Descartes peut-être, citons Geulincx (« [...] nihil enim latet ei, qui ex essentia et natura sua omniscius est » : *Ethica*, VI, 3, in *Sämtliche Schriften*, éd. H. J. de Vleeschauwer, Stuttgart-Bad Cannstatt, Frommann-Holzboog, III, p. 142), et Spinoza (*Tractatus de intellectus emendatione*, G. II, p. 20, 6-8 : « Unde sequitur, si detur aliquis Deus, aut *omniscium* quid, nihil prorsus eum posse fingere » ; *Tractatus theologico-politicus*, p. 37-38).

La philosophie moderne anglaise emploie également *omniscius*, par exemple Thomas Hobbes (« Deum autem sincere honorant, qui illum non modo existere, sed etiam rerum omnium omnipotentem et *omniscium* creatorem et rectorem, et praeterea rerum prosperarum et adversarum arbitrio suo distributorem esse credunt », *De homine*, c. 14, in *Opera philosophica quae latine scripsit omnia*, éd. W. Molesworth, t. II, Londres 1939, p. 118 ; également *De Cive*, c. 2, § 23, éd. H. Warrender, Oxford 1983, 107). Henry More emploie également *omniscientia* : « Neque enim coercere debemus Divinam *Omniscientiam* intra angustiores limites quam Omnipotentia illius clauditur, quam posse quicquid contradictionem non implicat omnes uno ore confitentur » (*Enchiridion ethicum*, III, c. 2, in *Opera omnia*, Londres 1679 [repr. Hildesheim, G. Olms, 1966], II/1, p. 70) ; « quemadmodum Intellectus Divinus ubique *omniscius* » (*Enchiridion metaphysicum*, I, c. 28, in *Opera omnia* II/1, p. 329). Et enfin Isaac Newton : « Aeternus est et infinitus, omnipotens et *omnisciens*, id est, durat ab aeterno in aeternum, et adest ab infinito in infinitum : omnia regit ; et omnia cognoscit, quae fiunt aut fieri possunt » (*Philosophiae naturalis principia mathematica*, Londres, 1687, p. 761). Plus directement dans le sillage de Leibniz, c'est dans la métaphysique spéciale allemande du XVIIIe siècle qu'on en trouvera un usage régulier. Ainsi chez Christian Wolff : « Ponamus te judicantem : Nullus homo est *omniscius*. Quodsi judices propositionem hanc esse universaliter negantem veram ; memoriam subibit propositio : Si universaliter verum est, quod nullus homo sit *omniscius*, falsum est, quosdam homines esse *omniscios* » (*Psychologia empirica*, I, s. 3, c. 3, § 413, éd. J. École, *Gesammelte Werke* II/5, Hildesheim, Georg Olms, 1968, p. 326) ; « Harmonia praestabilita dari nequit, nisi detur Deus *omniscius*, sapientissimus, liberrimus, potentissimus, creator et gubernator rerum omnium »

même, quarante ans plus tard encore, dans le *De Deo Deique proprietatibus*, l. VII, *De scientia et voluntate Dei*, de Thomassin (1680). En français Littré ne connaît pas d'occurrence d'« omniscience » antérieure à Voltaire, dans le *Traité de métaphysique*, à la fin du chapitre VII[1]. Dans les mêmes années, Samuel Formey propose dans *La Belle Wolfienne*, pour traduire et adapter Wolff, le terme de « toute-science » : « L'Être qui sait tout ce qu'il est possible de savoir possède sans contredit la Toute-Science dans son plus haut degré »[2]. En tout état de cause, on peut reculer l'apparition d'« omniscience » en français jusqu'à Leibniz. À la suite des scolastiques modernes, Leibniz emploie *omniscientia* en latin, par exemple dans la *Causa Dei*, mais non sans l'avoir introduit comme un mot dont il faut rappeler le sens et la formation, puisque dans *omniscientia*, *scientia* signifie *sapientia*[3] : « Hactenus de potentia Dei, nunc de sapientia ejus, quae ob immensitatem vocatur *omniscientia*. Haec cum et ipsa sit perfectissima (non minus quam omnipotentia) complectitur omnem veritatem, id est omnia tam incomplexa quam complexa quae objectum intellectus esse possunt : et versatur itidem tam circa possibilia, quam circa actualia, Jusqu'ici il a été question de la puissance de Dieu, passons maintenant à sa sagesse qu'on appelle *omniscience* à cause de son immensité. Étant la plus parfaite possible (aussi bien que l'omnipotence), elle embrasse toute idée et toute vérité, c'est-à-dire toutes les choses tant simples que complexes qui peuvent être l'objet de l'entendement; et tout aussi bien les possibles que les existences actuelles » (§ 13, GPS VI, 440). Cette première définition est déjà significative, car l'*omniscientia* est dite embrasser aussi bien les essences simples que les vérités complexes, qui « peuvent être l'objet de l'entendement ». L'entendement (divin ici) est premier par rapport à la

(*Psychologia rationalis*, III, c. 4, § 626, *GW* II/6, p. 559; *ibid.*, p. 561-562), bien que l'*omniscientia* ne soit pas ne soit pas au centre de sa *Theologia rationalis* (II, c. 2 « de intellectu Dei », *GW* II/8, p. 51-174). Le terme est encore d'usage chez Antonio Genovesi (1712-1769) : « *Omniscientia* est omnium earum rerum, quae aut sunt, aut futurae sunt, aut possibiles, perfectissima comprehensio », *Elementorum metaphysicae pars secunda*, p. 32.

1. « Nous savons démonstrativement que si Dieu existe, Dieu est libre; nous savons en même temps qu'il sait tout; mais cette prescience et cette omniscience sont aussi incompréhensibles pour nous que son immensité, sa durée infinie déjà passée, sa durée infinie à venir, la création, la conservation de l'univers, et tant d'autres choses que nous ne pouvons ni nier ni connaître » (dans une critique de la prescience divine, contre ses partisans, ces « ennemis de la liberté »). Le *Dictionnaire étymologique* de Dauzat, Dubois et Mitterand date l'emploi d'omniscient en français de 1737 et renvoie également à Voltaire pour omniscience.

2. *La Belle Wolfienne*, t. VI (Abrégé de la théologie naturelle), La Haye, 1753 (réimpression Hildesheim-New York, Olms, 1983, t. II, p. 36).

3. Sur ce point et son origine biblique, nous nous permettons de renvoyer à notre article « Science divine », dans le *Dictionnaire critique de théologie*, sous la dir. de J.-Y. Lacoste, PUF, 1998, p. 1072-1075.

science ou à la sagesse. En d'autres termes, ce n'est pas parce que Dieu est omniscient qu'il a un entendement, ou plus exactement que nous pouvons lui attribuer l'analogue de ce qui, en l'homme, est appelé entendement, mais parce qu'il est un entendement embrassant toute vérité possible, qu'il est dit omniscient. En 1714, dans les *Principes de la nature et de la grâce*, nous trouvons exactement ce passage des substances à la « dernière substance simple primitive », c'est-à-dire de la connaissance (finie) à la toute-puissance : « Cette dernière substance simple primitive doit renfermer éminemment les perfections, contenues dans les substances dérivatives qui en sont les effets. Ainsi elle aura la puissance, la connaissance, et la volonté parfaites, c'est-à-dire elle aura une toute-puissance, une omniscience, et une bonté souveraine » (§ 9, GPS VI, 602). Mais à notre connaissance, il n'y a « omniscience » ni dans la *Monadologie* [1], ni dans la *Théodicée*.

Dans le *Discours de métaphysique* en revanche, nous trouvions dès 1686 un emploi d'« omniscience » en français et une définition d'autant plus digne d'attention qu'elle constitue déjà une réécriture leibnizienne de la classique science de vision, dont l'enjeu n'est autre que d'introduire à son propre concept d'expression : « Car Dieu tournant pour ainsi dire de tous côtés et de toutes les façons le système général des phénomènes qu'il trouve bon de produire pour manifester sa gloire et regardant toutes les faces du monde de toutes les manières possibles, puisqu'il n'y a point de rapport qui échappe à son omniscience, le résultat de chaque vue de l'univers, comme regardé d'un certain endroit, est une substance qui exprime l'univers conformément à cette vue, si Dieu trouve bon de rendre sa pensée effective et de produire cette substance » (§ 14, GPS IV, 439). Plusieurs remarques s'ensuivent immédiatement, sur lesquelles nous aurons à revenir : 1) la substance est « le résultat de chaque vue de l'univers, comme regardé d'un certain endroit », elle est donc le résultat d'une vision divine déterminée selon son point de vue. 2) L'omniscience est l'ensemble de ces vues partielles de l'univers, la considération de toutes les modes possibles de vision du « système général des phénomènes ». 3) Mais cette omniscience de vision, si l'on peut dire, présuppose une omniscience d'intelligence, qui avait considéré les possibles comme possibles avant même de les créer; l'omniscience n'est alors rien d'autre que la « pensée » (non effective) de Dieu. Autrement dit, c'est la volonté divine qui transforme la

1. Il semble cependant que le mot « omniscience » ait *disparu* de ce qui est devenu le § 48 de la *Monadologie* : « Il y a en Dieu la *Puissance*, qui est la source de tout, puis la *Connaissance* qui contient le détail des idées, et enfin la *Volonté*, qui fait les changements ou productions selon le principe du Meilleur. Et c'est ce qui répond à ce qui, dans les monades créées, fait le sujet ou la base, la faculté perceptive et la faculté appétitive. Mais en Dieu ces attributs sont absolument infinis ou parfaits ».

science d'intelligence en science de vision, comme l'indique la *Lettre à Arnauld* du 14 juillet 1686 : « Il est aussi fort difficile d'expliquer parfaitement comment Dieu a une science qu'il aurait pu ne pas avoir, qui est la science de la vision ; car si les futurs contingents n'existaient point, Dieu n'en aurait point de vision [1]. Il est vrai qu'il ne laisserait pas d'en avoir la science simple, laquelle est devenue vision en y joignant sa volonté [...] » (GPS II, 44). Car la science (d'intelligence) de Dieu intègre déjà ses propres décrets (pris par sa volonté, constitutifs de la science de vision) dans son intellection, quand il s'agit des contingents, c'est-à-dire des substances : « les notions des substances individuelles, qui sont complètes et capables de distinguer entièrement leur sujet, et qui enveloppent par conséquent les vérités contingentes ou de fait, et les circonstances individuelles du temps, du lieu, et autres, doivent aussi envelopper dans leur notion, prise comme possible, les décrets libres de Dieu, pris aussi comme possibles » (GPS II, 49)[2].

Ces brèves remarques terminologiques nous permettent de formuler une hypothèse, si tant est que l'on puisse toujours faire correspondre l'histoire des concepts et celle des mots : le néologisme *omniscientia*/omniscience est inutile avant la postulation d'une univocité principielle des rationalités finie et infinie. Or cette univocité principielle, dont on peut sans doute repérer l'émergence au cours du XVIIe siècle, est définitivement acquise avec le principe de raison suffisante : d'où le statut privilégié de Leibniz dans une histoire de l'omniscience. L'hypothèse formulée, reste à en établir la pertinence.

TOUT ESPRIT A UNE OMNISCIENCE, MAIS CONFUSÉMENT

Le principe de raison suffisante permet à un entendement fini de *connaître* les vérités contingentes (c'est-à-dire les démontrer *a posteriori*) que seul l'entendement infini démontre parfaitement : nous savons de façon certaine qu'il y a une raison, même si on ne la connaît pas. Le *De contingentia* récapitulera avec une netteté remarquable : « Quia non possumus cognoscere veram rationem formalem existentiae in ullo casu speciali,

1. On retrouve ici le problème de la seconde scolastique d'une science contingente des contingents.

2. Voir aussi *infra* : « [...] la liaison que je conçois entre Adam et les événements humains est intrinsèque, mais [...] elle n'est pas nécessaire indépendamment des décrets libres de Dieu, parce que les décrets libres de Dieu, pris comme possibles, entrent dans la notion de l'Adam possible, ces mêmes décrets devenus actuels étant cause d'Adam actuel. Car les possibilités des individuels ou des vérités contingentes enferment dans leur notion la possibilité de leurs causes, savoir des décrets libres de Dieu ; en quoi elles sont différentes des possibilités des espèces ou vérités éternelles, qui dépendent du seul entendement de Dieu, sans en supposer la volonté [...] » (GPS II, 50-51).

involvit enim progressum in infinitum, ideo sufficit nobis veritatem contingentium nosse a posteriori nempe per experimenta; et tamen illud simul tenere in universum vel generatim, quod et ratione et experientia ipsa (quantum nos in res penetrare datum est) firmatur, insitum divinitus menti nostrae principium, nihil fieri sine ratione [...], Puisque nous ne pouvons pas connaître la véritable raison formelle de l'existence dans un cas particulier, car elle enveloppe un progrès à l'infini, il nous suffit donc de connaître *a posteriori*, à savoir par les expériences, la vérité des contingents; et en même temps de maintenir pourtant universellement et à tous égards ce principe divinement inscrit dans notre esprit, qui est attesté par la raison et par l'expérience elle-même [...] que rien ne se fait sans raison [...] »[1]. L'entendement fini accède donc toujours à la vérité du principe de raison (c'est pourquoi la raison doit toujours être rendue), même quand il n'accède pas à la raison elle-même. Le principe de raison affirme donc une démonstration virtuelle, une démonstrabilité de droit par l'analyse infinie. En ce sens, c'est bien une même rationalité qui régit le fini et l'infini, une même *ratio rationis*. Il y a donc pas de différence de nature, mais seulement de degrés, entre ce que nous avons essayé de distinguer, raison déterminante (le principe de raison en tant que je l'exerce) et raison suffisante (le principe de raison en tant qu'exercé par un entendement infini)[2]. L'exercice divin du principe de raison suffisante est le passage à l'infini du principe de raison déterminante, d'où dérive l'univocité de la raison elle-même en son principe.

Dieu seul exerce, en rigueur de termes, le principe de raison suffisante; mais le principe de raison déterminante ne lui est pas moins congruent. En ce sens, pour Leibniz comme pour Malebranche et Spinoza, la distinction entre un entendement fini et un entendement infini est seconde par rapport à l'exigence commune, et même univoque, de rationalité. La raison finie des existences contingentes ne constate son impuissance à être rendue qu'en en appelant à un entendement infini qui pourrait la rendre; d'où ce que nous nommerions *une omniscience de droit*, pour commenter l'extraordinaire

1. A VI/4-B, 1651, 10-15 = *Textes inédits*, d'après les manuscrits de la bibliothèque provinciale de Hanovre, publiés et annotés par G. Grua, Paris, PUF, 1943 (éd. abrégée *Grua*, suivi de la page), 304-305 = *Recherches générales sur l'analyse des notions et des vérités. 24 thèses métaphysiques et autres textes logiques et métaphysiques*, introduction et notes par J.-B. Rauzy, Paris, PUF, 1998 (éd. abrégée *Rauzy*), 328. Le *De contingentia* est daté par les éditeurs de VI/4 de 1689.

2. Voir notre « *Causa sive ratio* ». *La Raison de la Cause, de Suárez à Leibniz*, Paris, PUF, 2002, chap. V (« Une cause ou du moins une raison : détermination et suffisance », p. 417 *sq.*); cette distinction nous a été suggérée par Bernard Sève, que nous avons l'agréable devoir de remercier ici, lors d'une journée consacrée à Leibniz à l'Université de Caen, le 13 avril 1998.

affirmation de Leibniz : « [...] in omni mente esse quandam omniscientiam sed confusam [...], tout esprit a une omniscience mais confuse »[1]. Ce que postule le principe de raison suffisante, c'est que le déficit de notre rationalité fait fond sur la rationalité jamais défaillante de Dieu, qui en est la condition de possibilité. Non seulement nous pouvons en appeler à l'exercice divin du principe de raison, mais Dieu s'identifie lui-même à la raison rendue. Comment cela est-il possible ? Parce que nous ne pouvons postuler que Dieu rend raison de toutes choses qu'en comprenant qu'il est lui-même l'ultime raison des choses. Le principe de raison suffisante ne dit pas seulement que Dieu pourrait rendre raison de telle existence ou de tel événement que nous ne savons pas expliquer, c'est-à-dire dont nous ne savons pas assigner la cause, mais que Dieu est l'ultime raison des choses. Dieu répond à l'exigence de raison en existant, et en existant comme *ultima ratio rerum.*

Récapitulons donc sommairement. Le rapport que Dieu entretient au principe de raison est triple : a) c'est d'abord par le principe de raison que son existence est démontrée ; b) il l'exerce ensuite suprêmement, puisque seul un entendement infini est capable de rendre raison de tous les contingents ; c) il l'exerce enfin, si l'on peut dire, à son propre endroit, jusqu'à se confondre avec cet exercice. Loin qu'il soit *causa sui*, le Dieu leibnizien est sa propre raison, *ratio sibi ipsi*[2]. Dieu est, absolument parlant, « la raison suffisante ».

Il n'est pas à propos d'aller tout à fait au-delà de Dieu

On entend ou on lit trop souvent que pour Leibniz, pour une part en réaction à la doctrine cartésienne dite de la création des vérités éternelles[3], les possibles s'imposeraient à Dieu même, entendons à son entendement.

1. *Lettre à Weigel* de septembre 1679 (A II/1, 487, 16-17 ; Leibniz poursuit : « [...] et potentiam in totum universum sese extendentem sed refractam, et une puissance étendue sur tout l'univers, mais réfractée »), citée par G. Grua, *Jurisprudence universelle et théodicée*, Paris, PUF, 1953, p. 95 ; voir aussi le *Mira de natura substantiae corporeae* du 29 mars 1683 : « Est enim omnis anima aut potius substantia corporea omniscia confuse et omnipotens refracte », A VI/4-B, 1466, 1-2.

2. Selon l'expression de la *Confessio philosophi* (1678), A VI/3, 120, 15-20 = *La Profession de foi du philosophe*, texte, trad. et notes par Y. Belaval, Paris, Vrin, 1970, p. 40. Sur le passage de l'*ultima ratio rerum* à la *ratio sibi ipsi*, voir notre *Causa sive ratio*, chap. v, § 4.

3. Certes, pour Leibniz, il y a antériorité de l'entendement de Dieu sur sa volonté, ce que Descartes refuse absolument. Voir par ex., entre de très nombreux textes, les remarques sur la lettre d'Eckhard : « [In nobis intellectus quodammodo prius concipitur voluntate]. Etiam in Deo intellectus natura prior voluntate, quia nihil Deus vult, quod non intelligat, et multa intelligit quae non vult. Voluntas est quaedam consequentia intellectus. Vult enim Deus, quicquid perfectissimum esse intelligit. Voluntatem inducere, quae non supponat intellectum voliti, est ludere in vocabulis » (GPS I, 257).

Or en réalité Leibniz a retenu quelque chose de la position cartésienne, c'est-à-dire de la critique cartésienne du scotisme. Malgré l'opposition leibnizienne à la création des vérités éternelles cartésienne, Leibniz et Descartes sont alliés contre certains scotistes extrêmes. Pour Leibniz (comme pour l'authentique scotisme, celui de Scot), les possibles sont dépendants de Dieu sans être créés par Dieu. Certes la non-indépendance est, si l'on peut dire, un critère plus faible que la création, mais il importe de souligner que Leibniz n'affirme pas l'indépendance des possibles [1]. En témoigne explicitement le § 184 de la *Théodicée* : « [...] il n'est pas à propos d'aller tout à fait au-delà de Dieu : et [...] il ne faut point dire avec quelques scotistes, que les vérités éternelles subsisteraient, quand il n'y aurait point d'entendement, pas même celui de Dieu. Car c'est à mon avis l'entendement divin qui fait la réalité des vérités éternelles : quoique sa volonté n'y ait point de part. Toute réalité doit être fondée dans quelque chose d'existant. Il est vrai qu'un athée peut être géomètre. Mais s'il n'y avait point de Dieu, il n'y aurait point d'objet de la géométrie. Et sans Dieu, non seulement il n'y aurait rien d'existant, mais il n'y aurait rien de possible » (GPS VI, 226-227). Pour le dire autrement, les compossibles sont des co-existentiables, c'est-à-dire comprennent les décrets mêmes de la volonté comme objets de l'entendement.

Dire que l'entendement est le lieu des possibles, c'est dire qu'il est le lieu des conflits possibles entre les possibles. Leibniz sort des apories de la possibilité et de la toute-puissance en se donnant un moyen de hiérarchiser les possibles. Telle est sa grande invention : se donner les moyens de hiérarchiser les possibles en fonction de leurs degrés de dépendance par

1. Voir par ex. le § 225 de la *Théodicée* : « L'infinité des possibles, quelque grande qu'elle soit, ne l'est pas plus que celle de la sagesse de Dieu, qui connaît tous les possibles. On peut même dire que si cette sagesse ne surpasse point les possibles extensivement, puisque les objets de l'entendement ne sauraient aller au delà du possible, qui en un sens est seul intelligible, elle les surpasse intensivement, à cause des combinaisons infiniment infinies qu'elle en fait, et d'autant de réflexions qu'elle fait là dessus. La sagesse de Dieu, non contente d'embrasser tous les possibles, les pénètre, les compare, les pèse les uns contre les autres, pour en estimer les degrés de perfection ou d'imperfection, le fort et le faible, le bien et le mal : elle va même au delà des combinaisons finies, elle en fait une infinité d'infinies, c'est-à-dire une infinité de suites possibles de l'univers, dont chacune contient une infinité de créatures ; et par ce moyen la Sagesse divine distribue tous les possibles qu'elle avait déjà envisagés à part, en autant de systèmes universels, qu'elle compare encore entre eux : et le résultat de toutes ces comparaisons et réflexions est le choix du meilleur d'entre tous ces systèmes possibles, que la sagesse fait pour satisfaire pleinement à la bonté ; ce qui justement est le plan de l'univers actuel. Et toutes ces opérations de l'entendement divin, quoiqu'elles aient entre elles un ordre et une priorité de nature, se font toujours ensemble, sans qu'il y ait entre elles aucune priorité de temps » (GPS VI, 252). Voir *infra* la contribution de J.-L. Solère, p. 289-297.

rapport à Dieu, c'est-à-dire accomplir ontiquement ce qui est déterminé noétiquement. C'est ce point qu'il nous faut désormais établir.

RATIO EXISTENTIFICANS [1]

Nous pouvons partir de la très célèbre définition de *la* cause comme raison réelle, dans la deuxième thèse de ce qu'on a appelé les *24 thèses métaphysiques*[2] (1697) : « Nihil aliud enim causa est, quam realis ratio, Car la cause n'est autre chose que la raison réelle »[3]. Qu'est-ce à dire ? Résumons l'ensemble du raisonnement : Dieu est atteint comme étant réel (*ens reale*), ou chose existant en acte (*res actu existens*), et c'est à ce titre qu'il est (banalement) conçu comme la cause de tout (« Ea ratio debet esse in aliquo ente reali, seu causa, Cette raison doit être dans un étant réel, c'est-à-dire dans une cause ») ; or s'il est considéré comme étant réel, ou existant en acte, c'est au principe de raison qu'il le doit, qui lui a assigné d'être raison de l'existence et de toutes les déterminations de tout existant (*thèse 2*). Donc la cause n'est elle-même cause qu'en tant que l'étant nécessaire (réel) l'exerce, et il ne l'exerce qu'en tant qu'il est l'étant (métaphysiquement) nécessaire (*ultima ratio rerum* et *ratio sibi ipsi*), nécessité due à la raison elle-même. La cause n'est une raison – réelle – que parce qu'il revient d'abord à la raison de causer. La cause est donc précisément le nom de la raison en tant qu'elle effectue, c'est-à-dire en tant qu'elle réalise, en quoi elle est *réelle*. De même qu'il faut dire que l'étant nécessaire est la dernière raison des choses, non parce qu'il cause, mais qu'il est cause parce qu'il est la dernière raison des choses (*via* la nécessité de sa propre existence), de même un étant fini a moins valeur de raison parce qu'il cause qu'il ne peut être considéré comme une cause qu'en tant qu'il assume, du moins partiellement, la rationalité. Que la cause soit la raison réelle signifie d'abord qu'elle est la raison en tant que réalisante. L'opposition de Leibniz avec Descartes apparaît alors dans sa radicale simplicité : pour Descartes, l'efficience effectue l'existence et c'est en quoi

1. Ce quatrième point constitue la première version d'un moment du chapitre final, consacré à Leibniz, de notre *Causa sive ratio* (V, § 5). Nous remercions Olivier Boulnois de nous avoir offert l'occasion de le soumettre à la discussion lors du colloque sur la science divine dont ces actes sont issus.

2. Michel Fichant in *Rauzy*, 466-471 ; Couturat, in *Opuscules et Fragments inédits extraits des manuscrits de la Bibliothèque royale de Hanovre*, Paris, Alcan, 1903 (abrégé *Couturat*), 533-535, les titrait *Résumé de métaphysique* ; Heidegger les a reproduites dans le t. II de son *Nietzsche* sous le titre « Die 24 Sätze » (*op. cit.*, 414-416).

3. *Couturat*, 533 = *Rauzy*, 466-467.

elle en rend raison ; pour Leibniz l'efficience n'effectue l'existence qu'en tant qu'elle est d'abord rationalité. Le *De rerum originatione radicali* (qu'on considère comme contemporain des *24 thèses*) fournit la confirmation de ce point capital.

Dès lors que l'existence de la raison absolument suffisante est démontrée, le *De rerum* pose le problème fondamental : « quomodo ex veritatibus aeternis sive essentialibus vel metaphysicis oriantur veritates temporales, contingentes sive physicae, Comment, des vérités éternelles ou essentielles et métaphysiques, naissent des vérités temporaires, contingentes ou physiques » (GPS VII, 303). Aussitôt, Leibniz énonce la thèse qui fonde sa solution, celle d'une exigence d'existence de l'essence : « [...] primum agnoscere debemus eo ipso, quod aliquid potius existit quam nihil, aliquam in rebus possibilibus seu in ipsa possibilitate vel essentia esse exigentiam existentiae, vel (ut sic dicam) praetensionem ad existendum et, ut verbo complectar, essentiam per se tendere ad existentiam, Il faut reconnaître d'abord, du fait qu'il existe quelque chose plutôt que rien, qu'il y a, dans les choses possibles ou dans la possibilité même, c'est-à-dire dans l'essence, une certaine exigence d'existence, ou bien, pour ainsi dire, une prétention à l'existence, en un mot, que l'essence tend par elle-même à l'existence » (GPS VII, 303). L'essence ou la possibilité, c'est-à-dire ce qui est régi par le principe de contradiction, tend à l'existence ; le non-contradictoire prétend à l'existence : c'est dire qu'il se trouve également soumis au principe de raison. Pour le dire autrement, la possibilité s'avère puissance, c'est-à-dire se révèle comme ayant une tendance à exiger son existence. Leibniz tente ainsi de réinstaurer un sens unifié, sinon unique, de la puissance, disjointe entre possibilité (logique) et puissance (ontique), au point, chez Descartes, de ne plus signifier que la première. Avec Leibniz, la détermination logique du possible revêt le pendant ontique qu'est la puissance qu'elle exerce en exigeant son existence. Loin d'être cantonnée dans la pure neutralité modale de la possibilité qui s'éluciderait dans son aptitude à l'existence, la possibilité leibnizienne redouble cette aptitude à exister d'une exigence d'existence qui n'en est à son tour que la résolution : ce qui est possible, étant apte à exister, ne peut dès lors que faire valoir cette aptitude en en exigeant la réalisation, poussant ou s'efforçant littéralement à l'existence qu'elle peut puisqu'elle en est capable. Cette capacité du possible à exister qui est le sens ontique de la pure aptitude logique (non-contradiction) en traduit donc la force ou la puissance métaphysique. La possibilité comme *ratio* relève donc d'une détermination unique et double, ontique et logique, ontique parce que logique, bref ontico-logique. Leibniz ne pense rien d'autre qu'une puissance de la possibilité.

Tournons-nous de nouveau vers les *24 thèses*, nous y lirons que les vérités des (portant sur les) possibilités *effectuent* quelque chose : « [...] veritates possibilitatum et *necessitatum* (seu negatarum in opposito possibilitatum) aliquid efficerent [...], les vérités des possibilités et des nécessités (c'est-à-dire des possibilités niées dans leur opposé) effectuent quelque chose [...] » (2ᵉ *thèse*). Par là se confirme explicitement, avec l'affirmation de la puissance efficace (*efficere*) de la possibilité logique, l'interprétation que je proposais à l'instant de la définition de la cause comme raison réelle. Car ce qui assume la fonction de cause, antérieurement à toute série causale intramondaine (la causalité efficiente entre les existants), n'est d'abord rien d'autre que les vérités des possibles et des nécessaires. Je reconstitue l'argument : l'ultime raison des choses est une chose existant en acte, laquelle fonde les possibilités (ou les vérités de ces possibilités, qui ont aussi le statut d'essences) qui produiront quelque chose – entendons, quelque chose d'existant. La raison fonde donc l'effectuation des possibles. L'ensemble de la seconde thèse nous est désormais accessible : « Ea ratio debet esse in aliquo ente reali, seu causa. Nihil aliud enim *causa* est, quam realis ratio ; neque veritates possibilitatum et *necessitatum* (seu negatarum in opposito possibilitatum) aliquid efficerent nisi possibilitates fundarentur in re actu existente, les vérités portant sur les possibilités ou les nécessités (c'est-à-dire sur les possibilités niées dans leur opposé) n'effectueraient rien si les possibilités n'étaient pas fondées dans une chose qui existe en acte ». Loin donc que ce soit la cause qui détermine le sens de la raison, c'est bien la raison, qui, en tant qu'elle effectue, c'est-à-dire en tant qu'elle est réelle, assure la fonction causale, et même en assume l'efficience. Par là se confirme le primat leibnizien de la raison sur la cause; d'où, au demeurant, la forme donnée à la définition : « Nihil aliud enim *causa* est, quam realis ratio ». Le définissant est la raison; mais ce n'est pas en lui *ajoutant* la réalité qu'elle devient une cause (qui en serait plus riche); c'est au contraire en tant qu'elle effectue qu'elle se laisse penser dans son efficience, donc comme cause. Ainsi la définition commune de la cause comme raison réelle (définition qui vaut donc pour toute cause), n'est cependant intelligible que par la médiation de son sens absolu – métaphysique –, c'est-à-dire rapportée originairement à l'*ultima ratio rerum*.

Revenons au *De rerum originatione radicali*. Puisque la non-contradiction suffit à l'exigence d'existence, le droit par lequel les possibles tendent tous à l'existence est un droit égal : « [...] omnia possibilia, seu essentiam vel realitatem[1] possibilem exprimentia, pari jure ad essentiam

1. On notera l'apparition du concept de réalité, mesuré en fait à l'aune de la perfection qui va suivre, c'est-à-dire, en dernière instance, à l'existence.

tendere [...], tous les possibles, c'est-à-dire tout ce qui exprime une essence ou réalité possibles, tendent d'un droit égal à l'existence », mais ce droit est réglé par la proportion (*ratio*) de la « quantité d'essence ou de réalité » des possibles « [...] pro quantitate essentiae seu realitatis, vel pro gradu perfectionis quem involvunt ; est enim perfectio nihil aliud quam essentiae quantitas, en proportion de la quantité d'essence ou de réalité, c'est-à-dire du degré de perfection qu'ils impliquent ; car la perfection n'est autre chose que la quantité d'essence ». D'où la rivalité initiale des possibles, dont la compétition est normée par le concept de perfection, c'est-à-dire régie par les quantités d'essence, donc par l'inégalité des pouvoirs d'exister des possibles. Il y a donc *dans les choses* un principe général de détermination des possibles, grâce auquel Leibniz se donne les moyens de penser la série des compossibles qui aura la plus grande quantité d'essence. Avec la décision divine de faire exister, c'est-à-dire de faire prévaloir l'existant sur le non-existant, le principe de détermination des choses fonctionne comme une auto-détermination : « ita posito semel ens praevalere non-enti, seu rationem esse cur aliquid potius extiterit quam nihil, sive a possibilitate transeundum esse ad actum, hinc, etsi nihil ultra determinetur, consequens est, existere quantum plurimum potest pro temporis locique (seu ordinis possibilis existendi) capacitate, supposé une fois que l'étant l'emporte sur le non étant, ou qu'il y a une raison pour laquelle il existe quelque chose plutôt que rien, ou qu'il faut passer de la possibilité à l'acte, il s'ensuit, qu'en l'absence même de toute autre détermination, ce qui se réalise est le maximum possible, eu égard à la capacité donnée du temps et de l'espace (c'est-à-dire de l'ordre possible des existences) » (GPS VII, 304). Dit autrement : la hiérarchisation des possibles par leur quantité d'essence ou leurs degrés de perfection acquiert immédiatement un statut existentiel, pensable selon les ordres de l'espace et du temps.

Créer pour Dieu, c'est-à-dire faire passer un possible à l'existence[1], revient à laisser libre cours à ce principe de détermination, qui se trouvait en quelque sorte déjà « dans les choses », c'est-à-dire dans leur possibilité même, en raison de leur quantité de perfection[2]. Dieu ne fait, en calculant la moindre dépense, que rendre effectif le principe, c'est-à-dire existants les

1. Rappelons qu'en bonne doctrine leibnizienne, Dieu ne crée que des individus (Dieu comme cause efficiente), tout en ayant pour fin de créer un univers entier (Dieu comme cause finale) ; voir la *Correspondance avec Arnauld*, en particulier GPS II, 51, puis la *Théodicée*, § 204-206 puis 241-242 en particulier.

2. Les degrés de perfection qu'admettent les possibles ne sont pas autre chose que leurs degrés de dépendance envers l'entendement infini : voir les *Generales Inquisitiones*, *Couturat*, 376 = *Rauzy*, 249. En ce sens, les possibles leibniziens, pour n'être évidemment pas créés, n'en sont pas absolument indépendants de Dieu.

étants (Dieu comme cause efficiente) : « Cum Deus calculat et cogitationem exercet, fit mundus » (GPS VII, 191). Il y a donc, pour prendre en compte la meilleure série des prétendants à l'existence, une *mathesis* divine ou un mécanisme métaphysique, que Dieu exerce en quelque sorte : « Ex his jam mirifice intelligitur, quomodo in ipsa originatione rerum mathesis quaedam divina seu mechanismus metaphysicus exerceatur, et maximi determinatio habeat locum, Par là, on comprend avec admiration comment, dans la formation originelle des choses, Dieu exerce une sorte de mathématique divine ou de mécanisme métaphysique, et comment la détermination du maximum y intervient » (GPS VII, 304). Ainsi Dieu, voulant le meilleur (cause finale) ne fait-il *finalement* rien que de laisser la raison (c'est en cela qu'il calcule) à son auto-détermination (« cogitationem exercet »). Soit, dit dans la problématique des *24 thèses* : Dieu fait advenir à l'existence en tant qu'il calcule, c'est-à-dire pense [1]. Et cette pensée divine n'est autre chose que l'auto-détermination de la raison elle-même [2].

À partir de là, la *5e thèse* peut réinscrire dans tout étant (c'est-à-dire tout possible) la prévalence fondamentale de l'existence sur la non-existence : « Sed quae causa facit ut aliquid existat, seu ut possibilitas exigat existentiam, facit etiam ut omne possibile habeat conatum ad existentiam, cum ratio restrictionis ad certa possibilia in universali reperiri non possit, Mais cette cause qui fait que quelque chose existe, ou que la possibilité exige l'existence, fait aussi que tout possible a une tendance à l'existence, puisqu'on ne peut trouver généralement parlant une raison de restreindre cette tendance à certains possibles ». En ce sens, le *conatus ad existentiam* est commun à tout étant, possible ou existant déjà, car c'est le propre de l'existence de provoquer sa possibilité. La cause qui porte à l'existence (efficience de Dieu) est aussi celle qui fait que tout possible exige *par lui-*

1. C'est en pensant que le Dieu leibnizien cause. On voit quel effet de méconnaissance produit chez un certain nombre de commentateurs la citation tronquée donnée par Couturat en épigraphe de sa *Logique de Leibniz* : car si le monde se fait (*fit*), ce n'est pas seulement parce que que Dieu calcule les compossibles (*divina mathesis*), mais bien parce que ce calcul est une *cogitatio* divine, où (s')opère la *ratio (rerum)* qui fait droit à l'exigence d'existence des choses.

2. D'où l'extraordinaire *4e thèse* : « Est ergo causa cur Existentia prævalet non-Existentiae, seu *Ens necessarium* est existentificans ». L'existentification dit et la finalité et l'efficience, réunies en Dieu. L'action de Dieu consiste à faire, *efficere*, c'est-à-dire à faire passer à l'existence. Dieu est l'être existentifiant en ce qu'en lui l'exercice de la cause finale et de la cause efficiente s'identifient totalement. Et cette identification a un nom : *ratio (realis)* par laquelle la prévalence de l'étant sur le non-étant devient effective. Au néologisme des *24 thèses* répond celui, non moins barbare et non moins significatif, du *De rerum* : « oportet aeternas veritates existentiam habere in quodam subjecto absolute vel metaphysice necessario, id est in Deo, per quem haec, quae alioqui imaginaria forent (ut barbare sed significanter dicamus) *realisentur* » (GPS VII, 305 ; nous soulignons). Existentifier, c'est réaliser.

même d'exister. Voilà le sens du fondement leibnizien, inscrire dans le possible même comme sa propre tendance la finalité divine : « Itaque dici potest *omne possibile* existiturire, prout scilicet fundatur in Ente necessario actu existente, sine quo nulla est via qua possibile perveniret ad actum, C'est pourquoi on peut dire que tout possible est un existant futur, dans la mesure naturellement où il est fondé dans l'Étant nécessaire existant en acte, sans lequel il n'y aurait aucun moyen qu'un possible soit actualisé » (*6e thèse*). Il faut à Leibniz rien de moins que le néologisme *existiturire* pour dire l'exigence d'existence du possible, donc pour faire concevoir que le possible est toujours déjà un exister au sens où il en porte l'exigence et n'est pensable que par lui ; bref, que la possibilité a, pour reprendre le mot de Heidegger, un « caractère d'existence » (*Existenzcharakter*). Si Leibniz tente de réunir la possibilité et la puissance – contre Suárez aussi bien que Descartes –, ce n'est pas qu'il soit aristotélicien, malgré le vocabulaire de l'acte ou l'entéléchie. Car ce qui détermine le sens d'être de la possibilité comme de la nécessité, c'est l'existence elle-même – et non l'*energeia*. Ce que dit le concept leibnizien de réalité, c'est que la possibilité se rapporte essentiellement à l'existence, qu'elle est déjà un mode de l'exister[1]. Ainsi c'est à partir du concept d'existence que Leibniz pense le possible et, par voie de conséquence, le nécessaire[2], qui n'en est qu'une modalité (*2e thèse*). Bref, c'est l'existence qui détermine désormais le sens de l'étant, possible ou nécessaire. Et cette détermination est acquise par la raison. C'est pourquoi le nom propre du Dieu de la métaphysique leibnizienne est *ratio*, à la fois *ultima ratio rerum* et *ratio sibi ipsi*.

Connaître comme Dieu connaît

Plusieurs conclusions s'imposent :

1) C'est en tant qu'il pense que Dieu agit, c'est-à-dire crée, et crée ceci plutôt que cela. Comme le dit la *lettre à Hartsoeker* du 6 février 1711, « Dieu est *Intelligentia supramundana*, qui est la cause du monde » (GPS 3, 520) : c'est en tant qu'intelligence que Dieu cause.

2) Or penser pour Dieu, c'est exercer le principe de raison suffisante. Le principe de raison suffisante est, si l'on peut dire, l'opérateur de l'existentification des possibles.

1. Heidegger souligne ce renversement décisif : voir GA 6.2, 407.

2. « Weil nun aber Leibniz jede Weise des Seins als modus existendi von der monadisch bestimmten existentia her denkt, wird nicht nur das ens possibile als existituriens, sondern auch das ens necessarium als existentificans gedacht », *Nietzsche*, GA 6.2, 408.

3) On comprend donc pourquoi l'omniscience est l'attribut divin privilégié par Leibniz : car l'omniscience, c'est le principe de raison suffisante lui-même, en tant qu'il est exercé par Dieu. Pour le dire autrement, le principe de raison suffisante est devenu le concept moderne qui élucide l'omniscience.

4) Ce faisant, Leibniz valide la vieille formule thomiste : l'intellect divin est la cause des choses[1]. Mais désormais le principe de raison suffisante permet d'entendre la cause non plus selon l'exemplarité, mais selon l'efficience acquise par la rationalité (*causa, id est ratio*) – et unifiée, dans les *24 thèses*, à la finalité.

5) On peut donc dire, du moins avec l'exemple privilégié de Leibniz, sinon au XVIIe siècle, que l'organisation des attributs divins – ici la primauté de l'omniscience – est une conséquence de la théorie de la causalité[2].

6) Enfin, l'homogénéité du principe de raison suffisante et du principe de raison déterminante, c'est-à-dire du principe de raison exercé par un entendement infini et de celui exercé par un entendement fini, assure à l'entendement fini un accès de droit à l'omniscience – d'où notre titre, *connaître comme Dieu connaît*. Mais le paradoxe éclate alors : au moment même où l'omniscience devient le nom divin par excellence, le fini en revendique la possibilité comme sienne, au titre de l'univocité de la rationalité[*].

Vincent CARRAUD

1. Cf. Thomas d'Aquin, *Summa contra Gentiles* I, c. 61 (ed. Leonina, t. XIII, p. 175b) : « Intellectus autem divinus, per suam scientiam, est causa rerum » (« Or l'intellect divin est, par sa science, la cause des choses ») ; *ibid.*, c. 65 (Leon. XIII, 179b) : « Divinus intellectus ex rebus cognitionem non sumit sicut noster, sed magis per suam cognitionem est causa rerum » (« L'intellect divin ne tire pas sa connaissance des choses, comme le nôtre, mais sa connaissance est plutôt la cause des choses »). Si ce principe semble battu en brèche par la scolastique moderne (voir dans ce volume les contributions de J. Schmutz et J.-L. Solère), il trouve au contraire son apogée avec Leibniz – au prix, précisément, d'une nouvelle théorie de la causalité.

2. C'est à généraliser cette hypothèse que s'emploie, pour une part, notre *Causa sive ratio*.

* J'ai l'agréable devoir de remercier Michaël Devaux pour la précision et la rigueur de sa relecture leibnizienne de cette communication.

BAYLE ET LES APORIES DE LA SCIENCE DIVINE

– I –

La critique de toute théologie rationnelle a été la grande affaire de Bayle. À cette fin, la problématique de la science divine était un terrain privilégié, où il a pu déployer un certain nombre d'apories.

En premier lieu, on admet généralement que l'infinité de Dieu implique que sa science soit infinie, c'est-à-dire qu'il soit capable de concevoir une infinité de possibles [1]. Mais selon Pierre Bayle, cette infinité ne se laisse limiter par aucune considération extérieure, en particulier par certains impératifs supposés présider à la création, tels que la simplicité des voies ou le principe du meilleur. Arnauld objectait à Malebranche qu'en ce qui concerne Dieu, le critère du choix de la simplicité des voies pour un maximum d'effets n'avait aucun sens, car à cause de l'incommensurabilité par laquelle l'infini surplombe le fini, une voie ne coûte pas davantage qu'une autre à un être infiniment puissant. Tel est aussi le coin que Bayle enfonce dans toute théologie rationnelle, qui prétendrait justifier *a priori* que le monde soit ainsi plutôt qu'autrement. Devant l'infinité des moyens dont a pu disposer Dieu, aucune restriction ne tient et ne nous permet de dire que tel plan est préférable à tous les autres.

On peut se demander s'il n'existe pas un motif, un intérêt systématique, en vertu duquel il défend avec acharnement ce point de vue. De fait, la position adoptée n'est pas sans répercussions sur la question de la tolérance, et c'est peut-être afin de défendre celle-ci que Bayle a besoin de

1. Cf. la citation de Leibniz donnée ici même par V. Carraud p. 257 : « Hactenus de potentia Dei, nunc de sapientia ejus, quae ob immensitatem vocatur omniscientia. Haec cum et ipsa sit perfectissima (non minus quam omnipotentia) complectitur omnem veritatem, id est omnia tam incomplexa quam complexa quae objectum intellectus esse possunt : et versatur itidem tam circa possibilia, quam circa actualia ».

soutenir que Dieu n'agit pas forcément selon une voie unique, la seule qui soit digne de lui, et qui serait absolument déterminée par la sagesse.

Dans l'article SYNERGISTES du *Dictionnaire Historique et Critique*[1], Bayle manifeste beaucoup de sympathie pour le caractère de Melanchthon, paisible, irénique, équitable. La remarque C lui permet par la même occasion de défendre un des passages de son propre *Commentaire philosophique* :

> Il me semble que l'une des choses qui inspirèrent à Mélanchton cet esprit de paix et d'honnêteté, qui parut dans sa conduite, était qu'il considéra que la manière, dont Dieu a voulu agir, a été choisie entre une infinité d'autres également dignes de l'être souverainement parfait. Or voici la conséquence de cette pensée ; c'est qu'on peut se tromper dans l'explication des matières théologiques, sans attribuer à Dieu aucune chose qui fasse tort à ses perfections.

En effet, une hypothèse pourra être erronée, et pourtant conforme à l'une des autres voies que Dieu eût pu choisir, et qui sont également dignes de lui[2]. Même dans sa fausseté, elle tend à magnifier le Créateur. Il en va dans les matières théologiques comme dans les matières scientifiques, explique Bayle : plusieurs hypothèses sont possibles, qui rendent compte des phénomènes. Ainsi « les trois systèmes, celui de Ptolémée, celui de Copernic, et celui de Tycho Brahé, quelque différents qu'ils soient, expliquent chacun les apparences. Il n'y en a pourtant qu'un qui soit conforme à la vérité », et par exemple si « le système de Ptolémée est faux, il ne laisse pas d'être possible, et par conséquent très digne de la sagesse du Créateur ; car s'il en était indigne, il ne serait pas possible »[3].

> Mais comme tous les sectateurs de ces systèmes s'accordent à admirer dans l'ouvrage la puissance, et la sagesse infinie de l'Ouvrier, ils ne craignent point d'offenser Dieu en cas qu'ils se trompent. Ils jugent que s'il ne fait point ces choses de la manière

1. Je citerai les ouvrages de Bayle avec les abréviations et les références devenues usuelles : *Dictionnaire historique et critique* = DHC, 4ᵉ éd., 1730, 4 vol. ; *Œuvres diverses*, éd. É. Labrousse (réimpr. de l'éd. de 1727-1731), Hildesheim, G. Olms, 1964 *sq.* (= OD[2], suivi du tome), avec principalement ici, au t. III : *Continuation des Pensées diverses écrites à un Docteur de Sorbonne à l'occasion de la comète...*, = CPD, *Réponses aux Questions d'un Provincial*, = RQP ; au t. IV, *Entretien de Maxime et de Thémiste*, = EMT (abréviations suivies du livre le cas échéant, du chapitre, de la page et de la colonne).

2. Pour ce critère, cf. S. Augustin, *De Trinitate*, l. IX, x, 1 : « explicare tanta cura et sollicitudine pietatis cupientes, ut etiam si aliquid aliud pro alio dicimus, nihil tamen indignum ».

3. Néanmoins, selon l'Éclaircissement sur les Manichéens du DHC, le système de Copernic doit être préféré à celui de Ptolémée, parce que plus simple, dégagé et mécanique.

> qu'ils s'imaginent, il pourrait les faire ainsi sans le moindre préjudice de ses perfections, et qu'une science infinie comme la sienne a les idées d'une infinité de plans de monde tous parfaitement beaux, tous dignes de l'être infiniment sage et infiniment puissant.

Si au contraire il n'existait qu'une seule voie par laquelle Dieu ait pu agir d'une manière digne de lui, c'est-à-dire conforme à sa bonté, sa sagesse et ses autres perfections, toute autre hypothèse serait non seulement fausse, mais apparaîtrait comme impie puisqu'elle tendrait à rabaisser Dieu. C'est ce qui explique l'acrimonie de certaines querelles : le présupposé commun aux antagonistes est que ou bien Dieu agit de telle manière, ou bien il n'est pas Dieu. Le principe du meilleur, qui ne fonctionne qu'en éliminant toutes les autres solutions au bénéfice d'une seule, mène forcément à l'exclusive, donc à des disputes sans fin, d'autant que l'infinité des possibles selon lesquels Dieu a pu en réalité agir fait que l'esprit humain trouvera toujours de nouvelles hypothèses et de nouvelles conduites à lui attribuer, c'est-à-dire autant d'opinions divergentes [1].

Inversement, admettre que Dieu a pu agir d'une multitude de manières sans être tenu à aucune [2], invite à la tolérance. C'est là toute la différence

1. « (...) la raison pour laquelle l'esprit de l'homme trouve tant de raisons également solides en apparence pour défendre la vérité et la fausseté dans les controverses de Religion, c'est que *la plupart des faussetés qui se voient là-dedans sont aussi possibles que les vérités*. En effet, nous supposons tous que la Révélation dépend d'un décret libre de Dieu ; car il n'est point nécessité par sa nature à faire ni les hommes ni d'autres êtres. Par conséquent, il aurait pu, s'il l'avait voulu, ou ne rien produire, ou produire un monde différent de celui-ci, et en cas qu'il y eût voulu des hommes, il aurait pu les mener à ses fins par des routes toutes contraires à celles qu'il a choisies, et qui auraient été également dignes de l'Être souverainement parfait ; car une infinie sagesse a des moyens infinis de se manifester, tous dignes d'elle » (*Commentaire philosophique*, suppl., XXIV, OD² II, 548a ; je souligne).

2. Cf. DHC, art. Anaxagoras, rem. R : « si nous entreprenions de faire voir pièce à pièce que tout est au meilleur état qui se puisse [dans la machine de l'univers], nous en donnerions infailliblement de très mauvaises raisons. Nous ferions comme un paysan, qui, sans avoir aucune idée d'une horloge, entreprendrait de prouver que la roue, qu'il verrait par une fente, a dû être de telle épaisseur, de telle grandeur, et posée précisément en ce lieu-là, vu que si elle eût été plus petite, moins épaisse, et située en un autre lieu, il en serait arrivé de grands inconvénients (...) Les philosophes ne sont guère plus en état de juger de la machine du monde, que ce paysan de juger d'une grosse horloge. Ils n'en connaissent qu'une petite portion, ils ignorent le plan de l'ouvrier, ses vues, ses fins, et la relation réciproque de toutes les pièces. (...) M. Newton, qui a découvert tant de beautés mathématiques et mécaniques dans les cieux, voudrait-il bien être caution, que si les choses n'étaient point telles qu'il les suppose, ou quant aux grandeurs, ou quant aux distances, ou quant aux vitesses, le monde serait un ouvrage irrégulier, mal construit, mal entendu ? *L'intelligence de Dieu n'est-elle pas infinie ? Il a donc les idées d'une infinité de mondes différents les uns des autres, tous beaux, réguliers, mathématiques, au dernier degré*. Croyez-vous que d'une terre carrée et

entre prétendre pouvoir connaître de quelle manière Dieu doit agir (voire parler au nom de Dieu, en lieu et place de lui), et reconnaître que les raisons de sa conduite nous sont absolument impénétrables :

> la nature divine étant infinie en toutes ses perfections, il faut nécessairement que la sagesse avec laquelle Dieu gouverne toutes choses soit infinie, et, par conséquent, incompréhensible à l'homme [1].

Dans ce cas, nous sommes à l'égard de Dieu et de son œuvre comme à l'égard d'un message chiffré [2] : en choisissant une mauvaise clef de décodage, nous pouvons cependant obtenir un texte sensé. Il ne sera pas le texte authentique, mais la question est de savoir s'il fait ou non injure à son auteur. Si non, bien qu'il soit inexact, on lui fait dire néanmoins ce que Dieu aurait pu penser « avec une gloire égale ».

Bayle semble ainsi se ranger du côté de ceux qui, comme Arnauld, tentent de résister au déclin, chez les post-cartésiens, de l'infinité comme détermination principale de l'essence divine (au profit de l'*ens summe perfectum* et de l'*ens causa* [*sui*]) [3]. Dieu, chez Descartes (dans l'ordre des *Méditations*), est en effet d'abord caractérisé comme infini [4]. Cette infinité lui assure une transcendance telle que sa nature nous est radicalement incompréhensible [5]. Par là, ce nom divin d'infini rejoint celui de tout-puissant, qui signifie aussi que la puissance de Dieu est « immense et incompréhensible » [6]. Cela implique que nous ne pouvons délimiter *a*

plus proche de Saturne, il ne pourrait pas tirer des usages équivalents à ceux qu'il tire de notre terre ? » (je souligne).

1. *Critique générale de l'Histoire du calvinisme...*, XXVIII, OD[2] II, 128a.

2. Cf. Descartes, *Principes de la Philosophie*, IV, art. 205 (édition Adam-Tannery [= AT suivi du tome et de la page] IX-2, 323 ; réimpr., Paris, Vrin, 1995).

3. Voir J.-L. Marion, *Questions cartésiennes II. Sur l'ego et sur Dieu*, Paris, P.U.F, 1996, l. II, VII (« Esquisse d'une histoire des définitions de Dieu à l'époque cartésienne »), notamment p. 275-276. Voir aussi ici-même la contribution de V. Carraud.

4. « Dei nomine intelligo susbtantiam quamdam infinitam, independentem, summe intelligentem, summe potentem (...) » (*Medit. III*, AT VII, 45 ; cf. *ibid.*, 40).

5. « Cum enim jam sciam naturam meam esse valde infirmam et limitatam, Dei autem naturam esse immensam, incomprehensibilem, infinitam (...) » (*Medit. IV*, AT VII, 55).

6. *Primae Resp.*, AT VII, 110. Précisément, dans le même passage (*Medit. IV*) où la nature de Dieu est posée comme infinie et incompréhensible, incompréhensible parce qu'infinie, les raisons, le pourquoi et le comment, de son activité créatrice, nous sont données comme parfois indiscernables : « (...) occurit primo non mihi esse mirandum, si quaedam a Deo fiant quorum rationes non intelligam ; nec de ejus existentia ideo esse dubitandum, quod forte quaedam alia esse experiar, quae quare vel quomodo ab illo facta sint non comprehendo » (AT VII, 55).

priori les raisons et les modes de sa productivité, qui a pu s'exprimer selon une variété infinie :

> Car ces choses ayant pu être ordonnées de Dieu en une infinité de diverses façons, c'est par la seule expérience, *et non par la force du raisonnement*, qu'on peut savoir laquelle de toutes ces façons il a choisie[1].

De même, pour Bayle, aucune considération spéculative ne paraît pouvoir éliminer certains possibles en fonction de principes de choix par nous saisissables. Seule leur condignité à l'égard de Dieu est la norme de leur possibilité (mais l'infinité divine fait que leur nombre est alors infini). Ainsi, Bayle propose une notion du possible où ce dernier ne consiste pas seulement dans la non-contradiction interne, mais dans la compatibilité avec la perfection divine. Dès lors, il ne peut plus y avoir d'échelle des possibles, c'est-à-dire de possibles plus ou moins parfaits, ni de calcul des possibles, une multitude de combinaisons étant valides et équivalentes du point de vue de l'infinité des ressources divines. Reflétant tous également la perfection divine, ils sont mis tous sur le même plan, et le choix de Dieu s'effectue d'après une raison que nous ignorons.

Toutefois, selon les *Réponses aux Questions d'un Provincial*, à dignité égale, devrait être en droit choisi le monde qui manifeste le mieux la bonté divine, car en créant, Dieu ne peut avoir d'autre motif (du moins, au jugement de la raison humaine[2]) que de communiquer sa bonté, puisqu'il ne recherche ni son intérêt ni sa gloire, etc. :

> C'est donc sa bonté infinie qui l'a dirigé à choisir un certain plan préférablement à tout autre, parmi cette infinité de systèmes que sa science lui montrait[3].

L'infinité des plans, le motif unique de la bonté, ce sont là deux points capitaux pour Bayle, car ils lui permettent de rendre décisifs les arguments

1. *Principes*, III, art. 46, AT IX-2, 124. « C'est pourquoi », ajoute Descartes, « il nous est maintenant libre de supposer celle que nous voudrons, pourvu que toutes les choses qui en seront déduites s'accordent *entièrement* avec l'expérience » (*ibid.*). Il est loisible au physicien cartésien de proposer une fiction, l'hypothèse qui sera la plus commode (voire délibérément fausse : *id.*, art. 45), en un pragmatisme épistémologique éloigné de tout dogmatisme intolérant : « (...) et afin que chacun soit libre d'en penser ce qu'il lui plaira, je désire que ce que j'écrirai soit seulement pris pour une hypothèse, laquelle est peut-être fort éloignée de la vérité (...) si cela se trouve, elle ne sera pas moins utile à la vie que si elle était vraie, parce qu'on s'en pourra servir en même façon pour disposer les causes naturelles à produire les effets qu'on désirera » (*id.*, art. 44).

2. Cf. RQP II, CXLIX, 808a. Note (*k*) : « C'est-à-dire, qu'encore que l'on admette verbalement plusieurs manières possibles, on les détruit réellement sans y penser ».

3. RQP II, LXXVIII, 657b ; je souligne.

manichéens qu'il réactive contre la métaphysique et la théologie qui ont triomphé en Occident, afin de montrer que leur discours rationnel ne peut rendre compte de l'œuvre divine : celle-ci, à cause de l'irréductibilité du mal à toute raison, ne correspond pas au critère épistémologique qu'elles ont elles-mêmes érigé. Si la science divine est effectivement infinie, au sens fort, on ne comprend pas que Dieu n'ait pas trouvé au moins un monde d'où le mal moral et le mal physique soient éliminés [1]. Inversement, remarque-t-il, toutes les théodicées en viennent finalement à prétendre que Dieu ne pouvait faire exactement ce qu'il voulait (dans la supposition où il est bon), c'est-à-dire a dû se résoudre à créer un monde dans lequel il ne pouvait éviter complètement le mal – mais c'est lui prêter une bien faible inventivité et imaginer qu'il n'avait pas à sa disposition une véritable infinité de solutions [2].

Bayle en appelle donc à l'infinité de la science divine contre les théologies rationnelles, du type de celles de Malebranche ou de Leibniz, qui supposent précisément l'éminence des perfections en Dieu (telle la sagesse) : il surenchérit sur leur propre critère, et montre que la science elle-même devrait être portée au même degré absolu. Or le primat qu'elles donnent à la sagesse, de sorte que Dieu *doive* créer de telle manière plutôt que de telle autre (selon la simplicité des voies, les lois générales) pour agir d'une manière digne de lui (*i.e.* en respectant sa gloire), implique que ses autres perfections (dont la science, la liberté et la bonté) soient drastiquement limitées, au point qu'une triple servitude contraigne Dieu : celle de créer, celle de créer tel monde et non un autre, celle de le régir par tels moyens et non tels autres.

N'allons pas croire que Bayle proteste contre cette restriction de la liberté divine au nom d'une autre forme, plus traditionnelle, de métaphysique, et s'efforce de « sauver » cet attribut, classique dans la théologie rationnelle, en restant dans un même horizon de compréhension, où la liberté de Dieu, plus ou moins pondérée par d'autres impératifs, pourrait s'intégrer à un système rationnellement satisfaisant. Au contraire, il montre avec jubilation que dès que l'on revendique pour Dieu une réelle liberté d'action, on rend irréfutable l'objection dualiste manichéenne à la théorie de « l'unité de principe ». Si la cause première « avait été nécessitée par sa

1. « Quoi ? Parmi une infinité de plans ou simples, ou combinés, il ne s'en trouvait aucun qui ne dût avoir ou ces suites-là, ou d'autres encore plus funestes à la créature ? » (*id.*, 657b).

2. « (...) il ne me souvient point d'avoir lu aucune réponse [aux objections manichéennes], dans laquelle on ne fasse voir que l'on suppose qu'il n'y a qu'une manière d'agir que Dieu ait pu suivre. Mais que serait donc devenue l'infinité de sa science ? Une science qui ne découvre qu'un seul plan, et une seule manière d'exécution, n'est-elle pas très bornée, tant s'en faut qu'elle soit infinie ? » (*ibid.*).

nature à créer tout ce qu'elle pouvait, il aurait fallu bon gré malgré qu'elle en eût, qu'elle donnât l'existence à tous les êtres possibles, et par conséquent à la douleur et à la tristesse » : un Dieu (comme celui de Spinoza) qui agirait sans délibération, tel une cause naturelle, ne serait pas responsable de ces maux qu'il n'aurait pas pu ne pas produire, devant réaliser, sans reste, tout ce qui est en sa puissance. Mais si l'on suppose que Dieu a effectué un choix libre, il n'a donc pas été contraint de réaliser tous les possibles : « il a mis dans [dans cet univers] une partie des êtres possibles, et a laissé tous les autres dans l'état de pure possibilité ». Il est alors positivement responsable d'avoir donné réalité à la souffrance [1] – et s'il ne pouvait l'éviter à titre d'effet « collatéral » de sa création, il aurait dû s'abstenir de créer, n'ayant nullement été obligé de le faire.

Si donc Bayle relève que les théodicées sont amenées à sacrifier la liberté divine lorsqu'elles assurent que Dieu ne pouvait agir autrement qu'il n'a fait, c'est pour montrer qu'elles ne remplissent pas le cahier des charges qu'elles ont elles-mêmes fixé : elles ne parviennent pas à équilibrer de manière satisfaisante les différents attributs divins, qui sont autant d'impératifs d'action. Ainsi, bien qu'elles posent au départ « que la bonté, et que la puissance de Dieu sont infinies aussi bien que sa sagesse », elles aboutissent pourtant à la conclusion que :

> la bonté et la puissance de Dieu sont refermées dans des bornes assez étroites, qu'il n'y a aucune liberté en Dieu, qu'il est nécessité par sa sagesse à créer, et puis à créer précisément un tel ouvrage, et enfin à le créer précisément par de telles voies. Ce sont trois servitudes qui forment un *fatum* plus que stoïcien, et qui rendent impossible tout ce qui n'est pas dans leur sphère [2].

C'est dès lors la notion même de toute-puissance qui est mise en cause, car Dieu ne peut plus tout ce qui est possible [3] :

> Si l'on adopte de tels éclaircissements, on se voit contraint de renoncer aux notions les plus évidentes sur la nature de l'Être souverainement parfait. Elles nous apprennent que toutes les choses qui n'impliquent point contradiction, lui sont possibles, que par conséquent il lui est possible de sauver des gens qu'il ne sauve pas ; car quelle contradiction résulterait-il de ce que le nombre des élus serait plus grand qu'il n'est ? Elle nous apprennent

1. RQP II, CLXV, 846b.

2. RQP II, CLI, 813a.

3. « Pouvoir tout ce qui est possible » était la définition même, depuis Pierre Lombard, de la toute-puissance divine. Voir la traduction du texte du Lombard dans *La Puissance et son Ombre*, sous la direction d'O. Boulnois, Paris, Aubier, 1994, p. 79 *sq*.

> qu'il est souverainement heureux, il n'a point de volontés qu'il ne puisse exécuter. Le moyen donc de comprendre qu'il veuille sauver tous les hommes, et qu'il ne le puisse ?[1].

Le cas des théologies rationnelles modernes est ainsi ramené à celui d'Abélard. Deux des chefs d'accusation jadis dirigés contre lui sont évoqués : « les choses, qui n'ont jamais été, et qui ne seront jamais, ne sont point possibles », « Dieu ne peut faire que ce qu'il fait, et ne peut pas faire tout ce qu'il ne fait pas »[2]. Le raisonnement d'Abélard était fondé sur le principe de raison suffisante et le principe du meilleur : Dieu agit toujours d'après une certaine raison, qui, parce qu'il est parfait, est forcément la meilleure possible. S'il faisait autre chose que ce qu'il fait, ce serait d'après une autre raison. Ou bien cette seconde raison serait moins bonne que la première, ou bien la première serait moins bonne que cette seconde. Dans les deux cas, l'une d'elle ne serait pas la meilleure, ce qui contrevient au principe posé. De même, estime Bayle, « ceux qui disent, que Dieu est déterminé par sa sagesse infinie à faire ce qui est le plus digne de lui » ne peuvent « nier sans inconséquence la doctrine de ce philosophe ». Doctrine qui oblige à restreindre la liberté divine, sa puissance et sa perfection, et conduit ces philosophies à la position même qu'elles voulaient éviter, celle de Spinoza :

> nous concevons que Dieu aurait pu faire les choses autrement qu'il ne les a faites, en cent manières différentes toutes dignes de sa perfection infinie ; car sans cela il n'aurait point de liberté, et ne différerait point du Dieu des Stoïques enchaîné par une nécessité inévitable, dogme qui n'est guère meilleur que le spinozisme[3].

1. RQP II, CLI, 813a; cf. *id.*, clv, 826a. De même, le libre-arbitre est supprimé et la prédestination est absolue, car du possible ne peut résulter aucune contradiction (Bayle, note *m*, cite explicitement la définition aristotélicienne du contingent, *Premiers Analyt.* I, 13), or s'il eût été possible et effectif qu'Adam et Ève n'eussent pas péché, cette obéissance aurait été en contradiction avec le projet divin de manifester sa justice et sa miséricorde. Les premiers hommes devaient donc pécher par une nécessité antérieure et absolue (RQP II, CLII, 815a-b).

2. DHC, art. Bérenger, rem. H et M. Voir l'introduction d'O. Boulnois à *La Puissance et son Ombre*, *op. cit.*, p. 33-40. Voir aussi les considérations, très proches de mon analyse, de G. Paganini, « Apogée et déclin de la toute-puissance. Pierre Bayle et les querelles post-cartésiennes », in *Potentia Dei. L'onnipotenza divina nel pensiero dei secoli XVI e XVII*, a cura di G. Canziani, M. A. Granada, Y.-C. Zarka, Milano, FrancoAngeli, 2000, p. 597 *sq.*

3. *Commentaire philosophique*, suppl., XXIV, OD² II, 548a. Bayle accueille même favorablement le paradoxe lancé par Diroys (*Preuves et préjugés pour la religion chrétienne*, Paris, 1683), qui prend le contre-pied du principe du meilleur : « (…) il est même essentiel à la justice et à la bonté essentielle de pouvoir faire ce qui est moins bon et moins parfait ». Pour éviter la fatalité d'une action gouvernée par l'exigence du meilleur résultat, il faudrait admettre que Dieu soit libre de faire moins bien que ce qu'il peut faire. Bayle relève que cette

– II –

Cette allusion au nécessitarisme stoïcien, que nous rencontrons pour la seconde fois, est peut-être une réminiscence de la fameuse lettre de Descartes à Mersenne du 15 avril 1630 qui pose la théorie dite de la création des vérités éternelles [1]. Bayle connaît bien le point de vue qui est celui des censeurs d'Abélard [2] et de Descartes par la suite [3], à savoir que la toute-puissance divine n'est soumise à aucune norme, à aucune raison ou fondement (elle est un abîme), à aucun principe extérieur, fût-il du meilleur, et que ce que Dieu fait est *ipso facto* le meilleur, de sorte qu'on doive dire qu'il peut toujours faire plus ou autre chose que ce qu'il fait [4]. Ou encore, suivant la formule de Descartes, Dieu fait nécessairement le bien, mais c'est lui qui a décidé ce qu'est le bien [5]. Il ne suffit pas que Dieu choisisse librement entre plusieurs possibles pour qu'il ne soit pas soumis à une nécessité extrinsèque. Ce sera encore le cas s'il n'a pas librement créé les vérités qu'il reconnaît :

> S'il y a des propositions d'une éternelle vérité qui sont telles de leur nature, et non point par l'institution de Dieu (...) voilà une espèce de *fatum* auquel il est assujetti, voilà une espèce de nécessité insurmontable [6].

thèse singulière pourrait être combattue « par des raisons presque insolubles », mais qu'elle retrouve l'avantage lorsqu'on le compare « avec la doctrine opposée qui est combattue par des raisons encore plus invincibles », à savoir le nécessitarisme issu du principe du meilleur (RQP II, CLXV, 847b-848a).

1. AT I, 145 : « C'est en effet parler de Dieu comme d'un Jupiter ou Saturne, et l'assujettir au Styx et aux Destinées, que de dire que ces vérités sont indépendantes de lui ».

2. À la fin de la rem. M de l'art. Bérenger du DHC, Bayle annonce : « J'examinerai peut-être ce dogme dans quelqu'une des remarques de l'article de Wiclef », mais malheureusement il ne semble pas qu'il ait finalement rédigé cet article. Dans cette rem. M, Bayle cite sa source : la *Bibliothèque des Auteurs ecclésiastiques* d'E. Du Pin; mais il faut noter que la double référence à Abélard et à Wyclif, sur ce sujet, figure dans la plupart des ouvrages de scolastique moderne (ainsi Alfonso de Castro, Bellarmin, Molina, Suárez, Vázquez), et fait partie de la position traditionnelle du problème.

3. *Lettre à Mesland du 2 mai 1644* : « Je ne sache point avoir déterminé que Dieu fait toujours ce qu'il connaît être le plus parfait, et il ne me semble pas qu'un esprit fini puisse juger de cela » (AT IV, 113).

4. Cf. RQP II, LXXXVIII, 675a.

5. « necessario optimum voluit, quamvis sua voluntate id optimum fecerit » (*Entretien avec Burman*, AT V, 166). *Lettre à Arnauld du 29 juillet 1648* : « tout ce qui est vrai et bon étant dépendant de sa toute-puissance » (AT V, 224).

6. CPD, CXIV, 348a. Cf. OD[2] IV, 156a : « Fatetur Auctor [Poiret] Deum non sic de circulo statuere potuisse ut esset rotundus vel non. Igitur quod illas veritates alligat Deum fatali cuidam necessitati (...) ».

Bien que cette doctrine ait représenté une sorte de tentation permanente, Bayle cependant ne suit pas Descartes jusqu'à ce point de la création des vérités éternelles. Il rejette même clairement sa thèse à cause de ses conséquences morales :

> Ainsi selon la doctrine d'une infinité d'auteurs graves il y a dans la nature et dans l'essence de certaines choses un bien ou un mal moral qui précède le décret divin. Ils prouvent principalement cette doctrine par les conséquences affreuses du dogme contraire (...) il s'ensuivrait que Dieu aurait pu donner à l'homme une loi directement opposée en tous ses points aux commandements du décalogue. Cela fait horreur[1].

De même, lorsqu'il repousse l'explication par King de la nécessité du mal, explication qui repose en partie sur l'idée que les choses sont bonnes parce que Dieu les a choisies, et non inversement : « Il n'y a guère d'extrémité, écrit-il, qu'il vaille mieux subir, que de se jeter dans celle-là », parce qu'« elle ouvre la porte au Pyrrhonisme le plus outré »[2]. En effet, « il n'y aura plus rien d'immuable, ou d'indispensable dans la morale », mais aussi dans les sciences, puisque « tout ce qui dépend du libre-arbitre de Dieu » peut « avoir été limité à certains lieux et à certains temps »[3]. D'une manière générale, est-il amené à reconnaître, l'empire de Dieu ne s'étend que sur l'existence des créatures, non sur leurs essences. Celles-ci « émanent de la même nécessité de la nature que la science de Dieu »[4]. Cette restriction permettra à Bayle d'asseoir sa thèse de la possibilité d'un athée vertueux, qui comme son confrère géomètre, peut apercevoir des vérités

1. *Id.*, CLII, 409b. Ce point était déjà discuté par Duns Scot : voir *Opus Oxoniense* III, d. 37, in *Opera omnia*, éd. Wadding, Paris, Vivès, 1891 *sq.*, t. XV, p. 738-858.

2. RQP II, LXXXIX, 675b.

3. *Id.*, 675b-676a. Cette réfutation de la thèse cartésienne, au motif que ce qui est vrai aujourd'hui pourrait être faux demain, peut paraître extrêmement faible au regard des précisions données par Descartes, selon qui les vérités créées sont pourtant bel et bien éternelles. Une fois décidées par Dieu elles ne seront plus changées, et sont donc un fondement certain pour la connaissance. Par exemple, bien que ce soit selon une nécessité seulement conditionnelle, c'est-à-dire parce que Dieu l'a voulu, la simultanéité des contradictoires est effectivement impossible et impensable dans cette création (voir *Quintae Resp.*, AT VII, 380, et *Lettre à Mersenne du 15 avril 1630*, AT I, 145). Mais cette réponse est rejetée tant par Malebranche (*Œuvres complètes*, Paris, Vrin, t. II, p. 486 *sq.*) que par Simon Foucher (*Critique de la Recherche de la Vérité*, Paris, 1675, réimpr. New York-London, 1969, p. 25-30), que Bayle connaît tous deux : Dieu pourrait avoir immuablement décidé de changer chaque jour les vérités suprêmes à supposer qu'elles dépendent de lui. Cf. CPD, CIX, 339a : « Les Cartésiens qui s'imaginent sans raison que la constance de Dieu ne lui permet pas d'abolir ce qu'il a une fois fait (...) ». Voir aussi OD² IV, 155a-b.

4. CPD, CLII, 409b.

morales éternelles et immuables, qui existeraient même s'il n'y avait pas de Dieu[1].

Ainsi, si Bayle refuse que la liberté et la toute-puissance de Dieu soient sacrifiées à sa sagesse (ou ce qui apparaît tel à un entendement humain) et nie qu'il soit obligé d'élire un et un seul monde en fonction du principe du meilleur, il n'ira pourtant pas jusqu'à affirmer avec Descartes qu'il n'y a en Dieu « aucune idée qui représente le bien ou le vrai, ce qu'il faut croire, ce qu'il faut faire, ou ce qu'il faut omettre, qu'on puisse feindre avoir été l'objet de l'entendement divin, avant que sa nature ait été constituée telle par la détermination de sa volonté »[2].

Mais, en fuyant ainsi l'extrémité cartésienne, Bayle se jette en toute conscience dans une autre, qui se révèle également désastreuse pour la théologie rationnelle, à savoir qu'il est désormais impossible de démontrer qu'un être qui n'est pas doté de toutes les perfections n'existe pas par soi. Bayle accepte de bon cœur cette conséquence, car justement il entend bien prouver, dans la *Continuation des Pensées Diverses*, qu'il ne suffit pas de la lumière naturelle de la raison pour que l'on reconnaisse l'existence de Dieu. Les jeunes Athéniens qu'il met en scène, puis leurs équivalents modernes, les Chinois, personnages familiers de la pensée occidentale de la fin du XVIIe siècle, peuvent s'enfermer dans le stratonisme (un système athée et intégralement matérialiste imaginé par Bayle à partir des vestiges qui nous sont parvenus de la pensée de Straton de Lampsaque, le disciple d'Aristote) comme dans une forteresse inexpugnable.

1. *Id.*, 410a-b. Voir *infra*.

2. 6e rép., § 8. Comme on le sait, É. Gilson (*La Liberté chez Descartes et la Théologie*, réimpr. 1959, p. 139; sur Duns Scot, p. 130 *sq.*) a fait observer qu'on ne peut néanmoins considérer la doctrine cartésienne comme un « volontarisme », impliquant la prééminence en Dieu de la libre et souveraine volonté sur la sagesse. Descartes en effet refuse toute distinction, même de raison, entre volonté et intelligence en Dieu. Il ne saurait donc y avoir d'ordre de priorité entre les attributs (cf. *Lettre à Mesland du 2 mai 1644*, AT IV, 119). Il faut alors préciser qu'il en va de même pour Bayle, qui semble lui aussi considérer que les attributs divins se fondent en une identité réelle : « ce sont des attributs nécessairement *identifiés* avec lui-même » (CPD, CLII, 409b; cf. LXVIII, 288b). Ainsi la volonté de Dieu, si elle n'est pas déterminée par des considérations d'économie, de gloire, etc., n'en est pas moins toujours sage. L'alliance de la puissance et de la science revient souvent dans les expressions que Bayle emploie : « (...) la connaissance du vrai Dieu qui est un être dont l'infinité de puissance et de science est réunie dans un seul point (...) » (CPD, CIV, 329b) ; « Si vous demandez pourquoi un être si puissant n'a point donné l'existence à d'autres esprits, on vous répondra, c'est qu'il ne lui a point plu : il a produit toutes choses avec une souveraine liberté; plus de celles-ci, moins de celles-là; *sa volonté toujours infiniment sage* a été sa seule règle » (DHC, art. Ruggeri, rem. D). Cf. *Nouvelles de la République des Lettres*, avril 1686, art. VI (OD² I, 537b) : « il ne faut jamais séparer la sagesse du Créateur d'avec l'exercice de sa puissance ».

Le contexte dans lequel se déroule cette discussion est celui de la possibilité d'un athéisme spéculatif et de bonne foi, problème qui ressortit à la question de savoir si un tel athéisme n'est pas somme toute préférable à l'idolâtrie, mais qui est aussi connexe à celui de la tolérance : Bayle tient à prouver (comme il l'avait fait dans le *Commentaire Philosophique*) que celui qui erre aux yeux de l'orthodoxie, ne persévère pas seulement à cause d'une volonté perverse quand il ne se rend pas aux arguments qui lui sont présentés, et qu'il y a donc un droit inaliénable de la conscience à suivre son intime conviction[1]. Supposons donc de jeunes Athéniens, qui, à partir de l'âge de vingt-cinq ans, se défont des superstitions de la religion païenne, et versent dans l'athéisme en devenant disciples de Straton, c'est-à-dire en posant que « toutes choses avaient été faites par une nature inanimée »[2]. Peut-on les convaincre philosophiquement de la fausseté de leur position ? Autrement dit, la pure raison est-elle susceptible de les amener à reconnaître l'existence d'un Dieu, de sorte que leur éventuel entêtement ne serait qu'un signe de mauvaise foi[3] ?

Encore faut-il s'entendre sur la nature de ce Dieu qui reste à découvrir. Bayle fixe strictement les exigences de la démonstration. Pour qu'on puisse dire qu'ils s'engagent sur le chemin de la vraie religion, il faudrait que ces athées en arrivent à admettre « l'existence d'un esprit souverainement parfait », c'est-à-dire « d'une nature qui sans aucune extension, et sans aucune composition, a une science, une sagesse, une bonté, une justice, une puissance infinies », « qui par une idée pure et simple connaisse tout à la fois le présent, le passé et l'avenir, les pensées et les actions des hommes, la situation et les qualités de chaque corps, tout ce qui peut résulter de l'application des causes actives aux sujets passifs, etc. »[4]. Tel est le requisit du lien religieux, qu'un simple déisme ne suffit pas à satisfaire : il faut en premier lieu que la cause première possède l'omniscience, pour qu'elle exerce une Providence[5].

1. Cf. J.-L. Solère, « Le droit à l'erreur. Conversions forcées et obligation de conscience dans la pensée chrétienne », dans J.-C. Attias (éd.), *De la conversion*, Paris, Éditions du Cerf (coll. « Patrimoines »), 1998, p. 295-314.

2. CPD, CIII, 328a.

3. « Mais vous devez bien prendre encore plus garde s'il vous sera bien possible de prouver que ces athées athéniens ont eu tant d'avances pour connaître le vrai Dieu, qu'il n'y a eu que la malice ou que l'ignorance affectée qui aient pu les éloigner de cette importante vérité » (*id.*, 329b) ; « (...) il vaut mieux donner aux illusions de l'esprit ce que vous donniez à la malice du cœur » (*id.*, CVI, 333b).

4. *Id.*, CIV, 330a.

5. « Qu'on reconnaisse tant qu'on voudra un premier être, un Dieu suprême, un premier principe, ce n'est pas assez pour le fondement d'une religion (...) il faut de plus établir que ce premier être par un acte unique de son entendement connaît toutes choses, et que par un

Or, selon Bayle, aucun des systèmes philosophiques antiques ne pouvait donner aux jeunes Athéniens les notions nécessaires à cette fin, car tous postulent l'éternité de la matière, et attribuent à Dieu une forme ou une autre d'extension et de composition : aucun ne parvient véritablement à concevoir l'unité, ou plutôt la simplicité divine [1]. « On ne peut donc jamais arriver par cette route à la connaissance du vrai Dieu qui est un être dont l'infinité de puissance et de science est réunie dans un seul point » [2]. Si même l'on admet « un moteur intelligent répandu par toute la masse de la matière », son immanence à la Nature implique division, et donc le fait que « la science de ce moteur est partout bornée » [3]. Une telle entité limitée, soumise à la nécessité, « ne peut être objet de religion » [4].

Il n'y aurait en fait qu'une seule « bonne route philosophique » pouvant conduire à la conversion des jeunes athées : « C'est de poser d'abord pour principe que rien d'imparfait ne peut exister de soi-même » [5]. On en tirerait en particulier, contre Straton, que la matière, ou la Nature dans son ensemble, étant limitée et imparfaite, ne peut posséder l'existence nécessaire, par soi, et qu'elle a dû être produite par « un esprit souverainement parfait ». L'Antiquité, cependant, n'a pas connu cet argument par l'abaliété et l'aséité (que l'on retrouve par contre chez Descartes : ce qui est capable de se donner l'existence est capable de se donner toutes les perfections : c'est pourquoi je ne suis pas *a me*; ce qui au contraire n'a pas toutes les perfections dépend d'un autre [6]). Mais de plus, les stratoniciens sont à même de rétorquer toute objection, inspirée par cet argument, que l'on adresserait à leur postulat d'une Nature purement matérielle et existant par elle-même. Il faut savoir que le terme de rétorsion a un sens technique que rappelle Bayle [7] : il y a rétorsion lorsqu'on retourne contre l'adversaire l'objection même qu'il élevait; plus précisément : lorsqu'il est établi qu'il succombe à

acte unique de sa volonté il maintient un certain ordre dans l'Univers, ou le change selon son bon plaisir. De là l'espérance d'être exaucé quand on le prie; la crainte d'être puni quand on se gouverne mal; la confiance d'être récompensé quand on vit bien; toute la religion en un mot, et sans cela point de religion » (*id.*, CIV, 329b).

1. Cf. CPD, XXVI, LXVI *sq.*

2. *Id.*, CIV, 329b.

3. *Id.*, 330a; *ibid.* : « ainsi sa science quelque infinie qu'elle puisse être *extensivè* par dispersion, est limitée *intensivè* quant à ses degrés dans chaque partie de l'Univers. Il n'y a donc point une Providence réunie qui sache tout, et qui règle tout ».

4. *Id.*, CV, 332a. Cf. *id.*, 332b : « à force de répandre la Divinité par pièces et par morceaux dans toute la masse du monde, vous l'en chassez, et vous faites qu'on ne la saurait trouver nulle part. Il nous faut un Dieu entier, si vous voulez que nous l'invoquions ».

5. *Id.*, 333a.

6. Voir *Meditat. III*, AT VII, 48-50.

7. *Id.*, CVI, 333b.

la même difficulté que la thèse qu'il attaque. Il s'agit d'un coup purement négatif, qui ne résout pas l'objection, mais permet d'obtenir partie nulle. Dès lors, on est en droit de ne pas modifier sa propre position, puisque celle de l'attaquant n'est pas meilleure. Dans le cas présent, les jeunes Athéniens pourront persévérer dans leur matérialisme sans qu'on puisse raisonnablement les accuser d'entêtement.

Or donc, si l'on demande à Straton pourquoi la Nature, qu'il dote de facultés productives et avant tout de la propriété d'exister par soi, n'a pas aussi la propriété de se connaître (puisque par hypothèse matérialiste intégrale, il exclut que cette Nature soit douée de pensée), et par conséquent est inexplicablement limitée [1], il est en mesure de faire une double réponse. 1) Il peut répondre *ad hominem* à ceux qui admettent que la matière est increéée, que pour eux non plus l'existence par soi n'implique pas le maximum des perfections. 2) Il peut récuser la question elle-même, en disant qu'elle ne peut s'appliquer à un être qui précisément existe par soi, c'est-à-dire n'a pas été fait par une cause efficiente. C'est seulement dans le cas de la production d'un effet que l'on peut demander pourquoi il est ainsi et pas autrement. Car on le suppose alors produit par sa cause efficiente selon certaines idées, qui expliquent pourquoi il est comme il est. Mais « un être qui existe de lui-même n'ayant été fait sur aucun plan, sur aucune idée, sur aucune cause exemplaire, on [a] tort de demander, *pourquoi est-il tel et non pas tel ?* La première cause est le *non plus ultra* de toutes nos spéculations, il n'y a ni raison, ni cause au-delà du premier être » [2].

Bayle reconnaît immédiatement que cette seconde contre-attaque est embarrassante. Effectivement, un être qui est constitué d'après un plan ne peut être le premier, et pour éviter une régression à l'infini, il faut en venir à une cause non causée, c'est-à-dire :

> s'arrêter nécessairement à une nature dont l'essence n'a été réglée par aucune cause exemplaire qui fut dans un autre entendement ou dans le sien propre. La connaissance que cette nature a d'elle-même n'a point précédé son existence (...) Nous voilà donc obligés aussi bien que Straton à nous arrêter à la nature même du premier être, sans pouvoir chercher la raison de ses attributs dans un ordre ou dans un plan antérieur [3].

1. « Pourquoi la Nature qui avait la faculté de produire tant de choses avec poids et mesure, n'avait pas la connaissance de ses forces, ni de la manière dont elle les appliquait ? et pourquoi s'étant donné elle-même l'existence avec tant de facultés, elle n'avait point celles-là, et toute autre perfection ? » (*id.*, CXI, 341b).

2. *Id.*, 342a.

3. *Ibid.*

L'essence de Dieu est un *non plus ultra*, qui vaut bien celui de la Nature stratonicienne. C'est une première forme de rétorsion contre la cause première de la métaphysique classique. Mais, alors que les créationnistes semblent à l'abri de la première contre-attaque (sur la non-production de la matière, admise par les philosophies païennes), celle-ci va pourtant devenir également une rétorsion, dans le développement que Bayle va maintenant donner au débat avec l'intervention des Chinois, qui objecteront que le Dieu chrétien, bien qu'il soit censé exister par soi-même, n'est pourtant pas au maximum de la perfection, puisqu'on peut penser un être encore plus parfait qui n'aurait absolument aucune limite à sa toute-puissance au point de pouvoir réaliser des essences contradictoires en soi.

En effet, après avoir été chercher dans le passé une figure d'athée spéculatif, Bayle en fait surgir maintenant une autre par un déplacement géographique[1] : ce sont les Chinois, interlocuteurs fictifs mais privilégiés de la philosophie de l'époque (ainsi chez Malebranche et Leibniz). Un dialogue imaginaire de ces « autres » avec des missionnaires qui essaient de les convertir permet de mettre à l'épreuve les présupposés philosophiques de ces religieux, formés à la scolastique, c'est-à-dire en grande partie les présupposés de la métaphysique et de la théologie classiques. La doctrine d'une des « sectes » chinoises (taoïste ?) ressemble étrangement à celle de Straton : elle ne reconnaît dans la Nature que la Nature même, c'est-à-dire une puissance productive qui agit sans connaissance et sans choix. Or les missionnaires controversistes tentent eux aussi de démontrer l'absurdité de l'hypothèse de « l'existence nécessaire de la matière », c'est-à-dire de son aséité. Un être qui n'est pas absolument parfait, qui est limité, peut-il exister par lui-même ? Cela est impossible en vertu du principe (spécifiquement médiéval) selon lequel un être qui existe par lui-même n'est pas limité, car rien n'est limité que par un agent extérieur[2]. En d'autres termes, un être incréé est forcément infini intensivement. Pourquoi dès lors y a-t-il du plus et du moins dans les perfections de la Nature, pourquoi y a-t-il des inégalités (des « distinctions régulières » faites aveuglément), et pourquoi surtout a-t-elle « oublié de se donner une connaissance directrice de ses effets » (puisque, par hypothèse, les stratoniciens et les chinois lui refusent la connaissance), pourquoi s'est-elle fixé ainsi certaines bornes[3] ?

1. Il s'agit sans doute pour Bayle de montrer que ce qu'il a dit sur l'athéisme n'est pas une pure curiosité historique ne concernant que Straton, mais a bien une actualité philosophique, en prenant à témoin ces interlocuteurs contemporains, dont la conversion (au moins possible, ou idéale) est un enjeu majeur des discussions de cette époque.

2. *Id.*, CXIV, 346b *sq.* Cf. CXI, 342b : ce principe est une raison métaphysique *a priori*.

3. *Ibid.*

Il n'y a pour les Chinois qu'une seule réponse possible, qui est un aveu de défaite : c'est de dire que « telle est la nature des choses ». Une telle formule est « le dernier asile de l'ignorance » [1]. Cette réponse n'en est pas une, elle ne fait qu'appel à un donné inexplicable. C'est proprement être réduit à *quia*. La Nature est ainsi limitée et imparfaite sans qu'on en puisse donner de raison, puisqu'on la suppose sans cause.

Seulement, les Chinois sont en situation d'appliquer à leurs adversaires une rétorsion de cette objection, pour peu qu'ils soient frottés eux aussi de culture scolastique [2]. Il suffit qu'ils s'appuient sur la définition commune du possible par la non-contradiction et de l'impossible par la contradiction interne (que même Dieu ne peut réaliser) [3], pour qu'ils amènent les missionnaires à reconnaître que telle est aussi leur seule réponse, si on leur demande pourquoi la puissance divine a telles et telles bornes, c'est-à-dire pourquoi certaines choses sont possibles et d'autres impossibles, et pourquoi Dieu connaît certaines choses comme nécessairement vraies et d'autres comme nécessairement fausses [4] :

> Si les philosophes de la Chine interrogeaient à leur tour les missionnaires, pour savoir d'eux d'où viennent ces bornes dans les attributs divins, il faudrait qu'à leur exemple on recourût à la nature des choses. Nous voilà donc à deux de jeu, répliqueraient les Chinois, vous ne sauriez soudre la question pourquoi Dieu a limité

1. *Id.*, 346b-347a.

2. Cf. cet état assez exact du questionnement médiéval sur la science et la puissance divines : « Il n'y a point de doutes qu'ils peuvent fonder là-dessus quelques chicanes, et que la témérité avec laquelle on agite dans les Écoles plusieurs questions superflues sur la puissance et la science de dieu, élargit extrêmement aux philosophes chinois la voie de rétorsion : car les missionnaires ont fort étudié toutes ces disputes, et ils en font un grand cas. Les Scholastiques ont mis en question si Dieu peut damner une créature innocente; s'il peut pardonner sans une satisfaction d'un prix infini; s'il peut faire des créatures éternelles; s'il peut communiquer à sa créature l'immensité, la science infinie; la puissance de créer, etc.; s'il peut conserver les accidents d'une substance sans la substance; s'il peut mettre plusieurs corps en un même lieu, et le même corps en plusieurs lieux à la fois, de sorte qu'en chaque lieu il lui donne une présence circonscriptive; s'il peut redonner la virginité à une fille; s'il peut tromper l'homme; s'il lui peut accorder dispense par rapport à certains articles du droit naturel; s'il peut connaître antécédemment à ses décrets les événements contingents; si par sa science moyenne il connaît tout ce que feraient les hommes dans toutes les circonstances possibles; si en cas qu'on lui demandât, qu'aurait fait Adam tenté d'une autre manière en tel lieu, et en tel temps ? il serait obligé de répondre qu'il n'en sait rien » (*id.*, 347a-b).

3. « Mais il y a certains dogmes dont on convient assez unanimement, comme que la puissance de Dieu ne s'étend point sur les essences des choses, ni sur ce qui implique contradiction; qu'elle ne saurait faire que ce qui a été fait n'ait pas été fait, qu'elle n'a aucun empire sur les vérités éternelles et immuables non plus que sur le passé, qu'elle ne peut dispenser de quelques articles du droit naturel, etc. » (*id.*, 347b).

4. *Id.*, 347b.

> sa puissance aux choses qui ne sont point contradictoires, et pourquoi il ne l'a point étendue sur les essences aussi bien que sur l'existence des créatures. Dites nous, si vous pouvez, d'où vient la barrière qui sépare les êtres possibles d'avec les êtres impossibles ? Elle n'a point été posée par un acte de la volonté de Dieu : car la possibilité des choses ne relève que de la puissance de Dieu, et cette puissance n'est point volontaire. La science de Dieu est tout de même indépendante de sa volonté, il ne connaît point les attributs essentiels des choses tels que plutôt tels, parce qu'il veut les connaître de cette façon plutôt que d'une autre, et par conséquent vous devez dire que sa nature est la seule raison que vous puissiez alléguer[1].

Il y a donc du possible et de l'impossible en soi, et il en est ainsi parce que telle est la nature des choses, posée comme un *non plus ultra* : même dans l'hypothèse la plus classique, celle de la subsistance des vérités de raison dans l'intellect de Dieu, sans doute faut-il concéder que ce dernier a beau être le contenant des essences, le lieu originaire du vrai, son contenu est de l'ordre d'un donné de fait sans fondement autre que son ipséité, puisqu'il n'est pas posé par un acte de décision. La nature divine est comme elle est sans qu'elle ait eu « pour règle de l'étendue de sa puissance et de sa science aucune idée directrice, aucun plan antérieur ou concomitant »[2].

1. *Id.*, 347b.

2. *Ibid.* Gianluca Mori a récemment mis en valeur cette rétorsion (*Bayle philosophe*, Paris, H. Champion, 1999). Mon interprétation (à laquelle il a bien voulu faire allusion, p. 142 n. 236, et que je ne puis non plus développer ici) diffère de la sienne, en ce que je pense que la réplique sino-stratonicienne ne frappe que l'objection sur l'aséité de la matière, et non l'objection sur l'impossibilité d'une causalité aveugle. En revenant sur cette discussion dans les RQP (IV, CLXXX, 881b *sq.*), Bayle distingue très clairement les deux objections, et dit explicitement que seule la première reçoit une rétorsion définitive. Quant à la seconde, ne s'y exposent que ceux qui admettent, pour leur propre compte, une causalité efficiente des créatures, en particulier non-connaissantes ; les « cartésiens », ou plutôt les occasionnalistes, ne sont pas dans ce cas, et peuvent donc tenir tête aux stratoniciens en leur déniant absolument qu'une cause puisse ne pas savoir ce qu'elle fait. C'est pourquoi, dans le présent passage de CPD, il me semble que Bayle a en vue la question de la causalité exemplaire, et non pas efficiente. Effectivement, la nature de Dieu (comme sa science, ainsi que nous le verrons plus loin) possède une certaine disposition, dont on ne peut rendre raison par un modèle préexistant, mais dont il convient seulement de prendre acte. C'est pourquoi les stratoniciens sont en droit de réclamer pour leur propre cause première le même privilège d'être *a se*, bien qu'étant limitée par soi, sans raison alléguable. Mais il y a une différence fondamentale entre le Dieu des missionnaires et la Nature stratonicienne. C'est que le premier est supposé être intellect, connaissance, tandis que la seconde est par principe dépourvue de toute faculté connaissante. Je ne pense donc pas que l'on puisse dire que Dieu, en étant conformé à un ordre des essences indépendant de lui, ne sait pas ce qu'il fait : au contraire, il est en plein acte d'intellection (non de création), et ne ressemble nullement à une

Cette expression renvoie à la discussion avec Straton[1], qui concluait déjà que l'on ne peut chercher la raison des attributs divins dans un plan antécédent, dans les représentations d'une cause antérieure, qui n'existe pas, pour la cause première.

Mais il y a là plus que la traditionnelle non-production des idées par Dieu (*i.e.* leur présence éternelle dans le Verbe). Telle est la « nature *des choses* », et non pas seulement la nature *de Dieu*. La dernière phrase du long passage qui vient d'être cité nous laisse entrevoir que ces « Chinois » sont très informés de l'état des discussions sur la science divine au XVIIe siècle, y compris dans les milieux scolastiques qu'on dû fréquenter les « missionnaires ». On ne peut, dit Bayle, rechercher de cause du vrai et du possible au-delà du constat que Dieu lui-même reconnaît des vérités qu'il n'a pas disposées et dont il ne dispose pas. Sa formulation porte la marque caractéristique du renversement qui s'est produit dans la scolastique moderne, et qui a conduit à l'autonomisation des possibles par rapport à l'intellect divin. Si nous prenons Suárez comme point de référence, nous constatons que déjà d'après lui :

> creaturae consideratae tantum secundum esse essentiae, non habent veritatem essentiae ex conformitate ad divinam mentem seu ideam; non enim homo est talis essentiae quia talis cognoscitur a Deo, sed potius ideo talis essentiae cognoscitur quia talis est essentialiter[2].

L'être d'essence (*esse essentiae*)[3] est un possible, qui, au sens de ce qui est non contradictoire en soi, est apte à l'existence, et par là est

Nature qui produit des effets en toute ignorance de ce qu'elle fait. Autrement dit, admettre la validité de la rétorsion, sur le point précis où elle joue, n'amène pas à admettre qu'une cause efficiente puisse agir aveuglément. Une chose est d'avoir un certain ordre constitutif, par soi, sans origine assignable ; autre chose est de pouvoir produire, sans rien connaître, des effets particuliers plus complexes que l'ordre de départ (tels les mécanismes que sont les êtres vivants, ou la conscience humaine). De l'interprétation de ce passage, dépend sans doute l'interprétation d'ensemble de la pensée de Bayle. Pour ma part, contrairement à la présentation qu'en donne G. Mori, je ne crois pas qu'il laisse entrevoir ici que le matérialisme stratonicien forme un système globalement satisfaisant, une position théorique possible. Il me semble que le stratonisme reste affligé d'une objection dirimante (l'absurdité d'une causalité aveugle), tout comme le sont à divers titres les différentes pensées chrétiennes. Telle me paraît être la stratégie constante de Bayle : annihiler les systèmes les uns par les autres, en montrant qu'ils s'accablent mutuellement de difficultés irréfutables.

1. *Id.*, CXI, 342a.

2. *Disputationes Metaphysicae* (= Disp.), disp. 8, s. 7, n. 13,, in *Opera omnia*, t. XXV, Paris, Vivès, 1866, p. 306. Voir aussi l'étude de J.-C. Bardout dans le présent volume.

3. Henri de Gand a répandu cette expression (voir plus bas, p. 292) d'abord utilisée par Roger Bacon, semble-t-il (*Opera hactenus inedita*, Oxford, 1930 et 1932, t. X, p. 207 ; XI, p. 47 ; voir J. Pinborg, *Logik und Semantik im Mittelalter. Ein Überblick*, Stuttgart-Bad Cannstatt, Frommann-Holzboog, 1972, p. 78).

intrinsèquement plus qu'un simple être de raison. Il est quelque chose avant même de devenir objet de connaissance. Ceci nous renvoie en première instance à l'affirmation scotiste d'un *esse intelligibile* produit et posé en lui-même (*esse diminutum*) avant d'être connu (*esse cognitum*). Mais Suárez s'avance au-delà de cette thèse. Il est en effet, d'après lui, au moins imaginable qu'un possible soit vrai en lui-même, indépendamment de Dieu : « etiamsi fingas nullum actu esse intellectum, res erit intelligibilis ex se et vera » [1]. Il y a donc une complète inversion de l'exemplarisme antique : ce n'est plus l'idée qui est première, et l'être produit qui la suit et l'imite. Ce qui est premier, c'est l'être intelligible, et c'est l'idée divine qui l'imite pour le représenter à Dieu. Ou encore, c'est la nature même du possible qui détermine l'idée que Dieu s'en fait :

1. Disp. 8, sect. 7, § 16, t. XXV, p. 301. Cf. *id.*, § 27, p. 304 : « licet sit impossibile esse aliquod ens, quod non vere concipiatur ab aliquo intellectu saltem divino, nihilominus tamen, etiamsi intellectus apprehendat illam hypothesim impossibilem in re positam, nimirum quod *omnis intellectus, etiam divinus, cessaret ab actuali rerum conceptione, nihilominus adhuc esset in rebus veritas*, nam et compositum ex corpore et anima rationali esset verus homo, et aurum esset verum aurum, etc., vel secundum veritatem essentiae, si intelligamus non manere res existentes, vel etiam secundum existentiam, si fingamus cessante actuali cognitione adhuc conservari res existentes a Deo operante per suam potentiam exequentem » (je souligne). Cf. Descartes, *Lettre à Mersenne du 6 mai 1630* : « Il ne faut donc pas dire que *si Deus non esset, nihilominus istae veritates essent verae*; car l'existence de Dieu est la première et la plus éternelle de toutes les vérités qui peuvent être, et la seule d'où procèdent toutes les autres ». Bayle, CPD, CLII, 410a, fait allusion à la même doctrine : « D'autres ont dit que quand même toute ce qu'il y a d'intelligence périrait, des propositions véritables demeureraient véritables ». Mais sa source directe est Jacob Thomasius, cité note *p* : « Cavendum ne in hoc argumento ultra Deum progrediamur cum iis, qui pronunciant etiam sublato Deo, sublato omni intellectu, (consequenter etiam divino) mansuras esse nihilominus connexionum veritates ». « Feu M. Jacques Thomasius », renchérit Leibniz en un passage célèbre, « célèbre professeur à Leipzig, n'a pas mal observé, dans ses éclaircissements des règles philosophiques de Daniel Stahlius, professeur d'Iéna, qu'il n'est pas à propos d'aller tout à fait au-delà de Dieu, et qu'il ne faut point dire avec quelques scotistes que les vérités éternelles subsisteraient, quand il n'y aurait point d'entendement, pas même celui de Dieu. Car c'est, à mon avis, l'entendement divin qui fait la réalité des vérités éternelles, quoique sa volonté n'y ait pas de part. Toute réalité doit être fondée dans quelque chose d'existant. Il est vrai qu'un athée peut être géomètre. Mais s'il n'y avait point de Dieu, il n'y aurait point d'objet de la géométrie » (*Théodicée* II, § 184 – voir la contribution de V. Carraud au présent volume, p. 261 *sq.*). Il s'appuie sur cette position plus traditionnelle (voir par exemple Thomas d'Aquin, *De veritate* q. 1 a. 2 : « etiam si intellectus humanus non esset, adhuc res verae dicerentur in ordine ad intellectum divinum; sed si uterque intellectus, rebus remanentibus per impossibile, intelligeretur auferri, nullo modo ratio veritatis remaneret ») pour refuser la possibilité d'une architecture de l'intelligible qui soit indépendante d'un sujet connaissant (Dieu), et pour répondre à Straton : « ces vérités mêmes ne sont pas sans un entendement qui en prenne connaissance, car elles ne subsisteraient point s'il n'y avait un entendement divin où elles se trouvent réalisées, pour ainsi dire » (*id.*, § 189).

> « homo verbi gratia, non ideo est animal rationale, quia Deus talem illum cognoscit, seu quia in exemplari divino talis repraesentatur, sed potius ideo talis cognoscitur, quia ex se postulat talem essentiam »[1].

Les propositions analytiques, se bornant à attribuer à un sujet sa quiddité, sont donc vraies, nécessairement et perpétuellement, et dans l'absolu, c'est-à-dire indépendamment de l'existence réelle des choses, et aussi indépendamment de Dieu : « ces énonciations ne sont pas vraies parce que connues par Dieu, mais bien plutôt connues parce que vraies »[2]. Les possibles acquièrent par là une nécessité égale à celle de Dieu, en un sens négatif du moins, c'est-à-dire en vertu de leur non-dépendance à l'égard de quoi que ce soit[3]. Bayle fait écho à ce genre d'analyses ailleurs dans la *Continuation des Pensées Diverses*[4], et en tire la conclusion que les vérités

1. Disp. I, sect. 4, § 21, t. XXV, p. 32. L'« exemplaire » est en fait un concept formel en Dieu, c'est-à-dire ce par quoi Dieu connaît une essence : « exemplar inest formaliter intellectui tanquam conceptus formalis ejus » (disp. XXV, sect. 1, § 26, t. XXV, p. 178).

2. Disp. XXXI, sect. 12, § 40, t. XXVI, p. 295 (cf. § 46 p. 298). *Id.*, p. 297 : « At vero in alio sensu propositiones sunt verae, etiamsi extrema non existant; et in eodem (sensu) sunt necessariae ac perpetuae veritatis (...) Atque hinc etiam fit et hae connexiones in hoc sensu non habent causam efficientem, quia omnis efficientia terminat ad actualem existentiam (...) ergo etiam haec propositio, Omne animal est sensibile, per se non pendet ex causa quae possit efficere animal. Unde, si per impossibile nulla esset talis causa, nihilominus illa enuntiatio vera esset, sicut haec est vera, Chymera est chymera vel similis ».

3. « Si autem posteriori modo concipiatur illa non repugnantia ex parte creaturarum, plane est tam necessaria in sua negatione, sicut Verbum in suo esse actuali, quia est sine dependentia ab alio in illa non repugnantia. Tota autem necessitas Dei est necessitas independentiae, ergo in hoc est aequalitas. Neque hoc est inconveniens, quia non est aequalitas in re positiva, sed in negatione quadam » (*De SS. Trinitatis Mysterio*, l. IX, chap. 6, § 19, t. I, p. 739).

4. CLII, 409b : « L'empire de sa volonté [*i.e.* : de Dieu] ne regarde que l'exercice de sa puissance, il ne produit hors de lui actuellement que ce qu'il veut, et il laisse tout le reste dans la pure possibilité. De là vient que cet empire ne s'exerce que sur l'existence des créatures, il ne s'étend point aussi sur leurs essences. Dieu a pu créer la matière, un homme, un cercle, ou les laisser dans le néant, mais il n'a pu les produire sans leur donner leurs propriétés essentielles. Il a fallu nécessairement qu'il fît l'homme un animal raisonnable, et qu'il donnât au cercle la figure ronde, puisque selon ses idées éternelles et indépendantes des décrets libres de sa volonté, l'essence de l'homme consistait dans les attributs d'animal et de raisonnable, et que l'essence du cercle consistait dans une circonférence également éloignée du centre quant à toutes ses parties. Voilà ce qui a fait avouer aux philosophes chrétiens que les essences des choses sont éternelles, et qu'il y a des propositions d'une éternelle vérité, et par conséquent que les essences des choses, et la vérité des premiers principes sont immuables. Cela ne se doit pas seulement entendre des premiers principes théoriques, mais aussi des premiers principes pratiques, et de toutes les propositions qui contiennent la véritable définition des créatures ». Plutôt que Suárez, la source de ces réflexions est Pedro Hurtado de Mendoza, par l'intermédiaire d'Osiander (cf. note *m*, 409b), ou encore de D. Stahl (voir ci-dessous).

éternelles possèdent par elles-mêmes la même existence nécessaire, fondée sur leur propre nature, que Dieu lui-même :

> Ces essences, ces vérités émanent de la même nécessité de la nature que la science de Dieu : comme c'est donc par la nature des choses que Dieu existe, qu'il est tout-puissant, et qu'il connaît tout en perfection, c'est aussi par la nature des choses que la matière, que le triangle, que l'homme, que certaines actions de l'homme, etc., ont tels et tels attributs essentiellement. Dieu a vu de toute éternité et de toute nécessité les rapports essentiels des nombres, et l'identité de l'attribut et du sujet des propositions qui contiennent l'essence de chaque chose [1].

Cependant, pour Suárez, l'être intelligible est encore fondé réellement en Dieu, sans qui rien n'existerait. Les débats ultérieurs conduiront certains à lui accorder plus d'indépendance encore. On trouve la trace de leur audace, chez Bayle, dans la note astérisquée du passage qui conclut la rétorsion des Chinois :

> Notez qu'il y a eu des théologiens chrétiens (Scot principalement) qui ont dit que les essences des choses sont éternelles hors de l'entendement divin. Voyez Thomasius *in dilucidation. Stahlianis*, p. 25 *sq.* [2].

Dans ses *Règles philosophiques*, auxquelles il est ici fait référence *via* Jacob Thomasius, Daniel Stahl lui-même ne mentionne guère que des jésuites, Gabriel Vázquez et surtout Pedro Hurtado de Mendoza, à qui il n'emprunte que des thèses semblables à celle de Suárez sur l'immutabilité et la nécessité des essences, exprimées dans des propositions analytiques, en excluant l'existence par soi de ces possibles [3]. En revanche, Thomasius,

1. *Id.*, 409b-410a.

2. CPD, CXIV, 348a-b.

3. « IV. Pulchre Mendoza l. cit. ait, essentias rebus convenire necessario, quia Deus volens producere hominem v. g. non potest illi tribuere essentiam lapidis, quia non faceret hominem, sed lapidem. V. Ex quo intelligitur, necessitatem illam qua dicimus essentiam rei cum ea cohaerere (...) tantam esse, ut ne a Deo quidem mutari posse propterea, quod contradictionem implicet, hominem aliquid esse, et non obtinere hominis essentiam, aut lapidis essentiam ejus esse essentiam. (...) VI. Neque vero quia propositiones, in quibus essentia aut praedicata essentialia de re nunciantur v. g. hominem esse animal rationale, perpetuae et aeternae veritatis esse dicimus, inferre inde licet, res aut essentias rerum ab aeterno existere ; quandoquidem τὸ εἶναι sive esse, hic non existentiam significat, sed nihil aliud est, quam τὸ συγκεῖθαι καὶ ἕν εἶναι, connecti et unum esse, quemadmodum e contrario τὸ μὴ εἶναι est μὴ συγκεῖθαι ἀλλὰ πλείων εἶναι, non connecti sed plura esse, sicut docet Arist. IX Metaph. t. 21. Ubi etiam dicit, esse quaedam, quae semper cohaereant, neque fieri posse, ut dividantur » (*Regulae philosophicae explicatae et Orationes aliquot*, Iena, 1662, disp. I, reg. VI, p. 27-28). Effectivement, Hurtado de Mendoza (*Disputationes de universa*

dans son commentaire, introduit bien le nom de Jean Duns Scot comme tenant de l'extériorité des essences éternelles à l'égard de Dieu[1]. Plus exactement, il ne le fait que pour ajouter aussitôt qu'il y a un doute sur ce qu'a pensé réellement le Docteur Subtil, et que l'on peut plutôt attribuer à Henri de Gand la thèse selon laquelle les créatures ont dans l'éternité un être réel actuel en dehors de Dieu (du moins un *esse essentiae*, qui n'est pas l'*esse existentiae* qu'elles acquièrent lorsqu'elles sont créées)[2]. Nous sommes donc renvoyés à un débat scolastique qui fait rage encore au XVIIe siècle, et dont l'enjeu est la position extrême occupée par certains auteurs contemporains, notamment scotistes.

philosophia, Lyon, 1617, disp. VIII, sect. I, p. 1165-1168) estime que la dénomination de possible ne tombe que dans une chose distincte de Dieu, mais que le possible est bien dénommé prioritairement à partir de la puissance divine : « Dico quinto, haec essentia et existentia non sunt priores ratione, quam denominatio ab omnipotentia (...) conceptus quidditativus hominis, v. g., est ens per participationem, sive ab alio : sed in isto conceptu quidditativo connotatur necessario omnipotentia, a qua sit possiblis, ergo ... » (§ 10). Toutefois, les essences des choses ont un être possible nécessaire, éternel et immuable, de sorte qu'en un sens elles sont improductibles, et en un autre sens productibles (i.e. en tant qu'elles sont attachées à la chose que Dieu peut créer librement) : « Respondeo, essentias in esse obiectivo, et ut sunt in potentia, esse improducibiles et immortales : quia necessario sunt possibiles, et obiiciuntur omnipotentiae Dei. At quando existunt, produci, et in ordine ad existentiam esse producibiles. (...) libere fiunt a Deo : dicuntur autem necessario convenire, quia Deus volens producere hominem, non potest illi tribuere essentiam lapidis, quia non faceret hominem, sed lapidem. (...) at libere fit tam homo, quam eius essentia » (§ 6). Cf. la citation de Bayle donnée plus haut, p. 290, n. 4.

1. « Nominales enim, seu Occamistae negant, essentias rerum esse aeternas ; e realibus vero Thomas aeternas eas facit intra Deum ; Scotus aeternas extra Deum » (*Dilucidationes stahlianae, hoc est, In partem priorem Regularum philosophicarum Danielis Stahlii*, Leipzig, 1676, p. 25, § 12).

2. « Video interim hanc sententiam tribui Henrico Gandavensis, quod creaturae ab aeterno habuerint quoddam esse reale actuale, extra Deum, quod vocaverit esse *essentiae*, et ab esse *existentiae* distinxerit » (*id.*, p. 25-26, § 13). Thomasius se réfère à la *Theologia Naturalis* (dist. 8, n. 13) du jésuite Th. Raynaud, qui, après bien d'autres précise-t-il, tente de disculper Scot de l'accusation d'avoir affirmé qu'il y a des vérités éternelles qui ne sont pas Dieu (thèse condamnée à Paris en 1226 et 1240, comme le rappelle Jean Gerson, cité par Thomasius, § 14-15, et qui est aussi imputée à Abélard). Mélanchthon (toujours cité par Thomasius, § 16, p. 27) se fait l'écho de cette incertitude sur la pensée de Scot, qui semble d'une part défendre « l'ineptie d'idées voletant je ne sais où », et d'autre part s'efforcer de la corriger. (Abélard, Mélanchthon : deux noms que nous avons déjà rencontrés dans le DHC à propos de la création. On voit quelles sont les références usuelles dans cet univers culturel que fréquente Bayle – tout comme Leibniz, son adversaire en théodicée, qui fut précisément l'élève de J. Thomasius.) Ajoutons que Thomasius remarque (§ 16) que la thèse parfois prêtée à Scot ressemble fort à celle de Platon sur les Idées, posées en dehors de Dieu (et que Scot, note-t-il, admet n'être pas absurde, *In Metaph.* VII q. 18 n. 3). Avant la rétorsion des Chinois, Bayle met en scène, dans un passage parallèle, une discussion de Straton avec les platoniciens (CPD, CVI, 335a).

Le plus significatif, de ce point de vue, est certainement le franciscain irlandais John Punch (Poncius) (†1672/1673), qu'une vive controverse a opposé à son confrère italien Bartolomeo Mastri (†1673), quant à l'interprétation de la doctrine authentique de Scot. Les exégètes contemporains tendent à donner raison au second des antagonistes [1]. Duns Scot ne semble avoir soutenu ce que Punch lui fait dire (et que l'on retrouve sous la plume de Thomasius puis Bayle), à savoir que l'être intelligible des purs possibles possède un certain degré de réalité (*esse diminutum*), qui est indépendant de Dieu :

> Omnes creaturae habuerunt aliquid esse ab aeterno. Haec vix potest negari, quia intelligebantur ab aeterno a Deo, et actu terminabant cognitionem diuinam (...) Illud esse, quod habent creaturae ab aeterno, est esse quoddam diminutum, quasi medium inter esse rationis, et esse simpliciter reale (...) *Illud esse diminitum non producitur per actum diuini intellectu.* Haec est contra multos Scotistas, et videtur posset esse contra Scotum supra, sed non est tamen, ut postea videbitur [2].

Certes, Punch tente de se démarquer de la thèse de Wyclif, universellement réprouvée, qui est censée attribuer aux idées une existence réelle qui soit distincte de l'existence de Dieu. Sa position, nous l'avons vu, remonterait en fait plutôt à Henri de Gand [3]. Pour ce dernier, les essences des créatures, dans leur statut de possible, abstraction faite de l'existence réelle, ne sont pas purement rien, et ce quelque chose n'est pas seulement leur être en puissance dans la cause : elles ont un être quidditatif intrinsèque éternel, qui *a parte rei* est extérieur à l'intellect divin, en tant qu'elles sont l'objet de la science divine dite de simple intelligence. Cet *esse essentiae*

1. Voir S. Sousedík, « Der Streit um den wahren Sinn der Scotischen Possibilienlehre », in *John Duns Scotus. Metaphysics and Ethics*, éd. L. Honnefelder, R. Wood, M. Dreyer, Leyde-New York-Cologne, Brill, 1996, et dans le présent volume, les études d'O. Boulnois et A. Santogrossi.

2. *Philosophiae ad mentem Scoti cursus integer*, Lyon, 1669, Metaphysica, De Ente ut sic, disp. II q. IV, concl. II, IV et V, p. 903b (je souligne). Je remercie Tobias Hoffmann de m'avoir rendu possible l'accès à ces textes, et signale qu'il est l'auteur d'un ouvrage, en cours de publication, qui consacre une section à cette controverse : *Creatura intellecta. Die Ideen und Possibilien bei Duns Scotus mit Ausblick auf Franz von Mayronis, Poncius und Mastrius*, Münster, Aschendorff (Beiträge zur Geschichte der Philosophie und Theologie des Mittelalters, Neue Folge 58), 2002.

3. *Quodl.* VIII q. 9, *Quodl.* IX q. 1 et 2, *Quodl.* XI q. 3. Sur le rôle historique de ce dernier comme figure majeure du débat moderne, voir : Jacob Schmutz, « Les paradoxes métaphysiques d'Henri de Gand durant la seconde scolastique », *Medioevo* 24, 1998, p. 89-149. On ne peut faire non plus l'économie de disciples immédiats de Scot : pour le cas de François de Meyronnes par exemple, voir la contribution de T. Hoffmann dans le présent volume.

est un être réel, non produit, convenant aux créatures indépendamment de Dieu, préalablement même à l'intellection divine.

Mais Mastri reproche justement à Punch de confondre l'*esse essentiae* de Henri avec l'*esse diminutum* de Scot, être purement représentatif, et de favoriser ainsi les critiques, voire les calomnies, des thomistes[1], en déformant la pensée du second et lui faisant dire une monstruosité. C'est rendre les créatures des demi-dieux que de prétendre qu'une part d'elles est indépendante de Dieu : cela signifierait que tout ne participe pas de Dieu. La « communis sententia » dit au contraire que l'essence des créatures est, dans l'éternité, une simple possibilité, de sorte qu'elles n'ont aucun être réel indépendant mis à part l'existence lorsqu'elles sont créées, et leur être possible émane lui aussi de Dieu, à titre d'être intelligible ou objectif[2]. Scot ajoute simplement que les créatures possibles de toute éternité ont un *esse cognitum*, l'être qu'elles reçoivent de l'intellect divin en tant que celui-ci les a pour objets, les connaissant comme possibles[3]. Cet *esse cognitum* (qui est celui qu'il appelle aussi *diminutum* ou *secundum quid*) est bel et bien produit par l'intellect divin[4]. Il n'y a pas d'intermédiaire entre l'être existant et l'être de raison[5], et l'*esse cognitum* n'est en fait qu'un être de raison[6].

1. *Disputationes ad mentem Scoti in … Libros Metaphysicorum*, disp. VIII, § 3, Venise, 1727, p. 19b.

2. « (…) de ratione creaturae, ut sic, est quod in quocumque suo esse, quo recedit a nihilo, sive sit esse diminutum, sive completum dependeat a Deo, nam totum esse creaturae est participatum » (*id.*, § 14, p. 22a).

3. Cependant, l'être-connu se distingue de l'être-possible : « distinguendum esse illud esse cognitum, quod creaturae possibiles accipiunt formaliter in intellectu divino cognoscente, ab illo esse, quod attingitur per divinam cogitationem eis non repugnare, penes quod dicuntur esse in potentia logica, ac etiam in potentia objectiva ipsius Dei » (*id.*, § 17, p. 22b). Mais dans le moment où elles commencent d'être connues, les quiddités n'ont que l'être-possible logique. Elles acquièrent l'être possible objectif seulement lorsqu'elles sont comparées à la volonté divine en tant que puissance productive dans l'être tout court (*id.*, § 41, p. 28a).

4. « siquidem per tale esse cognitum, ac diminutum, quod tribuit creaturis aeterno in mente divina, solum intelligit [Scotus] illud esse possibile creaturarum, secundum quod ab aeterno obiiciatur intellectui divino virtute suae intellectionis, ratione cujus dicuntur ab ipso divino intellectu secundum quid produci, hoc est repraesentari » (*id.*, § 17, p. 22b).

5. Mastri me semble valider en fait ici la critique habituelle des thomistes contre Scot. Cf. Cajetan : « Ego autem Peripatetico lacte educatus, ac in aere, ut aiunt, loqui nesciens, praeter latitudinem entis realis, solum ens rationis novi » (*In Summam Theologiae S. Thomae Aquinatis Commentaria*, Ia p., q. 15 a. 1, n. VIII, 2).

6. « illud esse cognitum prius quod in creaturas possibiles derivatur ex terminatione divinae cognitionis non est aliquod esse reale (…) sed est purum esse rationis » (*id.*, § 17, p. 22b). Cette position est assez commune à l'époque : voir J. Schmutz, « Les paradoxes métaphysiques d'Henri de Gand… », art. cit., n. 61, p. 110-111.

Néanmoins, Mastri admet que le possible ne se dit pas à partir de la toute-puissance divine, c'est-à-dire n'est pas défini en premier lieu comme étant ce que Dieu peut faire[1]. Le possible objectif est ce qui est contenu potentiellement dans une puissance active, mais il y a en premier lieu le possible logique, qui est tel même abstraction faite de toute puissance active. Il se définit par la non-contradiction interne, la non-répugnance des extrêmes dans une composition effectuée par un intellect[2]. Dans cette mesure, il est pensable indépendamment de Dieu (mais non pas de tout intellect : il n'existe que comme objet d'un intellect quelconque) :

> si ante mundi creationem mundus non solum non fuisset, sed nec etiam per impossibile Deus, fuisset tamen aliquis intellectus, tunc ante mundi creationem hanc componens propositionem, mundus poterit esse, mundus esset possibilis potentia logica[3].

Or le statut d'être-connu ne suffit pas à assurer la constitution du possible : une chimère peut aussi être objet de l'intellection divine, et pourtant elle n'est pas un possible logique. Au contraire, une pierre est un possible logique, parce qu'elle possède la possibilité «*formaliter ex se*», ou «*per suas rationes intrinsecas*». Les possibles sont donc possibles aussi en vertu de leur constitution propre, par leur nature même.

Pour concilier les deux aspects de cette analyse (dépendance ontologique du possible à l'égard de Dieu, consistance logique intrinsèque), Mastri propose cette formule de synthèse, qu'il emprunte aux propres termes de Scot : les choses sont donc possibles formellement en elles-mêmes, mais principiativement et extrinsèquement par l'intellect

1. *Id.*, § 27, p. 25a. Voir O. Boulnois, *Être et Représentation*, Paris, P.U.F, 1999, p. 428-430 notamment.

2. Thomasius explique bien le rapport entre vérité éternelle des propositions analytiques, et éternité des essences : « (...) praemittendum : Quaestionem de aeternitate essentiarum duplici sensu exaudiri posse : *Logico et Metaphysico*. Qui *logice* quaerit, essentiarum nomine intelligit entia complexa, nimirum propositiones essentiales, et de his rogat : an sint aeternae veritatis ? Qui *metaphysice*, essentias usurpat, pro entibus incomplexis, ipsis videlicet rerum creatarum naturis, quae propositionibus istius modi significantur » (*Dilucidationes Stahlianae*, *op. cit.*, p. 24 § 11).

3. *Id.*, § 29, p. 25b. Cf. Scot, *Ordinatio* [= *Ord.*] I, d. 7 q. 1 n. 27 (*Opera omnia*, Vatican, 1950 *sq.* [= Vat. suivi du numéro de tome et de page], t. IV, p. 118-119) : « sicut si ante mundi creationem mundus non solum non fuisset, sed per incompossibile, Deus non fuisset sed incepisset a se esse, et tunc fuisset potens creare mundum, – si fuisset intellectus ante mundum, componens hanc "mundus erit", haec fuisset possibilis quia termini non repugnarent, non tamen propter aliquod principium in re possibili, vel activum, sibi correspondens ; nec etiam modo ista "mundus erit" fuit possibile – formaliter loquendo – potentia Dei, sed potentia quae erat non-repugnantia terminorum istorum, quia isti termini non repugnarent licet istam non-repugnantiam concomitaretur potentia activa respectu huius possibilis ».

divin[1]. Sachant que l'expression *ex se* renvoie à la causalité formelle, et l'expression *a se* à la causalité effective[2], on voit que la position authentiquement scotiste refuse l'aséité au monde des possibles, en ce qu'il n'existe pas de toute éternité hors de l'entendement divin comme un ensemble d'entités réellement indépendantes. Elle ne lui accorde que ce qu'il faudrait appeler l'« exséité », une intelligibilité propre sur la base d'une cohérence purement interne.

Comme la fameuse distinction formelle, cette différence de causalité ne devrait pas entamer l'unité réelle de chaque entité. Je veux dire par là que, dans la pensée scotiste, ce n'est pas parce que le possible possède un principe intrinsèque de constitution formelle, qu'il ne dépend pas tout entier, ontologiquement, de sa cause effective. Mais Punch semble s'être engouffré dans cette brèche qu'ouvrait la causalité formelle. Le point important, selon lui, est que les essences créables sont par elles-mêmes des possibles. Ce n'est pas Dieu qui accorde à telle essence d'être un possible et limite telle autre à n'être qu'une chimère, car (comme l'a reconnu Mastri lui-même) il peut intelliger aussi bien un possible qu'une chimère et de ce point de vue il n'y a pas de différence entre eux[3]. Un possible a donc un être distinct de celui d'une chimère, indépendamment de l'opération de l'intellect divin. Si une chose n'est pas en soi possible « in primo instanti », lorsque Dieu se connaît lui-même, elle ne le sera pas non plus « in secundo instanti ». Il faut donc que dès le départ elle soit possible, et cela, encore une fois, indépendamment de Dieu. La réalité de son essence, définie par sa consistance intrinsèque et autonome, lui vaut un certain degré d'être qui est précisément l'*esse diminutum*. Ce dernier suffit à la poser par elle-même comme un connaissable, qui n'est pas forcément un connu, c'est-à-dire qui

1. *Id.*, § 36, p. 27a. Cf. Scot, *Ord.* I, d. 43 q. unica n. 7 (Vat. VI, 354) : « lapis, productus in esse intelligibili per intellectum divinum, habet ista ex se formaliter et per intellectum principiative ».

2. Scot, *Ord.* I, d. 2 q. 3 (Vat. II, 280).

3. « […] nisi creaturae haberent esse aliquod possibile a seipsis, independenter ab actu intellectus divini, non esset ratio quare homo potius esset possiblis quam chymaera : nam intellectus divinus intelligit utrumque tanquam objectum secundarium : nec esset ulla ratio cur tribueret possiblitatem uni potius quam alteri. Quod si dicatur Deum non cognoscere chymaeram, praeterquam quod hoc sit falsum, adhuc non tollit difficultatem, quia non esset ratio cur intelligeret hominem et non intelligeret chymaeram, nisi quia homo esset ex se possibilis, chymaera non esset; ergo praesupponitur possibilitas aliqua saltem remota et fundamentalis (quod sufficit nostro intento) in homine ante intellectionem divinam » (*Philosophiae ad mentem Scoti cursus integer*, *op. cit.*, p. 904a). Voir l'analyse de la *res a reor* chez Henri de Gand, dans la contribution d'O. Boulnois au présent volume, p. 63-66.

n'est pas défini d'emblée comme objet d'une intellection effective, fût-ce celle de Dieu[1].

Est-ce à dire que Punch le détache non seulement de toute causalité formelle, voire exemplaire (le possible n'étant pas non plus défini comme une imitation partielle du modèle divin, mais ramené à une structure logique immanente), mais encore de toute causalité efficiente, de sorte que le possible soit doué d'aséité, et que l'*esse diminutum*, si ténu soit-il, gagne son autonomie existentielle ? L'intrépide franciscain irlandais semble ici hésiter. Il juge bon de préciser qu'en fait cet *esse diminutum* n'est pas de lui-même sorti du néant : « nam proprie loquendo quidquid non existit realiter <d'une existence pleine et entière>, est nihil »[2]. Cependant, nous l'avons vu, il n'est pas, toujours selon Punch, produit par l'intellection divine et ne se réduit pas à un *esse cognitum*. Cela suffit pour pouvoir parler de l'indépendance de l'essence créable par rapport à l'action de Dieu :

> creatura vero bene potest habere independentiam quoad esse essentiae, seu possibile, quamvis haberet dependentiam quoad esse reale existentiae[3].

Un pas de plus (que l'on franchira, comme ses adversaires accusent Punch de le faire, en prenant l'*esse essentiae* pour un premier degré d'existence), et le scotisme virait au stratonisme, en conférant l'aséité à un monde d'essences possédant leur propre structure intelligible incausée : un monde qui est comme il est, un monde qui est un donné, un *non plus ultra* même pour Dieu.

Je n'entends pas insinuer que les Chinois de Bayle, ou plutôt les missionnaires qui leur apportent la matière scolastique de leur rétorsion, étaient imprégnés de Punch. Cependant, quelques rapprochements s'imposent. Tout d'abord, le premier argument que Punch avance est une absolutisation du principe épistémologique aristotélicien, appliqué à Dieu lui-même : une science spéculative ne produit pas son objet, mais au contraire

1. Il faut néanmoins noter que selon Punch, il y a une distinction à faire entre « possibile remotum » et « possibile proximum ». Le possible qui ne dépend pas d'une intellection appartient à la première catégorie : possible éloigné, pourrait-on dire, parce que purement théorique. Pour devenir « possible prochain », c'est-à-dire effectivement en passe d'être créé, il faut qu'il soit voulu, et pour être proposé à la volonté, il faut qu'il soit objet d'intellection. Cette distinction est tout à fait classique : voir J. Schmutz, « Les paradoxes métaphysiques d'Henri de Gand… », art. cit., p. 121.

2. *Id.*, p. 905a.

3. *Id.*, p. 906a.

le présuppose [1]. C'est bien ce que, chez Bayle, un Chinois de nouveau (un Mandarin plus précisément), répond à un théologien chrétien :

> Vous ne pouvez me nier que selon l'ordre de la nature *les objets ne précèdent la faculté qui les connaît.* La Vertu était donc bonne moralement avant que Dieu la connût comme telle, et ce n'est point parce que Dieu l'a connue telle qu'elle a été telle, mais Dieu l'a connue parce qu'elle était telle [2].

Mais surtout, Punch utilise pour les besoins de sa démonstration un cas-limite, une supposition tout à fait irréaliste pour lui, mais qui ressemble étrangement à la position que Bayle fait endosser aux stratoniciens :

> si per impossibile Deus non cognosceret creaturas, et tamen posset eas, *tanquam causa naturaliter agens*, producere in tempore, haberent esse possibile ab aeterno, et quod non possint sic produci non oritur ex natura ipsorum, sed ex modo agendi et perfectione Dei ; ergo non habent esse suum possibile a scientia Dei, neque consequenter ab intellectu divino [3].

Punch imagine donc que, par impossible, Dieu agisse comme une cause naturelle non intellective, qui produirait des effets sans les connaître. Ces choses n'en auraient pas moins un être possible de toute éternité, c'est-à-dire des essences propres et distinctes les unes des autres : elles formeraient par soi une pluralité intelligible. S'il n'en est pas ainsi, c'est uniquement parce que Dieu, étant parfait, ne peut pas ne pas être connaissant ; mais cela ne tient pas à la nature des créatures, leurs essences ne dépendant pas intrinsèquement d'une intellection [4].

1. *Op. cit.*, concl. V, p. 903b : « objectum scientiae speculativae non fit per illam, sed potius praesupponitur ipisi. Sed scientia, qua cognoscit Deus creaturas ab aeterno, est speculativa ; ergo non dat creaturis esse illud, secundum quod cognoscit illas ».

2. RQP III, XXIX, p. 987b. Je souligne. Dire que « la vérité de quelque chose précède la connaissance que Dieu en a », c'est précisément le « blasphème » que dénonçait Descartes dans la seconde fameuse *Lettre à Mersenne du 6 mai 1630* sur les vérités éternelles (AT I, 149 ; *id.* : « je dis derechef que *sunt tantum verae aut possibiles, quia Deus illas veras aut possibiles cognoscit, non autem contra veras a Deo cognosci quasi independenter ab illo sint verae* »).

3. *Philosophiae ad mentem Scoti cursus integer, op. cit.*, concl. V, p. 904a. Je souligne.

4. Cf. la reformulation de l'addition p. 906b : « Quod si Deus per impossibile non cognosceret creaturas, sed posset eas tanquam causa naturaliter agens producere in tempore, haberent esse possibile ab aeterno, et quod non possent sic produci, sed debeant prius cognosci, non oritur ex natura ipsarum, sed ex perfectione ac modo agendi propterea competenti Deo ».

La Nature de Straton ou des Chinois n'est autre chose, semble-t-il, que la version laïcisée de cette hypothèse théologique[1]. La conclusion que Punch en déduit correspond bien à ce que Bayle veut démontrer : il y aura, dans ce cas aussi d'une cause première non connaissante, des essences éternelles des choses qui ne sont pas fondées par une intellection. Lisons ce que Bayle expose, dans la *Continuation des Pensées diverses* :

> (…) soit que la Nature agisse avec liberté et avec intelligence, ou sans liberté et sans intelligence, chaque chose doit avoir nécessairement ce qui lui est essentiel. Tout homme qui a connu l'essence du cercle, assurera sans hésiter que s'il existe quelque cercle, c'est une figure dont toutes les parties de la circonférence sont également distantes du centre. Que ce cercle se soit produit de lui-même, qu'il ait été fait par quelque coup de hasard, ou selon la suite des lois naturelles sans direction, ou par la volonté d'une cause intelligente, *tout cela revient à la même chose à l'égard de ce point-ci* que c'est une figure ronde, etc[2]..

Certes, l'hypothèse de Punch postule ce que Bayle a toujours refusé : qu'une cause non connaissante puisse produire quelque chose[3]. Mais tel

1. L'hypothèse d'un Dieu agissant sans connaissance se trouve d'abord chez Vázquez (*Commentaria ac disputationes in primam partem S. Thomae*, disp. CIV c. III, Ingolstadt, 1609, t. I p. 783b), mais il n'utilise pas l'expression « tanquam causa naturaliter agens », qui rapproche tellement la supposition de Bayle de celle de Punch. Néanmoins, Vázquez soutient aussi que : « res non sunt possibiles quia cognoscuntur, sed ideo cognoscuntur, quia sunt possibiles ». Il dit également (ce en quoi il fait partie des « Auteurs graves » signalés par Bayle, CPD, CLII, 409b) que : « aliqua peccata non ideo esse mala, qui cognoscuntur esse mala, aut quia prohibita sunt etiam a Deo, sed potius contra ».

2. CLII, 410b. Je souligne.

3. C'est précisément pourquoi, selon Bayle, les missionnaires ne doivent attaquer les Chinois que sur l'aséité de la matière (CPD, CXIII, 346b). Ils ne peuvent en effet les entreprendre sur « l'absurdité inconcevable qui se trouve dans l'hypothèse qu'une longue suite d'effets réguliers sort d'une cause qui ne sait ce qu'elle fait » (*id.*, 344b). Scotistes ou non, ils sont tous peu ou prou péripatéticiens et admettent « qu'il y a des causes secondes qui sans connaître ce qu'elles font parviennent régulièrement à certaines fins » (*ibid.*). Ils s'exposent donc à une rétorsion immédiate des Chinois sur cette question de la causalité (si les causes secondes le font, pourquoi pas la cause première, la Nature ?), car ils ne diffèrent d'eux « qu'en ce qu'ils disent que la Nature a reçu de Dieu son activité et son existence » (*ibid.*). Seul l'occasionnalisme leur permettrait de se garantir de ce côté, en déniant toute activité aux créatures. – Que la théorie « stratonicienne » trouve vraisemblablement son origine dans la supposition, chez Punch (ou un autre auteur : on trouve par exemple, me signale J. Schmutz, la même argumentation chez le franciscain espagnol Tomás Llamazares, *Cursus theologicus sive philosophia scholastica ad mentem Scoti*, Lyon, 1670, tr. III, q. 4, § 22 – mais cette hypothèse semble bien être en tous cas celle de scotistes extrémistes), d'un Dieu qui agit comme une cause naturelle, confirme, selon moi, qu'il faut bien distinguer les deux aspects de la discussion avec les stratoniciens (causalité et aséité, seul le second recevant une

n'est pas ici le débat. Bayle veut en ce passage montrer que, quelque soit le mode de causalité que l'on attribue par ailleurs à la cause première, « tout cela revient à la même chose à l'égard de ce point-ci » qu'une essence est une essence indépendamment de cette cause première, qu'elle est une quiddité éternelle non causée qui possède par soi sa propre nature, indépendamment de tout intellect qui la pense. Même si Dieu produit toutes les existences en connaissant, il ne produit en tout cas pas les essences. Autrement dit, le possible n'a pas seulement la consistance d'un ob-jet, au sens de ce qui est posé devant un sujet comme terme de sa connaissance ; il a la consistance d'une *chose*, au sens de ce qui a sa propre identité en dehors de toute relation de connaissance. C'est pourquoi les Chinois pourront relever que, pour leurs adversaires aussi, telle est la « nature *des choses* », et non pas seulement la nature divine.

Le fait qu'il concède qu'elles existent « hors de l'entendement divin » interdit au théologien (du moins scotiste) d'objecter que l'athée ne peut avoir accès à la connaissance de ces vérités éternelles, en particulier morales. N'importe quel intellect, en l'absence même d'intellect divin puisque ce dernier n'est pas le fondement et le garant de telles vérités, peut les découvrir, et se constituer une morale purement rationnelle. L'athée peut donc être vertueux, conclusion qui importe à Bayle, et qu'il tire en soulignant, du terme même dont se servaient les scolastiques modernes, l'*intrinséité* de l'objectivité des principes moraux (par opposition à un fondement extrinsèque, c'est-à-dire en Dieu), qui impliquent par eux-mêmes une obligation :

> il faut convenir que les Athées peuvent être persuadés qu'il y a dans la vertu une beauté, une honnêteté *intrinsèque* et naturelle, dans le vice une difformité, et une deshonnêteté pareillement *intrinsèque* et naturelle[1].

rétorsion définitive : cf. *supra* p. 287, n. 2), car le présupposé de cette hypothèse apparaît ici en toute lumière : une telle cause agit, non seulement sans suivre un modèle, mais sans conscience et connaissance de ce qu'elle fait. Or, c'est ce que Bayle rejette, pour sa part, avec constance.

1. CPD, CLII, 410a (les italiques sont de Bayle). *Ibid.* : « Or puisque par la nature même des choses et antérieurement aux lois divines les vérités de morale imposent à l'homme certains devoirs, il est manifeste que Thomas d'Aquin et Grotius ont pu dire que s'il n'y avait point de Dieu, nous ne laisserions pas d'être obligés à nous conformer au droit naturel ». Cf. J. Saint-Leger, *The etiamsi daremus of Hugo Grotius*, Rome, 1962 ; O. Boulnois, « Si Dieu n'existait pas, faudrait-il l'inventer ? Situation métaphysique de l'éthique scotiste », *Philosophie* 61 (1999), p. 50-74. L'assimilation de Grotius à Thomas d'Aquin montre bien comment le jusnaturalisme moderne a méconnu ce qui le séparait de son prédécesseur médiéval : Thomas ne formule précisément pas la question de la consistance du droit naturel si Dieu n'existait pas.

Pareillement, si les possibles en général ont une validité intrinsèque, la rétorsion des Chinois aux missionnaire est sans appel. Nous avons vu que lorsqu'on leur demande pourquoi la Nature a telles et telles limites, ils peuvent riposter que le Dieu chrétien en a aussi qui ne sont pas davantage justifiables *a priori*. Il ne fait qu'entériner ce qui est vrai et qui ne dépend pas de lui. Cela est une borne pour lui, car il ne peut faire que l'essence d'un homme soit autre qu'elle n'est, ni que le chemin le plus court d'un point à un autre ne soit la ligne droite [1]. À la solution habituelle selon laquelle ne pas pouvoir l'impossible, comme un cercle carré, n'est pas une limitation de la puissance divine, ils répliquent :

> nous vous soutenons qu'une cause qui pourrait former un tel cercle serait plus puissante et plus habile que celle qui ne le peut [2].

En effet, dans la perspective moderne où se situe Bayle, la puissance divine se heurte pour ainsi dire à une essence incréée qui lui résiste, qu'il ne peut modifier à sa guise. Dans la solution proprement médiévale, l'impossible n'est pas vraiment une limite parce que le possible n'est pas non plus extérieur à Dieu. Ce dernier détermine toute réalité, dont il est cause exemplaire, selon diverses participations de la totalité infinie de sa perfection : dès lors s'il pouvait quelque chose d'impossible, il le pourrait contre sa propre nature, et c'est pourquoi cela serait un défaut plutôt qu'un surcroît de perfection. S'il ne réalise pas le contradictoire, c'est d'abord parce qu'il n'est jamais en contradiction avec lui-même ; la nécessité des possibles (le fait qu'ils ne peuvent être autrement qu'ils ne sont) n'est que la propre nécessité de sa nature. Mais quand le possible lui devient extérieur, comme une essence indépendante, l'impossible par la même risque de sortir du domaine du pur *flatus vocis*, pour apparaître comme l'objet hypothétique d'une puissance encore plus grande que la puissance de Dieu, qui ne se laisserait pas arrêter par la nécessité des essences (nécessité intrinsèque pour elles et extrinsèque pour lui). C'est pourquoi les Chinois peuvent *a pari* opposer, à la nature de Dieu, la nature des choses, ou la Nature tout court. Plus exactement, si c'est par la nature des choses que Dieu est, et est comme il est, c'est aussi par la nature des choses que les essences sont, et sont comme elles sont. Et si l'on accorde l'aséité à un Dieu qui est ainsi limité (tel que quelque chose de plus grand ou de meilleur pourrait être pensé), pourquoi la refuser à la Nature en raison de son imperfection ?

1. Cf. RQP II, CLXXX, 884a-b.
2. CPD, CXIV, 347b.

Dès lors, c'est le processus même de fondation propre à la métaphysique classique qui se trouve empêché. L'aséité fonctionnait comme un principe d'explication destiné à couper court à toute régression à l'infini : il faut en venir à un premier dont on n'a pas à rendre raison, parce qu'il est autosuffisant par son absoluité et sa perfection infinie. Mais le premier, ici, a perdu son absoluité, et si l'on ne rend pas raison de ce qu'il est, c'est par échec et aveu d'ignorance, et non pas parce que de droit son infinité le fait être raison de tout sans avoir besoin lui-même de raison. La fondation se mue en pur constat.

De même, l'intelligibilité universelle ne repose plus ultimement dans un intellect archétypal, qui est la cause exemplaire de tout ce qui est. Comment, demandent les missionnaires, la Nature aurait-elle une « parfaite régularité qui n'est dirigée par aucune connaissance », c'est-à-dire qui n'est pas disposée conformément à un modèle pensé par Dieu ? Mais, répliqueront les Chinois, si l'on demande la raison du bon ordre de la Nature, il faut également demander celle du bon ordre de la science de Dieu [1]. En effet, si les essences sont « hors de l'entendement divin » [2], originairement indépendantes de lui, il les pense par ses idées selon un rapport univoque de sujet à objet, c'est-à-dire que comme la nôtre, sa connaissance s'ajuste à elles, selon un mode représentationnel [3]. Autrement dit, sa science obéit à la définition générale du vrai, qui est la conformité entre l'idée et la chose [4]. Elle se modèle, se con-forme, sur la structure de ce monde des possibles. Seulement, cette adaptation n'est pas obtenue par tâtonnements, médiations et approximations successives, mais « toujours et du premier coup ». Cela signifie que, sa science étant intuitive et coéternelle à ses objets, les

1. Je paraphrase le passage suivant : « Il résulte encore de là que l'entendement divin dans l'infinité de ses idées a rencontré toujours et du premier coup leur conformité parfaite avec leurs (*) objets, sans qu'aucune connaissance la dirigeât, car il y aurait contradiction qu'aucune cause exemplaire eût servi de plan aux actes de l'entendement de Dieu. On ne trouverait jamais par là des idées éternelles, ni aucune première intelligence. Il faudra donc dire qu'une nature qui existe nécessairement trouve toujours son chemin sans qu'on le lui montre, et comment vaincre après cela l'opiniâtreté d'un Stratonicien » (CPD, CXIV, 348a).

2. C'est à l'occasion du passage cité dans la note précédente que Bayle introduit la note astérisquée (*) déjà mentionnée plus haut, p. 291.

3. Ce que corrobore la contribution de J. Schmutz, dans le présent volume, sur le « Dieu indifférent » de la seconde scolastique, spectateur passif du monde.

4. Voir par exemple Thomas d'Aquin, *Summa theologiae*, I, q. 16 a. 2 : « per conformitatem intellectus et rei veritas definitur » (cf. *De veritate* q. 1 a. 1 : « Hoc est ergo quod addit verum super ens, scilicet conformitatem, sive adaequationem rei et intellectus ; ad quam conformitatem, ut dictum est, sequitur cognitio rei ») ; *Sent.* I, d. 48 q. 1 a. 1 : « conformitas est convenientia in forma una ». Descartes : « Praecipuus autem error (…) consistit in eo quod ideas, quae in me sunt, judicem rebus quibusdam extra me positis similes esse sive conformes » (*Med. III*, AT VII 37, l. 24-25).

idées de Dieu se trouvent spontanément et inexplicablement disposées en un ordre calqué sur celui des essences intelligibles et de leurs relations qui constituent les vérités éternelles. « Inexplicablement », car cet ordre de la science divine ne peut avoir de cause exemplaire, ne peut avoir suivi un modèle préétabli par une intelligence supérieure : on entrerait évidemment dans une régression à l'infini, puisqu'il faudrait demander comment à son tour cette intelligence aurait établi un plan idéel conforme au monde des possibles. Il ne saurait y avoir d'idées des idées divines. Mais par là, il apparaît que ces idées forment une nature qui a trouvé son chemin sans qu'on le lui ait montré [1]. Par conséquent, pourquoi ne pas dire de la Nature stratonicienne qu'elle existe nécessairement par elle-même, toute bornée qu'elle soit, et qu'elle a un ordre qui ne résulte pas d'un intellect archétypique ?

Que la scolastique considère la connaissance que Dieu prend des possibles comme purement factuelle, rend donc irréfutable la rétorsion des Chinois, qui met en regard de cet état de fait son propre état de fait d'une matière éternelle, incausée, et organisée sans modèle. Il est alors évident que la seule solution pour les missionnaires serait de rallier la thèse cartésienne, dite de la création des vérités éternelles :

> le meilleur pour eux sera de dire comme Mr Descartes et une partie de ses sectateurs, que Dieu est la cause libre des vérités et des essences, et qu'il pourra faire un cercle carré quand il lui plaira. Ce dogme étonnerait les Chinois et les ferait taire : ils auraient besoin de temps pour se préparer à la réplique [2].

À coup sûr, si la puissance de Dieu était à ce point infinie, il recouvrerait l'exclusivité de l'aséité, car de lui seul on pourrait dire qu'il

1. Pour revenir encore sur l'interprétation de G. Mori (cf. *supra* p. 287, n. 2), je précise que je vois une différence entre : « avoir une parfaite régularité qui n'est dirigée par aucune connaissance », « trouver son chemin sans qu'on le lui montre » (CXIV, 348a), et : « savoir trouver et ses entrées et ses issues sans l'aide de la pensée » (CXII, 342b : paraphrase de la formule hippocratique : « Invenit natura ipsa sibi vias non ex ratione », note *p*), « trouver son chemin et le suivre jusqu'au bout sans en avoir nulle connaissance » (CXIII, 346a). Les premières expressions renvoient à l'absence d'un intellect archétypique, d'une cause exemplaire, d'un modèle intelligible qui soit raison et fondement (de l'ordre et des limitations). Les deux dernières renvoient à l'absence d'une faculté intellective dans l'être qui suit un chemin. C'est pourquoi je ne pense pas que ce qui se dit de Dieu soit l'équivalent de ce qui se dit de la Nature stratonicienne. Autrement dit, encore une fois, la rétorsion des Chinois n'impose d'admettre qu'une cause puisse produire aveuglément, mais seulement qu'un être limité puisse être *a se*.

2. CPD, CXIV, 348a. *Ibid.* : « Toutes ces difficultés s'évanouissent dès que l'on suppose que les essences des créatures et les vérités philosophiques ont été fixées par des actes de la volonté de Dieu ».

s'est donné à lui-même ses limites (au lieu de les recevoir comme un simple donné), fondées alors en sa libre volonté qui certes est en fait un abîme, un sans-fond pour tout autre que lui, mais qui du moins tient lieu de raison dernière. Cependant le ton de badinage qu'affiche Bayle confirme bien que pour lui cette voie est impraticable[1], ou du moins mène aux conséquences inacceptables que nous avons relevées plus haut : la volonté nue conduirait à un pur arbitrarisme qui ruinerait les valeurs morales et les vérités de raison, en les rendant contingentes.

Ainsi Bayle enferme-t-il la théologie rationnelle dans un dilemme destructeur. D'un côté, seule la théorie cartésienne permettrait de convertir éventuellement les Stratoniciens de tout poil par la « bonne route philosophique » qu'est la démonstration selon la non-aséité de la matière ; mais elle soulève des difficultés insurmontables. De l'autre, non seulement la théorie scolastique de la science divine n'évite pas la rétorsion, mais de plus elle plie Dieu, du point de vue de la connaissance, à une nécessité équivalant à la nécessité naturelle du matérialisme, même si elle lui reconnaît le savoir d'une infinité de possibles (n'excluant que ceux qui ne s'accorde pas avec la perfection divine) et le droit de créer d'après n'importe lesquels d'entre eux. Ce ne sont en réalité pas seulement les éventuels impératifs de sagesse ou de simplicité des voies qui asservissent Dieu à un *fatum*, ainsi que nous l'avons vu précédemment. C'est aussi la structure même de la métaphysique classique, qui pense le vrai et l'étant comme des transcendantaux absolument généraux échappant à la causalité divine :

> S'il y a des propositions d'une éternelle vérité qui sont telles par leur nature, et non point par l'institution de Dieu, si elles ne sont point véritables par un décret libre de sa volonté, mais si au contraire il les a connues nécessairement véritables, parce que telle était leur nature, voilà une espèce de *fatum* auquel il est assujetti, voilà une nécessité naturelle absolument insurmontable[2].

Or, on le sait, la soumission à une nécessité est, d'après Bayle, antinomique avec l'idée même de Dieu. À ses yeux, la théologie rationnelle est donc incapable de penser à la fois la liberté de Dieu et l'universalité de la raison : si elle reconnaît à Dieu une entière souveraineté sur les lois de

1. Cf. *ibid.* : « Mais est-il certain ce dogme-là, demanderez-vous : je vous répondrai qu'en le connaissant si propre à prévenir les rétorsions des Stratoniciens j'ai fait tout ce que j'ai pu pour le bien comprendre, et pour trouver la solution des difficultés qui l'environnent. Je vous confesse ingénument que je n'en suis pas encore venu tout à fait à bout. (...) Je voudrais que le Père Malebranche eût pu trouver bon de le soutenir, mais il a pris d'autres mesures ».

2. CPD, CXIV, 348a.

l'intelligibilité, c'en est fait de la certitude des vérités ; si elle choisit l'intangibilité de ces vérités, c'en est fait de l'indépendance divine.

L'épreuve de l'autre qu'est le stratonisme n'a donc pas seulement pour but de mettre en difficulté la métaphysique chrétienne en sapant la certitude qu'elle pouvait avoir de construire un système démonstratif, contraignant pour ses adversaires. Elle met de plus en évidence une irréductible tension en son sein.

– III –

On le voit, Bayle a utilisé toutes les ressources de sa vaste érudition pour organiser cette aporie sur la science divine. Il mobilise en particulier tous les éléments de la pensée du XVIIe siècle, tant les développements de la scolastique tardive que les ruptures du cartésianisme, et joue à les retourner, avec virtuosité, contre eux-mêmes. Mais sa campagne de démolition va encore plus loin, et, toujours par la même tactique, il orchestre soigneusement le conflit de la théologie rationnelle avec la théologie positive. Il apparaît alors que nous sommes incapables de justifier rationnellement quelque affirmation que ce soit concernant la science et la puissance divines, telles qu'elles se donnent à connaître dans la Révélation. C'est la discordance fondamentale de la raison divine et de la raison humaine qui est mise en évidence, de sorte que le choix entre pur fidéisme et construction métaphysico-théologique devient inéluctable.

Le propre de l'argumentation de Bayle, sur le terrain philosophique, est de tirer sans faiblir toutes les conséquences de ce qu'il appelle les évidences de la lumière naturelle. La cible de sa critique impitoyable est toute espèce de compromis qui tendrait à faciliter une synthèse harmonieuse des exigences de la raison humaine et de la théologie révélée. En d'autres termes, en suivant sa propre ligne la raison humaine élabore une certaine représentation de Dieu ; mais il s'avère que celle-ci n'est aucunement compatible avec celle que proposent les Écritures.

La position qui pourrait être qualifiée de « raisonnable » serait de dire, d'une part, que la liberté divine consiste « à pouvoir suivre entre une infinité de plans, infiniment beaux et bons, celui-ci ou celui-là, selon son bon plaisir » ; d'autre part, que Dieu n'a pas non plus une sorte de liberté d'indifférence de « pouvoir faire les choses bien ou mal, sagement ou imprudemment »[1], et qu'il y a des choses impossibles, notamment les contradictoires, comme un corps sans étendue, ou un cercle carré.

Conformément à ce que nous avons vu précédemment, ce dernier point est maintenu en toute rigueur par Bayle, tant qu'il fait valoir les droits de la rationalité humaine, qui tend à l'universalité. Il exclut que la règle de la non-contradiction s'impose maintenant en régime *de potentia ordinata*, mais soit en elle-même contingente, décrétée par Dieu *ex potentia absoluta*[2]. Dans l'article Dicéarque du *Dictionnaire*, remarque M, il refuse à Locke un « brevet d'orthodoxie philosophique » pour avoir dit que si *nous* ne concevons pas comment la matière pourrait penser, néanmoins Dieu, par sa toute-puissance, peut faire des choses qui sont incompréhensibles à l'entendement humain, et donc communiquer à la matière la faculté de penser. « C'est à peu près ainsi, remarque Bayle, que les scolastiques supposent dans les créatures une puissance *obédientielle*[3], qui fait que Dieu les élèverait, s'il voulait, à toutes sortes d'états : une pierre deviendrait capable de la raison béatifique (...) ». Mais Bayle renvoie à une preuve qui réfute cette supposée puissance, même obédientielle, de la matière à penser. Il s'agit de celle proposée par Dangeau et dont il est question dans les *Nouvelles de la République des Lettres* d'août 1684[4] : il y a une seule chose en nous qui synthétise les différentes sensations (car un sens ne peut percevoir ce que perçoit un autre sens : démonstration classique du sens commun), et cette chose doit être simple « parce que s'il y avait plusieurs parties, l'une sentirait la chaleur, pendant que l'autre sentirait l'odeur, et l'on n'y trouverait rien qui sentît tout ensemble l'odeur et la chaleur, qui les comparât ensemble, et qui jugeât que l'une est plus agréable que l'autre ». Le critique de Dangeau dont il est fait état objecte que « ceux qui tiennent que l'âme est matérielle et par conséquent divisible, ne se feront pas une difficulté d'avouer que le sentiment d'un même objet se répand partout, comme l'illumination qui n'est qu'une et unique se répand dans tout l'air ». Mais Bayle, quoiqu'il pense par ailleurs de l'ouvrage de Dangeau, répond que supposer qu'une seule et unique illumination est divisible en

1. Voir RQP II, LXXXIX, 676b-677a, et DHC, art. Hipparque, rem. E : « Il n'y a point d'inconvénient à dire que Dieu aime l'ordre et le bien, par une loi nécessaire et indispensable ; car au contraire, ce serait une imperfection, que d'être capable de violer cette loi ». Cf. au contraire Descartes : « une entière indifférence en Dieu est une preuve très grande de sa toute-puissance » (*Sextae Resp.*, § 6, AT IX, 233).

2. Sur cette distinction, voir l'introduction d'O. Boulnois à *La Puissance et son Ombre*, *op. cit.*, p. 53-65.

3. Sur cette notion, voir par exemple ma présentation de Guillaume d'Auxerre, in *La Puissance et son Ombre*, *op. cit.*, p. 103-104.

4. OD[2] I, 110b.

parties, serait une « contradiction dans les termes » : ce qui est un n'est pas divisible, et réciproquement[1].

C'est donc de cette preuve que Bayle dit qu'elle « m'a toujours semblé très propre à montrer *l'impossibilité de joindre ensemble dans un même sujet les trois dimensions et la pensée* »[2]. C'est affirmer plus que l'incompréhensibilité actuelle pour notre esprit, que Locke admet, mais qu'il juge surmontable par l'argument *ex omnipotentia divina*, au motif qu'il faudrait pour en rejeter totalement la possibilité démontrer positivement qu'il y a contradiction – ce qui est incompréhensible (de notre point de vue) n'étant pas forcément impossible, alors que ce qui contient une contradiction patente l'est. Or c'est justement cette possibilité incompréhensible que repousse Bayle : même à supposer une puissance obédientielle de la matière (c'est-à-dire la possibilité pour Dieu de faire tout ce qui nous est incompréhensible mais n'est pas en soi contradictoire), l'argument de l'indivisibilité réfute l'hypothèse que la matière puisse penser. Cela est non seulement incompréhensible, mais contradictoire, donc impossible même à Dieu[3].

1. Cf. *Nouvelles de la Rép. des Lettres*, janv. 1685, OD[2] I, 216a, où Bayle semble bien défendre aussi l'idée que l'âme ne peut être divisible, et DHC, art. Leucippe, rem. E, où la même preuve revient.

2. DHC, art. Dicéarque, rem. M. Je souligne

3. Il faut bien noter que l'impossibilité se limite à ce que la matière, en tant que matière, soit dite penser. Rien n'empêche, si l'on prend la pensée comme une qualité accidentelle, d'imaginer que Dieu puisse l'adjoindre à un corps, en les liant « artificiellement », dans un rapport de substance à accident (en quelque sorte, mais à l'inverse, comme la personne du Christ et les espèces du pain dans l'eucharistie selon les catholiques). Par là les analyses que l'on vient de lire se concilient avec les *Objections à Poiret* (L.II, cap. IV, OD[2] IV, 150b), où, si ce passage est bien de lui, Bayle attribue à l'« efficace infinie et toute-puissante » de Dieu de pouvoir « faire qu'un corps devienne conscient de sa propre existence ou d'un objet quelconque » : « le nier, c'est limiter le droit de Dieu et sa toute-puissance » (tr. fr. E. Labrousse, OD[2] V-1, 30). Leur auteur n'admet pas l'identification cartésienne de la pensée à l'essence même de la substance spirituelle (OD[2] IV, 150a). Il estime que la pensée est un attribut surajouté à la substance incorporelle, qui donc n'est pas par elle-même directement conscience de soi. Dès lors, continue-t-il, puisque Dieu est tout-puissant et qu'il peut faire tout ce qui n'implique pas contradiction (*id.*, 150b), et puisque dans l'ignorance où nous sommes de la façon dont il agit sur les esprits eux-mêmes, et de la nature des termes mis en rapport (dans le DHC, art. Simonide, rem. F, Bayle, pour justifier que la pensée ne soit qu'une modification de l'âme, substrat dont nous ignorons la nature, invoque la thèse malebranchiste que nous n'avons pas l'idée de notre propre âme, mais seulement le sentiment de notre existence), nous ne pouvons les voir comme incompossibles (150b), nous ne pouvons exclure qu'il pourrait adjoindre l'attribut pensée à une substance corporelle. Mais cela ne signifie pas que ce corps lui-même, en tant que substance douée d'étendue, puisse se mettre à penser. *A.v.* ce n'est pas l'étendue en tant que telle qui est capable de penser (« Fateor me non concipere qui corpus ex non cogitante fieri posset cogitans mutata figura vel positione ipsius partium determinationeque illius motus », 150b). Simplement, de même que l'étendue est une propriété de la substance corporelle, rien ne semble devoir empêcher Dieu de lui donner une

Tel est donc le point de vue d'une théologie et d'une métaphysique chrétiennes qui voudraient s'accorder avec les lumières de la raison humaine. Or, par là, elles s'opposeraient à ce qui est enseigné par la Révélation, comme le souligne Bayle avec les fameux paradoxes de l'article Pyrrhon du *Dictionnaire*, remarque B.

Le propos de ce passage est de montrer que, loin que la Révélation chrétienne ait affaibli la philosophie sceptique, elle lui a au contraire donné de nouvelles armes (du moins contre la raison, sur un plan philosophique), dont ne pouvaient disposer les anciens pyrrhoniens. Bayle présente son argumentation sous la forme de la narration de la rencontre de deux abbés, « dont l'un ne savait que sa routine », alors que « l'autre était bon philosophe »[1]. Magnanime, ce dernier prévient qu'il « renonce aux avantages que la nouvelle philosophie vient de procurer aux pyrrhoniens »[2]. Il se

autre propriété, la pensée, qui, encore une fois, n'est pas par essence liée à l'immatérialité, de sorte qu'il n'y aurait pas là contradiction. Cela pourrait même se passer comme pour l'âme dans la théorie occasionnaliste, à savoir qu'à l'occasion de modifications de l'étendue, Dieu produirait des modifications cognitives : « ad praesentiam certorum motuum materiam sic posse modificari a Deo ut ipsa gaudeat vel doleat » (151a). En résumé : « non dico motum et figuram esse formaliter actum cogitandi, sed solum *occasionem* cogitandi » (*id.*). De même, dans les RQP IV, xxii, 1064b, Bayle réaffirme que la pensée ne peut être un attribut essentiel de l'étendue. Mais précisément, si nos âmes étaient matérielles, étaient des corps, rien ne les distinguerait des autres corps, de n'importe quel corps ; elles n'auraient pas en effet par soi la pensée (le « sentiment »), car il est de l'essence du corps, de la substance étendue, d'exister sans penser. Pour que certains corps (les « âmes » dans cette hypothèse) pensent, il faudrait que Dieu – ce qu'il peut faire en vertu de sa toute-puissance – ajoute à leurs attributs essentiels (l'étendue, les trois dimensions et leurs modes) la faculté de penser comme une qualité accidentelle. Bayle veut donc dire que Dieu aurait pu créer un autre monde où des corps penseraient, c'est-à-dire où la faculté de penser ne résiderait pas dans des sujets *sui generis*, les substances spirituelles, subsistant indépendamment des substances étendues, mais serait liée accidentellement à des substances étendues.

1. Le premier soutient qu'il ne devrait plus y avoir de pyrrhoniens depuis que la lumière de l'Évangile a été donnée aux hommes. Le second rétorque qu'au contraire « Arcésilas, s'il revenait dans le monde, et s'il avait à combattre nos théologiens, serait mille fois plus terrible qu'il ne l'était aux dogmatiques de l'ancienne Grèce : la théologie chrétienne lui fournirait des arguments insolubles ».

2. Les vrais arguments du scepticisme étaient inconnus dans l'École, mais Gassendi a donné un excellent résumé de Sextus Empiricus (*De Fine logicae*, in *Œuvres*, Lyon, 1658, t. I p. 72 *sq.*), et « le cartésianisme à mis la dernière main à l'œuvre ». En effet « personne parmi les bons philosophes ne doute plus, que les sceptiques n'aient raison de soutenir que les qualités des corps qui frappent nos sens, ne sont que des apparences ». Toutefois le cartésianisme parle plus « positivement » que les anciens pyrrhoniens. Ceux-ci tenaient ce langage : je sens de la chaleur en présence du feu, mais je ne sais si le feu est en lui-même tel qu'il me paraît. La nouvelle philosophie a un discours dogmatique : chaleur, couleur, odeur *sont* des modifications de mon âme, et non des objets des sens : « je sais que les corps ne sont point tels qu'ils me paraissent ». Cela n'est d'ailleurs pas vrai seulement des qualités secondes, il faut

concentrera exclusivement sur les arguments que la foi elle-même fournit involontairement au scepticisme.

Un triomphe décisif sur cette doctrine serait remporté par les philosophies dogmatiques, si l'on parvenait à établir le *criterium veritatis*, c'est-à-dire la ou les marques auxquelles on pourrait reconnaître infailliblement la vérité. Le plus fondamental de ces caractères est, dit-on, l'évidence (si la vérité n'avait pas cette marque, elle n'en aurait aucune).

Mais le sceptique peut rejeter ce critère sur plusieurs plans en invoquant la Révélation.

1) Sur le plan logique : rien n'est plus « évident » que deux choses qui ne sont pas différentes d'une troisième ne diffèrent pas entre elles. Mais cet axiome est faux au regard de la révélation de la Trinité (le Père est Dieu, le Fils est Dieu, et pourtant le Père n'est pas le Fils) [1].

2) Sur le plan ontologique : il est « évident » qu'il n'existe pas de différence entre individu, nature et personne (suivant la définition bien connue de Boèce, « la personne est une substance individuelle de nature rationnelle » ; une nature n'existe jamais que comme individu, et si cette nature est rationnelle, elle est une personne). Mais là aussi le cas de la Trinité montre que pourtant les propriétés de la personne diffèrent de celles de l'individu et de la nature, puisqu'il peut y avoir plusieurs personnes pour une seule nature et un seul individu (les trois Personnes ne font qu'un individu, on tomberait sinon dans le tri-théisme).

3) Sur le plan « anthropologique » : il est « évident » que l'union d'un corps humain et d'une âme raisonnable est la condition nécessaire et suffisante pour constituer un homme qui soit réellement et parfaitement une personne. Pourtant le mystère de l'Incarnation montre qu'en réalité cela ne suffit pas. Si cela suffisait, il y aurait deux personnes dans le Christ, Verbe incarné : l'union d'un corps humain et d'une âme raisonnable, qu'il possède tous deux, formerait une personne humaine, à laquelle se superposerait la personnalité divine. Or, le Christ est une seule personne avec deux natures.

avouer, quoiqu'en disent les cartésiens, la même chose des qualités premières comme l'étendue et le mouvement, qu'on ne peut excepter de ce glissement vers la subjectivisation. Bayle cite l'abbé Foucher dans sa *Critique de la Recherche de la Vérité* : « si les objets des sens nous paraissent colorés, chauds, froids, odorants, encore qu'ils ne le soient pas, pourquoi ne pourraient-ils point paraître étendus et figurés, en repos et en mouvement, quoiqu'ils n'eussent rien de tel ? ». Davantage : je pourrais sentir de l'étendue et du mouvement, comme du froid ou du chaud, même s'il n'existait aucun corps dans l'Univers. D'où cette conclusion : « Je n'ai donc nulle bonne preuve de l'existence des corps ».

1. Cf. EMT I, XI, 28a, II, XXXV, 100b-101a.

Il s'ensuit que nous ne pouvons, dans le ressenti de notre subjectivité, être certains d'être des personnes. Si en effet il était essentiel à la jonction d'un corps humain et d'une âme raisonnable de constituer une personne, Dieu même ne pourrait empêcher qu'ils ne la constituassent (de même qu'il ne peut empêcher qu'un quadrilatère, s'il est bien ce qu'on appelle un quadrilatère, ait quatre côtés; sinon il aurait créé autre chose qu'un quadrilatère; ou plutôt on appelle quadrilatère la figure que Dieu a créée qui a quatre côtés; mais donc Dieu ne peut faire que ce qu'on appelle quadrilatère n'ait pas quatre côtés). Mais Dieu a pu faire, au moins dans le cas du Christ, qu'un corps et une âme joints ensemble ne forment pas à eux seuls une personne. La personnalité n'appartient donc pas en essence à leur union, elle s'y ajoute comme un accident. Or un accident peut être séparé de son sujet de plusieurs manières, toutes possibles à Dieu[1] :

> Il est donc possible à Dieu de nous empêcher par plusieurs moyens, d'être des personnes, quoique nous soyons composés de corps et d'âme ; et qui nous assurera qu'il ne se sert pas de quelqu'un de ces moyens pour nous dépouiller de la personnalité ? Est-il obligé de nous révéler toutes les manières dont il dispose de nous ?

La certitude de l'identité personnelle est ainsi gravement mise en cause, avant d'être complètement détruite un peu plus loin.

4) Sur le plan physique : il est « évident » qu'un corps humain ne peut être tout entier en plusieurs lieux à la fois, et que toutes ses parties ne peuvent se fondre en un unique point indivisible. Or dans l'eucharistie ces deux faits se produisent pourtant[2]. L'unique corps du Christ est présent partout là où la transsubstantiation est opérée, et y est d'une manière indivisible (chaque fragment d'hostie, aussi petit soit-il, contient le corps tout entier).

Bayle utilise ici, une nouvelle fois, les spéculations de la scolastique la plus récente. Il est probable qu'il s'inspire particulièrement des réflexions du « subtil Arriaga » (S. J., 1592-1667), comme il le nomme dans le *Dictionnaire*[3]. Ce dernier soutient que le même corps peut se trouver, par

1. Par exemple, la substance peut être maintenue sans les accidents, ou les accidents sans la substance, comme dans le cas de la transsubstantiation.

2. Du moins pour les catholiques. En tant que réformé, Bayle n'est pas censé y croire; mais il ne résiste jamais au plaisir de la dialectique. D'autre part, une objection similaire vaut contre la consubstantiation des luthériens (cf. EMT I, VI, 17a, II, XXXV, 101b-102a). Et même quant à l'interprétation calviniste de la Cène, voir RQP II, CXXIX, 762b : « Averroès ne se serait guère mieux accommodé de cette doctrine que de celle des Catholiques Romains ».

3. Il le cite dans l'article Spinoza, l'art. Pereira rem. A, dans l'art. Zénon rem. G, et lui consacre même une notice à part entière pour montrer (ce qui consonne avec la démonstration que nous suivons actuellement) que s'il a pu apparaître comme un « fauteur de pyrrho-

l'intervention divine, en deux endroits en même temps[1] – cela contre l'opinion de Thomas, Bonaventure, Capreolus, Vázquez, qui pensent que ce serait réaliser une contradiction (le même corps serait et ne serait pas dans un endroit donné)[2]. La raison décisive pour lui est le dogme de l'eucharistie : le corps du Christ est au Ciel « circumscriptive », mais aussi partout où la transsubstantiation est réalisée. Puisque Arriaga pose la localisation (l'*ubicatio*) comme étant un mode réel de la chose, il lui suffit de dire que la même chose peut avoir plusieurs *ubi*. Mais cela requiert d'admettre (comme l'avaient bien vu les auteurs soutenant l'opinion contraire) que, d'une manière générale, deux accidents contraires puissent se trouver, par opération divine, dans un même sujet : l'impossibilité naturelle de leur

nisme » parce qu'il « réussissait beaucoup mieux à ruiner ce qu'il niait, qu'à bien établir ce qu'il affirmait », « il faut s'en prendre à la nature des choses » et non à l'intention de l'auteur. On peut relever ainsi une certaine affinité entre Bayle et Arriaga, esprits critiques plus habiles à découvrir « admirablement le faible d'une doctrine qu'à bâtir un système », et donnant ainsi une impression de scepticisme, sans s'en faire pour autant une doctrine. Dans la mesure où le DHC a pour but de rectifier les informations erronées, on peut voir là une réhabilitation d'Arriaga par Bayle. La citation d'Arriaga dans l'art. Zénon rem. G est particulièrement intéressante. Elle correspond en effet à ce que dit Bayle de sa méthodologie dans l'Éclaircissement sur les Manichéens, et qui a souvent passé pour de l'ironie provocatrice, à savoir qu'on n'abandonne pas nécessairement un système, fondé par ailleurs sur des idées évidentes, sous prétexte qu'il se heurte à une difficulté de détail : « Le subtil Arriaga, s'étant proposé une objection insoluble, déclare qu'il n'abandonnera point pour cela son sentiment ; car, dit-il, les autres sectes ne la résolvent pas mieux. (…) ». Le contexte est la difficulté de la composition du continu à partir de points sans grandeur, et le passage auquel Bayle fait référence est le suivant (on y notera l'usage du principe de rétorsion) : « Et licet sententia Zenonis videatur clarior et facilior, et argumenta, quae contra ipsum fiunt, possint utcumque contra illas sententias retorqueri ; nihilominus tamen non licet a recepta et communissima Aristotelis sententia recedere, tum ob auctoritatem, ut dixi, tum quia argumenta illa mathematica minus clare Aristotelem urgent. Quod autem alia (ut supra vidimus) in sententia Aristotelis difficilia valde sint, et quae a nobis solvi non possint, non cogit nos hanc sententiam deserere : materiae enim difficultas est talis, ut ubique aliqua nobis inexplicabilia occurant » (*Cursus philosophicus*, Lyon, 1669, Phys., disp. XVI sect. XIII, § 240, p. 592b ; 1re éd., Anvers, 1632, § 256, p. 492b). Cf. *id.* sect. XI, § 219, 588b, à propos d'une objection insoluble : « a nemine vidi solutum, sed nec illud soluere praesumo : cum autem commune sit omnibus sententiis de continui compositione, non est cur propter illud aliquis a propria sententia discedat ». Notons enfin qu'Arriaga est une source possible de la thèse essentialiste des « missionnaires » de Bayle (voir T. Saxlová, « Das seiende als solches in Arriagas Metaphysik », in *Rodrigo de Arriaga. Philosoph und Theologe*, éd. T. Saxlová, St. Sousedík, Prague, Karolinum, 1998, p. 141-168.

1. *Cursus philosophicus*, Phys. disp. XIV, sectio VIII.

2. Cf. Suárez, in *IIIa p.* disp. 48, sect. 4.

co-présence ne tient qu'aux limitations du sujet, qui peuvent être levées par la puissance de Dieu[1].

Par cette implication de la transsubstantiation, la croyance en notre identité personnelle est sujette à caution, comme le pointe l'abbé de Bayle :

> d'où il s'ensuit que ni vous ni moi ne saurions être certains si nous sommes distingués des autres hommes, et si nous ne sommes pas à l'heure qu'il est dans le sérail de Constantinople, dans le Canada, dans le Japon, et dans chaque ville du monde, sous diverses conditions en chaque lieu.

C'est-à-dire que la matière n'est plus facteur et garantie d'individuation : de même que la nature de l'unique Christ est présente en chaque hostie consacrée, la même personne pourrait être, si Dieu le voulait, présente en plusieurs corps. L'ipséité corporelle n'est donc pas le signe de l'ipséité personnelle, et la pluralité des corps ne garantit pas la distinction des personnes : rien n'empêcherait que nous soyons tous la même personne, le même homme, en plusieurs corps.

Bayle renforce même ironiquement son argument par le principe d'économie, ou de simplicité des voies. S'il appartient à la perfection divine d'obtenir le maximum d'effets par le minimum de moyens, c'est-à-dire de ne rien faire en vain, pourquoi créerait-il plusieurs hommes, « lors qu'un seul lui peut suffire créé en divers endroits, et revêtu de diverses qualités selon les lieux » ? On peut imaginer, suivant le même principe, qu'il y ait, non seulement un unique homme dans tout l'Univers, mais une seule créature, présentant l'apparence de la multiplicité, ou suffisant à elle seule à assurer la variété des phénomènes, par la pluralité des modes ou

1. *Cursus philosophicus*, loc. cit., subsectio II, § 131 : « quia duo contraria possunt simul esse in eodem subiecto divinitus, ergo et duo ubi circumscriptiva (...) » ; « [contrarietas eorum] solum enim de facto contingit ex limitatione virtutis in subiecto ; haec autem limitatio potest divinitus suppleri a Deo ». « Confirmatur : duae ubicationes distinctae nihil aliud sunt, quam duo accidentia adequata eiusdem subiecti : at Deus potest dare divinitus eidem subiecto simul duo calores, ut octo v.g. et duas quantitates, ergo poterit dare et duas ubicationes circumscriptivas ». Arriaga recourt constamment à l'argument *ex potentia absoluta* dans son *Cursus*, Physica, disp. III, IV, X, XI, XIII, XIV. Cf. aussi CPD, LXIX, 291a-b : « Les Scholastiques qui amplifient le plus la toute puissance de Dieu, jusqu'à soutenir qu'elle peut faire qu'un même homme soit en même temps esclave dans un pays, et monarque dans un autre [note *e* : il suit de là qu'il pourrait être au même logis mâle et femelle, valet et maîtresse de soi-même, mari et femme de soi-même, père et mère des mêmes enfants], demeurent d'accord qu'elle ne peut point rendre distinctes les choses qui ont été une fois un seul et même être, ni donner l'identité à celles qui ont été une fois distinctes ». La note *d* cite alors le maître d'Arriaga, Hurtado de Mendoza (disp. VI) : « Est advertendum res quae semel sunt idem realiter non posse realiter distingui etiam divinitus, quae vero sunt distincta realiter, non possunt identificari ».

qualités dont elle serait revêtue (ce serait une sorte de spinozisme, un monisme de la substance, mais de la substance créée).

Ce sont dès lors les règles de l'arithmétique qui sont compromises, car si nous ne pouvons plus distinguer les choses d'après leurs accidents (comme juger que « Jean et Pierre sont deux hommes » « à cause que nous les voyons en divers lieux »), si « nous ne savons ce que c'est qu'identité, que diversité », nous ne pouvons plus nombrer, nous ne pouvons plus compter.

La certitude de la distinction de l'esprit et du corps s'effondre également. Si la matière est pénétrable, c'est-à-dire si les parties d'un corps peuvent se réunir en un seul point, le fait d'être étendu n'est pas essentiel au corps, mais n'en est qu'un accident. Dès lors, qu'est-ce qui le distingue de la substance spirituelle[1] ?

5) Sur le plan des notions premières, conséquemment, la confusion règne aussi. Nous croyons pouvoir distinguer clairement ce qu'est une substance et ce qu'est un mode, et nous tenons pour évident que les modes, par définition, ne puissent subsister sans la substance qu'ils modifient. Ce que dément la transsubstantiation. D'où suit un grand désordre, où il n'y a plus ni substances ni modes : « car si l'accident peut subsister sans aucun sujet, la substance à son tour pourra subsister dépendamment d'une autre substance à la manière des accidents ». Voire, les esprits pourront exister comme des corps, ainsi que dans l'eucharistie la matière existe comme un esprit.

Bayle montre donc que les vérités reçues comme telles par la foi, dans la dogmatique chrétienne, ne laissent subsister aucune des vérités connues par la raison, parce qu'elles ruinent l'indice même de la vérité, l'évidence. Rien de ce que nous saisissons avec le caractère de l'évidence ne peut être considéré par cette marque comme vrai. La révélation ne peut conduire qu'au plus entier scepticisme à l'égard des connaissances humaines[2].

La même démonstration peut être conduite sur la plan de la morale. Les principes rationnels de base en sont ruinés, de par la présence du mal dans le monde :

1. Si « le corps selon son essence est une substance non étendue », « il peut donc recevoir tous les attributs que l'on conçoit dans l'esprit, l'entendement, la volonté, les passions, les sensations : il n'y a donc plus de règle qui nous fasse discerner si une substance est spirituelle de sa nature, ou si elle est corporelle ». Cf. *supra* n. 102.

2. Bayle met le clou à cette vaste déconstruction par un doute hyperbolique et malicieux, en se projetant de la révélation partielle donnée à la foi vers la révélation entière donnée dans la vision béatifique : « si en passant des ténèbres du paganisme à la lumière de l'Évangile, nous avons appris la fausseté de tant de notions évidentes, et de tant de définitions certaines, que sera-ce quand nous passerons des obscurités de cette vie à la gloire du Paradis ? ».

1) « Il est évident [pour la raison naturelle] qu'on doit empêcher le mal si on le peut, et qu'on pèche si on le permet lors qu'on le peut empêcher ». Or la révélation enseigne que cet axiome est faux, car Dieu montre le (mauvais) exemple, en tolérant le mal alors qu'il pourrait le supprimer.

2) et 3) « Il est évident qu'une créature qui n'existe point, ne saurait être complice d'une action mauvaise, et qu'il est injuste de la punir comme complice de cette action. Néanmoins notre doctrine du péché originel nous montre la fausseté de ces évidences ».

4) Il faut préférer l'honnête à l'utile. Mais Dieu, en choisissant ce monde où le désordre domine mais où se manifeste davantage sa gloire, plutôt qu'un monde parfaitement réglé, semble avoir préféré l'utile (pour lui) à l'honnête.

Répondre que les voies de Dieu sont impénétrables ne serait que concéder encore plus d'avantage aux sceptiques : « je ne pourrai jamais m'assurer de rien : car je ne pourrai jamais comprendre toute l'étendue des droits de Dieu ».

Devant la résistance de l'autre abbé à ces démonstrations du porte-parole de Bayle, le problème crucial de l'identité personnelle est posé de nouveau, et l'objecteur se trouve lui-même mis en question, sa personnalité est bientôt dissoute :

> vous avez quarante cinq ans, vous n'en doutez pas, et s'il y a quelque chose dont vous soyez assuré, c'est que vous êtes la même personne à qui l'on donna l'abbaye de ... il y a deux ans. Je vais vous montrer que vous n'avez pas de bonne raison d'en être certain. J'argumente sur les principes de notre théologie. Votre âme a été créée : il faut donc qu'à chaque moment Dieu lui renouvelle l'existence ; car la conservation des créatures est une création continuelle. Qui vous a dit que ce matin Dieu n'a pas laissé retomber dans le néant l'âme qu'il avait continué de créer jusques alors, depuis le premier moment de votre vie ? Qui vous a dit qu'il n'a point créé une autre âme modifiée comme était la vôtre[1] ?

Cette hypothèse, pour gratuite qu'elle soit, n'a rien de fantaisiste. Elle résulte tout droit de la métaphysique cartésienne, et, au-delà, médiévale[2]. Il n'y a qu'une distinction de raison entre les notions de création et de conservation. Ce qui a été créé n'existe pas ensuite de soi-même, mais demeure dépendant de la cause efficiente première pour subsister dans

1. « c'est-à-dire », précise Bayle dans sa note 21, « avec la réminiscence qu'il eût reproduite s'il avait continué de créer l'âme de l'abbé ».

2. Voir par exemple Thomas d'Aquin, *Summa theologiae*, I, q. 104 a. 1 ad 4[m].

l'existence[1]. De là vient ce qu'on appelle l'« annihilabilité » des créatures : elles peuvent à tout moment disparaître, non pas que Dieu ait pour cela à les détruire par une action positive dont l'anéantissement serait l'objet; il lui suffit de suspendre son concours pour qu'elles retournent au néant. De là découle aussi la fameuse thèse cartésienne de la divisibilité du temps en instants indépendants les uns des autres, qui sert de fondement à la seconde preuve de l'existence de Dieu dans la IIIe *Méditation*[2]. Certes, chez Descartes, il ne s'agit précisément que d'une divisibilité, et non d'une division en acte faisant du temps une série discontinue d'instants. Mais il est facile à Bayle de franchir le pas, grâce au présupposé de la toute-puissance de Dieu. Qu'est-ce qui l'empêcherait de retirer effectivement son concours à chaque instant, puis de recréer un monde tout semblable, nous donnant l'illusion de la continuité, alors que, dirions-nous aujourd'hui, ces mondes successifs seraient aussi distincts que les images d'un film[3]? Rien ne garantit donc que ce que j'appelle « moi » ne soit pas une série de sujets différents instantanés, dont la similitude (ils auraient le même fonds de souvenir) serait la cause que chacun d'eux croit perdurer[4].

1. « Il faut rejeter les notions les plus manifestes, ou tomber d'accord qu'un être tiré du néant, par la vertu infinie de son Créateur, ne peut avoir en lui-même aucune cause de son existence : il ne peut donc continuer d'exister que par la même vertu qui l'a produit au commencement : il est donc créé dans tous les moments de sa durée ; c'est-à-dire, il n'existe à chaque moment qu'à cause que Dieu continue de vouloir ce qu'il a voulu, lorsque cet être a commencé d'exister » [DHC, art. Rodon (David de), rem. D. Cf. Leibniz, *Théodicée*, III, § 382 *sq.*].

2. « Quoniam enim omne tempus vitae in partes innumeras dividi potest, quarum singulae a reliquis nullo modo dependent, ex eo quod paulo ante fuerim, non sequitur me nunc debere esse ... » (AT VII, 48-49). Cf. *Sec. resp.*, AT VII, 165 (*Abrégé géométrique*), l'axiome ou notion commune n° II : « Tempus praesens a proxime praecedenti non pendet, ideoque non minor causa requiritur ad rem conservandam, quam ad ipsam primum producendam » ; la réponse à Gassendi : « [Deus] debet semper eodem modo influere in effectum, ut eundem conservet. Hocque aperte demonstratur ex eo quod explicui de partium temporis independentia, quodque frustra conaris eludere, proponendo necessitatem consecutionis quae est inter partes temporis in abstracto considerati ; de quo hic non est quaestio, sed de tempore, seu duratione rei durantis, cujus non negas singula momenta posse a vicinis separari, hoc est rem durantem singulis momentis desinere esse » (*Quint. resp.*, AT VII, 369-370) ; et l'*Entretien avec Burman*, AT V, 148.

3. L'hypothèse de Bayle n'est pas exactement identique à l'interprétation « discontinuiste » du temps cartésien donnée par J. Wahl, et qu'a combattue J.-M. Beyssade. J. Wahl explique en effet que la création continuée « n'est pas une perpétuelle reproduction, (...) car il faudrait alors qu'il y ait continuellement destruction. Or l'idée d'une durée qui existerait dans l'intervalle entre la destruction du monde antérieur et la création du monde suivant est contradictoire (V 343) » (*Du rôle de l'idée de l'instant dans la philosophie de Descartes*, réimpr. Paris, Descartes et Cie, 1994, p. 70).

4. Chez Descartes d'ailleurs, l'hypothèse du malin génie laissait déjà ouverte une brèche dans l'identité personnelle. Cf. la remarque de G. Rodis-Lewis : « le malin génie

L'abbé que Bayle met en scène se plaît donc à relever tous les dogmes enseignés par la Révélation chrétienne, et qui sont à l'évidence des contradictions au jugement de la raison. Ces croyances heurtent de front les axiomes de la logique, nos idées les plus claires et distinctes. Si on les accepte elles compromettent nos certitudes les plus sûres, jusqu'à notre identité personnelle. Les vérités reçues comme telles par la foi, dans la dogmatique chrétienne, ne laissent subsister aucune des vérités premières reconnues par la raison, de sorte qu'elles ruinent même l'indice par lequel on pensait pouvoir reconnaître ce second genre de vérité, à savoir l'évidence. Si l'on en croit la Révélation, l'évidence n'est en effet pas le critère du vrai, puisque les plus parfaites évidences sont démenties par ce que Dieu est ou fait, qui contient des contradictions irréductibles pour nous. Or, nous l'avons vu plus haut, Bayle rappelle que, aux yeux de la saine philosophie, Dieu peut tout ce qui est possible, mais que l'impossible, à savoir ce qui contient une contradiction, ne peut être ni connu ni réalisé. Ces deux points de vue paraissent totalement inconciliables. On doit en conclure que la science divine, s'il en est une, est totalement autre que la science humaine, par ses principes et ses vérités. Ce qui apparaît comme contradictoire et impossible pour celle-ci ne l'est pas pour celle-là. *Vice versa*, ce qui apparaît comme une vérité nécessaire à la seconde ne l'est pas pour la première. Il semble donc qu'il faille nécessairement sacrifier une science à l'autre. De quel côté, alors, doit pencher la balance ?

Pour le croyant, l'autorité suprême devant être accordée à la science divine, il est clair que la raison humaine se trouve destituée de toute validité. Pour extrême qu'elle soit, cette position n'est pas totalement inédite au XVIIᵉ siècle. Que la théologie renforce le scepticisme rejoint le fait qu'il a semblé à certains, comme le rappelle Bayle, que le scepticisme est « le parti le moins contraire au Christianisme, et celui qui peut recevoir le plus docilement les mystères de notre religion »[1]. Il consiste en effet à reconnaître pleinement notre ignorance, et à rechercher un autre guide que notre raison, donc à se jeter dans la foi, dernière ressource[2]. Dans la mesure

pourrait, comme le Mercure de Sosie, susciter l'inquiétude quant à mon idée personnelle » (*L'Œuvre de Descartes*, Paris, Vrin, 1971, t. II p. 250; à la suite de M. Guéroult, *Descartes selon l'ordre des raisons*, Paris, Aubier, 1968, t. I p. 54 : « la réalité qu'il [le *cogito*] enveloppe n'est nullement celle de mon moi personnel concret, mais celle du moi pensant en général comme condition universelle de toute connaissance possible », avec la n. 8 : « Que sais-je si je ne me trompe pas lorsque je crois être [moi-même] ? Des fous ne se croient-ils pas être une cruche, Louis XIII ou le Cardinal ? Le Malin Génie ne peut-il m'abuser sur ma propre individualité ? »).

1. Art. Pyrrhon, texte principal.

2. « il peut avoir ses usages pour obliger l'homme par le sentiment de ses ténèbres à implorer le secours d'en haut, et à se soumettre à l'autorité de la foi » (*ibid.*).

où le scepticisme conduit au fidéisme, Pyrrhon prépare au christianisme. Bayle développe ce point dans la remarque C : humilier la raison est la tactique de Pascal, de Calvin, et de La Mothe Le Vayer[1].

Mais, si la critique philosophique sceptique peut être paradoxalement un bon moyen pour conduire à la foi, le processus était ici inverse : l'abbé s'est appuyé sur ce qui est d'abord admis par la foi, pour appuyer le scepticisme. Par ailleurs, dit Bayle, « c'est avec raison qu'on le déteste dans les écoles de théologie »[2]. Si en effet le scepticisme n'est dangereux ni pour la science (qui se contente d'hypothèses probables[3]) ni pour la société (car les pyrrhoniens se conformaient aux coutumes du pays et aux devoirs de la morale), la religion en revanche doit le craindre, car « elle doit être appuyée sur la certitude ; son but, ses effets, ses usages, tombent dès que la ferme persuasion de ses vérités est effacée de l'âme »[4]. Il est sans doute vrai que, si le raisonnement ne peut mener à la foi, inversement le vrai chrétien, selon Bayle, n'a en fait rien à craindre des arguties sceptiques puisqu'il se situe sur un autre plan[5]. Cependant, il faudrait que le scepticisme fût

1. Cf. Nicole, *Essais de Morale*, « De la faiblesse de l'homme », IX, Paris, 1857, p. 55-56 : « L'homme est si éloigné de la vérité qu'il en ignore même les marques et les caractères [c'est le problème du *criterium veritatis* posé par Bayle]. Il ne se forme que des idées confuses des termes d'évidence et de certitude. Et c'est ce qui fait qu'il les applique au hasard à toutes les vaines lueurs dont il est frappé. Tout ce qui lui plaît devient évident (...) », cité par Bayle, CPD, LXXIV, 295a. De même, voir la citation de Nicole (*Art de penser*, IVe partie, chap. I) dans l'art. Zénon d'Elée, rem. G, à propos de la divisibilité à l'infini : l'utilité de ces spéculations est « d'apprendre à connaître les bornes de notre esprit, et à lui faire avouer malgré qu'il en ait, qu'il y a des choses qui sont, quoiqu'il ne soit pas capable de les comprendre : et c'est pourquoi il est bon de le fatiguer à ces subtilités, afin de dompter sa présomption, et lui ôter la hardiesse d'opposer jamais ses faibles lumières aux vérités que l'Église lui propose, sous prétexte qu'il ne peut les comprendre ».

2. Art. Pyrrhon, texte principal.

3. Il y a, dit Bayle, « très peu de bons physiciens de notre siècle, qui ne soient convaincus que la nature est un abîme impénétrable, et que ces ressorts ne sont connus qu'à celui qui les a faits, et qui les dirige. Ainsi tous ces philosophes sont à cet égard Académiciens et Pyrrhoniens » (*ibid.*).

4. *Ibid.*

5. Cf. le IIIe *Éclaircissement*, sur le scepticisme, ajouté à la fin du DHC : « le christianisme est d'un ordre surnaturel, et (...) son analyse [c'est-à-dire le résultat de sa réduction à ses premiers principes] est l'autorité suprême de Dieu nous proposant des mystères, non pas afin que nous les comprenions, mais afin que nous les croyions avec toute l'humilité qui est due à l'être infini, qui ne peut ni tromper ni être trompé ». *Ibid.* : l'essence de la foi « consiste à nous attacher par une forte persuasion aux vérités révélées, et à nous y attacher par le seul motif de l'autorité de Dieu (...) Ainsi la mérite de la foi devient plus grand, à proportion que la vérité révélée qui en est l'objet surpasse toutes les forces de notre esprit ; car à mesure que l'incompréhensibilité de cet objet s'augmente par le grand nombre des maximes de la lumière naturelle qui le combattent, il nous faut sacrifier à l'autorité de Dieu une plus forte répugnance de la raison (...) ».

cantonné strictement au champ purement philosophique, à la discussion des vérités humaines. Mais cela est-il possible ? À l'évidence, la démarche suggérée plus haut peut être complètement retournée. S'il faut sacrifier une raison à une autre, la science divine, ou du moins ce que la Révélation prétend en apprendre, sera aisément disqualifiée par qui décide de s'en tenir à la raison humaine, ne serait-ce qu'à titre d'instrument critique comme dans le scepticisme, et *a fortiori* si cette raison est capable de maintenir ses certitudes naturelles.

Nous nous heurtons là à l'ambiguïté fondamentale de Bayle, qui peut être interprétée en deux sens opposés, celui du fidéisme et celui d'un libre-pensée virulente quoique masquée. Ce qui est sûr, en revanche, c'est que Bayle refuse avec constance tout accommodement qui chercherait une solution facile dans une distinction entre ce qui est au-dessus de la raison humaine et ce qui est contre la raison humaine. Non seulement nous ne comprenons pas les dogmes chrétiens, mais nous voyons clairement qu'il renferment des contradictions patentes. On peut vérifier que telle est sa position en examinant sa critique de Spinoza, dans le *Dictionnaire*, qu'il est intéressant de mettre en parallèle avec les paradoxes de l'abbé pyrrhonien.

Dans l'article qu'il lui consacre, Bayle insiste lourdement sur le fait que les thèses de Spinoza heurtent non seulement le sens commun, mais les notions premières et les plus évidentes de la philosophie et de l'esprit humain. La substance unique « est la plus monstrueuse hypothèse qui se puisse imaginer, la plus absurde, la plus diamétralement opposée aux notions les plus évidentes de notre esprit » ; « elle combat les notions les plus distinctes qui soient dans l'entendement de l'homme » ; « elle renverse la plupart des notions communes qui servent de règles dans les discussions philosophiques ». Mais ce qui est dit ici semble pouvoir s'appliquer au christianisme, et Bayle se livre à un parallèle qui peut s'avérer dangereux pour ce dernier. Dans la Remarque N, § III, par exemple, il se demande comment Spinoza osait tourner en dérision les croyances chrétiennes, lui qui profère une absurdité telle qu'un Dieu sujet de toutes les modifications de la pensée. Ou bien donc il n'est pas en droit de rejeter les plus paradoxaux des dogmes chrétiens, qui renient les règles communes de la logique, ou bien il doit se conformer à ces mêmes règles. Or :

> s'il y a quelque chose de certain et d'incontestable dans les connaissances humaines, c'est cette proposition-ci, Opposita sunt quae neque de se invicem, neque de eodem tertio secundum idem, ad idem, eodem modo atque tempore vere affirmari possunt (...) Les spinozistes ruinent cette idée, et la falsifient de telle sorte, qu'on ne sait plus où ils pourront prendre le caractère de la vérité ; car si de

telles propositions étaient fausses, il n'y en a point qu'on pût garantir pour vraies.

Mais n'est-ce pas exactement ce à quoi aboutit également la Révélation, d'après l'article Pyrrhon : supprimer tout *criterium veritatis* en donnant pour vraies des choses contraires à l'évidence, de sorte que plus rien n'apparaisse comme impossible, « non pas même que deux et deux soient douze » ? Dans ce cas, quelle différence entre les deux absurdités ? Sous couvert de critiquer le spinozisme et de défendre le christianisme, Bayle ne les renvoie-t-il pas dos à dos dans les ténèbres de l'irrationalité ?

Dans la remarque O, Bayle estime que Spinoza « s'est jeté dans le précipice » que constitue sa doctrine parce qu'il n'a pu admettre aucune des thèses suivantes, qui présentent toutes des difficultés insurmontables. Les deux premières forment l'alternative métaphysique : ou bien une matière éternelle et différente de Dieu, existant nécessairement mais dénuée d'activité ; ou bien une matière créée *ex nihilo*. Aucun des membres de ce dilemme n'est satisfaisant, et c'est pourquoi Spinoza a cherché une autre voie. Même difficulté sur le plan moral : « qu'un esprit infini et souverainement libre, créateur de toutes choses, ait pu produire un ouvrage tel que le monde », c'est-à-dire entaché de mal ; là aussi Spinoza a tenté de percer une autre voie :

> Voilà trois inconvénients qui obligèrent Spinoza à chercher un nouveau système, où Dieu ne fut pas distingué de la matière, où il agit nécessairement, et selon toute l'étendue de ses forces, non pas hors de lui-même, mais en lui-même.

Aux yeux de Bayle, les solutions de Spinoza sont encore plus absurdes que les difficultés qu'il a tâché d'éviter. Toutefois, s'il est possible de réfuter ces solutions, on n'est pas pour autant en mesure de prouver contre lui les propositions opposées. Bayle ne combat donc pas Spinoza en établissant la vérité du contraire (c'est ce qu'on lui a reproché et contre quoi il se défend dans cette remarque) ; car cette vérité est enveloppée pour nous d'incompréhensibilité.

Une thèse comme celle de la création *ex nihilo* est en effet, pour Bayle, indémontrable et même inintelligible. Ce n'est pas le « précipice » où se perd Spinoza, mais c'est tout de même un abîme pour la raison, un mystère métaphysique dont nous ne pouvons venir à bout :

> Une matière créée de rien n'est pas concevable, quelques efforts que l'on veuille faire pour se former une idée d'un acte de volonté, qui convertisse en une substance réelle ce qui n'était rien auparavant. Ce principe des Anciens, *ex nihilo nihil fit, rien ne se fait de rien*, se présente incessamment à notre imagination, et y brille d'une

> manière si éclatante, qu'il nous fait lâcher prise, en cas que nous eussions commencé de concevoir quelque chose dans la création.

Même abîme pour le problème insoluble du mal :

> Enfin, qu'un Dieu infiniment bon, infiniment saint, infiniment libre, pouvant faire des créatures toujours saintes et toujours heureuses, ait mieux aimé qu'elles fussent criminelles et malheureuses éternellement, est un objet qui fait de la peine à la raison ; et d'autant plus, poursuit-il, qu'elle ne saurait comprendre l'accord de la liberté [en note : d'indifférence] de l'homme, avec la qualité d'un être tiré du néant. Or sans cet accord, elle ne saurait comprendre que l'homme puisse mériter aucune peine sous une providence libre, bonne, sainte, et juste.

Quelle distinction établir, alors, entre ces thèses et celles de Spinoza, à inintelligibilité égale ? Une réponse est esquissée par Bayle, dont nous allons devoir examiner la valeur :

> Il y a bien de la différence entre ne pas comprendre la possibilité d'un objet, et en comprendre l'impossibilité.

Poser les dogmes chrétiens, ce serait reconnaître la finitude de notre esprit, les limites de notre compréhension ; admettre les thèses de Spinoza, ce serait se jeter volontairement dans des contradictions patentes. Si j'admets par la foi que le monde est créé par Dieu, je ne puis comprendre comment est possible sa production *ex nihilo*, comment la bonté et la puissance de Dieu n'excluent pas la présence du mal dans le monde, comment la liberté de l'homme s'accorde avec la Providence. Je comprends du moins que je ne comprends pas. Mais à l'égard du système spinoziste, je comprends clairement qu'il est fondé sur une contradiction évidente. La différence serait donc celle qu'il y a entre comprendre par exemple que l'infini est incompréhensible, et comprendre que deux et deux ne peuvent faire cinq. Ainsi :

> Spinoza « laisse des choses dont le pis que l'on puisse dire est que la faiblesse de notre raison ne nous permet pas de connaître clairement qu'elles soient possibles, et il en embrasse d'autres dont l'impossibilité est manifeste »[1].

1. Un peu plus loin Bayle ajoute que, entre deux options égales en valeur, il vaut mieux choisir celle qui a les titres de l'ancienneté, si l'autre, nouvelle, n'apporte pas plus de lumière. A fortiori faut-il s'en tenir à la solution établie quand la nouvelle est pire. « Le bon sens veut que la coutume soit maintenue contre l'entreprise des innovateurs, à moins qu'ils n'apportent de meilleures lois ; et de cela seul que leurs pensées ne vaudraient pas mieux que les établissements qui jouissent de la possession, elles mériteraient d'être rejetées, quand même elles ne

Mais cette différence est-elle suffisante ? Les dogmes allégués dans l'article Pyrrhon ne sont-ils pas aussi des *impossibilia* dont la contradiction interne est évidente ? Embrasser ces croyances ne revient-il pas à donner son assentiment à des choses dont non seulement nous ne concevons pas la possibilité, mais que nous voyons clairement être impossibles ?

C'est ce que semble laisser entendre Bayle lorsqu'il affirme, au scandale de certains de ses lecteurs, que ce qui est incompréhensible n'est pas seulement *au-dessus* de la raison, mais *contre* la raison humaine :

> ce qui nous paraît n'être pas conforme à notre Raison, nous paraît contraire à notre Raison, tout de même que ce qui ne nous paraît pas conforme à la vérité, nous paraît contraire à la vérité[1].

Autrement dit, il ne suffit pas de dire que ce qu'enseigne la Révélation échappe aux prises de notre faible intelligence et en transcende les limites ; il faut reconnaître et admettre que cela contredit frontalement des principes, des notions et des conclusions de notre connaissance rationnelle[2].

Quelle est la portée de cette affirmation de Bayle ? Pour sans concession qu'elle soit, est-elle si singulière ? Contrairement à ce qui été affirmé, elle n'est pas seulement le fait d'anti-confessionnels, d'hérétiques ou d'impies[3], on la trouve dans la littérature aussi bien catholique que protestante. Mais nous serions entraînés trop loin à le montrer ici. Remarquons seulement, pour finir, que lorsqu'il récuse la distinction entre au-dessus de la raison et contre la raison, Bayle précise :

seraient pas plus mauvaises que les abus qu'elles combattraient. Soumettez-vous à la coutume, doit-on dire à ces gens-là, ou donnez-nous quelque chose de meilleur. À plus forte raison est-il juste de rejeter le système des spinozistes, puisqu'il ne se dégage de quelques difficultés, que pour s'engager dans des embarras plus inexplicables ». Même réflexion dans l'art. Arminius, rem. E, et l'art. Amyrault.

1. RQP II, CLIX, 833b. Voir RQP II, CXXX, 764, CXXXI, 766, CLIX, 833b, IV, XXIV, 1071b, et DHC, début du IIe *Écl.*

2. « Il faut nécessairement opter entre la Philosophie et l'Évangile : si vous ne voulez rien croire que ce qui est évident et conforme aux notions communes, prenez la Philosophie et quittez le Christianisme ; si vous voulez croire les Mystères incompréhensibles de la Religion, prenez le christianisme et quittez la philosophie, car de posséder ensemble l'évidence et l'incompréhensibilité, c'est ce qui ne se peut » (DHC, IIIe *Écl.*, IV). Toutefois, cela ne s'entend que des « vérités évangéliques qui contiennent des mystères », car au contraire « les préceptes de la morale de Jésus-Christ se peuvent facilement concilier avec la lumière naturelle » (IIe *Écl.*, n. 2). Cela est important pour la méthode du *Commentaire philosophique*, qui est de juger la recevabilité de maximes pratiques tirées de l'Évangile à l'aune de la raison. La « morale de Jésus-Christ » est universellement recevable, et n'enseigne rien qui soit contraire à la raison.

3. G. Mori, *Bayle philosophe*, *op. cit.*, p. 241.

> supposez que l'on entende toujours la Raison en général, ou la Raison suprême, la Raison universelle qui est en Dieu, il est également vrai, et que les Mystères évangéliques ne sont point au-dessus de la Raison, et qu'ils ne sont pas contre la Raison. Mais si l'on entend dans l'une et l'autre partie de l'axiome la Raison humaine, je ne vois pas trop la solidité de la distinction, car les plus orthodoxes avouent que nous ne connaissons pas la conformité de nos Mystères aux Maximes de la Philosophie [1].

Bayle établit donc une différence entre raison divine et raison humaine, qu'il n'y a pas sujet de trouver suspecte au motif qu'il s'est rallié par ailleurs à la doctrine scotiste de l'univocité [2]. Cette différence en effet ne suppose pas une équivocité entre les deux sens d'intellect, mais n'établit entre eux que la distance du fini à l'infini, compatible avec l'univocité. Qu'il s'agisse de l'être ou d'autre chose, un concept univoque à Dieu et aux créatures fait abstraction des modalités de fini et d'infini (il est par là imparfait) [3], de sorte qu'il est inclus dans les concepts d'intellect fini et d'intellect infini, mais non eux en lui : il n'est ni l'un ni l'autre, donc neutre (*neuter*). Il n'abroge pas la différence entre le fini et l'infini, et ne se comporte pas à leur égard comme un genre par rapport à ses espèces. Il signifie une essence commune, une raison formelle, qui est conçue à partir des créatures, mais qui à partir du moment où elle est intensifiée à l'infini ne devient attribuable qu'à Dieu seul [4]. Il en va ainsi pour tous les attributs divins, que ce soit « volonté », « sagesse » ou « intellect » : en tant que tels, ils nous donnent quelque chose à connaître, mais ce qui nous échappe est leur infinité [5]. C'est pourquoi il demeure une différence infinie entre intellect fini et intellect infini [6], même si nous concevons quelque chose de commun entre eux et en avons un concept univoque. Comme le dit Bayle, nous n'avons pas d'idée de l'entendement divin en tant que tel, c'est-à-dire que nous en parlons sans nous pouvoir représenter ce qu'il est en soi, de

1. RQP II, CLIX, 833a-b.
2. Cf. G. Mori, *op. cit.*, p. 241.
3. Il faut remarquer que Bayle dit recourir au vocabulaire des « écoles » en donnant pour équivalent à « Raison de l'homme » et « Raison en général » respectivement « Raison *in concreto* » et « Raison *in abstracto* » (RQP II, CLIX, 833a, notes d et e).
4. L'infinité est la première caractérisation de Dieu selon Scot, plus exactement le concept d'être infini est le premier que nous en ayons car il est le plus simple.
5. Voir É. Gilson, *Jean Duns Scot. Introduction à ses positions fondamentales*, Paris, Vrin, 1952 : « En effet, dans la formule "intellect fini", nous concevons distinctement "intellect", "fini" et "intellect fini", au lieu que dans "intellect infini", ce qu'est un tel intellect nous échappe, mais cela nous échappe parce que nous ne saisissons pas "infini", non pas parce que nous ne saisissons pas "intellect" » (p. 225).
6. Comme dit encore É. Gilson, *ibid.*

même que pour l'éternité[1]; ou encore nous n'avons de la bonté divine qu'une idée « imparfaite et confuse »[2] – expression qui est une qualification scotiste pour un concept univoque transcendant. Effectivement, nous pouvons parvenir à une notion commune de la bonté, « une idée si abstraite qu'elle est séparée mentalement de tous les sujets où la bonté peut exister, et de toutes les espèces particulières de bonté »[3], mais elle ne nous donne par là qu'une connaissance approximative de la bonté divine.

Le problème est ensuite de savoir ce que nous pouvons en faire. *Si* l'on croit avec les théologiens « rationaux » adversaires de Bayle, que la dogmatique chrétienne est élucidable par la raison, on appliquera cette notion commune à Dieu, et il faudra montrer que « toute l'essence de la bonté en général se doit trouver en Dieu »[4] (or cette essence de la bonté comporte de prévenir autant que l'on peut le malheur d'autrui, ce que ne semble pas avoir fait Dieu, etc.; la mécanique implacable des objections peut alors s'enclencher). Au contraire, s'il tient comme il le répète inlassablement la position fidéiste des Réformateurs (ce en quoi il n'est évidemment plus scotiste), Bayle estime que « notre esprit est trop borné pour accorder avec la conduite de Dieu les notions communes de la bonté et de la sainteté », et refuse en fait d'appliquer à Dieu les « idées abstraites » de vertu, bonté, etc., c'est-à-dire des concepts valant universellement, sans considération du sujet; car en Dieu, les qualités ne se distinguent pas de l'essence : si donc l'essence divine nous est impénétrable parce qu'infinie, ce que sont ses attributs en eux-mêmes nous l'est aussi[5]. Nous ne pouvons descendre du concept confus de bonté à la connaissance de la bonté divine, parce que celle-ci le déborde infiniment[6].

1. EMT I, VII, 19b.
2. *Ibid.*
3. EMT II, XIII, 56a.
4. *Ibid.*
5. EMT I, VII, 21a-b (« Tout ce qui est en Dieu est Dieu; sa bonté n'est point distincte de sa justice; sa miséricorde est réellement le même être que sa colère; et ainsi les idées que nous nous formons des vertus de Dieu, ne ressemblent point à l'original, nous nous représentons ces vertus comme si c'étaient des qualités distinctes les unes des autres, et de la nature divine, nous en usons de la sorte pour soulager la faiblesse de notre esprit, mais enfin il y a réellement autant d'abîmes pour toutes les créatures dans chaque attribut de Dieu que dans la nature divine considérée en elle-même, puisque cette Nature est réellement chacun de ses attributs »).
6. Cf. RQP II, LXXXI, 663a : « Il ne faut pas ici prétendre que la bonté de l'Être infini n'est point soumise aux mêmes règles que la bonté de la créature; car s'il y a en Dieu un attribut qu'on puisse nommer bonté, il faut que les caractères de la bonté en général lui conviennent. Or quand nous réduisons la bonté à l'abstraction la plus générale, nous y trouvons la volonté de faire du bien ». Cela est dit aussi contre King, c'est-à-dire si l'on entreprend comme lui de justifier rationnellement l'existence du mal, et donc d'appliquer la notion commune de bonté.

Ainsi, comme chez Descartes, infinité signifie incompréhensibilité pour nous[1]. Mais il ne faut pas confondre incompréhensibilité et inintelligibilité. Le discours sur l'infini relève d'un régime de connaissance limitée, qui ne bascule pas pour autant dans l'irrationnel. Pour Descartes, l'idée d'infini, si elle a un contenu qui ne peut être épuisé par nous, n'en reste pas moins la plus vraie, la plus claire et distincte qui soit[2]. Nous retrouvons là la possibilité d'une forme de savoir qui est de comprendre que nous ne comprenons pas, c'est-à-dire n'embrassons pas la totalité[3]. Chez Bayle, en termes scotistes, pas davantage que l'univocité de l'être ne permet une intuition intellectuelle de l'Être infini, l'univocité de l'intellect ne permet que nous comprenions ce qu'est l'intellect divin, bien qu'il n'y ait pas non plus hétérogénéité totale entre celui-ci et le nôtre. L'univocité garantit seulement que des vérités qui le sont pour nous le sont aussi pour Dieu, mais elle ne valide nullement la prétention à avoir une connaissance exhaustive (en qualité comme en quantité) des vérités connues de Dieu.

Par conséquent, du fait de la disparité du fini et de l'infini, ce qui nous apparaît comme incompatible peut ne pas l'être du point de vue divin. Il faut alors peut-être bien prendre au sérieux les passages où Bayle explique que nous ne voyons donc pas les choses comme Dieu les voit[4]. Ce dernier a

Il est à noter que dans la suite de ce passage, en énumérant les subdivisions possibles de la bonté générale, Bayle mentionne comme première disjonction celle de l'infini et du fini, ce qui prouve bien qu'il parle *more scotistorum*.

1. « (...) adeo ut, modo tantum memores simus mentes nostras considerandas esse ut finitas, Deum autem ut incomprehensibilem et infinitum (...) » (*Meditat.*, Praef., AT VII, 9); « (...) ipsa incomprehensibilitas in ratione formali infiniti continetur » (*Quintae resp.*, AT VII, 369).

2. « Est, inquam, haec idea entis summe perfecti et infiniti maxime vera (...) Est etiam maxime clara et distincta (...) nec obstat quod non comprehendam infinitum, vel quod alia innumera in Deo sint, quae nec forte etiam attingere cogitatione, ullo modo possum; est enim de ratione infiniti, ut a me, qui sum finitus, non comprehendatur; et sufficit me hoc ipsum intelligere, ac judicare, illa omnia quae clare percipio, et perfectionem aliquam importare scio, atque etiam forte alia innumera quae ignoro, vel formaliter vel eminenter in Dei esse, ut idea quam de illo habeo sit omnium quae in me sunt maxime vera, et maxime clara et distincta » (*Medit. IV*, AT VII, 46).

3. *Lettre à Mersenne du 15 avril 1630* : « nous ne pouvons comprendre la grandeur de Dieu, encore que nous la connaissions » (AT I, 145); *Lettre du 27 mai 1630* : « je dis que je le sais, et non pas que je le conçois ni que je le comprends (...) car comprendre, c'est embrasser de la pensée; mais pour savoir une chose, il suffit de la toucher de la pensée » (AT I, 152).

4. Il apparaîtrait donc que Bayle reste en retrait des audaces de Malebranche, qui élabore une structure cognitive unique indifférente à la césure entre fini et infini, et de Leibniz, qui à sa manière reprend le thème de l'Oratorien : non seulement nous connaissons les mêmes objets que Dieu, mais nous les connaissons comme Dieu les connaît (voir dans le présent volume les études de J.-C. Bardout et V. Carraud).

une saisie globale de ce que nous ne saisissons que partiellement[1], et c'est pourquoi nous ne voyons pas les liaisons et les accords éventuels de ce qui nous paraît disparate ou même contradictoire. En rappelant les divergences de Melanchthon d'avec Calvin sur la prédestination, qui selon lui aboutit à faire de Dieu l'auteur du péché, Bayle ajoute qu'il faut se satisfaire, comme Melanchthon, de cette réponse du « prédestinateur » :

> je vois aussi bien que vous la liaison de mon principe avec cette conséquence, et ma raison qui la voit ne me fournit point assez de lumières, pour me faire comprendre comment je me trompe en voyant cela ; mais je ne laisse pas d'être fortement persuadé, que Dieu trouve dans les trésors infinis de sa sagesse un moyen certain de rompre cette liaison, un moyen, dis-je, certain et très infaillible, quoiqu'il me soit inconnu, et qu'il surpasse toute la portée de mes lumières[2].

Cet optimisme spéculatif n'a rien d'unique. Dans la même matière (mais pour défendre une thèse complètement inverse), Descartes invoquera lui aussi la disproportion entre la finitude de notre intellect et l'infinité divine pour présumer d'un accord (entre la prescience de Dieu et notre libre-arbitre) dont nous ne comprenons pas la possibilité[3]. De même Arnauld

1. Dans le passage où il distingue raison humaine et raison divine comme le fini et l'infini, Bayle effectue également une différentiation du moins au plus, du partiel au total : la « faible et petite portion de Raison qui est en l'homme », par opposition avec « la Raison suprême et universelle qui est dans l'entendement divin », ou avec la « Raison en général » (833a). Cf. Descartes, *Principes*, Préf. : « Il n'y a véritablement que Dieu seul qui soit parfaitement sage, c'est-à-dire qui ait l'entière connaissance de la vérité de toutes choses (...) » (AT IX-2, 2-3).

2. DHC, art. Synergistes, rem. B. Voir aussi RQP II, CLXIV, 842a-844b, EMT II, II, 38b-39a.

3. *Principes*, l. I, art. 41-42 : « (...) nous pourrions nous embarrasser en des difficultés très grandes si nous entreprenions d'accorder la liberté de notre volonté avec ses [Dieu] ordonnances, et si nous tâchions de comprendre, c'est-à-dire d'embrasser et comme limiter avec notre entendement toute l'étendue de notre libre arbitre et l'ordre de la Providence éternelle. Au lieu que nous n'aurons point du tout de peine à nous en délivrer, si nous remarquons que notre pensée est finie, et que la toute-puissance de Dieu, par laquelle il a non seulement connu de toute éternité ce qui est ou qui peut être, mais il l'a aussi voulu, est infinie. Ce qui fait que nous avons bien assez d'intelligence pour connaître clairement et distinctement que cette puissance est en Dieu ; mais que nous n'en avons pas assez pour comprendre tellement son étendue que nous puissions savoir comment elle laisse les actions des hommes entièrement libres et indéterminées ». Cf. *Lettre à Mersenne du 15 avril 1630* : « (...) nous pouvons bien assurer que Dieu peut faire tout ce que nous pouvons comprendre, mais non pas qu'il ne peut faire ce que nous ne pouvons pas comprendre ; car ce serait témérité de penser que notre imagination a autant d'étendue que sa puissance » (AT I, 146).

pour la transsubstantiation[1], ou Malebranche pour la Trinité, dont la compatibilité avec un principe logique fondamental (des choses qui ne diffèrent point d'une troisième ne diffèrent point entre elles) n'est pas de notre ressort, Dieu ne nous donnant des idées que pour comprendre ce qui se passe dans la nature[2], bien loin de nous découvrir toutes les vérités, toutes les connexions entre les idées. Bayle ne serait donc pas le seul à soutenir que ce qui nous apparaît comme une contradiction irréductible, pourrait recevoir, d'un point de vue autre, pour un entendement infini, une résolution (cf. Nicolas de Cues), que par définition nous ne pouvons même pas imaginer, mais que nous pouvons postuler sur la base de sérieux motifs (la perfection, la véracité divines, etc.). Par exemple, précise-t-il, il ne s'agit pas de savoir si « l'état passé, présent et futur des hommes » est conforme à la souveraine perfection de Dieu (ce qui est postulé tant par la Révélation, que par la raison avec l'axiome *tout ce que Dieu fait est bien fait*), mais :

> de savoir si notre raison peut comprendre l'accord réel et effectif qui se trouve entre les attributs de Dieu et le système de la Prédestination, et si elle peut satisfaire aux difficultés qui nous couvrent la connaissance ou les idées de cet accord[3].

Cet accord existe, mais nous est caché, et même paraît être démenti par des évidences de la raison – mais cela parce que déjà la raison ne s'accorde pas avec elle-même : il existe un conflit des axiomes[4].

Jean-Luc SOLÈRE

1. « On voit par une expérience sensible que ces principes de Physique peuvent subsister dans un même esprit avec la créance de la présence réelle (...) soit que pour allier ensemble et ces principes et cette créance, ils se soient formés une manière de nuage par laquelle on allie souvent des choses qui paraissent contraires, en supposant que Dieu sait bien faire subsister la vérité de ses Mystères avec ces principes naturels, s'ils sont véritables, quoique nous n'en voyions pas l'accord et l'union » (*Apologie pour les Catholiques*, cité par Bayle, RQP IV, XXIV, 1072b).

2. *Recherche de la Vérité*, l. III, chap. 8, cité par Bayle, RQP IV, XXV, 1075a-b.

3. RQP II, CXLIV, 795-796. Cf. EMT II, IX, 48-49.

4. C'est ce que je tente d'établir dans une étude qui fait suite à la présente : « Bayle et les apories de la raison humaine », *in* I. Delpla et Ph. de Robert, *La Raison corrosive*, à paraître chez H. Champion, Paris.

INDEX LOCORUM

Ne sont ici répertoriées que les sources principales concernant directement le problème de la science divine.

L'*index nominum* permettra de compléter les recherches.

INDEX NOMINUM

Auteurs antérieurs à 1800

Auteurs postérieurs à 1800

TABLE DES MATIÈRES

Imprimerie de la Manutention à Mayenne – Septembre 2002 – N° 312-02
Dépôt légal : 3e trimestre 2002